KB014450

Radical Democracy

Radical Democracy by C. Douglas Lummis,
originally published by Cornell University Press
Copyright © 1996 by Cornell University
All rights reserved.
Korean edition © 2024 by Hantijae Publishing
Korean translation rights are arranged with Cornell University Press
through AMO Agency, Korea

이 책의 한국어판 저작권은 AMO 에이전시를 통해
저작권자와 독점 계약한 한티재에 있습니다.
저작권법에 의해 한국 내에서 보호를 받는 저작물이므로
무단 전재와 무단 복제를 금합니다.

래디컬 데모크라시
Radical Democracy

C. 더글러스 러미스 지음

이승렬 · 하승우 옮김

한티재

차례

일러두기

• 이 책은 C. Douglas Lummis, *Radical Democracy*(New York: Cornell University Press, 1996)를 우리말로 옮긴 것이다.

• 본문 중 진하게 적고 고딕 처리한 것은 저자가 강조한 것이다.

• 본문에서 [ ] 안에 든 말은 이해를 돕기 위해 역자가 삽입한 말이다.

• 본문에 위첨자로 1, 2, 3…으로 표시한 일련번호는 본문 뒤에 실린 미주의 번호를 표시한 것이다. 미주는 모두 저자의 주석이다.

• 본문 하단의 각주는 본문에 *로 표시했으며, 각주 중 '[옮긴이 주]'라고 밝히지 않은 것은 저자가 붙여 둔 것이다.

• 신문, 잡지 등 정기간행물은 《 》로 표시하고, 그 원서명은 이탤릭으로 처리하였다.

• 단행본은 『 』로 표시하고, 그 원서명은 이탤릭으로 처리하였다.

• 잡지 등에 실린 논문은 「 」로 표시하였다.

역자 서문

『래디컬 데모크라시』의 어딘가에서 직접 언급되는 바이지만,
지상 최고의 학문은 정치학이라고 말한 아리스토텔레스의 관점
에 이 책의 저자 더글러스 러미스는 서 있다. 이 책은 경제가 모
든 걸 결정한다는 경제결정론을 부정한다. 경제발전과 경제성
장을 위해서는 인간적, 사회적, 문화적 가치를 훼손하더라도 감
내해야 한다는 개발독재 담론이든, 결국 생산성과 생산력주의
가 모든 시대를 관통하는 인류 역사 발전의 원동력이라는 마르
크스주의적 역사관이든, 이제 권력은 (자본주의적) 시장으로 넘
어갔다는 자유주의 정치인의 무력한 고백이든, 이런 모든 종류
의 경제결정론이 사실은 경제발전 담론에 깊숙이 침윤된 산업
화 이후 근대인들 특유의 세계 인식에 지나지 않는다는 것을

『래디컬 데모크라시』는 말해 주고 있다.

말하자면, 개발독재든, 마르크스주의든, 자유주의든, 근대의 거의 모든 담론이 경제제일주의 이데올로기에 단단히 붙들려 있는 것이다. 이데올로기가 제대로 작동하기 위한 절대적인 조건은 은폐에 있다. 실제의 모습을 얼마나 효율적이고 완벽하게 감추느냐에 따라 이데올로기의 작동 정도가 결정된다. 러미스에 따르면, 일종의 상식처럼 매일같이 듣게 되는 "경제는 발전해야 한다", "경제는 성장해야 한다"는 식의 우리 시대 지상 명제가 사실은 한 사회의 정치적 권력 배치 방식을 은폐하는 특수한 담론에 지나지 않는다는 것이다. 가령, 강이 썩고, 법적보호종 야생동물들의 서식처가 파괴되고, 기후 위기에 아랑곳하지 않으며 습지와 갯벌을 메꾸는 국토 개발 사업이 막대한 국가 예산의 지원을 받아가며 이뤄지는 명분은 지역 발전과 일자리 창출이지만, 그 이면에서는 건설 회사나 특정 업종의 사업 확장과 정치적 이해관계를 같이하는 정치권력이 민의를 왜곡하며 중앙과 지방 정치제도를 주도하고 있기 때문에 그런 터무니없는 일이 버젓이 벌어지고 있는 것이다.

『래디컬 데모크라시』는 결국 민의를 뒤틀어 세계를 오인하게 만드는 권력 질서의 맨얼굴이 드러날 때까지 그 가상의 세계를 해체하여 강은 그대로 흐르고, 야생동물들의 집은 자연 상태로 머물며, 습지와 갯벌을 훼손시키지 않은 채, 자연·사물과 관계를 온전히 유지하며 민중들이 건강한 노동을 지속해 나가도록 권력을 지닐 수 있는 길을 모색해 보고자 쓰인 책이다. 강, 서식처, 습지, 갯벌을 인류의 공동자산으로 삼아 이들과의 온전한 관계가 세계의 근원을 이루고 있는 가운데, 민주주의는 다름 아닌 바로 그 세계의 근원적(radical) 상태라는 것이 이 책이 규정하는 '근원적 민주주의'에 대한 정의(definition)이다.

좌우의 이념적 경계를 넘어서서, 경제개발 또는 경제발전이 한 사회의 정치적 결정 자체에 결정적인 역할을 하고 있다는 점에서 산업화 이후의 세계는 유물론이 지배하고 있지만, 이에 대해『래디컬 데모크라시』는 경제와 정치의 결정론적 역학 관계를 역전시켜 정치적 권력관계와 민중들의 정치적 인식이 세계의 토대를 이루고 있음을 역설한다. 정치적 권력관계의 총화로서 모든 권력의 핵이 한 개인에 집중되어 그에 의해 자의적인 예외상태를 창출할 수 있는 독재적 권력이야말로 주권자 권력이라고 규정하는 칼 슈미트도 세계를 움직이는 원천적인 힘은 정치권력이라고 생각한다는 점에서는 칼 슈미트와 근원적 민주주의자들은 모두 동일선상에 있다고 생각해 볼 수도 있겠다. 그러나 이 책의 저자의 입장은 그 차이를 분명히 하고 있다.

슈미트에게 '예외 상태'는 기존의 정치경제외 절차와 내용상의 질서를 뒤엎을 수 있는 절대 권력의 절대 자유를 가리키는 용어다. 그러나 근원적 민주주의자들에게 '예외 상태'는 보이콧 운동을 통해 체제의 균열과 틈새가 만들어지는 상황을 가리키는 말이다. 보이콧 운동은 체제 내에서 일을 직접 떠맡는 노동자들이 자신들의 의무로서 주어진 업무 수행을 거부하는 일이다. 경우에 따라서 보이콧 운동은 총파업으로까지 이어지며, 이런 총파업의 상황은 혁명으로 번져 근본적으로 새로운 체제의 수립으로까지 나아갈 수도 있다. 예외에 관한 슈미트의 관점을 그대로 따라간다 하더라도 절대 권력의 절대 자유가 가능하기 위해서는 절대 권력자의 비상(非常)한 계획을 실제로 수행해 나갈 사람들의 암묵적인 동의가 절대적으로 필요하다. 가령, 제1차 세계대전 당시 1917년 독일-오스트리아 등 동맹국들과 전투가 벌어지던 동부전선에서 러시아 병사들은 야간 참호 수리 시 동맹국 병사들과 암묵적인 교전 중지를 스스로 결정하는 등의 비상한 상황이 벌어졌고, 이런 상황은 결국 케렌스키 임시 정부의 통제 불능 상태로 이어졌고 병사들은 전장 이탈과 회군을 결심하여 볼셰비키 10월혁명에 합류하는 상황으로까지 발전했다. 예외를 결정하는 주권자는 케렌스키도, 전장의 사령관도 아닌, 전투를 수행하던 일반 병사들이었던 것이다. 이런 예외적 상황에 대해 볼셰비키 혁명을 이끌던 레닌이 남긴 유명한 언명, "soldiers voted with their feet"는 표결을 앞둔 상황에서 퇴장해 버림으로써 안건에 대한 부결 의사를 강하게 보여 줄 때 사용되는 관용적인 어구이다. 그러나 레닌의 저 진술은 그 이상의 의미를 지니는 말로서, 전투 수행 보이콧을 결심한 병사들의 직접행동이 갖는 래디컬한 민주주의의 의미를 지니고 있다. 병사들은 투표를 통해 전투 중지 결정 권한을 1인 주권자 대리인에게 위임하는 대신 자신들의 발로, 몸으로 결연한 의지를 모아 볼셰비키 혁명군에 합류하기로 집단적 결심을 한 것이다.

볼셰비키 혁명은 결국 성공하여 새로운 세계를 열어젖혔고 거기에 동부전선에서 물러나기로 한 병사들의 결심과 결정은 러시아 혁명의 결정적 계기를 만드는 데에 성공했다. 이 책에는 이렇게 실제로 일하는 사람들, 싸우는 사람들이 민주주의를 실천하려는 결심과 결정을 통해 새로운 세계를 만들어 내는 몇몇 역사적 계기와 사례들이 소개되고 있지만, 그것이 이 책의 목표는 아니다. 민주주의는 '정치적인 것'이 기억되고 창조되는 역사의 덧없는 짧은 순간이라고 말하는 정치사상가 쉘던 월린보다는 이 책을 쓸 당시의 저자는 좀 더 낙관적으로 보이긴 하지만, 이 책의 분명한 목표는 쉘던 월린과 마찬가지로 역사 속의 민주주의 순간을 드러내 보여 주는 일이다. 순간은 짧거나 잠정적인 시간을 뜻한다. (물론 이 책을 쓸 당시의 저자는 인간의 행위에 의해 창조되는 정치적 순간이 긴 역사의 시간 속에서 보면 그다지 짧지만은 않은 시간일 수도 있다는 낙관을 보여 준다.) 심지어 민주주의의 순간은 현실 정치의 눈으로 볼 때 실패와 비극의 순간일 수도 있다.

이 책이 언급하지 않은, 1920~1921년의 아일랜드 독립전쟁을 그린 켄 로치의 〈보리밭을 흔드는 바람〉에서도 레닌의 "soldiers voted with their feet"와 같은 상황이 연출된다. 그러나 이 경우, 명령을 내리는 자와 이를 수행하는 자의 입장은 제1차 세계대전 동부전선에서의 러시아군과 정반대로 엇갈린다. 1921년 아일랜드 독립군(IRA)의 지도부는 영연방 내의 자치주로 남겠다는 조건으로 영국군과 휴전 협정에 조인하며 전투 행위의 중단을 명령한다. 그러나 IRA 병사들은 지도부의 이런 조치를 두고 둘로 나뉘어 자치주 체제의 합법성에 대해 격렬한 찬반 논쟁을 벌인다. IRA 지도부는 IRA와 영국 정부 사이에 맺은 휴전 협정에 대한 동의를 병사들에게 구하지 않았지만 (일부) 병사들은 협정을 거부할 것을 결심함에 따라 아일랜드 자치주에 참여하는 것을 거부한다. 그들은 '비합법적' 저항 투쟁을 통해 자신들의 주권과 권력 의지를 보여 주려 한 것이다. 결국 역사는 IRA 게릴라 투쟁은 실패로 끝났음을 우리에게 알려 준다.

영화 〈보리밭을 흔드는 바람〉은 실제 독립운동을 수행하는 병사들의 삶이 뿌리박고 있는 고향 마을의 풍토와 정경 그리고 친구들과의 우정에 대한 추억까지 섬세히 훑으며 이들이 무엇을 위해서 독립운동을 하는가를 추적함으로써 병사들이 아일랜드 지도부와 영국 정부가 맺은 휴전 협정을 거부하는 이유를 분명히 드러낸다. 자신들의 고유 언어와 국가의 자원과 부에 대한 동등한 기회, 나아가 우의에 기초한 국가 건설, 공유재로서의 국토 위에서 재배되는 풍요로운 농사 활동 등 영국 식민지 상태에서 새로운 공화제 국가를 건설하려는 아일랜드의 염원이 켄 로치의 영화 속 독립운동 전 과정에 담겨 있다. 식민 본국의 언어, 영어 사용을 거부하다 살해된 손자를 그리며 부르는 할머니의 전승 민요, 영국군이 마을과 집을 불살라도 대대로 살아온 고향 땅을 떠나지 않겠다는 할머니의 절규, 독립군 규율에 따라 처형된 동무를 생각하며 목숨을 내놓는 젊은 의사 데이미언, 고리대금업자에게 벌금 부과 판결을 내리는 혁명 법정, IRA 지도부의 휴전 협정 결정에 대한 독립운동 병사들 간의 뜨거운 논쟁 과정—이 모든 장면들이 민주주의 상태가 유지되는 순간들, 또는 그런 상태를 위한 전제 조건이랄 수 있는 민중의 정치적 덕목이 발현되는 순간들에 대한 영화적 재현이다.

민중이 권력을 잡는다는 의미의 민주주의는 민중의 정치적 덕목을 지키기 위한 전제 조건이며, 동시에 민중의 정치적 덕목은 민중 권력의 필요조건이기도 하다. 민주주의 상태는 결국 평화를 위한 민중의 궁극적 기도이다. 가난한 이들이 원금의 몇십 배에 달하는 이자를 물어야 하는 부조리가 더 이상 벌어지지 않기를, 내 땅에서 농촌의 넉넉한 정경을 누리며 항시적으로 농사 지을 수 있기를, 더 이상 군사적 규율 때문에 친구를 밀고하고 그의 목숨을 앗아가는 비극이 벌어지지 않기를, 조상 대대로 이어져 내려오는 장소에 대한 기억을 그대로 지켜 나갈 수 있기를, 이 영화는 민주주의의 이름으로 기도하고 있다. 평화에 바치는 기도!

'데모크라시'라는 어휘를 한자 문화권에서 처음 번역한 사람은 일본에서 서구의 근대 문명 안내자 역할을 한 후쿠자와 유키치다. 그는 민주주의를 처음에는 '하극상'이라 옮겼다. 하위 무사 계급 출신으로서 근본적인 신분 질서의 개혁을 꿈꾸며 서구의 근대 문명에 맞닥뜨린 그로서도 민주주의의 정명이라 할 수 있는 '민중 권력'이라는 참뜻 앞에서 이를 그대로 받아들일 때의 섬뜩한 느낌을 어찌하지 못했을 것이라는 것을 원래의 데모크라시의 번역어 '하극상'이라는 어휘에서 느낄 수 있다. 아랫사람이 윗사람과 동등하다, 나아가 윗사람을 꺾어 이긴다는 것 자체가 지극히 부당하며 공포스럽다는 어감이 '하극상'이라는 어휘에 깊이 새겨져 있다.

권력을 수직적 위계질서로 인식하는 체제와 그 상층부의 세력들이 민주주의 권력을 공포로 인식할 수 있다는 것은 충분히 이해할 만하다. 부당한 독점과 과점을 당연한 것으로 여기도록 만드는 체제에서 그 혜택을 누리는 세력이라면 재분배의 과정을 두려운 것으로 여길 수도 있을 것이다. 그러나 사회적 부를 단순히 개인이 능력껏 독차지할 수 있는 것이 아니라 근원적으로 타인과 공유하는 공공의 부로 인식할 때 한 사회의 구성원들 중에는 땅과 숲, 물고기, 새, 동물들이 존재하며 민주주의 정치는 자연의 존재에게 자신의 몫을 분배할 여지가 생긴다. 나는 여기서 '근원적'이라는 말을 사용하였다. 그 말의 의미는 이런 것이다. 한 개인이든, 전체로서의 인간이든, 그 '능력'은 온전히 자신만의 고유한 것이 아니다. 자연과의 부단한 접촉을 통해 생성된 능력, 타인과의 교류를 통해 만들어진 능력 이외에 그 어떤 능력도 따로 존재하는 것이 아니다. 그러므로 모든 사회적 부는 공공의 부(common wealth), 즉 공유재일 수밖에 없다. 그런 의미에서 '근원적'이라는 말을 사용한 것이다. 따라서 민주주의 정치는 공화주의를 지향하는 것이 자연 순리에 맞는 일이다.

이 책에서 말하는 민주주의 상태는 결국 이런 것이다. 경제성장의 혜택에도 불구하고 그것이 공공의 부의 성격을 동시에 지니고 있다는 인식, 다시 말해 자신이 배타적으로 향유할 독점적 몫이 아니라는 인식에 도달한 시민들과 경제성장의 혜택에서 배제된 기층 민중들이 연대하여 개발과 경제성장을 억제할 수 있는 정치적 힘을 갖는 상태. 마르크스는 "만국의 노동자여, 단결하라"고 했지만, 몇 년 전 별세하신 김종철 《녹색평론》 발행인은 "만국의 실업자들이여, 단결하라"고 말씀한 바 있다. 노동자든 실업자든, 서로에 대한 믿음과 연대의 중요함을 인식할 필요가 있다. 이 책의 저자 더글러스 러미스는 민주주의는 곧 민주주의 신앙이라고 말하는데, 여기서 신앙은 인간의 공적인 결심을 의미한다. "민주주의 신앙은 민주적 신뢰의 세계가 가능하다고 믿으려는 결심이다. …민주주의 신앙은 각각의 정치체제나 각각의 사람들이 제각각의 민주적인 가능성을 가지고 있다고 믿으려는 결심이다." 마치 〈보리밭을 흔드는 바람〉 속 각각의 인물들이 목숨을 내놓으면서까지 우정, 장소, 흙을 믿으려는 결심, 그리고 돈보다는 사람을 믿으려는 결심을 보여 주는 것처럼. 이보다 더 큰 희망의 전조가 어디에 있겠는가?

《녹색평론》 발행인 김종철 선생의 요청으로 이 책에 대한 번역을 검토했던 것이 벌써 십여 년 전의 일이다. 당시 나로서는 이 책에 등장하는 수많은 정치, 철학, 생태학, 심지어는 신학적 주제들을 제대로 옮길 준비가 되어 있지 않았다. 그 사이 정치학자 하승우 선생의 번역 작업을 거쳐, 하 선생의 번역을 저본 (底本)으로 하여 뒤늦었지만 이제 이 책을 한국어 완역본으로 세상에 내보내려 한다. 번역의 최종적 검토와 마무리를 맡은 내게 번역의 최종 책임이 있는 것은 굳이 말할 필요가 없겠다. 생전 김종철 선생이 경제성장 시대의 종언과 민주주의에 대한 사유를 전개하는 데에, 이 책이 제시하는 민주주의의 근원성에 대한 담론과의 지적·정신적 대화가 적잖은 역할을 한 것으로 보인다. 그런 만큼, 『래디컬 데모크라시』의 한국어판 번역·출간은, 경제성장에 의해 주도되는 근대 문명의 근본적 전환을 위해 고투한 김종철 선생 영전에 바치는 헌사가 아닐 수 없다.

2024년 4월

이승렬

한국어판 서문

『래디컬 데모크라시』를 쓴 지 사반세기가 더 흘렀다. 그 사이 많은 일들이 벌어졌다. 독재국가가 선거민주주의 체제로 바뀌기도 하고, 선거민주주의 국가가 독재 체제로 다시 뒤집어지기도 했다. '경제발전'으로 수백만의 사람들이 세계 산업 체제 속으로 더 동원되어 어떤 사람들은 가난에서 탈출했고 또 어떤 사람들은 '산업화 빈민'으로 편입되었다. 지구는 좀 더 뜨거워져 전례 없는 허리케인, 태풍, 눈보라, 토네이도, 홍수, 산불을 일으키고 있다. 바다의 상당 부분이 죽었거나 죽어 가고 있다. 무수한 생물종들이 소멸되었다. 안전하게 마실 물이 부족해지고 있다. 부자와 빈민 사이의 차이는 더욱 커졌다. 전쟁—종교 전쟁, 이익 추구 전쟁, 제국 확장 전쟁, 어떤 말로도 설명이 가능하지 않은 전쟁—이 도처에서 벌어지고 있다. 그리고 놀라운 일은 아니지만, 가난하고 잔혹한 독재국가의 국민들이 일부에서 유일하게 합당한 문제 해결책이라고 일컫는바, 돈이 있고 자기 생각을 비교적 마음 놓고 말할 수 있는 곳으로 이주하는 일이 늘어나고 있다. 이런 상황은 이중적인 효과를 갖고 있다. 한편으로는 전례 없는 형태의 문화 간 소통과 이해에 이르기도 하지만, 다른 한편 새로운 형태의 인종차별을 낳기도 한다.

이런 상황은 상당 부분 『래디컬 데모크라시』의 내용, 특히 어두운 경고를 담고 있는 2장 '민주주의를 가로막는 발전/개발'과 3장 '기계의 반민주주의적 성격'의 내용과 일관된다. 그러나 1장 '근원적 민주주의'는 미래에 대한 생각을 담고 있지 않고, 근원적 민주주의에 대한 정의를 내려 보려 하고 있다. 만일 제대로 내려진 정의라면, 앞으로도 변치 않을 것이며 적어도 다른 식의 정의를 견뎌 낼 것이다. 바로 그 논의를 요약하는 것에서부터 이 글을 시작해 보겠다.

20세기 서구 정치인들과 정치학자들은 '민주주의'라는 단어가 그 어휘의 일차적 뜻을 의미한다는 사실을 받아들이는 데 어려움을 갖고 있었다. 민주주의는 권력이 민중의 손에 놓이게 되는 상황을 말한다(영어의 democracy는 민중을 뜻하는 *demos*와 권력을 뜻하는 *kratia*의 결합어). 교과서에 따르면, 그런 상황은 불가능하며 생각해 볼 수 없는 일이다. 그래서 교과서가 지칭하는 민주주의는 권력 보유자를 선거에 의해 선택하는 체제를 말한다. 그러나 이것은 범주 오류다. 민주주의는 정치적 상황이다. 선거 시스템은, 바라건대, 그런 상황을 불러오는 방법이다. 선거가 작동할 때도 있지만 그렇지 않을 때도 있다. 우리는 목수의 기술을 집이라고 부르지 않는다. 우리는 법률 조항을 '정의'라고 부르지 않는다. (희망컨대, 법 조항이 정의를 실현하는 데 도움이 되겠지만, 그 운용은 '부정의'하다고 말할 때도 있다.) 마찬가지로, 선거 시스템을 '민주주의'라고 불러서는 안 된다.

'민중이 권력을 갖는 것'으로서 민주주의를 정의할 때, 민주주의에는 두 가지 모습이 있다. 이렇게 정의 내려진 민주주의에 대해 정치적 제안으로서 동의하지 않을 수도 있다. 권력을 유능한 누군가에게 또는 유능한 소수의 엘리트에게 위임하는 것이 나을 것이라는 의견은 수 세기 동안 주위에서 흔히 들을 수 있었고 여전히 많이 듣는 이야기다. 그러나 '민중이 권력을 갖는다'는 것은 정치 역학의 원리로서, 사실을 주장하는 것이다. **정치권력**은, 심지어는 왕이나 독재자의 권력까지도, 폭력이나 부 또는 물리적 힘과는 별도로 민중으로부터 나온다. 왕이 왕일 수 있는 것은 오직 민중이 백성으로서 자신들의 역할에 충실할 때에 한해서일 뿐이다. 백성의 굴종(좀 더 멋지게 표현하면 '충성')은 지배자의 권력이다.

민중이 이런 의미의 근원적 민주주의를 알아차리게 되는, 역사상 이따금 찾아오는 그 순간, 민주주의라는 **것 자체**가 자신의 얼굴을 드러내기 마련이다.

내가 쓴 책에서 너무 자주라는 생각이 들 정도로 반복해서 말한 것은 이런 것이다. 민중이 함께 행동할 때, 그들은 자신들이 권력을 행사하고 있다는 것을 발견하게 되겠지만, 권력을 지키기 위해서는, 그것도 민주적인 형태로 유지하기 위해서는 정치적 덕목이라고 일컬어졌던 바를 발휘할 필요가 있다는 것이다. 민중이 권력욕에 사로잡히거나 다른 사람들을 지배하는 쾌락에 빠져든다면, 그들은 폭도로 변모하거나 선동가에 휘둘리게 될 것이며, 또는 양자 모두가 될 것이다. 지금 이 글을 쓰고 있는 순간에도 나의 조국, 미국에서는 이런 두 가지 유형의 민중 권력—상당히 부정한 민중과, 뭐라고 말해야 할까? 제법 덜 부정한 민중—이 정부를 조정하기 위해 서로 경쟁하고 있는 모습을 볼 수 있다. 내가 오늘 이 책을 다시 쓰고 있는 것이라면, 부정한 민중 권력의 위험성에 대해 더 주의를 기울여 쓸 것이라고 생각한다.

또한 이 책을 오늘 쓰고 있다면, 근원적 민주주의가 퇴조한 시대에 민주주의에 가까이 다가가기 위해 사용하는 제도들에 대해 좀 더 주의 깊게 쓸 것이다. 이 책의 결론 부분에서 나는 근원적 민주주의 **상태**를 여름의 경험에 비유하고, 민주주의 **제도**를 겨울을 나기 위한 준비에 비유하는 유추를 시도하였다. 여기서 나의 질문은 이러했다. "이런 노력들을 여름을 제도화하려는 시도라고 불러야 할까?" 이에 대해 그와 같은 준비는 필요한 반면,

이 또한 위험이 있다고 썼다.

　너무 완벽하게 겨울을 대비하면 겨울이 왔음을 모를 수 있다. 저장된 음식을 먹으며 신선한 음식의 맛을 잊어버릴 수 있고, 난로 옆에 있으면서 여름 태양의 따스함을 잊어버릴 수 있다. 바로 여기가 신화의 비유가 깨지기 시작하는 지점이다. 민주주의의 봄은 정해진 시간에 맞춰 저절로 돌아오지 않기 때문이다. 민주주의는 민주주의가 오게 만들 때에만 찾아온다. 민주주의를 일으키려는 커다란 공동의 노력이 없다면 민주주의는 절대 찾아오지 않을 수도 있다. 또한 여름이 아닌데도 여름인 것처럼 믿도록 자신을 속인다면 우리는 그런 노력을 하지 않게 될 것이고, 심지어 그런 노력이 필요하다는 점을 이해하지 못할지도 모른다.

　내가 이 부분을 쓴 것은 9·11 테러리스트들이 미국을 공격하기 이전의 일이다. 테러리스트들의 공격이 새로운 것은 아니었다. 새로웠던 점은 미국 대통령이 테러에 대응하여 '테러와의 **전쟁**'을 선포하였다는 것이다. 그때까지만 해도 테러는 범죄로 지정되어 법 집행을 통해 다스려 왔다. 테러를 전쟁으로 재정의함으로써 서로 매우 다른 두 개의 법 체계—형사법과 전쟁법—가 뒤죽박죽되어 버렸다. 형사법 체계 아래에서 법 집행 공무원들은 정당방위의 경우가 아니라면 용의자를 죽일 권한이 부여되어 있지 않다(비록 어떤 이들은 이 규정들을 깨기도 하지만). 군법하에서 군인들은, 적의 제복을 입고 있는 누구라도 전투 중이든, 잠을 자든, 맥주를 마시고 있든, 무엇을 하든 그를 죽일 수 있도록 허용되어 있다. '테러와의 전쟁'과 관련한 새로운 법 아래에서도 군인들은 누구든 테러리스트**일 수도 있을 것** 같으면 죽일 수 있는 권한을 갖게 된다. 군인들은 법 집행 시에 금지된 일, 즉 용의자를 처형할 수 있는 권한이 부여된 것이다.

재소자의 대우에서 차이는 더욱 커진다. 전쟁 포로들은 제네바 조약과 오랜 관습법 전통에 따라 정교하게 다듬어진 일련의 권리를 보장받는다. 전쟁 포로들은 범죄자로 다루어져서는 안 되기 때문에 군인으로서 행한 행위로 처벌받지 않는다. 이들은 식사, 옷, 그리고 의료적 처치를 제대로 제공받아야 하고, 전쟁이 끝날 때 무사히 각자의 집으로 돌아갈 수 있어야 한다. 그러나 미국 정부는 테러와의 전쟁에서 붙들린 포로들에게는 전쟁 포로 신분이 주어지지 않을 것이라고 발표했다. 그렇다면 이들은 범죄 용의자들이었는가? 만일 그렇다면, 이들은 정교하게 다듬어진 일련의 다른 권리를 지니고 있다는 것을 의미하는 것으로, 이들의 권리는 미국법의 경우 그 역사적 연원이 영국 존 왕의 마그나카르타 서명이 있었던 1215년까지 거슬러 올라간다. 그런데도 미국 정부는 터무니없이 테러와의 전쟁에서 붙잡힌 재소자들에게 이런 권리를 부여할 수 없다고 결정을 내렸다. (다른 무엇보다도 이런 권리들 중에는 유죄가 입증될 때까지는 무죄

추정의 원칙으로 다루어질 권리, 재판을 받을 권리, 자신이 어떤 혐의를 받고 있는지를 알 권리, 증인을 대면하여 질문을 할 수 있는 권리, 변론 변호사를 선임할 수 있는 권리, **인신보호권**, 즉 합리적인 시간 내에 기소 행위로 피의자의 실제 범죄를 특정할 수 없다면 석방될 권리 등이 포함되어 있었다.) 사실 범죄를 저질렀을 필요도 없다. 설혹 재소자가 어떤 테러 행위도 저지르지 않은 것이 명백하다 하더라도, 여전히 그는 테러리스트라는 '존재'(그 말이 무엇을 의미하든)로 지명되어 재판 없이 무기한 구속될 수 있다.

이처럼 테러와의 전쟁이 시작되면서 지구상에서 가장 강력한 국가가 특정한 자신의 적들을 어떤 인권도 없는 사람들로 지정했던 것이다. 이런 참상을 목격하면서 『래디컬 데모크라시』에서 썼던 내용을 지지하는 동시에 이 책을 다시 쓴다면 좀 더 많은 지면을 할애해서 법치 원칙의 소중함과 존엄함을 강조할 것이라고 생각했으며, 지금도 그렇게 생각한다.

그렇다 하더라도, 근원적 민주주의가 우리가 품을 수 있는 최고의 희망이라는 점은 변하지 않는다. 이 책의 후반부에서 보여주려 한 대로, 세계의 민중을 거대한 자본주의 산업 체제 속으로 재조직하려는 프로젝트는 민주주의를 위험에 빠뜨릴 뿐 아니라, 우리가 알고 있는 한, 우주에서 유일하게 생명을 지탱해 주는 환경을 꾸준히 파괴하고 있는 중이다. 경제발전이라고 불리는 이 프로젝트는 근원적으로 수정되어야 할 필요가 있다는 것은 명백하다. 세계의 국가 수장들이 1%의 슈퍼리치들과 힘을 합해 자신들의 영향력을 사용하여 우리의 지구촌을 이렇게 어리석게 파괴하는 행위를 멈추게 한다면 좋은 일일 것이다. 그리고 이들이 그렇게 하도록 계속 압박하는 것은 분명히 유익한 일이다. 그러나 필요한 변화를 일으킬 수 있는 것은 단지 풀뿌리 민중들의 행동—근원적 민주주의—뿐이다. 전 세계에 걸쳐 지구를 지키기 위해 싸우는 수천 개의 작은 조직들이 있다. 이들은 특정한 종(種)이나 특정한 장소에 집중할 때도 있고, 죽어 가는 바다, 오염수, 지구온난화와 같은 글로벌 이슈에 집중하기도 한다. 우리 시대의 훌륭한 슬로건은 "풀뿌리 민중에게 모든 권력을!"이 될 수 있다. 아마도 봄이 없는 겨울을 피할 수 있는 최고의 희망은 거기에 있을 것이다. (그렇게 된다는 보장이 있는 것은 아니지만.)

처음에 말한 것처럼, 이 책이 출간된 이후 많은 일들이 일어났다. 오늘날 '민주주의'는 세계를 지배하기 위해 미국이 주도하는 노력 앞에 내세우는 슬로건으로, 미국이 권위주의 국가들에 대한 강제적인 내정간섭을 정당화할 때 사용하는 바로 그 어휘인 것이다. 그리고 기본 인권과 자유를 쟁취하기 위한, 그런 나라 민중의 투쟁은 지원할 만한 가치가 있는 것이 사실이다. 그러나 **근원적** 민주주의는 민주주의라는 말이 그렇게 일방적으로 사용되는 어법을 거부한다. 근원적 민주주의는 권위주의 나라들뿐 아니라 미국, 나토, 일본, 우크라이나, 그리고 (내가 이렇게 말해도 되는지는 잘 모르겠지만) 한국에서도 역시 근원적이다. 세계가 어떻게 변하든, 근원적 민주주의는 어디서나 근원적이다.

2023년 12월 오키나와에서

C. 더글러스 러미스

감사의 글

이 책의 초고 대부분은 쓰다 대학(Tsuda College)의 안식년 기간이었던 1987년과 1988년에 썼다. 안식년의 전반부에는 필리핀 대학의 제3세계연구센터에 방문연구원으로 지냈기에 센터와 란돌프 데이비드(Randolf S. David) 당시 소장에게 고마움을 전한다. 이들은 내 방문을 허락했고, 매우 소중한 특권이라 할 도서관의 책상 하나를 내줬다. 방문 기간 동안 나는 랜디 데이비드(Randy David)와 센터의 신씨아 바티스타(Cynthia Bautista) 부소장, 아비날레스(P. B. Abinales), 알렉산더 마그누(Alexander Magno) 같은 연구원들과 유익한 대화를 나눴다. 그리고 나는 살바도르 카를로스(Salvador Carlos)와 함께 정치 이론 강좌를 진행할 기회를 가졌고 그와의 대화에서 많은 점을 배웠다. 또한 센터는 이 책의 1, 2, 3장이 된 내용의 초안을 세 차례 강연하도록 후원했고, 덕분에 나는 생생하고 사려 깊은 비평을 접했다. 특히 자신의 아름다운 집에 방을 내주고 저녁 식사 자리에서 필리핀 정치와 사회에 관해 풍부하고 생생한 교육을 해 준 레이놀드 라카사 이 티(Reynoldo Racasa y Ty)에게 고마움을 전한다.

안식년의 후반부 나는 버클리 소재 캘리포니아 대학의 사회변화연구소(the Institute for the Study of Social Change)의 객원 연구원으로 자리를 옮겼다. 연구원으로 임용해 준 연구소와 트로이 더스터(Troy Duster) 소장에게 고마움을 전한다. 연구소는 2장의 2차 초안을 발표했던 강연회를 후원했다. 그때 제프리 러스티그(R. Jeffery Lustig)는 버클리에 있는 그의 집 뒷마당의 오두막에서 초고를 읽고 매우 유익한 비평을 해 줬으며, 가끔씩 당구에서 이기게 해 줬다. 고마워, 제프!

내가 언급해야만 하는 또 다른 모임은 이름이 없어서 분류하기가 좀 어렵다. 이 모임은 원래 이반 일리치(Ivan Illich)가 조직한 다소 모호한 스터디 그룹으로 비정기적 모임이었다. 나는 1988년에 푸에르토리코의 산후안, 1988년과 1989년 펜실베이니아 주립대, 1990년 (G7에 반대하는 새로운 경제를 위한 국제 이론가들의 모임인 TOES 회의가 열린) 텍사스 휴스턴의 모임에 참여할 기회를 누렸다. 이 만남들의 결과물이 볼프강 작스(Wolfgang Sachs)가 편집한 『반자본 발전 사전 *The Development Dictionary*』이다. 이 책에서 내가 쓴 부분(「평등 Equality」)은 이 책의 2장과 많이 겹치는데, 많은 부분을 이 모임에서 나눈 대화에 빚졌다. 일리치와 작스만이 아니라, 특히 해리 클리버(Harry Cleaver), 바바라 두덴(Barbara Duden), 구스타보 에스테바(Gustavo Esteva), 아시스 난디(Ashis Nandy), 마지드 라흐네마(Majid Rahnema), 장 로베르(Jean Robert), 테오도르 샤닌(Teodor Shanin)에게 빚을 졌다.

이 책에 영향을 준 또 다른 경험은, 1989년 여름 동안 통칭하여 '21세기를 위한 민중 계획'이라고 불리며 일본에서 개최되었던 일련의 대회, 그중에서도 특히 '미나마타 선언문(the Minamata Declaration)'으로 이어졌던 일 년간의 토론회의 준비 과정에 참여한 것이었다. 특히 아시아−태평양자료센터(Pacific-Asia Resource Center, PARC)의 동료인 무토 이치요(Muto Ichiyo)에게 빚을 졌다. 나는 이치요에게서 국경에서 멈추는 민주주의나 해방에 관한 이론이 빈곤한 이론이라는 점을, 적어도 바로 지금의 역사적 시점에서는 그렇다는 점을 배웠다.

또한 나는 쓰다 대학 동료인 미우라 나가미츠(Miura Nagamitsu)와 함께 진보 이론의 비평사 과목을 공동 설계하여 협력 수업 과정을 통해 많은 시사점을 얻었다.

프랑크 바다케(Frank Bardacke)와 한나 피트킨(Hanna Pitkin), 존 샤르(John Schaar), 마크 셀던(Mark Selden)은 러스티그와 함께 초고를 꼼꼼하게 읽고 철저하게 비평해 줬다. 이들에게 받은 격려가 내 마음의 양식이 되었다. 유용하고 건설적인 제안을 해 준 코넬 대학 출판부의 외부 검토위원인 제프리 아이삭

(Jeffrey Isaac)에게도 특별히 고마움을 전한다. 서문에서 썼듯이 무로 켄지, 쓰루미 슌스케(Tsurumi Shunske), 쉘던 월린(Sheldon S. Wolin)에게도 빚을 졌다.

원고를 꼼꼼하게 입력해 준 링구아길드사(社)의 나라하라 준코(Narahara Junko)와 야마가 준코(Yamaga Junko)에게도 진심 어린 고마움을 전한다.

다른 누구보다도 이 책의 권두 인용 명구로 사용할 만한 문구를 준 나의 아버지 케이스 러미스(Keith Lummis)에게 고마움을 전한다.

똑똑해질 필요 없어.
네가 해야 할 일은, 멈추는 거야.
그리고 생각해.

보통 남성 작가의 감사의 글에서 가장 나쁜 순간은 글의 끝부분에서 인내심을 보여 준 아내에게 고마움을 전할 때이다. 여기서 나는 아내인 사이토 야스코(Saito Yasuko)의 인내심이 아니라 조바심에 고마움을 전하고 싶다. 그녀는 종종 "뭐야? **아직도** 그 부분을 하고 있어?"라는 지적으로 기획이 제대로 진행되도록 도와줬다. 이런 도움을 받았으니, 여러분은 앞으로 읽을 원고가 실제 책 원고보다 더 나을 것으로 예상하실 수도 있다. 독자들은 이 괴리감에 관해 누구를 비난해야 할지 알리라.

이 책은 공공선재단(The Common Good Foundation)이 1982년에 발간한《민주주의 *Democracy*》제2권 제4호에 실은 「민주주의의 근원적 성격 The Radicalism of Democracy」이라는 논문에서 시작되었다. 이 논문은 『래디컬한 일본 헌법 *The Radical Constitution of Japan*』(Tokyo: Shobunsha, 1987)에도 실렸다. 2장은 원래 린라이너 출판사의 허락을 구해 얼터너티브즈가 1991년에 발행한《대안: 사회 전환과 인간 거버넌스 *Alternatives: Social Transformation and Human Governance*》제16권 제1호에 「민주주의를 거스르는 발전/개발 Development against Democracy」으로 실렸다. 그리고 이 내용은《독립 *Kasarinlan*》제6권 제3호에 「발전은 반(反)민주주의적이다 Development Is Anti-Democratic」로도 실렸다. 2장의 몇몇 단락들은 『반자본 발전 사전』에 실린 내용을 고친 것이다. 5장은 이반 일리치의 65주년 생일을 축하하는 『친구들의 책, 기념 논집 *A Book of Friends, a Festschrift*』에 실렸다. 이 자료들을 사용할 수 있도록 허락해 준 출판사 편집자들에게 고마움을 전한다.

C. 더글러스 러미스

도쿄

서문

    1980년쯤에 나의 동료, 무로 켄지(Muro Kenji)는 그의 스승이 자 동료인 철학자 쓰루미 슌스케와 얘기를 나누고선 (여느 때처 럼) 흥분해서 나를 찾아왔다. 그는 이렇게 말했다. "우리는 참 흥 미로운 시대에 살고 있어. 민주주의는 **어디서나**(everywhere) 래디 컬해. 미국이나 소련, 일본, 중국, 필리핀, 아프리카, 남미, 어느 나라 어떤 체제에서도 전복적이란 말이야." 낡고도 새로우며, 단순하면서도 복잡하고, 확실하지만 동시에 모호하기도 한 민 주주의라는 개념에는 매혹적인 무언가가 있었다. 그리고 E. M. 포스터에 따르면, 두 번은 축배를 올릴 만하지만 세 번은 불가능 한 원리[민주주의]에 이토록 흥분한 사람을 만나는 건 신기한 일 이다.

거의 그 시점에 나는 미국에서 《민주주의 *Democracy*》라는 새로운 잡지를 발간한다는 한 통의 편지를 받았는데, 그 편지 내용은 필자로 추천할 만한 일본의 래디컬한 민주주의자를 소개해 달라는 것이었다.[1] [그러면서] '래디컬한 민주주의자'에 관한 고민이 생기기 시작했다. 그것은 마치 이웃집 소녀(혹은 소년)를 사랑하게 된 것과 조금 비슷한 경험이었다. 평상시에도 알고 지내던 이 존재는 불현듯 아주 새롭고 신선하고, 뭐랄까, 한 번도 경험하지 못한 것으로 다가왔다.

1960년대 초부터 나는 미국과 일본에서 활동하는 사회운동 활동가로서, 결코 마르크스주의자를 자처할 수는 없었지만 자유주의 국가나 자유주의 경제를 비판하는 마르크스주의의 힘에 항상 의존하는 그런 부류 중의 한 사람이었다. 이 시기의 운동 정치에서 마르크스주의는 언제나 민주주의의 '좌파'라는 의미로, 즉 훨씬 더 '급진적'이라는 의미로 이해되었다. 다른 한편 민주주의자들은 마르크스주의자와 자유주의 좌파 사이의 어정쩡한 중간 지대에 있는 것으로 받아들여졌다(그래서 자유주의 좌파와 구별되기 어려웠다). 프랑스혁명에서 처음 사용된 좌파-중도-우파라는 공간적 은유는 이를테면 우리가 정치를 배열하는 방식에 엄청난 영향력을 행사해 왔다. 자신의 정치 '입장'이 두 입장 '사이'에 있다고 말하는 사람은, 자신만의 분명한 정치 원리도 없이 타협을 일삼는 사람이나 양쪽이 뒤섞여 있는 잡종이라는 평가를 피하기 어렵다. '쓰루미-무로' 공식("민주주의는 어디서나 전복적이야")은 이런 공간 이미지를 다시 배열하는 기반일 수 있다고 나는 생각하기 시작했다. 민주주의가 래디컬한 입장 또는 래디컬리즘 **그 자체로** 여겨지면 다른 정치 입장들과 그들 간의 관계들도 새롭게 조명될 것이다. 이런 구상을 통해 정치 현실은 더욱더 정확하게 반영되고 민주주의 이론을 더욱더 비판적인 힘[2]으로 무장할 수도 있을 것이다.

내가 이 책을 처음 구상한 지 10년 이상의 세월이 흘렀다. 그동안 우리는 폴란드와 중국, 버마, 필리핀 같은 많은 나라들에서 격렬한 민주화 운동을 목격했다. 민주주의의 이름으로 동유럽의 정부들이 차례로 무너졌고 결국 소련 정부도 무너졌다. 동시에 민주주의 이론의 영역에서도 새롭고 활발한 움직임이 나타났다. 제목에 '민주주의'라는 말이 들어가는 책들이 북반구 공업 국가들에서 현상 유지의 미덕을 지루하게 반복해 왔던 지난 몇 년간에 비해, 민주주의야말로, 맞아, "발본(拔本)적이야"[3]라고 말하는 새로운 세대의 이론가들이 등장했다. 조지 부시(George Bush)는 자신의 임기 동안 민주주의가 "승리했다"고 선언했지만, 그 시기에 다른 이들은 민주주의 개념을 구축하고 재발견하고 있었다. 이런 민주주의 개념을 통해 레이건(Ronald Reagan)과 부시의 정치를 비판하는 것은 물론이고, 레이건과 부시가 반대파 리버럴들과 공유했던 이념 틀을 비판하기 위한 토대를 마련하는 데에 도움을 받을 수 있었다. 1980년대 중반에 이르러서야 민주주의에 대한 담론이 수년 만에 처음으로 **흥미로워지기** 시작했다. 이런 논의를 거들려는 의도로 나는 이 책을 썼다.

　흥미롭게도 내가 필리핀의 제3세계연구센터에 있을 때, 미국과 일본의 동료들은 말할 것도 없고 필리핀의 동료들에게조차 나의 연구를 설명하는 것은 어려운 일이었다. 내가 필리핀 그 자체를 연구하기 위해서가 아니라 민주주의 이론에 관한 연구를 준비하러 필리핀에 왔다는 사실이 그들에게는 이상하게 보였을 것이다. 감춰진 선입견은 여기서도 작동한다. 하버드 대학을 방문한 학자가 매사추세츠 지역의 정치나 문화 전공자가 아니라고 해서 이상하게 생각할 사람은 아무도 없다. 더구나 동남아시아를 연구하러 코넬 대학에 가거나 아프리카 연구를 위해 런던 대학에 가는 학자를 이상하게 생각하는 이도 없다. 그러나 반대의 경우는 적용되기 어렵다. 제3세계 국가에 가는 학자는 그 나라에 대한 연구를 할 것이라고 생각한다.

　고정관념을 깨뜨린다면 **아마도** 예상치 못한 것을 배우게 되리라는 보편타당한 원리에 따라 나는 이런 식의 고정관념을 깨뜨릴 요량으로 일부러 필리핀 대학을 골랐다. 그렇지만 필리핀을 선택한 것이 결코 무작정 내린 결정은 아니었다. 1986년 2월의 피플파워 혁명(People's Power Revolution)이 일어난 지 고작 일 년이 지났다. '피플파워'는 결국 그리스어인 *demos*(데모스)와 *kratia*(크라티아)를 영어로 번역한 것일 뿐이다. 피플파워—근원적 민주주의—는 불가능해 보이던 것을 해냈다. 민중들은 단지 선거에서 승리했을 뿐 아니라 반드시 선거 결과를 존중받을 수 있도록 목숨을 걸고 싸워, 부패하고 부도덕하게 부를 축적했던, 단단히 무장한 독재자의 권력을 빼앗아 나라 밖으로 쫓아냈다. 나는 민주주의가 단순히 낡아 빠진 슬로건이 아니라 살아 있는 이념이자 민중의 열정과 헌신이 담긴, 진정으로 중요한 원리로 자리 잡은 곳에 가 보고 싶었다.

실제 상황은 생각과는 많이 달라져 있었다. 마르코스 정권이 무너질 즈음 민중의 분위기는 흥분과 급진적인 희망으로 불타올랐지만 1987년 봄을 지나면서 환멸에 빠져들고 있었다. 민중운동의 본질이라 할 근원적인 희망은(5장에서 더 자세하게 다룰 것이다) 딱 혁명적이라고 부를 만한 정치 상황을 만들었지만, 이 희망의 대상은 선거 승리를 바라는 자유주의 정치가 코라손 아키노(Corazon Aquino)였다. 근원적 민주주의는 자유주의 정치를 복구하느라 자신의 에너지를 다 써 버렸다. 토지개혁은 지지부진해졌고, 내전은 계속되었으며, 1987년은 우울한 한 해가 되어 버렸다.

그러나 이런 환멸에도 민주주의에 관한 긴급하고 풍부한 논의는 사라지지 않았다. 단지 무슨 일이 잘못되었는지 또는 잘못되고 있는지에 관한 질문으로 논의의 초점이 옮겨졌을 뿐이었다. 마르크스주의자들은 민주주의가 그토록 많은 일을 해냈다는 데 놀랐고, 자유주의 좌파는 민주주의가 별일을 하지 못했다고 생각했다. 모든 사람들은 민주주의에 관해 품었던 생각이 약간씩 잘못되었다는 것을 깨달았다. 결국 이 시기는 행복하진 않았지만 지적으로 고무되던 시기였다.

더구나 뜻밖의 무언가를 배우게 되리라는 나의 기대는 틀리지 않았다. 필리핀 지식인들과 민주주의 이론에 관해 토론하고 그들의 책을 읽으면서 나는 '발전/개발(development)'이라 불리는 장벽에 매번 부딪혔다. 제3세계의 시각이 아니라 북반구 공업 국가의 시각으로 보면 민주주의와 발전/개발 사이의 갈등은 이해하기 매우 힘든 문제이다. 사실상 북반구의 공업 국가에서 쓰인 민주주의 이론에 관한 대부분의 책들은 제3세계를 다루지 않는다. 제3세계에 관한 언급은 정치 이론과는 다른 '분야'인 '지역연구'나 '개발경제학'의 부류에 속한다. 그러나 만약 민주주의 이론이 전 세계의 문제라면, 거센 민주화 투쟁이 일어났고 또 일어나고 있는 제3세계를 중요하게 다뤄야 한다. 나는 필리핀에서 제3세계(또는 제3세계가 내재되어 있는 세계의 어느 곳이든 그곳)의 민주주의에 관해 이야기하는 사람이라면 누구라도 개발의 문제와 그것의 반(反)민주주의적인 편향을 다뤄야만 한다는 것을 깨달았다. 이것이 2장의 주제이다.

이 책은 어떠한 제도도 제안[4]하지 않는다. 내가 제도에 대해 말한다면 그것은 원리를 설명하려는 것이지 제도를 제안하려는 것이 아니다. 내가 제도의 기획을 중요하게 여기지 않는 것은 아니다. 오히려 그런 기획들은 정치적인 논의에서 매우 중요하다. 다만 여기서는 민주주의의 본질을 인간사(human affairs)의 원리로 살펴보려 하고, 이것은 사람들이 이 원리를 실현하기 위해 고안한 수많은 제도나 활동들과는 구별이 된다. 이 모든 것들이 너무 자주 뒤섞이고 혼동되어 사용되다 보니, 우리는 마치 민주주의가 곧 자유선거나 인권에 대한 법적 보장, 노동자의 통제권인 것처럼 말한다. 그렇지만 우리는 지금도 평화가 평화협정이고 정의가 배심원에 의한 재판이라고 말하지는 않는다. 평화가 평화협정으로 이뤄질 수도 있고 정의가 배심원 재판 제도로 보장될 수도 있다는 것은, 모든 경우가 아니라 몇몇 경우에만 진실로 증명되는 가설들이다. 우리는 이런 사실을 경험을 통해 알고 있다. 재판이나 협정과 상관없이 정의와 평화에 관한 개념들을 가지고 있어야 그런 가정들의 상대적인 진실 또는 성공을 판단할 수 있다. 비슷하게(아래에서 논의하겠지만) '선거', '법적 보장', '노동자의 통제권'도 가정들이다. 이 가정들의 가치를 판단하기 위해서는, 이런 제도적 장치들로 실현할 수 있다고 흔히들 주장하는, 인간관계의 원리들을 되도록 분명히 할 필요가 있다. 이 책은 민주주의 담론의 **그런** 측면에 기여하고 싶다.

　바꿔 말하면, 이 책은 유토피아 이론과 관련된 작업을 시도하려는 의도로 쓴 것이 아니다. 나는 이전에 어느 누구도 생각한 적이 없는 제안을 하려는 것이 아니다. 이미 수많은 훌륭한 민주주의 제안서들이 검토되고 있고, 어떤 것은 몇 년 동안, 어떤 것은 무려 수백 년 동안 검토되어 왔다. 모든 대륙, 각 나라, 사실상 모든 형태의 제도에 민주주의 운동이 존재한다. 이 운동들은 서로 상이한 상황에 놓여 있고, 각각의 상황은 서로 다른 해결책을 요구한다. 북반구의 거대 자본 정치를 민주화하는 것과 남반구의 군부독재 혹은 공장, 플랜테이션, '사회주의' 관료제, 성차별적 가족, 신권정치의 민주화는 서로 같은 것이 아니다. 이러저러한 제도들의 민주화를 위해 투쟁하는 모든 운동들은 그 나름의 방법들과 목적, 희망을 가지고 있다. 나는 실제 현실에서 민중이 투쟁해 온 것을 대신할 새로운 것을 가지고 있지 않다. 다만 이 책이 민주주의자들에게 그들의 목적과 수단을 평가하고 비판하며 명확히 할 수 있는 몇 가지 기준을 제공하고, '실제 벌어지고 있는' 민주화 운동들을 이론적으로 지원함으로써 작은 기여를 할 수 있기를 바란다.

이런 의미에서 이 책은 민주주의가 다른 정치제도들보다 뛰어난 이유를 거의 다루지 않는다. 오히려 이미 그렇게 생각하는 사람들, 또는 자신이 그렇게 생각한다고 여기는 사람들에게 말을 걸려 한다. 민주주의가 다른 제도들보다 뛰어나다고 생각해야 하는 이유를 설명하려는 것이 아니라, 그런 생각이 초래하는 결과들 중 일부를 탐구하는 것이 이 책의 의도이다. 만약 누군가가 근원적으로 민주주의의 입장을 취한다면 어떤 일이 뒤따를까? 이 점을 충분히 고려하기 위해 내가 가끔 사용하는 방법은 상상의 인물, 이상적으로 설정한 근원적 민주주의자를 가정하는 것이다. 이런 역할을 맡고 있는 인물들은 앞으로 검토하려는 주제들 중 하나이며, 또한 법정에서의 전문 감정인 같은 역할을 하는 참여자들 중 한 명이 될 것이다. 이런 쟁점들에 관해 근원적 민주주의자들은 어떤 생각을 할까? 이런 상황에서 근원적 민주주의자들은 무엇을 할까? 그리고 그렇게 생각하고 행동하면서 근원적 민주주의자들은 어떻게 될까? 이 답에는 구속력이 없다. 누군가는 답을 알지만 다른 선택을 할지 모른다. 그렇지만 이 책의 논의가 성공적이라면, 다른 선택을 한 이들이 적어도 자신의 그런 선택을 '민주주의'라고 말하기는 어려울 것이다.

제1장

근원적 민주주의

민주주의 같은 말은, 모두가 동의하는 정의가 없을 뿐
만 아니라, 하나의 정의를 만들려는 시도는 사방으로부터 반대
에 부딪힌다. 어떤 나라를 민주주의 국가라고 부르면 우리는 대
부분 그 나라를 칭송한다고 느낀다. 결국 어떠한 종류의 정권이
건 정권을 옹호하려는 사람들은 그 체제가 민주주의 체제라고
주장하고, 민주주의가 어떤 하나의 의미로 정해질 경우 그 말을
쓰지 못하게 될 수 있다는 점을 두려워한다.

　　　　　　　　　　　　　　　　　　　─ 조지 오웰, 「정치와 언어」

　　정치 언어들 중에서 '민주주의'가 가장 많이 남용되고 있는 어
휘라는 점은 분명하다. 혁명을 정당화하기 위해서도, 반(反)혁
명을 위해서도, 테러나 절충안, 일상적인 상황을 정당화하기 위
해서도 민주주의라는 말이 사용되어 왔다. 대의기관에도 민주
주의가 적용되는가 하면, 자유기업 경제나 국가 주도 경제, 레닌
주의 정당 지배, 국민투표를 통한 독재에도 민주주의라는 말이
적용되었다. 전쟁이 일어나는 이유는 민주주의를 위해 안전한
세상을 만들기 위해서이며, 원자폭탄이 떨어진 것도 다른 나라

에 민주주의를 꽃피우겠다는 명분에서였다. 민주주의를 지키기 위해 게릴라 토벌 작전을 펼친다고 하지만, 그 게릴라들 역시 자신들이 민주주의를 위해 싸우고 있다고 말한다. 이처럼 민주주의는 타락한 정치 언어가 되어 버렸다. 그리고 오웰이 지적했듯이, 민주주의라는 말을 마구잡이로 사용하는 사람들 대부분은 그렇게 함으로써 기득권을 누리는 사람들이다.

실제 문장 속에서 사용될 때 민주주의라는 말은 종종 아무 뜻도 전달하지 못하는 경우가 있다. "나는 민주주의를 지지한다"는 문장은 사실상 아무런 정보도 전달하지 못한다. 기껏해야 말한 사람이 나치나 왕권신수설을 노골적으로 지지하는 사람은 아니라는 것을 뜻할 뿐이다. 이 말을 들은 사람은 그냥 멍하게 쳐다보거나 "훌륭하네요" 정도의 애매한 대답을 할 것이다.

그러나 가끔은 민주주의라는 말을 무슨 상표명처럼 쓰는 것이 아니라 의미를 가진 생생한 실제 정치 언어로 사용하고 싶은 때가 있다. 필리핀에서 1986년 2월의 선거가 끝난 뒤에 나에게는 매우 상징적인 순간이 있었다. 필리핀의 급진 좌파였던 한 친구는 생각에 잠겨 이렇게 말했다. "우리는 민주주의에 대한 질문을 완전히 다시 생각해 볼 필요가 있어." 그때까지 급진 좌파들의 노선은 선거 참여를 거부하는 것이었다. 민주주의 선거로는 군부독재를 몰아낼 수 없다는 매우 합리적인 이유 때문이었다. 선거가 '피플파워'의 혁명으로 변해 마르코스를 나라 밖으로 쫓아냈을 때, 전 세계가 놀랐던 것만큼 그들 역시 깜짝 놀랐다. 우리는 민주 선거가 그만 한 힘을 만들어 낸 것이라고 생각하지 않는다. 이런 사태의 전환은 확실히 생각의 재정립을 위해 자양분이 된다. 그러나 민주주의를 다시 생각하기란 쉽지 않다. 아니 생각하는 것 자체가 어렵다. 민주주의의 수많은 의미와 활용법 중에서 우리는 어떤 것을 선택해서 생각해 봐야 할 것인가? 그토록 타락해 버린 단어의 복권이 가능할까?

정명(正名)*이 필요한 이유

나는 이 책에서 이런 복권이 가능하며 동시에 필요하다는 입장을 취한다. '민주주의'는 한때 민중의 언어이자 비판의 언어이며 혁명의 언어였다. 민중을 지배하고자 하는 이들이 자신들의 통치를 정당화하기 위해 민주주의라는 말을 도용하였다. 이제 그것을 되찾아 민주주의의 비판적이고 근원적인 힘을 회복시킬 시간이다. 민주주의가 전부는 아니지만, 민주주의는 가치 있고 중요한 것이다. 말이 올바른 곳에 적절한 때에 사용되면 그 말은 신선하고 분명하며 진실해진다. 우리가 민주주의라는 말을 계속 쓰는 것은 습관이나 향수 때문이 아니다. 다른 어휘로는

* [옮긴이 주] 『논어』의 '정명(正名)'은 유가의 정치관의 기본이다. 공자는 "임금은 임금답고, 신하는 신하답고, 아버지는 아버지답고, 자식은 자식답게"라는 말로써 이름에 부합하는 실제를 규명할 필요가 있음을 강조했다.

우리가 말하려는 바를 말할 수 없기 때문에 그 말을 사용하는 것이다. 비록 민주주의라는 말을 사용해 온 역사가 위선과 배신의 역사이기는 하지만, 민주주의는 지금까지도 순결한 정치 이상이다. 근원적으로 이해하면 민주주의는 아직도 이루어지지 않은 약속을 품고 있다.

그렇다면 민주주의에 대한 근원적 이해는 정명(rectification of names)에 대한 요청이다. '민주주의'라는 말은 오직 민주주의적인 것을 가리키는 경우에만 사용되어야 한다는 뜻이다. 즉 의미가 왜곡되고 위선적으로 사용되는 경우를 가려서 버려야 한다. 그 첫 단계로 나는 민주주의라는 말에 대한 최악의 곡해와 왜곡이라고 생각되는 사용법 몇 가지를 다루어 보려 한다. 그것은 다음과 같다.

'민중' 다시 정의하기(a). 민주주의는 보통 민중의 지배로 정의된다. 이런 급진적인 의미에서 벗어나는 고전적인 방법은 '민중'의 정의를 좁히는 것이다. 즉, 노예와 여성, 특정 인종이나 빈민, 또는 다른 집단을 '민중'에서 제외하는 것이다. 일반적으로 어떤 나라에서건 중산층이나 상류층이 '국민의 힘(people's power, 민중의 권력)'을 지지한다고 말할 때, 그들이 얘기하는 '국민(people, 민중)'은 자기 자신을 가리킨다. 민주주의를 요청할 때에도 그들은 자신들에게 봉사하고 노동력을 제공하며, 자신들의 부와 지위의 토대가 되는 잉여를 창출하는 민중 계급이 권력을 잡는 것을 원하지 않는다. 물론 민주주의에서 원래 **데모스**(*demos*)란 시민들 중에서 가장 가난하고 가장 수가 많은 계급을 의미했다. 그리고 민주주의도 원래 그런 사람들의 지배를 뜻했다. 중간계급의 지배가 좋고 나쁘고를 떠나서, 그것은 마땅히 민주주의가 아니라 중간계급에 의한 지배라고 불려야 한다.

　'민중' 다시 정의하기(b). 때때로 집권당이나 집권을 추구하는 정당은 '민중'을 '정당을 지지하는 사람들'로 새로이 정의하면서 그것을 민주주의라 주장한다. [이때] '민중'은 이데올로기적인 개념이 되고, 그 이데올로기를 받아들이지 않는 사람들은 그 범주에서 제외된다. 그들은 민중의 적으로 여겨지거나 아예 눈에 띄지 않는 무의미한 존재가 될 수도 있다. 이런 현상은 독재 정부가 자신을 지지하는 극소수의 사람들을 '민중의 진정한 대변자'라고 묘사하는 상황에서 찾아볼 수 있다. 또한 우리는 수십 명 또는 수백 명의 사람들이 모인 집회를 '민중의 저항'이라는 제목으로 보도하는 소수 야당의 기관지에서도 이런 경향을 찾아볼 수 있다.

　'민중' 다시 정의하기(c). '민중 다시 정의하기(b)'의 변형으로, 민중이 올바른 의식을 갖기만 하면 마땅히 해야 할 생각이나 하게 될 생각을 정당이 대변한다는 것이다. 이런 입장이 정치교육 목적으로 이용된다면 전혀 문제가 되지 않는다. 문제가 될 때는 정당이 민중의 권위에 의해 지지를 받는다거나 민중의 진정한 목소리를 대변하는 존재로 등장할 때이다. 이때 '민중'은 이론적으로 추상화되어서 피와 살을 가진 사람들로 표현되지 않는다. 그런 정당이 권력을 잡는 것과 민중이 권력을 잡는 것은 전혀 다른 일이다.

민주주의는 민중의 복지를 돌보는 것이다. 지미 카터는 무심한 어투로 "민주주의의 진정한 의미"란 "민중을 위한 정부"라고 말한 적이 있다. 많은 지배 엘리트들은 에이브러햄 링컨의 유명한 공식 세 가지 중에서 다른 두 가지를 빼고 싶어 한다. 그리고 나는 평범한 시민들도 민주 정부는 시민들을 돌보는 정부라고 똑같이 얘기하는 것을 들은 적이 있다. 민중의 복지를 돌보는 것은 아주 좋은 일이지만, 그것과 민주주의는 다른 것이다. 어떤 왕이 진심을 다해 자기 국민들을 돌볼 수 있지만, 그 정부 형태가 군주제라는 점은 변하지 않는다. 일당독재가 민중을 섬기는 정책을 채택할 수 있지만, 그 정부는 여전히 일당독재이다. 민주주의는 민중이 온화하고 공정한 지배자들의 은총을 받는 것을 뜻하지 않는다. 민주주의는 민중이 스스로 다스리는 것을 뜻한다.

민주주의는 민중의 지지를 받는 지도자를 얻는 것이다. 이 상황은 민주주의와 혼동되기 쉽다. 그러나 우리에게 '민주주의'라는 말을 알려 준 고대 그리스인들은 이런 유형의 지배에 다른 말을 붙였다. '선동가에 의한 지배'(demagogy의 그리스어 *demagogia*에서 *agogos*의 어원은 '이끌다, 조종하다'라는 뜻인 *agein*이다)가 그것이다. 민중 선동가는 민중을 위해 일하거나 민중을 대변하리라 약속하며 대중적인 지지(=권력)를 얻은 사람이다. 비록 오늘날에는 이 용어가 주로 비난할 때 사용되지만 그 본래 의미는 부정적인 의미만을 가지지 않았다. 특히 민중 선동가가 적절한 일을 약속하고 그 약속을 지킨다면 더더욱 그러했다. 그러나 이것은 민주주의가 아니다. 민주주의는 민중이 약속의 대가로 누군가에게 자신의 권력을 넘겨주는 상황이 아니다.

민주주의는 발전이다(a). 놀랍게도 아직도 민주주의를 미래의 통치 형태, 즉 역사의 자연적인 발전 과정에서 최종 단계로 생각하는 사람들이 종종 있다. 그러나 현실에서 민주주의는 가장 오래된 정치 지배 형태 중 하나이다. 민주주의의 정신은 민중이 민주주의를 위해 싸우는 순간에 역사에서 종종 모습을 드러낸다. 만일 당신이 민주주의를 기다려서 그것을 얻고자 한다면, 영원히 기다려야 할 것이다.

민주주의는 발전이다(b). 사람들은 때때로 경제발전 자체가 민주주의라고 주장하거나 또는 그렇다고 넌지시 암시한다. 만일 '경제발전'의 의미가 경제 권력의 거점들, 즉 토지, 공장, 무역회사, 경제계획기구, 은행 등을 민중이 통제한다는 뜻이라면 충분히 그럴 수 있는 일이다. 그러나 만일 경제발전이 단지 부의 증가만을 뜻한다면, 발전이 아무리 좋은 방향으로 이루어지더라도 민주주의와 같을 수는 없다. 부유한 나라가 민주적일 수도 있고 민주적이지 않을 수도 있듯이, 가난한 나라도 마찬가지이다. 민주주의는 정치 지배의 한 형태이지, 경제발전의 한 단계가 아니다. (이 주제에 관해서는 2장에서 자세히 다룰 것이다.)

민주주의는 자유시장이다. 미국 정부의 관료들과 세계 곳곳의 그 대표자들이 민주주의를 떠들 때 그들이 말하는 민주주의는 주로 자본주의 경제체제이다. 이제 이런 생각은 러시아 정부나 동유럽의 다른 국가들에게도 받아들여지고 있다 보니 보편적인 진리의 지위를 얻을 것처럼 보인다. 그 논리는 단순하다. 사회주의의 명령 경제는 반민주적이기 때문에 자유시장이 민주적이라는 식이다. 여기서 보다시피, 이런 생각은 사회주의가 해결할 것으로 기대를 모았던 문제가 무엇이었는지, 그 문제 자체를 잊고 있다는 점에서 기억상실에 가깝다고 할 수 있다. 비유를 든다면, 죽을병에 걸린 사람이 자신의 증세를 더 악화시킬 약을 먹다가 이제 약을 끊었으니 곧 좋아질 거라고 생각하는 것과 같다. 원래의 문제점은 그대로 남아 있다. 자유시장은 사회를 부유한 사람과 가난한 사람으로 나누는데, 그런 구분은 민주주의와 양립할 수 없다. 자유시장의 자유란 주로 기업의 자유이고, 자본주의 기업 자체가 민주주의를 위협하는 지배 체제가 되었다. 자유시장의 주인공인 기업을 민주화할 방법에 대해 묻는 것은 자본가와 경영진에게 불온한 질문이다.

공산주의만 아니면 민주주의이다. 이런 반동적인 정의는 냉전 시대의 유물이다. '공산주의'로 불리는 그 어떤 것을 설정하는 것에서부터 이 정의는 시작된다. 여기서 '공산주의'는 악 그 자체이며, 바로 민주주의와 정면으로 대립하는 어떤 것이다. 따라서 이 악을 없애도록 도울 수 있는 것은 무엇이든 민주주의이다.

이것은 독재나 계엄령, 니카라과 우파(콘트라) 테러리스트, 저강도 전쟁, 암살대 등 무엇이든 될 수 있다. 해리 트루먼(Harry S. Truman) 대통령이 니카라과의 독재자 소모사(Anastasio Somoza)에 대해 "그는 개자식일 수 있으나 우리 개자식이다"라고 말했을 때 그는 제법 정직하게 속내를 드러낸 것이었다.

민주주의는 공산주의이다. 반대로, 적어도 동유럽의 사회주의 국가들이 무너지기 전까지 일부 마르크스주의자들은 민주주의가 공산주의에 포섭되거나 공산주의가 민주주의를 넘어설 것이라는 점을 우리에게 확신시키려 했다. 즉, 생산수단의 사적 소유가 폐지되면 민주주의의 문제는 국가나 정치와 함께 자연히 사라진다는 식이다. 이 문제에 관해 민주주의자들이 따를 만한 최고의 원칙은 이런 것이다. "눈으로 확인할 때까진 믿지 마라."* 원칙적으로 사회적 소유권이나 공산주의적 소유권이 정치의 민주화를 동반하지 못할 이유는 전혀 없지만, 우리는 이제 역사적인 경험으로 경제체제가 어떤 것도 보장하지 못한다는 점을 알고 있다. 그리고 사회주의 국가이든 (지금의 탈사회주의 국가를 포함해) 어떤 나라이든, 민주주의를 실현할 유일한 방법은 그것을 위해 싸우는 것이다.

민주주의는 민주적 중앙집권주의이다. 중앙집권적인 통제는 정쟁

---

* [옮긴이 주] "believe it when you see it." 어떤 일이 실제로 일어나지 않을 것이라고 생각할 때 많이 사용하는 영어식 표현.

중에 있는 정당에게 유용하고 심지어 필요할 수도 있다. 그러나 중앙집권적인 통제가 유용하다고 해서 그것이 곧 민주주의가 되는 것은 아니다. '민주적 중앙집권주의'는 '뜨거운 얼음'이나 '다양한 일관성'과 같은 표현이다. 당신이 그런 말을 할 수 있다고 해서 그 말이 어떤 의미를 지닌다는 것을 입증하지는 못한다. 일반적으로 민주주의는 지역분권주의(localism)에 바탕을 둔다. 지역은 민중이 생활하는 곳이다. 민주주의는 민중이 생활하지 않는 다른 곳에 권력을 주는 걸 의미하지 않는다.

민주주의는 미국 헌정 체계의 이름이다. 이런 식의 생각은 미국뿐만 아니라 전 세계 곳곳의 고등학교 교과서에 실려 있다. 미국의 헌정 체계는 훌륭한 면이 있지만 그것이 민주주의의 정의로 받아들여지면 안 된다. 미국의 민중은 경제민주주의, 즉 작업장에서의 민주주의라는 문제를 해결하지 못했다. 미국의 민중은 민주주의를 파괴하는 제국주의를 이겨 낼 방법도 찾지 못했다. 그들은 워싱턴으로 점점 더 많은 권력이 집중되어 비대해진 문제를 해결하지도 못했다. 그들은 선거로 왕을 계속 선출하면서 다음 왕이 이런 문제점들을 해결해 줄 것이라는 헛된 꿈에서도 깨어나지 못했다. 더구나 그들은 근원적으로 래디컬한 민주주의의 전통, 자신들의 그 오랜 전통을 망각하는 큰 위험에 빠져버렸다. 부자와 중앙정부에게 지나치게 많은 권력을 준다는 이유로 18세기 미국의 민주주의 혁명가들이 1789년 헌법을 반대하도록 만들었던 바로 그 래디컬한 민주주의를 미국 국민들은

망각하고 있는 것이다.[1]

민주주의는 자유선거이다. 자유선거는 특정한 조건에서만 민주주의에 중요한 도구가 된다. 다른 조건에서 선거는 민중 선동가나 부유한 지주들이 권력을 차지하는 수단이 될 수 있다. 선거 운동이 마케팅 산업으로 변해 버린 오늘날의 미국에서 선거는 국민의 권한 강화와 거의 아무런 관련이 없다. 1990년의 니카라과 선거는 자유선거에 대한 풍자였다. (A 후보에게 투표하면 우리는 너희와 전쟁을 벌일 것이고, B 후보에게 투표하면 그러지 않을 것이다.) 어떤 이가 당신 가슴에 총을 겨누고 "돈을 택할래, 목숨을 택할래?"라고 말할 때, 그 역시 '자유로운 선택'이다.*

민주주의는 부자와 가난한 사람이 함께 잘 살아가는 방법이다. 자유민주주의자들은 부자와 가난한 사람 사이에 빈부 격차가 크게 벌어지더라도 공정한 규칙들이, 즉 기회균등과 선거권, 특정한 법적 권리 등이 보장된다면 비민주적일 것이 없다고 주장한다. 그러나 더 현명한 이론가들은 심각한 경제 불평등이 민주주의와 양립하지 못한다고 알려 준다. 가난한 사람들이 자신들의 정치적 힘을 이용해 부자를 약탈하거나, 부자가 자신들의 부를 이용해 가난한 사람들에게서 권력을 빼앗을 것이다.[2] 두 가지 결과

---

* [옮긴이 주] 1990년 니카라과 대통령 선거에서 좌파 산디니스타 정권의 오르테가 후보와 미국의 지지를 받는 우파의 차모로 후보가 겨루었다. 오르테가가 당선되면 미국으로부터 돈과 무기를 지원받는 콘트라 반군과의 내전이 계속될 수 있었던 당시 니카라과의 사정을 참고.

중에서는 전자가 더 민주주의적이다.

민주주의는 민중이 자기 목소리를 내는 것이다. 이와 비슷한 표현들이 민주주의의 힘을 빼기 위해 고안되었다. 즉 민주주의는 민중에게 '목소리'나 '반대할 권리', '자기 의견을 밝힐 기회', '법정에서의 변론 기회', '목소리를 내어 인정받을 기회' 등을 준다. 권력만 빼고 다른 모든 것을 말이다.

민주 권력은 대리 권력이다. 종종 사람들은 강한 나라의 국민이 되었을 때나 성능 좋은 무기를 다루는 군인이 되었을 때, 또는 영향력 있는 지위의 사람과 실제로나 가상으로 관계를 맺게 되었을 때 자신도 강해질 것이라는 어리석은 믿음을 품곤 한다. 힘없는 소년이라도 유니폼을 입으면 자신이 제국을 대변한다고 생각하고 스스로 강해진 느낌을 갖는다. 힘없는 대중도 자신들을 지배하는 독재자에게 환호를 보내며 자신이 강하다고 상상한다. 무기력한 아첨꾼도 자신의 아첨을 받는 유력 인사들을 생각하며 강함을 느낀다. 그러나 민주주의는 강함을 '느끼는' 것을 뜻하지 않는다. 민주주의는 실제로 권력을 잡는 것을 뜻한다.

민주주의는 강력하지 않지만 안전하다. 다른 한편 민주주의는 종종 우중충하고 재미없는 회색빛의 중간 지대로 묘사되지만, 어쨌거나 왼쪽이나 오른쪽으로 치우치는 위험한 대안들보다 조금은 더 안전한 것으로 묘사된다. 만일 민주주의가 가끔씩 정직해지는 선출직 공무원들의 토론과 교섭 행위만을 뜻한다면 이런 이미지는 적절할 수 있다. 그러나 정말로 근원적으로 래디컬한 민주주의 운동에 참여할 행운을 잡은 민중이나 진짜 민주주의의 조짐을 본 민중은 민주주의를 이런 식으로 보지 않을 것이다. 래디컬한 민주주의는 자기 힘으로 자신의 자유를 위한 조건들을 만들어 가는 인간의 도전을 가리킨다. 그리고 래디컬한 민주주의는 아직 그 핵심 부분은 착수해 보지도 못한 도전이다.

민주주의는 상식이다

우리 시대의 담론장에서 민주주의의 의미가 혼란스럽다는 점을 고려할 때, 민주주의를 지지한다고 말하는 것이 어리석어 보인다면, 적어도 이른바 민주국가라는 곳에서 민주주의에 **관심이 있다**고 말하는 것은 (특히 학계에서는) 악취미가 있다는 징표 정도로 여겨질 수 있다. 물론 '민주주의'는 모두가 기꺼이 사용하고 싶어 하는 말이지만, 민주주의와 사랑에 빠지는 것은 다른 차원의 문제이다. 해방의 정치철학과 관련해 오늘날 우리는 백화제방의 시대를 살고 있다. 수많은 사상 학파들이 우리 주변에 넘쳐나고 있고 그중 상당수는 철학적 현란함을 뽐내다 보니, 너무 어려워서 이해하는 데 오랜 연구가 필요할 정도이다. 이런 상황에서 관심을 둬야 할 주제로 민주주의를 선택하는 것은 결코 영리한 일이 아니다. 이것은 마치 최고의 요리사가 있는 곳에 가서 나는 맹물 맛을 제일 좋아한다고 말하는 것과 같다.

그럼에도 인간 해방이 결국 맹물만큼 명백한 것으로 밝혀질 수 있다는 가능성은 고려해 볼 만한 가치가 있다. 심지어 우리는 그렇게 되기를 바랄 수 있다. 만일 해방이 그토록 정교하고 복잡해서 가장 뛰어난 머리로도 대학원 수준의 교육을 받아야—말하자면, 18년에서 20년 정도 학교 교육을 받은 뒤에야—그 의미를 깨달을 수 있는 것이라면, 우리는 역설적 상황에 직면하게 된다. 즉, 해방은 그 자체로 반(反)민주적이다. 분명히 가장 헌신적으로 해방을 외쳤던 이론가들 중 몇몇은 때때로 민중이 이해할 수 없는 민중 해방 이론이라는 기괴한 이론을 완성하려고 노력했던 것처럼 보인다. 그러나 근원적 민주주의의 관점에서 보면, 해방이라는 이념을 숙련된 전문가인 소수 엘리트의 권위를 세우는 수단으로 변질시키는 것은 이념의 악용이다. 해방 철학이 정녕 해방의 효과를 가지려면 가장 단순해야 한다. 그래야 진정한 해방 철학이다. 그리고 그렇게 발견된 철학이 있다면, 그 철학이 맹물처럼 인간 생활에서 공통적으로 사용되고 근본적으로 필수적이라는 점이 증명되는 것은 놀랄 만한 일이 아닐 것이다.

이런 철학에 붙일 올바른 이름이 '근원적 민주주의(radical democracy)'라는 것이 이 글의 입장이다. 토머스 페인(Tom Paine)이 우리에게 일깨워 줬듯이 민주주의는 상식이다. 상식적인 수준으로 생각해 보면 그의 주장은 분명하고 별문제가 없어 보인다. 하지만 분석적으로 따져 보면 이 주장에는 설명이 필요한 몇 가지 질문들이 뒤따른다. 민주주의가 상식이라고 말하는 것은 모든 사람이 같은 방식으로 민주주의에 동의한다는 것을 뜻하지 않는다. 전 세계의 사람들이 민주주의라는 말을 좋아할 수는 있으나, 내가 앞에서 언급했듯이 민주주의가 뜻하는 바에 대해 그들의 의견이 일치하는 것은 아니다. 게다가 민주주의가 상식적이라고 말한다고 해서, 세계의 객관적인 구조에 의해서건 인간의 지각 구조나 인식 구조에 의해서건 모든 사람들이 민주주의를 똑같은 방식으로 이해할 필요가 있다는 것도 아니다. 이것은 태양이 열을 발산한다거나 두 점 사이의 최단 거리가 직선이라는 점을 인식하는 것과는 다른 것이다. 민주주의는 선택될 수도 있는 하나의 삶의 방식이지만 다른 선택도 가능한 일이다.

민주주의가 상식이라고 말하는 것은 그 이념이 단순하다고 말하는 것과 같다. 물론 그 단순함에는 현혹적인 데가 있다는 말을 서둘러 추가해야 한다. 민주주의는 일상 언어로 표현될 수 있다는 의미에서 단순하다. 그러나 일상 언어는 전혀 단순하지 않다. 일상 언어는 보통 사회과학이나 철학에서 쓰이는 전문용어와는 다른 의미에서 더 복잡하다. 전문용어들이 구체적이고 분명하게 정의된 의미를 가진다면, 일상 언어의 단어들에는 복잡하게 형성되어 종잡을 수 없는 용법의 역사가 담겨 있기 마련이다. 그렇기는 하지만 일상 언어는 우리가 공유하는 언어이고 그래서 우리 상식의 틀을 만들어 주는 언어이다. 민주주의 담론이 그 자체로 민주적이려면 일상 언어로 전달되어야만 한다. 민주주의 담론은 고차원적인 철학으로 제한되어서도 안 되고, 책을 읽으며 대부분의 시간을 보낼 수 있는 전문 직업의 사람들만이 달성할 수 있는 것이어서도 안 된다. 이런 생각은 반(反)지성주의 입장을 취하는 것도 아니고, 불가지론에 따라, 생각하길 거부하는 것도 아니다. 오히려 사유의 기획 자체가 상식의 수준에서 상식의 언어로 이루어져야만 한다는 것이다. 그리고 상식의 언어가 민주주의 사상을 생산하는 기획을 진행하기에 적합한 수단이고 그런 수단이 될 수 있다고 말하는 것이다. 이런 생각을 받아들이지 않는다면 어떻게 민주주의자일 수 있을까?

민주주의는 민중이 다스리는 것을 의미한다. 그렇게 하려면 원칙적으로 민중은 권력을 유지할 수 있는 하나의 집단을 구성해야만 한다. 민주주의 이론가들은 민주주의가 합의를 요구한다고 주장하는데, 합의(consensus)는 상식(common sense)과 매우 밀접한 단어이다. 『옥스퍼드 영어사전』에 따르면 'common'의 어원은 com(함께)과 munis(의무, 책임이 있는)의 조합어로 보이는 라틴어 communis이다. 여기서 munis는 immunis(책임이 없는, 예외)의 반대어이다. 이런 어원은 민주적인 공동체에 관한 상식이 어떤 종류의 것이어야 하는지를 이해하는 데 도움을 준다. 민주 공동체의 상식은, 우연이 아니라면 서로에게 도덕적으로 '책임질 일이 없었을' 사람들 사이에 우연찮게도 이해관계가 하나로 합치되는 것, 그런 것이 아니다. 민주적인 상식의 언어는 반드시 도덕 담론의 언어여야 한다. 달리 말하면, 민주적인 상식은 도덕 담론과 선택, 행위를 통해 만들어진 무언가이다. 이것은 『옥스퍼드 영어사전』에서 'common'의 두 번째 정의에 가까운 의미이다. '*to make common cause with*(~와 제휴하다, 공동전선을 펴다)'와 같은 용례에서 알 수 있듯이, 'common'은 '협력, 공동 행동, 합의 등의 결과나 징표로서 1인 이상의 사람들에 소속되는 것을 말한다.

(어떤 사람에게 '보통'이라고 부른다든지 어떤 생각을 '평범'하다고 할 때의) 'common'이라는 단어에 담긴 경멸의 뜻은 다분히 반(反)민주적인 편견이다. 보통 사람이란 귀족 사회의 구성원이 아닌 사람을 말하며, 평범한 생각이란 소수 엘리트 언어로 구성되지 않는 생각을 뜻한다. 이러한 경멸은 사람들을 평등의 공동체로 묶는 하나의 언어, 하나의 담론 양식, 하나의 감각을 찾으려는 계획을 근본적으로 거부하는 입장이다. 이런 점과는 반대로, 공동의 권리(common right), 공동의 대의(大義, common cause), 마을 공유지(the town common), 공공재(common good), (라틴어 *res publica*의 번역어인) 커먼웰스(commonwealth), 관습법(common law) 등에서는 단어가 긍정적인 의미로 쓰인다. 그리고 고어(古語)에서 'to common'은 동사로도 쓰이는데, 그때의 의미는 "a. 함께 설득하다, 의논하다, b. 공동의 결정을 내리다, 합의하다"이다.

또다른 의미에서 민주주의는 상식이다. 정치 이론에서 민주주의는 다른 모든 지배 체제가 구축되는 일종의 (종종 숨겨진) 공통분모이지만, 동시에 그 지배 체제들을 해체하면 그 본 모습을 볼 수 있는 원점이기도 하다.[3] 이 점은 다음 절에서 자세히 설명하겠다.

근원적 민주주의의 뜻은 단순하다

민주주의의 기본 개념은 단순하다. 민주주의가 무엇인가를 이해하려면, 문헌학자라면 했을 법한 방식, 즉 민주주의의 어원적 의미, 즉 그 **근원적인*** 의미를 되짚어 보는 고지식한 방식에서 시작해야 한다. 민주주의의 뜻이 단순하다는 말은 민주주의를 실현하는 것이 단순하다는 뜻은 아니다. 그러나 민주주의를 말로 표현하는 것은 단순하다.

민주주의는 *demos*(데모스, 민중)와 *kratia*(크라티아, 권력)가 만나 만들어진 단어이다. 하지만 서두르지 않는 것이 좋다. 해석과 설명으로 넘어가기 전에 우리는 첫 번째 단계에서 멈춰야만 한다. 민주주의는 민중이 권력을 가지는 정치 형태를 가리키는 명칭이다. 그런데 여기서 누가 민중인가? 무엇이 권력인가? 민중이 권력을 가져야만 하는가? 어떻게 그런 상태가 마련될 수 있는가? 어떠한 형태의 제도들이 이를 보장할 수 있을까? 어떤

---

* [옮긴이 주] 근원(根源), radical의 라틴어 어원은 radix로서 '뿌리'를 뜻한다.

명제가 아니라 한 단어일 뿐인 민주주의는 이런 질문들에 답하지 못한다. 즉 민주주의는 특정한 정치제도나 경제제도를 배치하는 것을 가리키는 말이 아니다. 오히려 정치제도나 경제제도 때문에 이뤄질 수도 있고 그러지 못할 수도 있는 어떤 상태(situation)를 가리킨다. 민주주의는 하나의 이상을 설명하지, 그것을 달성할 방법을 설명하지 않는다.[4] 민주주의는 통치 형태들 중 하나가 아니라 통치의 목적이며, 인류 역사에서 계속 유지되어 온 제도가 아니라 역사적 기획이다.

사람들이 민주주의를 받아들이고 민주주의를 위해 투쟁한다면 그것이야말로 역사적 기획이다. 사람이 어른으로 성장해야 하는 이유를 증명하는 것이 불가능하듯이 사람들이 민주주의를 위해 투쟁해야 하는 이유를 증명하는 것도 불가능하다. 나는 그런 증명을 시도하진 않겠다. 여기서는 민주주의라는 용어를 매우 보편적인 어법으로 사용하는 것이 나을 것이다. 왜냐하면 민주주의자를 자처하는 사람이라면 어느 정도는 그런 역사적 기획에 헌신한다고 생각하는 것이 옳기 때문이다. 민주주의라는 말을 자기 방식대로 쓰는 사람들에게 우리는 말을 걸 수 있고, 그들이 민주주의 원칙을 부정하거나 배반할 때 모순이라거나 배반이라고 그들을 비난할 수도 있다.

민주주의라는 단어가 뜻하는 바를 그대로 이해하자면 민중이 권력을 가진 곳에 민주주의가 있다. 이런 뜻을 받아들이면 민주주의는 아름답고 절대적이며 분명한 원칙 중의 하나가 된다. '살인하지 말라'와 같은 보편 명제만큼이나 분명해진다. 하지만 동시에 민주주의는 짜증나고 애타게 만드는 수수께끼를 인류에게 제시한다. 민주주의를 집단생활에서 어떻게 실현할 것인지에 관한 수수께끼에는 어떠한 확실한 해답도 없다. 바로 그 이유 때문에 민주주의에 대한 우리의 헌신은 역사적 기획으로만 모습을 드러낼 수 있을 뿐이다. 그리고 제도가 성공적으로 민주주의에 다가섰더라도 정의나 평등, 자유 등의 개념처럼 민주주의 그 자체는 모든 제도들을 평가할 수 있는 비판적인 기준으로 남는다.

　민주주의에 대한 표준화된 개념들은 이런 기본적인 이념에서 벗어나 있다. 『옥스퍼드 영어사전』은 민주주의를 '민중에 의한 정부'로 정의하고, 『콜롬비아 백과사전』은 '국가의 활동 방향을 잡는 데 민중이 함께하는(누구와 함께하는지는 말하지 않는다) 정부'라고 정의한다. '정부'가 '권력'을 대체하면서 애매모호함이 발생하고 여기서부터 문제가 생기기 시작한다. 만약 '정부'가 지배하는 과정으로서의 통치를 의미한다면, 그것은 권력과 거의 비슷한 의미를 지니기 때문에 특별한 문제가 되지 않는다. 그러나 그것이 사회에 존재하는 정치제도로서의 '특정한 정부'를 의미한다면 이것은 완전히 다른 범주의 이야기이다. 『옥스퍼드 영어사전』에서도 그런 의미로 썼을 가능성이 있지만, 『콜롬비아 백과사전』에서는 이 점이 확실해진다. 『콜롬비아 백과사전』은 민주주의를 '국가의 활동'에만 관여하는 것으로 제한해서 의미를 더욱더 어긋나게 만든다. 지금 우리가 논하는 것은 더 이상 하나의 개념 정의가 아니라 가설이다. 이 가설에서 민중이 권력을 가지는 방법은 민중이 '정부', 즉 국가기구에 들어가는 것이다. 이 가설은 권력이 존재하는 곳이 바로 국가기구임을 전제한다. 이것은 그럴듯하지만 '가속 페달을 밟는 것'이 곧 '가속'의 정의라는 생각과 별 차이가 없다. (예컨대) 자동차가 대서양을 건너는 화물선 안에 묶여 있다면 가속 페달을 밟아도 아무 소용이 없듯이, 정부가 기업 권력이라는 배에 실려 움직이는 화물들 중 하나일 뿐이라면 민중이 '정부'를 통제하려 해도 소용없을 것이다.

에이브러햄 링컨의 '민중의, 민중에 의한, 민중을 위한 정부'라는 법률가다운 말은 이러한 빈틈을 메우면서 가설을 상당히 발전시킨다. 그러나 가설을 발전시켰다고 그것이 하나의 개념 정의가 될 수는 없다. 정의와 가설의 차이가 실제적인 목적을 위해서는 중요하지 않을 정도로 미미한 것일 수도 있다. 그럼에도 이 차이는 중요하다.

링컨은 게티즈버그 연설을 통해 선보인 공식이 민주주의에 대한 정의라고 말한 바가 없다. 그럼에도 많은 사람들은 링컨이 연설을 통해 민주주의에 대한 정의를 내렸다고 받아들인다. 그러나 연설문에는 민주주의라는 말이 들어 있지도 않다. 문맥을 볼 때 링컨이 말한 '정부'는 지배 행위가 아니라 제도, 즉 민중에게 권한을 부여하기 위해 만든 구조로서, 여기서 민중은 권력이 부여되어 있지 않은 존재라는 것을 알 수 있다. 무엇보다도 만일 '정부'가 지배 행위를 의미한다면, "민중의 정부는…이 땅에서 사라지지 않을 것"이라는 구절은 우스운 말이 되어 버린다.* 왜냐하면 링컨은 청중들에게 민중이 계속 지배당할 수 있도록 노력해야 한다고 타이르고 있었다고 믿을 수밖에 없기 때문이다.

우리가 민주주의에 관한 것이라 믿어 왔던 상당수의 내용들이 전쟁 시기 묘지에서 행한 연설 내용이라는 사실은 불행한 일이다. 페리클레스(Pericles)의 추모 연설과 링컨의 게티즈버그 연설의 목적은 전사한 젊은이들의 친구, 친지, 동포들에게 그들의 죽음을 정당화하고 동시에 다른 젊은이들에게 그들이 살육 업무를 계속해야 하는 이유를 설명하려는 것이었다. 두 연설 모두

---

* [옮긴이 주] 게티즈버그 연설은 이렇게 끝이 난다. "이제 우리는 살아남은 자로서 이곳에서 싸웠던 그분들이 애타게 이루고자 했지만 아직 끝맺지 못한 과업을 이루기 위해 마땅히 몸과 마음을 바쳐 노력해야 합니다. 우리는 명예롭게 죽어 간 분들이 이루고자 했던 큰 뜻에 더욱 헌신할 수 있는 커다란 힘을 그분들로부터 얻게 될 것입니다. 앞서간 그분들의 헌신은 우리가 바쳐야 할 헌신의 최종적인 절대 기준이 될 것입니다. 우리는 그분들의 죽음을 결코 헛되이 하지 않겠다고 다시 한번 굳게 다짐해야 합니다. 이 나라에 새롭게 자유가 탄생할 수 있도록 하여야 합니다. 그리하여 민중의, 민중에 의한, 민중을 위한 정부가 이 땅에서 사라지지 않도록 하겠다고 다짐해야 합니다." 저자의 말대로 문맥으로 판단할 때 연설의 원문 속에 나오는 government라는 단어는 정부를 뜻하는 것이 틀림없지만, 민주주의에 대한 근원적 해석을 목표로 삼는 저자의 관점에서 보면 'government of people(민중의 정부)'은 아무 의미가 없는 허사에 지나지 않는다. 권력이 없는 민중의 정부는 무력할 수밖에 없기 때문이다. '정부'를 '지배 행위'로 바꾸어 생각해 보면 '아무 힘이 없는 민중의 지배 행위'가 얼마나 의미 없는 말인지 더욱 분명하게 드러난다. 더구나 이 연설이 민중의 동원이 최우선 과제가 될 수밖에 없는 전쟁의 와중에서 이뤄진 것임을 감안해 보면, '민중의 정부'라는 말 속에 숨겨져 있는 허구성을 주장하는 저자가 무엇을 의미하는지 더욱 분명히 드러난다. 바로 그 다음 문장을 주목해 보라.

훌륭했다. 그러나 각각의 역사적인 상황 속에서 두 사람의 말이 얼마나 적절하고 진실했는지는 알 수 없지만, 죽음의 광경 속에 악취가 진동하는 가운데 열린 전시 추모 행사는 민주주의의 의미와 정신을 확정하기에는 군색한 무대가 되고 말았다(페리클레스의 연설에 관해서는 4장에서 자세히 다루겠다).

만약 우리가 링컨이 말한 문구를 민주주의의 개념 정의로 받아들인다면, 민주주의는 특정한 형태의 정부 제도이다. 그러면 민주주의를 위한 투쟁은 국가의 군사행동으로 변질된다. 그에 따라 점점 더 강력한 중앙정부, 군사징병제도, 그랜트 장군, 셔먼 장군, 후커 장군과 같은 사람이 이끄는 대규모 군대, 탈영병을 총살하는 집행대가 필요해진다. 일단 민주주의가 현실의 정치체제로 정의되면, 민주주의자의 임무가 체제를 유지하기 위한 투쟁, 말하자면, '[남북전쟁 중] 북부 구하기'를 위한 투쟁이 되는 것은 자연스런 일이다. 링컨이 살던 시대의 고민스런 사안들 사이에서 북부를 구하는 것이 최선의 정책이었는지 아닌지를 놓고 링컨과 논쟁을 벌이려는 것은 아니다. 단지 우리는 여기서 용어를 정의하려 한다. 우리는 링컨 자신의 권위에 의지해 링컨의 말이 민주주의에 대한 개념 정의가 아니라는 점을 말해 볼 수도 있겠다. 링컨은 민주주의란 그런 것이라고 말하지 않았다. 링컨에게 북부는 민주주의 그 자체가 아니었다. 링컨이 정부 제도는 자유의 황금사과가 아니라 (바라건대) 그 사과를 보호하기 위해 은으로 만든 구조물에 불과하다는 그 유명한 비유를 든 것은 이 둘을 분명하게 구별하기 위해서였다. 별로 차이가 없어 보일지 모르지만 그 결과는 엄청나게 다르다. 즉 민주주의자로 서 우리의 사명은 민주주의를 위한 기나긴 역사적 투쟁으로 이 해될 것인가, 아니면 단지 국가의 모든 적들에 대항해서 결정적 인 군사적 승리를 거두기 위한 투쟁으로 이해될 것인가.

왜 근원인가

민주주의에 관한 글들에서 민주주의라는 단어가 어떤 형용 사로 수식되거나 그 형용사를 통해 다른 단어를 수식하는 경우 를 자주 볼 수 있다. 우리는 자유민주주의, 사회민주주의, 민주 (적) 사회주의, 기독교민주주의, 민중민주주의(예컨대, '왕군주정' 이라는 단어만큼 동어반복), 대중민주주의, 강한 민주주의 등의 말 을 들어 봤다. "어떤 민주주의에 관해 말하고 있습니까?"라는 질 문에 "아무런 수식어도 붙이지 않은 민주주의 그 자체"라고 답 할 수 있다면 가장 좋을 것이다. 단어 자체의 뜻만 따지면 민중 이 권력을 가지고 있음을 뜻하는 것이 민주주의이다. 그러나 민 주주의라는 용어는 논리적으로는 정확하지만, 민주주의에 관해 현재 전개되고 있는 담론들과 비교해 우리의 접근 방식이 다르 다는 점을 보여 주려면 어떤 꼬리표를 부가하는 것이 좋다. 여 러 가능성 있는 후보들이 있지만 그중에서 가장 적절한 표현은

'근원적 민주주의'일 것이다. 우선 '근원적'이라는 말을 선택하는 것은 예나 지금이나 스스로 급진 민주주의자(radical democrats)라고 밝혀 온 이들과의 연대 의식을 드러내는 표현이기 때문이고, 그들이 지금까지 주장해 온 바와 같은 것을 내가 말하고 있기를 바라기 때문이다. 또 다른 이유는 '근원적'이라는 말이 엄격히 말하자면 민주주의를 '수식해 주는' 수식어가 아니라 오히려 강화하는 수식어이기 때문이다. 근원적 민주주의는 본질적인 형태의 민주주의이고, 민주주의의 뿌리를 가리키며, 매우 정확하게 말하자면, 민주주의 그 자체를 의미한다.

그리고 '근원적'이라는 말은 민주주의의 본질이 무엇인지를 규명하는 데 도움이 되는 함축적 의미를 지니고 있다. 민주주의라는 존재는 원래 정치적으로 급진적이다. 우리 시대를 논할 때 민주주의의 급진성은 언급되어야 한다. 민주주의는 좌파이다. 이 말을 통해 추론할 수 있는 바 또한 명쾌하다. '좌파'는 일종의 정치적 은유로서 1789년 프랑스 국민의회에서 민중의 대표자들이 앉은 자리에서 유래되었다. 여기서 좌파라는 말은 바로 '민중의 편'이라는 의미이다. 어떻게 민주주의자가 민중의 편이 아닌 다른 편에 설 수 있겠는가?* 민주주의는 모든 종류의 중앙권력, 즉 카리스마적인 지도자, 관료, 계급, 군부, 기업, 정당, 조합, 기술 지배의 권력을 비판한다. 민주주의는 개념 정의상 당연히 이

---

* 그러나 왼쪽에 앉아 있는 자만이 민주주의자라는 것이 항상 옳은 말은 아니다.

러한 모든 권력을 반대한다. 질서, 효율성, 투쟁의 필요성같이 권력의 중앙집중화를 정당화할 수 있는 다른 이유를 생각해 볼 수도 있겠지만, 이것이 급진 민주주의의 비판을 막을 이유는 되지 못한다. 즉, '어떤 구실을 붙이더라도' 비민주적인 권력은 결국 비민주적일 뿐이라는 것이다.

오늘날 전 세계의 정부와 경제 제도를 볼 때, 내가 서문에 썼듯이 급진 민주주의는 어디서나 전복적이라는 주장을 더 강하게 할 수 있다. 군부독재만이 아니라 민주적이라 불리는 국가에서도, 사회주의 국가에서도, 그리고 '탈사회주의' 국가에서도 민주주의는 역시 전복적이다. 대기업의 내부만이 아니라 큰 노동조합 내부에서도 민주주의는 전복적이다. 민주주의는 모든 국가와 제도에서 자유를 위해 투쟁하는 민중들을 하나로 묶어 주는 개념이다. 만약 그들 모두가 전복적인 방식으로 세상을 볼 수만 있다면 말이다.

래디컬 민주주의가 이 시대에 주로 반대 행위를 통해 발현되는 것이라면, '래디컬'이라는 말이 지니고 있는 또 다른 의미로 인해 민주주의는 정치체제의 중심에 놓인다. 이 말은 ('좌파'의 경우에서와 같이) 극단으로 치우치지 않고 원천을 향해 곧장 나아가는 움직임을 암시한다. 『옥스퍼드 영어사전』을 보면 '래디컬'이라는 표제어의 첫 번째 의미는 '본래의 습기, 체액, 수분, 수액으로, 중세철학에 따르면 태어날 때부터 모든 동식물 안에 있는 체액 또는 수분은 생명력의 필수 조건이다. 그리고 **근본 체열**

(radical heat)* 역시 마찬가지다. 이런 의미로 볼 때, 근원적 민주주의는 본래 존재하는 습기와 같은 것이다. 즉 모든 살아 있는 정치의 중심에 있는 생명력의 에너지원이다. 그러나 민중이 모든 정치권력의 원천이라는 사실이 모든 정권에서 민중이 실제로 권력을 가진다는 뜻은 아니다. 이는 노동자들이 모든 경제가치의 원천이라는 사실이 모든 경제체제에서 노동자들이 부를 통제하고 있다는 뜻은 아닌 것과 같다. 어느 정치체제든 성립되려면 전체 민중에게서 권력을 빼앗아 소수에게 권력을 쥐여 줘야 한다. 모든 이데올로기는 이러한 권력 이양을 정당화하려는 이야기들이다. 이런 이야기를 민중에게 납득시키기만 한다면 그 정권은 안정되고 강력해진다.

근원적 민주주의의 관점에서 볼 때 어떠한 형태의 정부이건 그 정부를 정당화하는 일은 새로운 옷에 대해 황제가 품고 있던 환상과 비슷하다.** 민중이 원래 갖고 있던 자신들의 정치적 기억을 상실하여, 위협이나 속임수로 인해 정부의 권력이 곧 군주의 개인 특성, 신의 심판, 국부(國父)의 유산, 역사의 직접적인 명령, 불가피한 과학적 법칙, 돈으로 살 수 있는 재화라고 믿거

---

* [옮긴이 주] 『옥스퍼드 영어사전』에 따르면, '자연적인 생명 과정에 속해 있거나 생명 과정에서 비롯되는 열'로 정의 내려져 있다.
** [옮긴이 주] '황제의 새로운 옷'은 안데르센의 동화 「벌거벗은 임금님」의 원래 제목이다. 황제는 신비한 옷감으로 옷을 지어 입을 수 있다는 환상에 빠지고, 직공들은 옷 짜는 시늉을 하며 황제를 속인다.

나, 아니면 정부는 총구에서 탄생한다고 믿게 되었다 하더라도, 민중은 여전히 권력의 진정한 원천은 자기 자신이라는 사실을 발견할 수 있다.

만약 모든 군인들이 탈영한다면 엄청난 무기로 무장했을지라도 지휘관에게는 그 군대가 아무런 소용이 없다. 그리고 집단 탈영은 언제나 실제로 일어날 수 있다. 언제든 어떤 정권도 붕괴되어 민주주의 본연의 상태로 되돌아갈 수 있지만 특정한 시대와 장소에서는 심리적으로나 사회적으로 그러한 일을 생각하기조차 쉽지 않다. 대중의 탈주가 국가권력을 무너뜨릴 수 있는 것은 사실이지만, 민중의 믿음이 민중으로 하여금 그런 행동을 할 수 없게 막고 있는 상황에서는 아무런 의미도 가지지 못한다. 그러나 그와 동시에, 민중의 믿음이 어떠하든, 대중이 등을 돌리면 국가권력은 붕괴된다는 물리적인 사실이 바뀌는 것은 아니다.

탈주할 수 있는 가능성이 언제나 항상 존재한다는 의미에서 근원적 민주주의는 역사 속에서 진보도 아니고 퇴보도 아니다. 물론 민주주의를 위해 싸우는 민중들은 시간이 흐르면서 점점 성과(또는 실패)를 쌓을 수도 있다. 그러나 민주주의 혁명은 미지의 미래를 향한 도약이 아니다. 존 로크(John Locke)가 지적했던 것처럼, 민주주의는 돌아가는 것, 근본으로의 회귀다. 민주주의는 **본래적인 것**이다. 민주주의는 모든 권력의 근원이고, 모든 형태의 정부를 번식시키는 토대이며, 모든 정치 용어가 파생

되어 나오는 어근이다. 한때 신앙을 '근원적 은총(radical grace)'*
이라 부르고, 아세트산을 '순수 식초 성분(radical venigar)'**으로,
화강암을 '우주의 근원석(radical rock)'[5]이라 불렀던 것처럼 민주
주의는 본래(本來)의 정치(radical politics)이다.

왜 근원적 민주주의는
위대한 이론가를 가지고 있지 않은가

근원적 민주주의는 모든 정치적인 논의의 기초이다. 물리적
인 차원에서 근원적 민주주의는 정치를 구성하는 재료의 원천,
즉 권력이다. 규범적인 차원에서 근원적 민주주의는 가치의
원천으로서 '정의란 무엇인가'라는 물음에 대한 궁극적인 답변
이다.

이러한 사실을 감안하면, 근원적 민주주의가 정치 이론가들
이 대개 기피하는 주제라는 것은 이상한 일이다. 고전 정치철학
자들 중 누가 근원적 민주주의를 옹호했던가? 우리는 존 로크,

---

* [옮긴이 주] 사도 바울의 신앙과 가르침 속에 등장하는 종교 용어로서, 그의 신앙의 뿌리
가 바로 하느님의 은총이라는 의미에서 근원적 은총이라는 말을 사용한다. 다시 말해 '래
디컬'이라는 말 속에는 은총의 시원(始原)이라는 뜻이 함축되어 있다. 좀 더 관용적으로는
십자가 사건을 통해 현현된 예수의 인간에 대한 궁극의 사랑을 가리킬 때도 이 용어를 사
용하기도 한다.
** [옮긴이 주] 식초에 함유되어 신맛을 결정하는 화학 성분.

장자크 루소, 토머스 제퍼슨, 토머스 페인, 카를 마르크스가 근원적인 의미의 민주주의를 잠깐 언급했던 것을 볼 수는 있을 것이다. 하지만 누가 봐도 분명한 민주주의 이론인 경우에도 근원적 민주주의에 대한 언급은 짧고, 서둘러 다른 주제로 옮겨 간다. 1980년대 이전에 나온 정치 이론에 관한 책을 하나 골라 보라. 아마 거기서 미국, 영국, 프랑스 그리고 다른 몇몇 나라들의 정치제도에 관한 설명을 읽을 수 있을 것이다. 통상 '직접민주주의'는 불가능하다는 설명을 한 줄 혹은 두 줄(더 이상은 없을 것이다) 볼 수 있을 것이다. 고대 그리스에서는 직접민주주의가 가능했겠지만 "직접민주주의의 원리로는 근대국가를 설명할 수도 없고 그 원리는 근대국가에서 실현불가능한 것"[6]이라고 그들은 말한다. 근원적 민주주의자라면 이런 말 뒤에 근대국가를 비판하는 내용이 없다는 사실을 알고 실망할 것이다. 오히려 근대국가에서 관례적으로 '민주적'이라 불리는 특징들이 민주주의를 뜻하는 것으로 민주주의는 재정의된다. "우리는 여기서 모든 민주주의의 표본이 될 조직의 차별화된 특징이나 원리들을 밝히려고 노력할 뿐이다."[7] 이런 체제의 특징에 대한 연구는 민주주의란 '민중의 지배'를 의미하지 않는다고 가르친다. "민주주의는 다수가 지배할 것인지 소수가 지배할 것인지를 정하는 방법이 아니라, 우선 누가 지배할지를 결정하는 방식이다."[8] 이런 각본은 마치 당신이 부자가 되는 방법에 관한 책을 읽으며 **당신은 절대로 부자가 될 수 없지만 부자가 될 사람을 선택할 방법은 있다**

는 점을 배우는 것과 같다.

　예나 지금이나 정치 관련 서적에서 근원적 민주주의라는 주제를 피해 가거나 가볍게 다룬다는 점은 마찬가지다. 시종일관 한결같이 근원적 민주주의라는 그것 그 자체를 지지했던 사람이 있었던가? 근원적 민주주의에 관한 선언문을 쓴 사람이 있었던가? 아무도 떠오르는 이름이 없다.[9]

　그 이유로 몇 가지를 들 수 있다. 첫째, 민주주의를 실제로 믿는 사람이 아무도 없었다는 점이다. 어쩌면 모든 사람들이 믿었던 것은 이런 것일 것이다. 제임스 매디슨(James Madison)처럼, 민주주의란 천사들을 위한 것일 뿐, 결함 많은 인간에게 바랄 수 있는 최고치는 어느 정도의 타협점을 찾아 얼마간 민주화된 리바이어던을 추구하는 정도라는 것이다. 근원적 민주주의는 어쩌면 아나키즘보다도 더 두려운 것일 수 있다. 보통 아나키즘은 민중을 해방시키는 동시에 권력을 아예 없애 버려서 민중이 자유를 누리더라도 어떤 해도 끼치지 못한다는 점을 확신할 수 있다. 하지만 근원적 민주주의는 권력을 없애지 않는다. 이 말은 민중이 권력을 가지고 있으며, 바로 그 권력이 곧 민중의 자유라는 점을 뜻한다. 대부분의 아나키스트들은 정치 영역이 폐지되어 민중이 '사회'의 보이지 않는 지배를 받거나 급진적인 개인주의로 분리되어 더 이상 하나의 민중으로 구성되지 못하는 사회를 구상한다. 그러나 근원적 민주주의는 민중이 공적 영역에서 다 함께하는 것을 상상한다. 거대한 가부장적 리바이어던이나 위대한 모계사회가 민중 위에 군림하고 있는 것이 아니라, 그들의 머리 위에는 단지 텅 빈 하늘이 있을 뿐이다. 리바이어던의 권력을 다시금 자신의 것으로 만든 민중들은 자유롭게 말하고, 자유로이 선택하며, 자유롭게 행동한다. 리바이어던의 권력이 정당한 소유자에게 돌아가면 리바이어던은 변한다. 여기서 말하고 있는 자유의 규모는 현기증을 일으킬 만한 것이어서 사람들은 그 앞에서 정신이 움츠러들지도 모른다. 그래서 이내 중앙 집중화된 권력, 권한을 위임받은 관료, 법의 지배, 경찰, 감옥과 같은 것들의 필요를 입증하는, 좀 더 편안한 관심사로 눈을 돌릴지도 모른다.

근원적 민주주의에 관한 정치철학이 없는 또 다른 이유는 정당화를 위한 논의가 필요 없는 유일한 정치적 상태이기 때문일 것이다. 권력을 민중이 아닌 **다른** 누군가에게 맡길 때에만 이론이 필요해지는 것일 수 있다. '정당화'라는 것이 바로 그런 것 아닐까? 만일 철학자, 군주, 선출된 정치인, 정당 중앙위원회에게 권력을 주려면 우리는 그 이유를 설명해야만 한다. 하지만 민중에게 권력을 돌려주는 경우라면 그런 식의 논쟁은 필요 없다. 민중이 권력을 돌려받는 상황이 왜 안전하고 효과적이며 안정적인지, 그런 상황이 왜 현명한 결정의 원천일 수 있는지에 대한 설명이 필요할 수 있지만, 그런 상황이 왜 정당한지, 그 이유를 설명할 필요는 없다. 근원적 민주주의는 그 자체로 정당하다.

이런 의미에서 근원적 민주주의가 정치철학에서 공개적으로 논의되는 일은 많지 않지만, 근원적 민주주의는 언제나 정치철학에 내재해 있다. 이를 감지하기 위해서 우리는 때때로 물리학자가 양전자의 존재를 관찰하는 방법과 똑같은 방법을 사용할 필요가 있다. 양전자를 관찰할 수 없는 곳에서 그 존재를 유추하는 방법은 관찰 가능한 다른 것들이 그것의 영향을 받아 움직이는 것을 보는 것이다. 자기장이 형성되는 곳에는 반드시 자석이 있다. 근원적 민주주의의 자력은, 그것이 불가능하다는 점을 증명하려는 목적으로, 즉 권력을 모두가 아닌 소수에게 주어야 하고 그것이 더 낫다는 이유를 설명하려는 목적으로 만들어진 이론들과 사상들에서 관찰될 수 있다. 이런 점에서 다른 모든 이론들과 이데올로기들은 근원적 민주주의를 가리켜, 성취할 수 **없는** 어떤 것, 주의해서 피해야 하는 영역, 자신들의 지배나 관리 체계를 망가뜨리는 블랙홀이라고 설명하는 가운데 근원적 민주주의의 존재를 반증하고 있는 것이다.[10] 근원적 민주주의는 정치 이론들이 끊임없이 부정하려 들지만 영원한 '또 다른 가능성'으로 그 이론들 속에 내재해 있으며, 정치 이론들이 애써서 대답해야 하는 근본적인 비판으로서, 정치 이론들 속에 출몰하는 유령 같은 존재로 남아 있다.[11]

홉스(Hobbes)의 『리바이어던』이 전형적인 예이다.[12] 이 책에는 정치 담론 언어와 인간의 의식에서 민중 권력이라는 개념 자체를 없애려 했던 홉스의 집요한 노력이 담겨 있다. 그리고 이

점이 이 책의 치명적인 매력이기도 하다. 그는 국가권력의 지배를 받지 않는 삶이 굶주린 사자 우리 안에 던져진 삶보다 나을 게 없다는 점을 우리에게 납득시키려 하는 것으로 그치지 않는다. 홉스는 또한 권력이란 원칙적으로 민중이 가질 수 없는 것이라고 정의한다. 그가 말하는 자연 상태에서 개인(또는 더 정확하게 남성 가부장)이 "끝없이 추구하는 힘"은 "폭력을 사용해서 다른 남성의 아내와 자식들(그렇다. 홉스의 자연 상태에서 '남성'은 아내와 자식을 소유한다)과 가축의 주인이 될 수 있는" 힘(99쪽)이며 또한 자신이 그런 취급을 받지 않도록 스스로를 보호할 힘이다. 그리고 홉스가 제안한 유일한 연합 계획은 자신들보다 강한 누군가를 죽이려는 몇몇 사람들의 일시적인 동맹이다(98쪽). 그 힘을 리바이어던에게 내주는 바로 그 순간, 그것은 정치권력이 된다. 정치권력은 [민중이] 그것을 내어줌으로써만 실재가 된다. 정치권력의 본질은 민중에 **대한** 지배이며, 그 목적은 "그들 모두가 경외심을 갖도록 만드는 것"이다(100쪽). 그 권력을 다시 찾아오면 그것은 아무것도 아닌 것이 된다. 만약 민중이 요새를 쌓을 벽돌을 바쳤다가 그 벽돌을 모두 되찾아 온다고 가정해 보자. 그들은 자신이 요새가 아니라 겨우 벽돌 한 장만을 가지고 있다는 사실에 놀랄 것이다. 그러면서 그 벽돌을 이웃의 머리에 던져 버릴지도 모른다. 민중 권력은 하나의 환상이어서 존재할 수 없는 어떤 것일 뿐이다. 우리에게 주어진 선택지는 두 가지 형태의 무기력 상태 중 하나일 뿐이다. 하나는 혼란스러운 공포의 상태이고, 다른 하나는 제도화된 공포의 상태이다.

　로크의 『통치론』에는, 책 후반부에 겨우 잠깐 나오긴 하지만, 민중 권력의 이미지가 등장한다.[13] 그 부분에서 로크는 국가의 두 가지 정치 변화를 설명한다. 첫 번째 변화는 민중이 사회계약을 통해 정치권력을 구성하고 국가를 세우는 것이고, 두 번째 변화는 계약이 깨지면서 사회가 정부 없는 상태로 돌아가는 것이다. 첫 번째 변화는 당연히 신화적인 이야기다. 그것은 로크가 실제 역사 속에서 가능하다고 보았던 두 번째 변화 과정을 이해시키기 위해 만들어 낸 것이다. 흥미로운 점은 두 번째 변화가 단순히 첫 번째 변화를 거꾸로 밟아 가는 것이 아니라는 점이다. 첫 번째 변화에서 민중은 그들 사이의 분쟁을 조정할 공정한 심판관으로서 시민 정부를 구성하는 계약을 맺는데, 이 계약은 단일 사회계약처럼 보인다. 그러나 두 번째 변화에서 제도가 붕괴하기 시작하면, 사실은 하나가 아니라 두 개의 계약을 맺었다는 점이 드러난다. "**정부의 해체**에 대해 분명하게 논의하려면 먼저 **사회의 해체**와 **정부의 해체**를 구분해야 한다. 공동체를 구성하고, 인간이 느슨한 자연 상태에서 나와 **하나의 정치사회**(one Politick Society)로 들어가도록 만드는 것은 계약(Agreement)이다. 이 계약은 모든 사람이 다른 사람들과 체결하는 것으로, 그 목적은 서로 연합하고 하나의 몸체(one Body)로 행동하며, 결국 하나의 명확한 국가를 이루기 위해서이다"(454쪽).

　한나 아렌트(Hannah Arendt)가 '수평적' 사회계약과 '수직적'

사회계약[14]이라 불렸던 이 두 개의 계약은 서로 분리될 수 있다. 만약 수평적 사회계약이 깨진다면 수직적 계약도 깨지겠지만 수직적 계약이 깨진다 해도 수평적 계약은 유지될 수 있다. "**정부가 해체되면**, 민중은 스스로 생활할 자유를 누린다. 새로운 입법부를 선출하되 자신들의 안전과 복지에 가장 좋다고 판단하는 바에 따라 인원이나 형태, 또는 이 두 가지 모두를 바꿔서 이전과 다른 입법부를 만들 것이다"(459쪽). 민중은 '자유'를 누리고 하나의 정치체로서 함께 행동할 수 있다. 그들은 판단하고 선택하며 건국자의 역할을 맡는다. 그러나 로크는 사람들이 취할 수 있는 행동을 한 가지로 제한한다. 그것은 새로운 정부의 수립이다. 수직적인 계약이 없는 수평적 계약에서의 정치 조건에 대한 설명은 반 페이지도 안 되어 끝난다. 민중이 권력을 잡는 순간은 그렇게 지나가 버린다. 눈에 보이는 순간 사라져 버리는, 마치 안개 속에 언뜻 보이다 바람 속에 흩어져 버리는 형상처럼 말이다.

그렇지만 바로 그 순간이 중요하다. 한 번 가능했던 것은 다시 가능하기 마련이다. 그렇다면 처음에는 하나로 보였던 사회계약이 두 개로 나뉜 사실을 우리는 어떻게 해석해야 할까? 분석해 보자면, 그저 최초의 약속은 논리적으로 두 개의 약속을 수반하는 것으로 입증되는 걸까? 민중을 하나의 공동체로 통합하는 계약은 정부를 세울 때 꼭 필요한 필수 조건이었을까? 아니면 민중이 두 번째 국면에서 첫 번째 단계와는 달라지는 걸까?

아마도 로크는 정치교육이라는 요소를 고려하고 있었을 것이다. 그 상태가 어떠했든 간에 자연 상태에서 벗어나자마자 하나의 공동체를 스스로 구성하는 정치적인 결정을 내릴 수 있는 민중을 상상하기란 어렵다. 그보다는 그런 능력을 가진 두 번째 단계의 민중을 상상하는 편이 쉽다. 즉 어떤 정부의 지배를 받으며 살면서 그 정부가 점차 부패하는 것을 비판적으로 지켜보다가 지금은 한창 혁명을 일으키고 있는 민중 말이다. 로크는 우리에게 말해 주지 않았다. 우리 스스로 이 퍼즐을 맞춰야 한다. 이 이야기에서 근원적 민주주의자가 얻을 수 있는 교훈은, 정권을 잡을 수 있는 하나의 조직체로 민중을 변화시키는 통일성과 정치교육을 제공하는 것은 억압적인 정부에 맞서는 민중들의 실천적인 민주주의 투쟁이지, 사회계약을 맺기 위한 가상의 '서명'이 아니라는 점이다.[15]

시민사회?

앞서 '정권을 잡을 수 있는 조직체'라는 말을 썼지만, 그 말 대신 '권력을 구성할 수 있는 조직체'라 말하는 게 더 나을까? 로크의 '정치사회'는 정치 이론가들이 지난 이삼십 년간 '시민사회'라는 낡고도 새로운 이름으로 논의해 온 것과 얼마나 비슷할까?

지금 얘기되는 '시민사회' 개념의 흔적을 추적해 볼 수 있는 원천은 다채롭다. 공산주의 관료제 국가에 맞섰던 동유럽 사람들의 투쟁, 독재로부터 '민주주의로의 전환'을 맞이한 라틴 아메리카의 투쟁, 1985년 9월의 대지진 이후 멕시코시티에서 성장한 자율적인 자립 조직들, 안토니오 그람시(Antonio Gramsci)의 저작들, 그리고 더 일반적으로는 포스트-마르크스주의 시대의 민중운동에 필요한 이론과 실천에 대한 연구 등이 그 원천이다.[16] 사람에 따라 시민사회는 제각기 정의될 수 있지만, 보통 국가가 직접 창설하고/하거나 통제하는 것과는 반대로 자율적으로 조직된 사회 영역을 일컫는다. 몇몇 이론가들은 시민사회가 역사적인 변혁 주체로서 '가장 억압받는 계급'이나 '전위 정당'을 대신할 수 있고 또 그래야 한다는 주장을 발전시켜 왔다. 그러나 계급이나 정당과는 달리 시민사회는 봉기해서 국가권력을 장악하는 게 아니라 오히려 봉기를 하는 과정에서 자신의 권력을 강화한다. 시민사회는 국가를 전복하거나 대체하려 하지 않고, 오히려 국가에 저항하고 국가에서 중심적 역할을 하면서 국가를 통제한다. 대중사회와 달리 시민사회는 무리가 아니라 공식적이거나 비공식적인 다양한 그룹과 조직들이다. 시민사회는 다양한 목적, 때로는 정치적인, 때로는 문화적인, 때로는 경제적인 목적을 가지고 함께 행동하는 다양한 사람들로 구성된다. 대중정당과는 달리 시민사회는 과두제의 철칙으로 인한 어려움을 겪지 않는데, 설령 과두제의 문제가 발생해도 작은 조직들에서 나타나곤 하는 자연발생적이고 비교적 덜 해로운 리더십의 형태를 취하는 정도이다. 소규모의 조직이기 때문에 시민사회는 '다수의 횡포'라는 위험에 놀아나지 않는다. 사실 이런 발상은 '다수의 횡포'라는 표현을 만든 알렉시스 드 토크빌(Alexis de Tocqueville)이 다수의 횡포에 대항하는 가장 좋은 방법이라 믿었던 사회 모델과 매우 닮았고, 부분적으로는 그 영향을 받았다. 시민사회는 공적인 논의를 위한 공간, 공적 가치와 공적 언어의 발전을 위한 공간, 공적인 자아(시민)의 형성을 위한 공간을 제공하는데, 이것은 국가권력이나 권력을 차지하려는 정당들이 지배하는 제도화된 정치 영역과 구분되는 공간이다. 18세기에 애덤 퍼거슨(Adam Ferguson)이 말했듯이, 시민사회에서 시민은 꼭 정치인이 되지 않더라도 "같은 동료의 관점에서 행동하며 자신의 생각을 공적인 것으로 만들"[17] 공간을 가진다. 시민사회는 자유를 요구하지 않고 자유를 생성한다.

적어도 이것이 시민사회의 래디컬한 이미지이며, 이는 강한 설득력을 가진다. 게다가 시민사회의 이미지는 민중운동이 1970년대 이후 받아들인 형태, 즉 국가권력의 전복을 목표로 삼지 않고 오히려 각자 특정한 쟁점들에 집중하는 소규모 조직들의 네트워크라는 형태와 매우 비슷하고 그 형태를 이론적으로 정당화하였다. 체코슬로바키아와 폴란드의 '자기제한적인(self-limiting)' 혁명에서 공산주의 관료제를 끝장낸 것이 시민사회였다면, 돌이켜 보건대 시민사회는 필리핀에서 마르코스 독재를 결국 무너뜨린 '부문 조직들'의 네트워크에도 적절한 이름일 것이다. 또 다른 마르코스, 즉 사파티스타민족해방군(EZLN)의 마르코스 부사령관이 치아파스 해방구의 사령본부에서 특별한 호소를 남긴 대상도 시민사회였다. "시민사회가 우리나라를 민주주의로 전환하는 데 필요하다고 생각되면 어떤 형태로든 시민사회가 스스로 조직될 수 있도록 계속 휴전 상태를 존중할 것이다."[18]

그러나 시민-사회 개념의 문제점은 자유주의적 다원주의라는 우울하고 낡은 모델과 쉽게 구별되지 않는다는 점이다. 미국에서 로버트 달(Robert Dahl), 세이무어 마틴 립셋(Seymour Martin Lipset), 다니엘 벨(Daniel Bell) 같은 사회과학자들이 1950년대의 냉전 시대까지 거슬러 올라가 '포스트-마르크스주의' 정치 이론을 발전시켜 왔다는 것을 기억해야 된다. 이 이론에 따르면 계급이 아니라 다양한 이익집단들이 경쟁하는 사회에서 민주주의가 가장 눈부시게 발전하고 자유도 가장 훌륭하게 보장된다. 바로 이런 류의 사회는 (주창하는 바에 따르면) 자유주의적 자본주의 국가, 특히 미국에서 발전한 것으로 드러났다. 바로 이런 상황 때문에 로버트 달은 "뉴헤이븐(New Haven)의 정치 시스템은 단점조차도 모두 민주적인 시스템의 한 예"*라고 말할

---

* [옮긴이 주] 로버트 달이 교수로 재직하던 예일 대학의 소재지, 뉴헤이븐의 정치체제에 대한 분석을 통해, 다양한 종류의 이익 단체들의 로비와 압력에도 불구하고 뉴헤이븐 시의 예에서처럼 지방정부와 리더가 조정 역할을 제대로 수행하는 다원주의 체제가 민주주의의 모델이라고 주장했다. 로버트 달, 『누가 지배하는가 *Who Governs?*』.

수 있었고, 립셋은 (위와 같이 정의된) 민주주의 체제가 "실제 운영 중인 훌륭한 사회 자체"라고 얘기할 수 있었으며, 벨이 자유주의적 자본주의의 등장으로 세계의 정치발전이 그 정점에 이르렀고 이데올로기가 더 이상 필요하지 않다고 주장할 수 있었던 것이다. 다니엘 벨의 『이데올로기의 종언 *End of Ideology*』은 이데올로기의 시대였던 1960년대와 1970년대에 조롱거리가 되었지만, 새로운 시민-사회 담론의 등장 덕분에 벨은 1980년대에 다시 등장해 내 말이 맞잖아라고 말할 수 있었다. 1989년 「미국 예외주의를 다시 생각한다 — 시민사회의 역할」이라는 글에서 벨은 "시민사회의 가치들을 새로이 평가"하는 것을 "자유주의의 목적을 달성"하기 위한 한 걸음으로서 환영하며 "미국이 [세계] 정치사에서 거의 유일하게…완전한 **시민사회가 되었다**"[19] 고 자랑을 늘어놓았다.

벨보다 앞서 '이데올로기의 종언'이라는 표현을 사용했던 에드워드 쉴즈(Edward Shils)[20]는 「시민사회의 미덕 The Virtue of Civil Society」이라는 글로 1991년부터 시민-사회 논쟁에 합류한 바 있다. 그 글에서 쉴즈의 주장은 이런 것이다. 즉, 시민사회가 자유민주주의 사회와 같은 말은 아니지만 "질서 잡힌 자유민주주의와 무질서한 자유민주주의의 차이"[21]를 만들어 낸다는 것이다. 쉴즈가 그리는 시민사회의 이미지 속에서 전형적인 시민 모임의 목록 맨 앞자리에 "산업계와…기업체"가 있다. 정치 영역에서는 정당만이 거론된다(9쪽). 노동조합, 비정부 기구, 사회운동단체들은 (이런 단체들이 '기타 등등'에 포함되리라 가정하지 않는 다면) 이 목록에서 빠져 있다. 쉴즈에 따르면 자유민주주의 사회는 매우 경쟁적이고 이런 사회에서의 경쟁을 보면 "삶이 '서로 먹고 먹히는' 것이라는 견해가 옳다는 생각을 하게 된다"(15쪽). 시민의 예의범절(civility)(8쪽)은 '세련된 매너'를 의미하는 것으로서 그런 경쟁 사회의 가혹함을 누그러뜨릴 수 있다. "이런 시민적 예절이 없는 다원주의 사회는 만인이 만인과 전쟁을 벌이는 상태로 악화될 수 있다"(15쪽). "누군가 패자가 있을 수밖에 없는 경제, 정치, 지식 모든 면에서의 경쟁 사회에서는 다가올 손실의 위험이나 실제 손실로 인한 피해와 같은 위험 부담을 질 수밖에 없지만, 공손함이라는 의미의 시민적 덕목(civility)은 그와 같은 위험 부담을 누그러뜨리거나 개선한다. 공손함은 삶을 조금 더 즐겁게 만든다"(13쪽). 게다가 시민사회는 "법이 정한 테두리 내에서 활동하는"(15쪽) 것으로, 결코 국가로부터 독립적이지 않고 실제로는 자기 존재를 국가에 의지한다. "가장 뛰어난 경찰이라도 청소년 범죄는 말할 것도 없고, 모든 범죄자들을 감지, 추적, 체포할 수 없다"(16쪽)는 점을 감안하면, 경우에 따라서는 시민사회가 국가권력의 확장을 도울 수도 있다.[22]

이런 홉스적인 관점을 따르면, 국가와 구분되는 독립된 시민사회를 구성하는 민중의 능력은 분명히 부정된다. 그러나 만약 민중의 능력이 리바이어던이 "정한 테두리 내에서 활동하는" 것이더라도, 홉스와는 달리 우리는 여전히 자유주의자로서 모든 권력을 리바이어던에게 주지는 않을 것이다. 오히려 우리는 사회 안에 있는 자유의 영역을, 자연 상태의 부분적인 귀환을 의미하는 '자유'를 보호할 것이다. 만인에 대한 전쟁 상태에 완전히 빠지지 않으려면 우리는 국가와 법률이 필요하다. 부분적인 자연 상태라도 유지하려면 우리는 시민이 되어야 한다. 우리는 시민의식을 견지하며, 제로섬 게임[23]에 따라 우리의 이웃들과 경쟁하고 그들의 행동을 주의 깊게 관찰하다 적절한 때에 이웃들을 경찰에게 넘긴다.

이런 시민사회는 사회변혁의 주체가 되기는커녕 출구 없는 지옥에서, 그리고 역사의 종말에서 살아남기 위한 기술에 불과하다.

쉴즈의 비관주의(혹은 냉소주의)를 받아들일 필요는 없지만, 그의 설명은 시민사회에 관한 이야기가 그렇게 낭만적이지 않다는 점을 우리에게 일깨워 준다. 만일 시민사회가 단순히 비정부 영역만을 뜻한다면 미쓰비시(Mitsubishi)와 ITT, 엑슨(Exxon) 같은 기업도 시민사회에 포함된다. 거기에다 시민사회는 여성에 대한 가부장적 지배와 인종주의의 보루가 된다.[24] 시민사회 자체는 더 이상 민주화를 추동하는 힘이 아니다. 데이비드 헬드(David Held)가 "국가와 시민사회의 이중적인 민주화"를 요청하면서 이를 "양자의 상호의존적 변화"[25]라고 설명하는 것은 매우 정확한 일이다. 그러나 그의 생각은 전혀 새롭지 않다. 왜냐하면 경제민주화를 포함하는 사회변혁은 자본주의가 등장한 이래로 민중운동의 주요한 목적들 중 하나였다. 프랑스혁명이 정치 혁명에 그쳤을 뿐, 변화가 있다면 사회를 이전보다 더 억압적으로 만들었다는 것이 바로 마르크스의 비판이었다. 민중이 사회 개혁과 사회혁명을 이야기할 때 뜻하는 바는 바로 이것이다. 자본주의경제의 경쟁과 노동 같은 기본 조건들을 바꿀 수 없는 것으로 받아들이는 민주주의 운동, 그리고 단지 '아주 조금 더 즐거운' 것으로 만들어 보려는 민주주의 운동은 그 어떤 것이라도 시작부터 패배를 인정하는 셈이다.

바츨라프 하벨(Václav Havel)의 「힘없는 자들의 힘 The Power of the Powerless」이라는 에세이는 공산국가 체코슬로바키아의 한 청과물 상인이 양파와 당근 사이로 "만국의 노동자여, 단결하라!"라는 팻말을 가게 창문에 걸어 둔 장면을 묘사하면서 시작된다.[26] 하벨은 그 팻말이 전달하려는 의미가 무엇이냐고 묻는다. "말하자면, 그것은 이러한 표현일 것이다. '청과물 상인 아무개가 여기 살고 있고, 내가 무엇을 해야 하는지도 안다. 나는 내가 받는 기대에 따라 행동한다. 나는 믿을 수 있는 사람이며 나무랄 데 없는 사람이다. 나는 고분고분하며, 따라서 평화롭게 살 권리가 있다'"(28쪽). 정부의 고용인인 청과물 상인은 시민사회가 폐지된 세계에 살고 있다. 그는 국가권력에 포획되어 있다. 그를 둘러싼 사회는 밑바닥까지 국가 이데올로기에 침윤되어 있다. 자유주의적 자본주의의 신봉자들이 이 부분에서 우쭐해 할 이유는 없다. 하벨이 분명하게 보여 주는 것은 청과물 상인을 억압하는 공산국가의 관료제가 "기술문명을 기계적으로 수용하는 전 세계적인 경향을 나타내는 한 극단적인 유형일 뿐이라는 점이다. 공산국가의 관료제에 비추어진 인간의 실패는 근대 인간의 보편적인 실패로 생긴 변종들 중 하나에 불과하다"(90쪽). 쉴즈의 고발하는 시민은 청과물 상인과 매우 잘 들어맞는 한 짝을 이룬다.

하벨은 이제 변화가 어떻게 시작되는지를 묘사한다.

> 이제 어느 날 청과물 상인이 갑작스런 심경의 변화를 일으켜 그저 비위를 맞추려 팻말을 걸지 않는다고 상상해 보자. 그는 투표하는 것이 바보짓일 뿐이라는 것을 알고 투표를 단념한다. 그는 정치 모임에서 진심을 말하기 시작한다. 그리고 그는 양심이 명령하는 대로 지지하는 이들과 연대하면서 자기 내면의 힘을 깨닫는다. 이런 저항으로 청과물 상인은 거짓으로 점철된 삶에서 벗어난다. 그의 저항은 **진실과 더불어 살려는** 시도이다. (39쪽)[27]

만일 청과물 상인이 이런 태도의 변화에도 아무런 처벌을 받지 않고 살아남는다면—무슨 말이냐 하면, 비슷한 생각을 하는 이들이 충분히 많이 모여 도저히 국가가 모두 처벌할 수 없을 정도가 되면, 이들의 활동은 자유롭게 생각하고 말하며 행동할 수 있는 자율적인 사회 영역, 즉 민주적인 시민사회의 출현으로 이어지게 된다. 하벨의 이야기에서 묘사되는 변화는 조직의 변화가 아니라 정신의 변화라는 점에서 중요하다. 이것이 바로 마르크스가 '의식화된' 노동자라는 표현을 통해 의미했던, 그런 종류의 변화이며, 해방신학자들이 (영어로) '의식화(conscientization)'라는 어색한 표현을 통해 기술하고 싶어 했던 종류의 변화다. 이런 변화는 '올바르지 않은' 앎에서 '올바른' 앎으로의 변화가 아니다. 청과물 상인이 반드시 이전에 알지 못했던 사실을 깨닫게 된 것은 아니다. 이것은 무언가가 '찰칵 소리와 함께 단절되는' 그런 변화다. 그것은 마음의 움직임, 즉 결단이다.[28] 물론 '결단'이 뜻하는 바는 행동하기로 결심하는 것이고, 그 결단은 준비된 것이 아니라 청과물 상인이 팻말을 걸지 않기로 한 바로 그 순간 생긴다. 조직이나 제도가 전혀 바뀌지 않았음에도, 바로 그 순간에 자유의 공간이 만들어진다. 청과물 상인이 자신의 결심을 행동에 옮기기 시작한 뒤에, 특히 그가 행동하는 동료들을 발견한다면, 새로운 조직이 모습을 드러낼지도 모른다. 그렇지 않으면 그는 이미 만들어진 단체 내에서 활동하면서 그 단체를 변화시키기 위해 행동할 수도 있다. 하벨은 다음과 같은 역설을 말하지는 않았지만, 청과물 상인은 구호를 바꿀 필요조차 없을 것이다. 왜냐하면 청과물 상인과 그의 동료 시민들이 "만국의 노동자여, 단결하라!"라는 구호를 너무 많이 들어 아마 지겨워할 것이라는 점을 빼면, 그 구호는 제법 제대로 먹혀들고 있기 때문이다.

또한 하벨이 설명하는 정신 상태의 변화는 쉴즈가 설명했던 먹고 먹히는 자유주의적 시민사회와 자율적이고 민주적인 시민사회의 차이점을 나타낼 수도 있다. 쉴즈의 고분고분하게 고발하는 사람과 뒤통수치는 사람들의 사회에서 영위되는 삶은 거짓된 삶이다. 고분고분함은 거짓이며, 잔혹한 경쟁 외에 어떤 품격 있는 대안도 받아들여지지 않는 것이 인간의 조건이라는 생각은 더욱더 심각한 거짓이다. 그것은 다름 아닌 자본주의 이데올로기이다. 여기에서도 자율적이고 민주적인 시민사회의 문을 여는 것은 제도의 변화가 아니라 이런 이중의 거짓된 삶을 그만두려는 결단이다. 민주적인 시민사회가 활기를 띠게 된다면, 이 사회는 다양한 형태의 대면 조직들을 발전시키면서 어떤 전형적인 형태를 띠는 경향을 갖는다. 어떤 조직은 아렌트가 말했던 정치 '평의회'의 성격을 띠고, 어떤 것은 크로포트킨이 설명했던 상호부조 조직의 특성을 가지며, 어떤 조직은 (음악과 연극, 춤을 창조하는) 순수히 문화적이거나 교육적인 목적을 가진다. 그리고 어떤 조직은 이 모든 특징들을 두루 갖추고 있다. 그런데 자율성으로의 전환은 그 자체가 조직의 변화로 나타나지 않고 다른 차원에서 발생한다. 바로 이런 이유 때문에 하벨은 (어떤 경우에는 이 에세이를 쓸 때 목격했던) "체제의 변화를 피상적인 것, 부차적인 것, 그 자체로는 아무것도 보장할 수 없는 것"으로 보았고, 정부를 폭력으로 무너뜨리는 것을 "그다지 급진적이지 않은" 것이라 비판했던 것이다.[29] 그리고 이것은 조직만을 연구하는 사회과학자들이 약육강식의 시민사회와 자율적이고 민주적인 시민사회의 차이를 사실상 설명하지 못하는 이유이기도 하다.

따라서 위에서 전제했던 민주주의의 정의, 민중이 권력을 가지는 사태는 매우 단순해 보이지만 더 세심하게 분석하면 그것은 매우 복잡해진다. 권력을 가지려면 원칙적으로 민중이 권력을 구성할 수 있는 하나의 조직체로 만들어져야 한다고 말하는 것은 동어반복, 그 이상의 의미를 갖는다. 국가의 거짓된 선전선동에 아무런 저항도 하지 않고 사는 민중이 권력을 구성할 수는 없다. 약육강식의 경쟁이 인간의 피할 수 없는 운명이고 인간이 바랄 수 있는 최상은 좀 더 온화한 자연 상태라고 믿는 민중은 권력을 잡을 수 없다. 그런 정신 상태에 빠져 있는 민중의 품에 권력을 안겨 주는 제도 변화가 민주주의를 실현시킬 것이라 생각하는 것은 환상이다. 제도는 변할 수 있고 실제로 변하지만 그 변화가 정신 상태의 변화를 유도하지 않는다면 그 결과는 밑 빠진 독에 물붓기가 될 것이다. 그렇지만 이렇게만 말하면 오해의 소지가 있다. 다시 말하자면 민주주의 권력은 위에서 떨어지는 것이 아니고, 민주주의 정신 상태를 가진 민중이, 그리고 그런 정신 상태에 따라 움직이는 민중이 만든다. 정신 상태의 변화 가능성이 바로 힘없는 자들의 힘이다.

동시에, 그렇다고 해서 민주주의를 위해서는 미지의 미래로 의식의 도약이 필요하다는 것을 의미하지 않는다. 오히려 민주주의는 자연스러운 의식을 회복하는 것을 의미할 뿐이다. 정신 상태의 '갑작스런 단절'은 민주주의적 상식이라는 자연스러운 입장에 도달하지 못하게 하는 이데올로기적 구속으로 작용한 다. 나는 5장에서 이것에 관해 자세히 얘기하려 한다.*

폴란드에서 '연대노동조합(Solidarity)'의 야체크 쿠론(Jacek Kurón)이 만든 새로운 표현을 빌려서, 코헨(Jean L. Cohen)과 아라토(Andrew Arato)는 시민사회 개념이 '자기제한적인' 민주화 운동에 [이론적인] 기반을 제공한다고 주장한다. 이 구상에서 시민사회는 국가를 장악하거나 없애지 않고, 국가를 시민사회로 대체하려고 시도하지도 않는다. 독재 정부일 때 시민사회는 정부에 '민주화로의 이행'을 압박할 수 있다. 여기서 민주화로의 이행은 대의민주주의 제도로의 이행을 의미한다. 그러나 정부가 이미 그런 대의제도를 갖추고 있는 상황에서는 "사회운동이 시민들의 참여를 통해 이뤄지는 어떤 형태를 미리 앞당겨 보여 주는 것이라고 생각하지 않는다. 사회운동이 대의민주주의의 제도 장치를 대체하거나 심지어는 대체해야 한다고 보지 않는 것이다. …사회운동은 경쟁적인 정당 체계를 보완할 수 있고 그것을 보완해야지, 정당 체계를 대신하려는 목적을 가져서는

---

* [옮긴이 주] 국가 폭력, 초월적 신에 대한 맹목, 여기서 나아가 인간이 만들어 낸 역사적 진보에 대한 미신과 같은 여러 형태의 이데올로기적 속박에서 풀려나, 민주주의에 대한 희망의 근거이기도 한 인간에 대한 신뢰가 어떻게 공적인 신뢰로 연결될 수 있을지에 대해서는 5장에서 논의된다.

안 된다"[30]. 이러한 생각은 흥미롭다. 이런 생각은 권위주의 조직(전위 정당) 설립을 우선적으로 생각하는 전략에 비하면 크게 진전된 생각이다. 왜냐하면 권위주의 조직은 권위주의적 인물(직업 혁명가)이 주도할 필요가 있으며 혁명으로 엄청나게 제도가 바뀌기 전에는 누구에게도 해방을 약속하지 않기 때문이다. 앞에서 말한 바 있지만, 시민사회는 국가가 자유를 확립하도록 강제하지 않고 오히려 자유의 공간 자체를 만들어 내기 위해 투쟁한다. 시민사회는 '혁명 이후'에 도래할 이상적인 미래를 위해 현재를 희생시키라고 요구하지 않는다. 하벨이 쓴 것처럼 우리는 오늘 시작할 수 있다.[31] 더 정확하게 말하면, 이런 작업은 오래전에 이미 시작되었다. 시민사회를 민주화하는 운동은 '외부'(즉 혁명 정당이 장악한 국가)에서 사회를 강압하는 활동이 아니기 때문에 자기제한적이다. 시민사회는 사회 그 자체이고, 국가를 장악하겠다고 생각할 만큼 충분히 강력해질 때쯤이면 적어도 사회의 대부분을 차지할 것이다. 진정으로 민주적인 시민사회가 실제로 그만큼 성장한다면, 국가 구조는 그대로 남아 있을 수 있겠는가? 시민사회가 그만큼 성장한다면 이를 통해 존 코튼(John Cotton)의 유명한 역설, "민중이 지배자가 된다면 누가 지배를 받을 것인가?"에 대한 흥미로운 대답을 얻을 수 있을 것이다. 그 대답은 정부다.

민주화 운동이 정부 체제를 "대체하겠다는 목표를 세워서는 안 된다"는 주장은 코헨과 아라토가 원했던 것보다 덜 자기제한적인 것처럼 들린다. 시민사회에 뿌리내린 민주화 운동은 원칙적으로 사회 자체를 완전히 해체할 수 없다는 점에서 자기제한적이다.[32] 예컨대 (벨이 '완전한 시민사회'라 부른) 미국에서 지금 논의되고 있는 진정한 시민-사회 운동이, 가령, 1980~1981년 폴란드 '연대노동조합' 운동이 보여 준 일치단결과 위력을 달성했다고 가정해 보라. 추정컨대 만약 그런 일이 벌어지면 정부는 이미 달라져 있을 것이다. 민중에 대한 관리와 통제가 약해져 국가 이데올로기는 대부분 통제력을 잃어버렸을 것이다. 다른 사람들이 공무원으로 선출되었을 것이다. 국가의 정치 담론이 변해 의회에서도 진정한 정치 토론이 벌어질 것이다. 시민사회의 정신이 군대에 스며든다면, 베트남전쟁 동안 그랬던 것처럼 정부는 쉽게 신제국주의적인 모험을 벌이는 데 어려움을 겪을 것이다. 국가에 스며들어 국가를 변화시킬 수 있으니 국가를 굳이 장악할 필요가 없다거나, 시민-사회 운동이 대의제도를 통해 자신을 대변할 수 있으니 그런 대의제도를 폐지할 필요가 없다는 코헨과 아라토의 주장에 동의한다. 바꿔 말하면, 중앙정부가 최상층에 위치하는 국가가 유지되어야 한다면, 분명히 정부기관들은 대의제이어야 한다. 마찬가지로 우리는 시민-사회 운동이 국가권력을 근원적으로 축소시켜 무장해제하며 비핵화하고, 시민사회 내부의 자율적인 조직들로 인해 불필요해진 국가 기능을 제거하며, 새로운 상황에 맞도록 [정부 기구를] 개혁하거나 새로운 정부 기구를 만드는 것을 생각해 볼 수 있다. 달리 보면, 민중들이 "자신들의 안전과 복지에 가장 좋다고 판단하는 바에 따라 인원이나 형태, 또는 이 두 가지 모두를 바꿔서 이전과 다른 입법부를 만들어 자립에 나서도 그리 놀라울 것은 없다".

적어도 존 로크만큼은 래디컬해지자.

근원적 민주주의와 정치교육

어떤 경우든 민주주의는 지금 시작된다. '혁명 이후'에만 등장하지 않듯이 민주주의는 정치교육이 이루어진 뒤에 등장하는 것도 아니다. 물론 정치교육은 중요하지만, 진정으로 효과적인 민주주의 교육체계는 바로 민주주의, 즉 민주적인 활동이다.

민주주의의 본질은 추첨으로 관리를 선출하는 체계이고 선거로 뽑는 것은 원칙적으로 귀족정치라는 것이 아리스토텔레스의 가르침이다. 추첨 선출제는 시민들 각자가 전체[시민]를 대표할 수 있는 정치체제를 전제로 하여, 그런 정치체제를 발전시키고 유지하도록 작동한다. 비슷하게 몽테스키외는 민주주의 정신이 정치적인 덕목이고 그것이 바로 애국심이라고 말했다. 민주주의에서 꼭 기억해야 할 것은 애국심이 민중을 결속시키는 사랑을 의미한다는 점이다. 민주주의에서 애국심은 민중을 지배하는 제도들을 사랑하는 것이 아니다. 그런 사랑은 번지수가 틀린 것이다. 권위주의적인 애국심은 의지, 선택권, [현실을] 파악할 필요성을 당국에 양도하는 것이다. 그래서 권위주의적인 애국 정서의 기반은 민주적인 책임이라는 부담에서 벗어난 것에 대한 감사의 감정이다. 정치적인 덕목, 즉 민주적인 애국심은 전체를 위해 헌신하고 그것에 관해 깨달으며 전체를 대표할 수 있는 능력으로, 민주주의의 필수 조건이다. 이것은 원칙적으로 권력을 구성할 수 있는 하나의 조직체로 민중들을 서로 묶어 주는 조건이다. 추첨 선출제는 근원적으로 래디컬한 민주주의의 상징으로, 선거로 뽑힌 대표가 운영하는 정부에서 정치교육을 받은 우리로서는 상상도 할 수 없는 신뢰의 표현이다. 누가 선출되든—당시 그리스인들의 경우 여성은 아니겠지만—선동가나 정치적 무능력자거나 공금을 갖고 도망가는 악당일 리는 없을 것이라는, 그런 신뢰가 추첨 선출제에 담겨 있다.

당장 내일부터 모든 국가의 대통령과 국회의원이 추첨으로 선출된다면 무슨 일이 벌어질까? 추첨으로 선출된 대통령이나 수상은 선출된 뒤에 어떤 특별한 명예도 누리지 못할 것이다. 추첨에 의한 선출은 보통 시민들의 뿌리 깊은 신뢰를 전제로 하지만, 선출된 사람이 단지 옆집에 사는 사람에 지나지 않을 것이기 때문에 그 사람에게 거는 희망을 과장할 필요도 없을 것이다. 이것은 근대 정치를 이끌어 온 근대적인 군주, 정치적인 아버지, 위대한 석고상이나 미디어 스타를 없애는 것과 같다. 선거 의례와는 달리, 추첨에 의한 선출은 평범한 인물을 초인으로 바꾸는 힘을 가지지 못할 것이다.

민중들로서는 추첨으로 선출된 국회의원이나 대통령에게 자신들의 권력의 상당 부분을 넘겨주는 것이 탐탁한 일은 아닐 것이다. 그들은(우리는) 국경, 정의, 환경오염, 경제, 세금, 전쟁 등 그 모든 것에 관해 무엇을 해야 할지 파악하는 중요한 책임이 그들의(우리의) 몫이라는 점을 깨달을 수밖에 없게 될 것이다. 전세계의 군주, 수상, 대통령, 중앙위원회 의장을 추첨으로 선출하는 것은 현재 우리가 알고 있는, 그런 모습의 공직을 폐지하는 것과 같다. (부수적인 효과로 정권의 뇌물 수수와 부패가 줄어들 것이라 예상할 수 있다. 거의 모든 국가에서 평범한 시민들의 범죄율이 직업 정치인들보다 낮다.)

추첨 선출제가 그 자체로 근원적 민주주의는 아니다. 나는 추첨제가 하나의 제안이 아니라 상징[33]이라고 말하고 싶다. 우리는 추첨제를 통해 민주주의와 인간 발전이 서로 연관되어 있다는 점, 다시 말해 인간의 정치적 덕목이 발전한다는 점을 확인할 수 있다. 반면에 『연방주의자 논설집 *The Federalist Papers*』이 명쾌하게 밝힌 대로, 근대 대의 정부의 중요한 특징은 이런 연관성을 없애고, 민중이 정치적인 덕목을 갖고 있었을 경우의 정부 모습과 유사한 결과를 내도록 시스템적으로 운영되는 정부를 건설하는 것이었다. 그리하여 정치적인 덕목 자체를 불필요한 과잉으로 만드는 것이었다.[34] 이는 탁월한 전략이었다. 미국 건국의 아버지들이 믿었던 것처럼, 정부의 목표가 국내 질서를 안정시키고 국력을 기르는 튼튼한 제도를 만드는 것이라면 미국 헌법을 모델로 삼은 정부 체계는 엄청난 성공을 거두었지만, 그런 **목적**을 위해 민중은 **수단**이 되었다.

근원적 민주주의는 그 자체가 목적

그러나 근원적 민주주의는 반대 방향에서 접근한다. 민주적인 제도는 수단이지만, 민중이 권력을 부여받는 근원적 민주주의 자체는 수단이 아니다. 그것은 육체와 정신의 건강, 지식, 또는 성숙한 판단력이 수단이 아닌 것과 같다. 즉 정확히 인간 존재 자체가 수단이 되는 만큼 근원적 민주주의는 수단이 된다. 인간과 마찬가지로 이 모든 것들은 저마다 쓰임새를 가진다. 그러나 이 모든 것들의 가치가 쓰임새에 존재하는 것은 아니다. 즉 인간 각자에게 있어 지적이고 도덕적인 힘의 만개(滿開)는 목적이지 수단이 아니다. 근원적으로 래디컬한 민주주의는 바로 이러한 목적을 정치적으로 표현하는 것이 아니면 무엇이겠는가?

근원적 민주주의가 추구하는 이런 최종 목적지가 현실에서 쉽게 이룰 수 없는 과업이긴 하지만, 우리가 지금까지 알고 있는 역사로부터 도약하여 초인이 집단적으로 출현하는, 그런 엄청난 광경으로 이해되어서는 안 된다. 오히려 그런 목적지는 우리의 일상 속 상식에 뿌리내리려 있다. 이것은 어린이를 양육하는 모든 부모들이 시작하는 과정의 최종 목적지와 사실상 동일하다. 모든 부모들은, 어른이 된다는 것이 자신의 행동에 책임을 진다는 뜻이며, 어린이가 책임을 배우는 유일한 방법은 책임을 져 보는 것이며, 어린이에게 책임을 지워 본 적이 없는 부모는 영원히 어린이를 키우게 된다는 것을 알고 있다. 정치적인 언어로 살펴보면, (예컨대) 로크가 『통치론』의 제1론에서 로버트 필머(Robert Filmer)*를 비판하면서 정치적 권위란 영원한 가부장의 권위와 다르다고 주장하는데, 로크의 이런 주장으로부터 시작된 과정의 종착점이 근원적 민주주의다.

만약 민주주의가 목적이라면 모든 정치제도와 정치체제는 경제 체계나 기술과 마찬가지로 수단이다. 진정 이런 식으로 사물을 보는 것은 오늘날 우리의 집단적 삶을 지배하는 강력한 말들, 즉 효율성, 실용성, 진보라는 말들을 이해하는 방식에서 혁명이나 다름없다. 왜냐하면 우리는 이러한 말들이 고정된 의미나 절대적인 의미를 가지지 못한다는 점을 종종 잊어버리기 때문이다. 효율적인 것은 우리가 어떤 효과를 보길 원하는지에 달려 있고, 실용적인 것은 우리가 무엇을 실행하는 데 가치를 두는지에 달려 있으며, 진보적인 것은 우리가 어디로 나아가려 하는

---

* [옮긴이 주] 왕권신수설의 옹호자로서, 신성(神性)의 구현체로서 가부장제가 시민사회의 토대라는 주장을 펴면서 청교도혁명 때 핍박을 받았으나, 그의 사후 왕정복고 시기 보수반동의 흐름 속에 재평가를 받았던 정치사상가.

지에 달려 있다. 민주주의를 목적으로 받아들이는 것은 경제와 기술이 오랫동안 독점해 온 [효율성, 실용성, 진보와 같은] 표현들을 은밀히 되찾아 오는 것을 의미한다. 민주주의를 목적으로 삼는다는 것은 효율성과 민중의 권능 사이의 '거래'와 같은 공식을 거부하는 것을 뜻한다. 만약 민중에게 권한을 부여하는 효능을 바라고 있다는 점에 합의가 이뤄져 있다면, 민중을 약화시킨 경제나 기술 체제는 비효율적이라고 규정될 것이다.

인간 발전이라는 기획의 최종 목표가 근원적 민주주의라고 말하는 데에는 좀 위험한 면이 있을 수 있다. 왜냐하면 이런 말 이면에는 '민주주의'는 여러 세대나 세기에 걸쳐 오랫동안 정치 교육이 이루어지고 난 뒤에야 비로소 상(償)으로 주어진다는 암시가 들어 있기 때문이다. 그러나 다시 한번 말하지만, 민주주의를 위한 유일한 교육체계가 민주주의이며, 그날의 민주주의를 실현하기 위한 유일한 방법이 **지금 당장** 민주주의를 실천하는 것밖에 없다는 점을 우리가 기억한다면, 이렇게 늦춰지는 것이 그리 위험한 일은 아니다.

미친 사람과 칼

근원적 민주주의는 사실의 영역과 가치의 영역이라는 두 가지 측면을 지니고 있는 것으로 생각해 볼 수 있다. 민중이 모든 권력을 낳는다는 것은 사실을 주장하는 것이다.[35] 이 주장은 지배자가 아니라 지배받는 자가 정치권력을 만들고, 만일 대다수의 사람들이 스스로를 신민(臣民)으로 여기지 않는다면 어느 누구도 왕이 될 수 없고, 모든 신민들이 신민이 아니기로 결심하는 순간 더 이상 왕은 존재하지 않을 거라는 주장이다.[36]

그리고 권력을 만드는 민중이 응당 권력을 가져야 한다는 것은 가치 주장에 해당된다.

앞에서 이미 얘기했듯이 이는 노동이 경제적인 가치를 낳는다는 사실의 발견과 이에 상응하는 결론으로, 노동자가 그 가치를 통제해야 한다는 주장과 일맥상통한다. 소수의 지배 세력이 장악한 정치권력은 착취 기구를 통해 강요된 것으로 볼 수 있고, 지배당하는 사람은 권력 소외와 결핍으로 고통받는 것으로 볼 수 있다.

이때 사실의 영역에서 가치의 영역으로의 이동은 사물을 정당한 소유자에게 되돌려주는 것이 옳다는, 가장 오래된 정의(正義)의 공식들 중 하나에서 비롯된다. 플라톤이 『국가』의 앞부분에서 늙은 케팔로스(Cephalus)를 통해 규정했던 정의, 즉 정의란 어느 누구도 속이지 않고 빌린 것을 돌려주는 것을 의미한다[37]는 말을 기억해야 할 것이다. 두 가지 점이 맞물리는데, "누구도 속이지 않는다"는 말 속에는 누군가가 무언가를 빌렸고 빌려준 사람은 정당한 소유자라는 사실을 감추지 않는다는 것이 포함되어 있다. 그리고 이 점을 분명히 하고 나면 빌린 물건을 되돌려주는 정의는 필연적으로 따라온다. (즉 '빌리다'라는 말은 사실을 기술하는 것에 더해 빌린 것을 되돌려주어야 할 의무가 있음을 의미한다.)

바로 이 대목에서 소크라테스는 반증을 제시하여 케팔로스를 대화에서 퇴장시키고 서양 정치철학의 기초를 세웠다고 말할 수 있는 『국가』의 대화를 시작한다. "하지만 옳은 일을 한다는 문제를 생각해 보지요. 사실은 사실이니 받은 것을 돌려주는 게 옳은 일이다, 그저 그 이상도 이하도 아니라고 말할 수 있을까요?…이를테면 이런 겁니다. 우리에게 무기를 맡겼던 한 친구가 미쳐 버린 뒤 무기를 돌려 달라고 요구한다면, 분명히 누구든지 그걸 돌려주지 말아야 한다고 말할 겁니다. 그렇게 하는 것이 '올바르지' 않을 것입니다. 미친 사람에게 진실을 남김없이 말해 주려는 것도 옳지 않을 것입니다"(1.331). 소크라테스가 자신의 첫 번째 논지에서 이렇게 예외적인 사례를 거론한다는 점이 이상해 보이겠지만, 광기가 모든 대화를 관통하는 주제라는 것을 떠올려 볼 필요가 있다. 앞서 늙은 케팔로스는 다음과 같이 나이 들어 찾아오는 평화에 대한 기술을 마친 바 있다. "예를 들어 언젠가 어떤 사람이 시인 소포클레스에게 지금도 여인과 즐길 수 있는가라고 물었을 때를 기억합니다. 그러자 시인은 '그렇게 말하지 말게. 거기서 벗어났다는 게 정말 더할 수 없이 기쁜 일일세. 흡사 화가 난 미친 사람에게서 풀려난 것만 같거든'이라고 대답하더군요"(1.329).

'광기'(열광)는 예외적인 사례가 아니다. 광기는 "그러그러한 여러 욕정"(1.329)에 사로잡혀 있는 인간의 정상적인 마음 상태 또는 적어도 가장 일반적인 마음 상태를 묘사하는 은유다.『국가』의 후반부에서 소크라테스는 정의로운 정치체제와 정의로운 인간이 전제정과 독재자의 지배를 받는 인간으로 전락하는 과정을 설명하는데, 이것은 광기로 빠지는 것을 묘사하는 것이기도 하다. '민주적인' 인간은 어떤 지도 원칙도 없이 '평등한 권리'가 부여된 다양한 원칙과 욕망, 취향에 취해 이리저리 비틀거리며 온전한 정신을 잃을 지경까지 몰린다. 한 걸음만 더 나아가면, 그는 "욕망과 욕정이 지배하는 미친 영혼"(9.577)의 전제적 인간이 된다. 이자를 권력의 자리에 앉히면 전제군주가 될 것이다. 그는 칼을 든 미친 사람이다.

『국가』는 미친 사람에게 칼을 주지 말아야 하는 이유를 증명하려는 기나긴 논의로 읽힐 수 있다.[38] 동시에 그러한 광기에 대한 처방, 또는 사람을 광인으로 만드는 욕망과 유혹에 대한 처방으로도 읽힐 수 있다.[39] 이 다층적인 책의 메시지가 궁극적으로 민주적인가 또는 반(反)민주적인가라는 수수께끼는 아마도 끝내 풀리지 않을 것이다. 물론 이 책은 당연히 반민주적이다. 이 부분에 대한 저자의 말을 곧이곧대로 믿지 않을 이유는 없기 때문이다. 그렇다면 왜 민주주의자들은 이 책에서 민주적인 가치를 찾을까? 어느 정도는 이 책에 민주주의자가 대답해야 하는 **바로 그** 반론이 담겨 있기 때문이다. 즉 민중이 자기 자신을 망치는 데에만 권력을 사용할 것이라는 사실을 알고 있다면 민중에게 권력을 돌려주는 것이 정의로울 수 없다는 점이다. 그와 동시에 이 책은 이 반론에 답할 철학적인 기반, 즉 미친 사람을 치유할 철학적인 기반을 마련한다. 모든 사람들에게 동일한 형상*은 치유하는 힘을 가지고 있다. 교육을 받은 적이 없는 노예 소년도 기하학을 이해할 수 있고 또 그래야 하는 것처럼, 정의도 마찬가지이다. 소크라테스의 변증법은 온전한 정신으로 정치에 대해 분별할 수 있는 능력이 인간 각자에게 있다는 믿음에 기초하고 있다. 우리는 이것을 민주주의에 대한 신앙이라고 부를 수 있을까? 여기서 '신앙'이라는 말이 이상하게 들리긴 하지만, 플라톤의 인식론과 소크라테스식의 교수법 사이에 존재하는 역설적인 모순을 어떻게 달리 설명할 것인가? 인식론적으로 말하자면, 형상(the forms)이 존재하고 형상은 바로 실재이며 그것은 모든 지식을 위한 기초다. 그 형상들이 보편적이라고 말하는 것은 그것들이 모두에게 동일하다고 말하는 것과 같다. 그러나 실제 그런지 안 그런지는 오로지 대화술을 통해서만 검증될 수 있을 뿐이다. 그리고 수많은 후세의 철학자들과는 달리, 소크라테스는 추상개념인 '인류'가 아니라 단지 개인들과 대화를 나누었다. '인류'와의 대화는 끝낼 수 있지만 각각의 개인들과의 대화는 끝낼 수가 없다. 새로운 사람들이 계속 등장하면서 질문은 계속되고,

* [옮긴이 주] 플라톤은 이런 형상을 지고한 불변의 형상, 즉 이데아라고 불렀다.

바로 **이 사람과의 대화에서도** 진실이 똑같은 것으로 드러날지는 실제로 대화를 나눌 때까지 사실상 알 수가 없다. 플라톤의 인식론에 따르면, 만약 소크라테스가 모든 사람들과 충분히 오랫동안 대화할 수 있었다면 결국 모든 이들이 동의하게 되리라는 점은 진실이어야만 한다. 그러나 이 실험은 결코 끝날 수 없다. 새로운 사람이 끝없이 태어나기 때문이다. 자신의 영혼(demon)에 이끌린 소크라테스는 새로운 사람들을 계속 대화로 끌어들여서 철학적인 사색을 나누는 활동을 계속한다. 이런 활동은 정의와 덕목의 참된 형상을 모든 이가 알 수 있고 또한 그것을 알게 됨으로써 영혼이 '광기' 어린 상태에서 건강한 상태로 돌아올 수 있다는 전제에서만 의미를 가진다. 대화는 다음의 공리를 전제한다. 공리가 참이라는 것을 증명하는 유일한 방법은 대화이니, 이 증명 과정은 영원히 미완성의 상태로 남을 수밖에 없다.[40] 바로 이 점 때문에 플라톤의 인식론이 전제주의적인 반면에 그것을 철학적으로 사색하는 활동은 민주적이라고 말할 수 있다. 『국가』가 반민주주의적이라면, 소크라테스가 사람들과 대화하는 방식은 민주주의 신앙의 표현이다. 이 방식이 민주적이라고 할 수 있는 이유는 소크라테스가 원칙적으로 모든 인간들이 건강한 상태에 이를 수 있어 칼을 안전하게 되돌려받을 수 있는 사람이 될 수 있다고 보기 때문이다. 소크라테스가 이 점을 믿었고, 끝내 그것을 증명하는 것이 불가능함에도 끊임없이 자신의 믿음에 따라 행동했기 때문에 이것은 신앙이다. 여기에 덧붙일 말이 하나 있다. 소크라테스의 신념을 거스르는 강력한 증거가 있음에도 불구하고 그의 신앙은 계속되었다는 점이다. 서로 먹고 먹히는 아귀다툼을 넘어선 다른 가능성의 세계를 믿지 않는 트라시마코스의 여전한 존재가 그 반대 증거다. 그러나 소크라테스의 입장이 끝까지 증명될 수 없는 것이라도 소크라테스가 틀렸다는 것 역시 결코 증명되지 않는다. 다음번 대화에서 무언가가 트라시마코스의 마음을 '갑작스레 무너뜨릴' 가능성은 언제나 있다. 두 입장 모두 최종적인 증거를 가질 수 없기에, 신앙과 냉소 사이의 선택은 자유롭다. 소크라테스는 둘 중 어느 것을 선택할지에 대해서 한 치의 의심도 없다. 그리고 여러 겹의 반어법을 통해 그는 솔직하게 자신이 어떤 종류의 선택을 했는지를 우리에게 알려 준다.

메논: 어쨌든 저는 당신이 옳다고 믿습니다.

소크라테스: 나도 그렇게 생각하네. 지금까지의 이야기대로 그대로 하겠다고 맹세코 확약을 하고 싶지는 않네. 그러나 할 수 있는 한 내 말과 행동으로 최대한 싸울 준비가 되어 있는 게 한 가지 있네. 그게 뭐냐면, 지금 모르는 것을 결코 발견할 수 없다고 해서 그것을 찾는 것이 아무 의미 없다고 생각하기보다 미지의 것을 찾는 것이 올바르다고 믿을 때, 우리는 더 훌륭하고, 더 용감하며, 더욱더 적극적인 인간이 될 것이라는 점이네.[41]

민주주의는 우리에게 한 가지 딜레마를 제시한다. 한편으로, 민중은 자유로우며 존중되어야 한다. 민중은 민중으로서 현재의 모습대로 내버려두어야만 한다. 다른 한편으로는, 만일 민중이 권력을 가지려면 그들은 원칙적으로 권력을 유지할 수 있는 조직체를 스스로 구성해야만 한다. 한편으로, 정부가 민중을 세뇌하고 획일적인 이데올로기를 주입하려는 것은 반민주주의적이다. 다른 한편으로, 단순히 사람들을 모으는 **것만**으로는 권력이 유지될 수 없고 정치적인 덕목을 위해 공적으로 헌신하며 스스로를 '민중'으로 구성하는 사람들에 의해서만 권력이 유지된다. 민주주의의 이런 딜레마는 민주적인 교육자의 딜레마, 즉 어떻게 하면 민중에게 정치교육을 제공하면서도 민중을 자유롭게 내버려둘 수 있을지, 그 방법의 딜레마이기도 하다. 다시 한 번 말하지만, 소크라테스의 신앙은 우리가 이 딜레마에서 벗어나는 법을 알려 준다. 만일 모든 단계에서 상대방을 자유롭게 내버려두는 교육 방식(바로 이것, 소크라테스가 질문만 했다는 사실이 중요하다. 말하자면, 질문을 받은 사람은 항상 '아니요'라고 말할 수 있다)을 사용한다면, 정의와 정치적인 덕목에 관한 합의에 이를 수 있다는 것이 바로 소크라테스의 신앙이고, 소크라테스는 그 신앙을 통해서 민주주의의 딜레마에서 벗어난다.

민주주의와 문화적 상대성

　다양한 사람들로 구성된 세계에서 민주주의가 딜레마에 부딪힌다면, 수많은 문화로 구성된 세계에서는 민주주의가 더욱더 큰 규모의 딜레마에 직면하게 된다. 유럽 바깥의 국가들에서 민주주의자는 두 가지 방향의 비난을 받는다. 신식민주의자는 "이 나라들의 국민은 민주주의를 받아들일 준비가 되어 있지 않다. 그들에겐 민주적인 정치 문화가 없다"라며 민주주의가 시기상조라고 말할 것이다. 식민화를 반대하는 전통적인 엘리트들은 다른 가치에 기반을 둔 문화에 민주주의를 도입하려 하는 것이 문화 제국주의라고 주장할 것이다. 민주주의가 상식이라는 민주주의자의 대답은 상식이 모든 문화에서 똑같지 않다는 강력한 반론에 부딪히게 된다.

　이러한 반론에 대해 일부 답하자면, 민주주의자는 세계의 어느 문화권이건 적어도 일부 구성원들은 실제로 민주주의를 원할 것이라는 점을 지적할 수 있다. 대략적인 경험을 바탕으로 말하자면, 어떤 문화권에서라도 외부인이 민주주의에 동조하는 내부자를 찾을 수 있다면 민주주의를 합법적으로 옹호할 수 있을 것이다. 그러나 이것은 실천 전략에 불과하다. 이론적으로 말하자면, 소크라테스에게서 보았듯, 민주주의자들은 믿음 위에서 움직일 수 있을 뿐이다. 소크라테스의 변증법이 각 개인들이 모두 올바른 인물이 될 수 있는 가능성을 지니고 있다는 믿음에 토대를 두고 있듯, 민주주의 담론도 각각의 문화가 저마다 민주주의의 가능성을 갖고 있다는 믿음에 기초하고 있다. 만일 그런 민주주의에 대한 믿음을 요구하는 것이 무리라고 생각하는 서구 '민주국가'의 독자들이 있다면, 그들은 과연 20세기 말인 오늘날 자기 나라의 민주주의에 대해 믿음을 가져도 되는지, 가장 혹독한 시험을 받아야 할 수도 있음을 기억해야 한다.

민주주의 신앙은 '문화적 상대성' 논의 자체에 대한 민주주의적 비판을 수반한다. 근원적으로 래디컬한 민주주의자는 질문한다. 억압이 '문화'라 불리는 게 올바른가? 어떤 계급이나 집단이 억압을 당해서 특정한 방식으로 행동한다면 그들의 행동을 '문화'라고 부르는 것이 공정한가? 농노가 굽실거리거나, 군인이 제식/밀집 훈련을 하거나, 노예가 목화를 따는 것이 '문화'인가? 서로 다른 상황에서 억압을 받는 사람들의 행동 양식이 약간의 차이를 보인다고 해서 그 차이에 집중하는 것은 논지에서 벗어나는 것이 아닐까? 물론 실제로는 모든 문명에서 억압과 문화가 마구 뒤엉켜 있기에 관찰자가 그것들을 분리하는 것은 불가능하다. 그러나 이 점은 모든 문명이 어느 정도까지는 자신의 문화를 억압하고 발전을 방해하고 망가뜨린다는 점을 알려 준다. 그렇다면, 그 반대도 성립한다. 어떤 문화에서건 억압을 없애고 민중에 권력을 부여하는 것은 문화를 파괴하지 않고 오히려 문화를 정교하게 만들고 강화하는 결과를 가져온다.

그러나 이러한 제안은 가설이다. 각각의 문화가 다르기 때문에 가설은 각각의 경우마다 다시 시험되어야만 한다. 근원적 민주주의가 각기 다른 문화에 접근하기 위해서는 소크라테스가 각기 다른 새로운 사람에게 접근했던 방식으로만 가능하다. 그 방식은 설교가 아니라 질문을 던지는 것이고, 각각의 문화가 민주적인 형태로 전환할 때 문화의 파괴가 아닌 번영에 이르게 될 것이라는 믿음을 갖는 것이다.

제2장

민주주의를 가로막는
발전/개발

역사의 표지에 대문짝만하게 쓰여 있음에도, 경제발전이 반(反)민주주의적이라는 사실은 쉽게 눈에 띄지 않는다. 오히려 우리는 그 반대가 옳다고, 즉 민주주의와 경제발전은 함께 간다고 배워 왔다. 민주화 운동과 산업혁명이 유럽 역사에서 동시에 발생한 것은 결코 우연이 아니라고 대부분의 역사가들이 주장한다. 둘은 상호보완적이다. 역사가들은 말하기를, 한편으로 경제발전이 민주주의의 필수 조건이다. 산업화는 부를 생산하고, 부는 여가를 생산하며, 여가는 사람들이 정치에 관해 배우고 참여할 자유를 주고, 자유는 민주주의를 실현 가능하게 만든다는 것이다. 다른 한편으로 이런 주장은 민주적인 자유가 보장되는 조건에서 경제가 가장 빠르게 발전한다는 주장으로 이어진다. 이러한 상호의존성은 오늘날 가장 부유한 국가들 대부분이 민주적이라 부르는 나라들이라는 사실에서 비롯된 듯 보인다. 동시에 이런 생각은 (실제로는 그렇지 않음에도) 제3세계의 발전 이데올로기에서 너무나 자명한 공리이기도 하다. 러시아와 동유럽의 민중들이 민주주의와 경제발전을 동시에 택한 듯 보이는 오늘날에는 이러한 생각을 의심하기가 더 어렵다. 익히

들어 온 대로 '공산주의'는 정치적 억압을 불러오며 '발전의 장애물'이 된다는 문제점을 갖고 있다. 이런 나라들에 '민주주의'를 확립하는 것은 경제가 다시 발전하는 데에 도움이 될 것이라는 기대를 받는다. 확실히 발전이 곧 민주주의라는 생각은 우리 시대에 가장 강력한 생각들 중 하나이다.

강력하긴 하지만 이런 생각은 그릇된 것이다. 어떤 점이 틀렸는지를 알아보기 위해 우선 우리는 '경제발전'이 뜻하는 바를 명확히 해야 한다. 경제발전이란 말은 보편적이지 않은 특수한 말이다. 경제발전은 민중이 오랜 역사를 거치며 삶을 지속시켜 온 다양한 방식들의 발전을 뜻하지 않는다. 오히려 대부분의 다양한 생활방식들을 파괴하고 그것을 유럽에서 만들어진 특수한 역사적 관행으로 대체하는 것을 의미한다. '경제발전'은 **유럽식 관행**의 발전을 의미한다.[1]

즉 '경제발전'에서 '경제'라는 단어는 역사에서 특수한 현상을 가리킨다. 경제는 한 사회에서 권력을 조직하고 동시에 권력의 배치를 은폐하는—더 정확하게는 경제가 **곧** 권력의 배치라는 점을 은폐하는—특수한 방식을 가리킨다. 이런 얘기가 놀랍게 여겨진다면, 그것은 은폐된 장치들이 얼마나 효율적으로 제 기능을 다하고 있는가에 대한 찬사일 것이다. 누군가가 경제에서 최고의 가치란 생산의 효율성이라고 말한다면, 딱히 놀라는 사람은 없을 것이다. 그런데 이 말은 같은 것을 다른 방식으로 말할 뿐이다. '경제'는 일을 효율적으로 하도록 사람들을 조직하는 방식이다. 즉 경제는 사람들이 부자연스러운 조건에서 비정상적으로 오랜 시간 동안 자연스럽지 않은 일을 하도록 만들고, 그렇게 만들어진 부의 잉여에서 일부나 전부를 빼서 다른 곳으로 옮기는 방식인 것이다. 이런 과정은 자본주의와 '사회주의' 국가 모두에서 똑같이 일어난다. 요컨대 경제는 정치적이며 그렇지 않은 척할 뿐이다. 경제는 가장 근본적인 의미에서 정치적이다. 즉 경제는 권력을 조직하고, 재화를 분배하며, 사람들을 다스린다. 아리스토텔레스는 정치학이 사회의 기본 질서를 결정하는 과정이기 때문에 최고의 학문(Master Science)이라 불렀다(『니코마코스 윤리학』 1094 a,b.). 오늘날 '경제적으로 발전한' 사회에서는 경제학이 이러한 기본 질서를 결정한다. 우리는 이런 결정론적 관계를 숙명으로 받아들이라고 배워 왔다. 마르크스의 책을 한 번도 접하지 못한 사람들조차 경제를 자체의 철칙에 따라 발전하는 하부구조로 보고 인간의 힘으로 바꾸거나 거부할 수 없는 것이라 여기곤 한다. 그러나 이런 불가피한 운명은 발전 이데올로기의 맥락에서만 존재한다. 발전 이데올로기의 지배 아래 경제학은 정치학을 대신해서 최고 학문의 자리를 차지했지만, 경제의 정치적 성격은 은폐되어 있다. 경제 과정들을 통해 문화가 사라지거나 재구성되었고, 환경은 파괴되거나 개조되었으며, 노동은 관리되고, 부는 누군가에게로 이전되고, 재화는 분배되고, 계급이 형성되고, 민중은 관리를 받게 된다. 그러나 이런 상황들을 이해할 수 있도록 설명해 주는 용어들, 예컨대 '건국', '질서', '입법', '혁명', '권력', '정의', '지배', '동의'와 같은 어휘들은 전문용어로서 경제학에 존재하지 않는다.[2]

따라서 경제발전은 이런 특정한 양식의 경제 권력과 경제 질서, 경제적 지배를 확장시키고 강화하는 것을 의미한다. 경제발전이 민주주의를 가로막는다고 말하는 것은, 단순히 경제발전이 현재 정치로 간주되는 영역에서 비민주적인 지배 형식들을 만들어 낸다고 말하는 것이 아니다. 그것은 경제발전이 그 자체의 영역에서 비민주적인 지배 형식이라는 점을 말하는 것이다. 그리고 정치학의 개념들을 경제 담론에서 배제하는 것은 경제발전을 비민주적인 것으로 유지하는 방법들 중의 하나이다.

경제발전은 몇 가지 방식으로 민주주의를 가로막는다. 민중들이 자유로운 상태라면 결코 선택하지 않았을 종류의 노동, 노동조건, 노동량을 요구한다는 점에서 경제발전은 반민주주의적이다. (역사적으로 민중들은 이런 선택을 한 적이 없다.) 오로지 여러 종류의 비민주적인 사회구조를 통해서만 민중은 농장이나 공장, 사무실에서 '효율적으로' 노동하고 잉여가치를 자본가나 경영자, 공산당 지도자나 기술 관료들에게 넘겨주느라 삶의 많은 시간을 허비하도록 강제될 수 있을 뿐이다. 이런 일은 사람들이 옛날부터 생계를 이어 온 수단들을 파괴하거나 사람들에게서 생계 수단을 강제로 빼앗을 때 가능하다. 예를 들어 인클로저(울타리 치기) 운동은 유럽에서 최초의 산업 노동자 세대를 출현시켰다. 사람들을 강제 노동으로 징집해서 산업 노동자를 만들 수도 있다. 이런 식으로 플랜테이션과 산업 노동자들의 1세대가 주로 유럽의 식민지에서 등장했던 것이다.[3] 그런 일이 아니라면 택할 수 있는 유일한 대안은 굴욕적인 빈곤이나 실제 굶주림에 시달리는 사회를 만드는 것이다. 칼 폴라니(Karl Polanyi)는 자유시장 경제주의자들이 어떻게 유럽 사회에서 노동규율 수단으로 일부러 개인들을 굶주리게 했는지를 보여 주었다(예를 들자면, 빈민구제정책을 폐지하였다).[4] 화폐로 교환되지 않으면 사실상 가치 있는 어떤 것도 가질 수 없고 (당신이나 다른 사람의) 산업 노동만이 돈을 버는 유일한 수단이 되는, 그런 사회를 만들 수 있다. 아니면 국가가 직접 경제를 관리하며—이것을 '사회주의'라 부르든 말든 상관없다—경제발전이라는 철칙을 강요하며 사람들을 작업 현장에 가두기 위해 국가권력의 철퇴를 사용할 수도 있다. 이 모든 체제들은 산업 노동을 하는 것이 숭고하고 영웅적이며 애국하는 일이고, '선진 문명'의 특징이며, (자신의 성숙을 의심하는 사람들에게는) 성숙한 일이고, (사무직 노동자에게는) 칭송받을 만한 일이며, (남자들에게는) 사나이다운 일이고, (여성들에게는) 자신을 해방하는 일이라는 식의 이데올로기를 덧붙여서 점점 더 강력해질 수 있다. 요점은 사람들로 하여금 비정상적으로 오랜 시간 동안 부자연스러운 조건에서 부자연스러운 노동을 하게 만들려면, 강제력을 사용하거나 스스로 그런 마음을 강제하도록 만들 이데올로기를 정신에 주입해야 한다는 것이다. 우리가 오늘날의 세계에서 볼 수 있는 다양한 '경제체제들'은 이러한 서로 다른 종류의 강제력과 이데올로기를 다양한 방식으로 조합한 것들이다.

그리고 경제발전은 사회적 불평등을 조장하기 때문에 반민주주의적이다(어떤 이론가들은 그렇게 판단하지 않겠지만, 나는 여기서 사회적 평등이 민주주의의 이상이라고 가정한다).[5] 물론 우리는 지난 이백 년을 거치며 불평등 조장 효과가 자본주의 경제발전에 나타난다는 것을 알게 되었다. 사회주의가 이에 대한 해결책으로 제시되었지만 한 가지 전제된 가설이 있었다. 생산수단 소유의 사회화가 경제민주화이며, 이를 통해 노동자에 의한 경제 지배와 경제 권력과 부의 평등한 분배가 이뤄진다는 가설이 그것이다. 하지만 이 가설은 오늘날 최대의 위기에 직면했다. 만약 자유시장 경제의 숨은 원동력이 ('출세'나 '성공' 같은) 불평등의 추구라는 점을 인정한다면, 우리는 자유시장 경제를 사회주의경제로 대체하고도 **여전히 경제발전을 바란다면**, 새로운 원동력을 찾아야만 한다. 이에 대한 레닌의 해결책은 이데올로기의 힘을 지원받는 국가권력에 의존하는 것이었다. 우리가 이미 잘 알고 있듯이 그 결과는 불평등을 다른 불평등으로 대체한 것에 불과했다. 중앙 통제경제에는 통제하는 지휘관과 보병부대가 필요하기 때문이다. 예전에는 사회주의가 자본주의경제를 민주화할 것이라고 자본주의 국가의 노동자들이 기대했다면, 오늘날의 사회주의 국가에서 노동자들, 적어도 일부 노동자들은 자유시장으로 돌아가는 것이 자신들의 경제를 민주화할 것으로 기대한다. 그러나 이것은 문제를 19세기의 상황으로 되돌리는 것에 불과하다.[6] 자유시장은 전과 마찬가지로 계속해서 부와 권력의 불평등을 만들어 내고 있다. 만약 '사회주의'가 해답이 아니라면 어떤 해결책이 가능할까?

경제발전은 민중의 삶과 노동에서 핵심적인 부분에 대한 지배 형식을 확립하고 강화하는 과정이라는 점, 부와 권력의 불평등을 만들어 낸다는 점에서 민주주의를 가로막는다. 게다가 사람들이 정치적인 목표와 정치투쟁에 관심을 두지 않게 만들고 그 관심을 '경제적인' 목표로만 대체한다는 점에서 경제발전은 반민주적이다. 경제-발전 이데올로기는 사람들이 실제로 원하는 것들 대부분이 경제적인 것이라고 가르치면서, 대부분의 사회문제들이 경제적인 것이고 따라서 궁극적인 해결책이 경제발전이라고 가르친다. 노동운동의 방향이 권력과 작업장의 민주화를 추구하는 투쟁에서 더 많은 임금을 받기 위한 투쟁으로 바뀐 것을 '경제주의'라고 부르는 것은 결코 우연이 아니다. 발전 이데올로기는 예로부터 내려온 정치적 요구들을 다시 정의했다. 자유는 자유시장이 되었고, 평등은 기회의 평등으로, 안전은 직업의 안정으로, 동의는 '소비자 주권'으로, 행복 추구는 평생 이어지는 쇼핑이 되었다. 제3세계 국가에서 경제발전은 계속되는 산업국가들의 지배와 그로 인해 발생하고 지속되는 부와 권력의 거대한 불평등 문제에 대한 해결책으로 제안된다. 정치 지배의 문제에 대한 해결책은 민주주의이지만, 경제발전 이데올로기는 정치 지배를 경제 지배로 변형시킨다. 이에 대한 해결책은 언젠가는 풍요와 '여가'를 가져다준다며 고된 강제 노동에 순종하라는 것이지만 의심스러운 주장이다. 원칙적으로 경제발전은 민주주의를 배제하는 삶의 영역을 넓혀 간다는 점에서 반민주주의적이다.

끈질기게 지속되는 '발전/개발'에 대한 믿음

경제발전의 반민주성은 눈에 잘 띄지 않지만 그 특성이 비밀에 부쳐져서 그런 것은 아니다. 경제발전론자들은 자기 책의 서문과 결론에서 민주주의를 높이 평가하지만 정작 구체적인 사회조직 형태를 논하는 본문에서는 민주주의 개념을 말하지 않는다. 생산의 효율성을 극대화하도록 조직된 사회의 비민주성은 전 세계의 기술 관료와 경제학자, 기업가들 사이에 너무나 잘 알려져 있다. 이는 경영학의 자명한 이치로서 특히 '일본식 경영 체제' 옹호자들의 열렬한 지지를 받고 있다.[7] 또한 무솔리니, 스탈린, 피노체트, 박정희, 리콴유, 덩샤오핑, 차우세스쿠, 마르코스와 같은 개발 독재자들은 이런 비민주성을 명백한 상식으로 간주했다. 예컨대 마르코스는 엘리트 지식인집단을 모아서 계엄령 정권을 정당화하는 정교한 이데올로기를 만들도록 했다. 이 이데올로기를 분석한 필리핀 학자 알렉산더 마그누는 여기에 '개발주의(developmentalism)'라는 적절한 이름을 붙였다.[8] 마르코스를 위해 책을 쓴 학자들은 서구(주로 미국) 사회과학의 주요 이론들에서 계엄령하의 개발을 정당화할 탄탄한 기반을 찾는 데 큰 어려움을 겪지 않았다.[9] 주목할 만한 점은 개발 독재 치하에 있었던 세계에는 공포가 널리 퍼져 있었지만 그럼에도 발전 자체에 대한 신뢰를 거두는 것처럼 보이지는 않았다. 여러 지역들에서 발전은 좋은 평판을 유지했다. 왜냐하면 진정한 발전이 시도된 적은 없었다는 주장이 가능했기 때문이다. 기술 관료 집단으로 생각되던 사람들은 도둑 떼로 판명되었고, 어렵게 얻어 낸 잉여가치는 자본 투자가 아닌 맨해튼의 부동산과 스위스 은행들로 흘러 들어갔다는 것이다. '개발의 실패'가 수많은 범죄와 참사를 불러온 상황을 사기에 의한 농단이라고 비난할 수도 있다. 개발의 진짜 모습은—언젠가 그런 모습을 볼 수 있다면—완전히 다를 것이다. **지금까지의 개발 현실**에 대해 비판하는 비판자들은 **앞으로의 개발 가능성**에 대해서는 옹호한다. 많은 사람들은 '진실한', '진짜의', '대안이 되는', '적절한', '민중에게 이로운', '지속가능한'처럼 개발 앞에 붙일 적절한 단어를 찾는 것만으로도 개발은 구제 가능한 것이라고 생각하는 것처럼 보인다.

마르코스의 개발 독재를 무너뜨린 뒤 필리핀 정부는 새로운 헌법을 제정했는데(1986년), 그 헌법에는 '발전'이라는 단어가 무려 서른네 번이나 등장한다.[10] 1935년 헌법에서는 네 번(미국 시민들에게도 필리핀의 천연자원을 개발할 동등한 권리를 인정한다는 조항이 1945년에 추가된 것까지 포함하면 다섯 번)이었고, 1973년 헌법에서는 일곱 번이었다는 사실과 비교되는 부분이다. 이렇게 발전이라는 단어의 사용 횟수가 증가한 것은 개발에 적합하다고 여기는 대상들의 수가 늘어났음을 반영한다. 1935년 헌법에서 개발 가능한 것으로 제시된 것은 천연자원, 국어, 그리고 '국가 유산,' 이렇게 세 가지였다. 1986년 헌법에서는 발전시켜야 할 것들이 늘어났다. 경제, 국가, 국민, 정책, 농촌 지역, 인적자원, 국부(國富), 지역, 자치 조직, 사회, 관광, 문화유산, 농업, 과학기술, '국가 인재풀', 의료 인력, 가족, 필리핀인들의 역량, 그리고 어린이가 그 대상이었다.

이 목록이 혼란을 줄지 안 줄지는 이렇게 다양한 맥락으로 쓰인 '발전'이 실제로 뜻하는 바에 달려 있다. 그런데 발전이 민주주의를 잠정적으로 제한할 수 있다고 인정하는 조항을 '피플파워 헌법'에서 발견하는 것은 혼란스러운 일이다. 특히 필리핀 사회의 민주화에서 주요한 쟁점이며 아키노 정부가 실패한 부분이기도 한 토지개혁은 "국가는⋯발전을⋯고려해서⋯모든 농지의 공정한 분배를 장려하고 또 책임져야 한다"(13조 4항)고 규정되어 있다. 이렇게 부드러운 말투 속에는 공정한 분배가 '발전을 방해'할 수도 있다는 인식과 궁극적으로는 발전을 최우선에 두어야 한다는 암시가 포함되어 있다.

물론 지주들이 '피플파워 헌법'을 상당 부분 썼기 때문에 토지

개혁에 관한 조항이 진정성이 있는지 의심할 수 있다. 만일 그렇더라도 좌파는 뭔가 다른 입장을 취했으리라 기대해 볼 수 있겠지만, 좌파 지식인들도 거의 같은 입장을 취했다. 마르크스주의자들은 필리핀의 생산양식이 반(半)봉건적인지 자본주의적인지, 그렇다면 필리핀 혁명가들이 쟁취해야 할 것은 자본주의와 사회주의 중 어느 것인지에 대해 논쟁을 벌였는데, 그 핵심 주제가 바로 발전이었다.[11] 즉, 현재의 생산양식의 실패는 그 자체의 부조리보다 그것이 '발전에 방해물'이 된다는 사실에 있다는 것이다. 이런 믿음을 따르면, 어떠한 새로운 생산양식을 위해 투쟁할 것인가를 결정하는 데 있어서 가장 중요한 기준은 발전이라는 결론이 나온다. 혁명 이후의 사회에 관해 마르크스주의 경제학자들은 다음과 같이 말한다. "농업에 관한 종합 계획에서 핵심은 자원 활용을 최적화하는 능력에 따라 토지이용권을 보장하는 것이다."[12] 다른 말로 하면, 평등이나 '경작자에게 토지를' 주는 원칙보다 생산의 효율성이 결정 요소라는 뜻이다. 이런 학자들의 주장이 이 나라 농민들의 생각을 대변하는 것이라고 여기는 것은 잘못일 것이다. 왜냐하면 농민들에게 토지개혁은 주된 요구 사항이기 때문이다. 그리고 위 마르크스주의 경제학자의 말이 지나치게 한쪽으로 치우친 이야기일지는 모르겠지만, 이런 식의 사고 구조는 전 세계의 동시대 마르크스주의에서 아주 공통적으로 나타난다.

철칙으로서의 발전: 마르크스

물론 마르크스주의를 경제발전 이론으로 여겨 왔던 이들에게 이런 얘기가 놀랍지 않다. 결국 '발전'이라는 단어에 매우 현대적인 의미를 부여했던 인물은 마르크스였다. 마르크스 이전에는 발전이라는 말이 몇 가지 제한된 대상에만 쓰이는 평범한 단어였다. 예컨대 체스에서 말의 이동 경로나 군사적인 공격로를 개발한다든지, 광산에서 갱도를 개발한다든지, 덕성을 발전시킨다든지, 소설의 이야기 플롯을 발전시킬 수 있다는 등의 표현에 쓰였다. 헤겔 철학에서 세계 역사 자체는 헤겔이 기꺼이 명명한바, 섭리의 인도 아래 펼쳐지는 인간 정신의 발전(*Entwicklung*)이다.[13] 헤겔은 발전을 형이상학적인 지위로까지 승격시켜 놓았으며, 마르크스는 이 용어를 받아들여 경제 영역에 적용했다. 이처럼 마르크스는 이 용어에 덧씌워진 불가해한 함축성을 털어 내지 않은 채 이런 기술적 의미를 부여했다. 마르크스는 생산력 발전에 관해 매우 구체적으로 기술했다. 동시에 마르크스는 마치 신이라도 된 듯 모든 국가들의 발전에 관해 거룩한 선언을 했는데, 이 점은 『자본론』 서문의 저 유명한 구절에서 드러난다. "산업이 매우 발전한 나라는 덜 발전한 나라에게 그 나라의 미래 모습을 보여줄 뿐이다."[14] 그러나 이때까지도 발전이라는 단어의 쓰임새는 지금 사용되는 방식과는 사뭇 달랐다. 마르크스에게 발전은 결코 어떤 과제가 될 수 없었다. 즉 발전은 발전 전략을 이용해 의도적으로 이루어야 하는 어떤 것이 아니었다. 오히려 마르크스가 위의 문장 바로 앞에 썼던 것처럼 "발전은 불변의 필연성에 의해 스스로 길을 열어 가고 실현되는…그런 법칙들"이 결과적으로 현현되는 현실태였다. 발전에 자기의식적인 창조자는 없지만 무의식적인 행위자가 있었던 것이다. 발전은 부르주아지의 이윤 추구가 불러온 의도하지 않은 결과였다.

만약 발전이 부르주아지를 위한 기획이 아니었다면, 혁명가들을 위한 기획은 더더욱 아니었다. 왜냐하면 발전을 이루는 특정 행위들은 전체적으로 보면 범죄였기 때문이다. 체계적으로 이윤을 뽑아낼 수 있는 형태로 변화시키기 위해 부르주아지는 세계를 찢어 버렸다. 사람들을 고향에서 쫓아내고, 공동체를 파괴하고, 오랜 전통과 자유를 짓밟고, 그들의 수공예 기술을 빼앗았다. 전례 없는 억압과 유례없이 조직화된 가난의 상태로 그들을 내몰았다. 정확히 엥겔스(Friedrich Engels)가『영국 노동계급의 상황』에서 묘사했던 상황을 창조해 낸 것은 바로 발전이었다.

물론 발전에 관한 마르크스의 태도는 이중적이었다. 우선 부르주아지는 근사하고 유용한 일을 해냈다. "최초로 인간의 활동이 어떤 업적을 이룰 수 있는지를 보여 줬다. 그것은 이집트의 피라미드, 로마의 수로, 고딕 성당을 훨씬 능가하는 놀라운 업적이었다."[15] 그러나 동시에 부르주아지는 "적나라하고, 수치심을 모르는, 노골적이며, 야만적으로 착취하는"[16] 세계를 만들었고, 바로 그 이유로 부르주아지는 타도되어야 하고 재산을 빼앗아 역사의 무대에서 몰아내야 마땅했다.

발전은 혁명가들을 위한 기획이 전혀 아니었다. 혁명 활동은 개발업자들에게 맞서는 일이었고 이런 혁명 활동이 정당화될 수 있었던 것은 개발업자들이 저지르는 범죄 때문이었으며, 또한 개발의 결과물이 아무리 좋더라도 그것은 부르주아지의 의도한 바가 아니라는 사실 때문에 혁명 활동은 정당화될 수 있었다. 그렇지만 혁명은 새로이 구성된 생산 기구를 역사상 처음으로 정의로운 목적을 위해 그 역할을 전환하여, 발전을 되살려 냈다. 그러나 혁명의 목적은 정의의 확립이지 발전을 촉진하는 것이 아니었다.

마르크스는 혁명을 예견하고 있었지만 혁명에 앞서 새로운 산업 질서가 완전히 확립되리라 믿을 수 있었던 것은 그의 관심사가 주로 프랑스와 영국에 집중되어 있었기 때문이다. 이런 표현이 어떨지 모르겠지만, 그 당시는 대단히 편리한 시점이었다. 왜냐하면 부르주아지가 누군가는 반드시 해야 될 모든 더러운 일들을 행할 것이며 그에 따른 합당한 처벌을 받은 뒤에, 죄를 짓지 않은 노동계급이 새로운 산업사회를 물려받을 것이기 때문이다. (애초 산업사회를 초래한 범죄가 제거되었기에 새로운 산업사회가 도래할 것이다.) 이처럼 혁명은 권력 행위만이 아니라 산업 발전에 대한 정화(淨化) 의식(儀式)일 수 있었다. 확실히 이

각본은 산업화가 진행되지 않은 채 마르크스주의 혁명이 일어난 사회에서 실현될 수 없었는데, 그 당시 비산업사회에 관한 마르크스의 저작들이 매우 모호한 입장을 취하는 것도 이런 이유 때문이다. 그리고 이는 오늘날 발전-마르크스주의자들의 마르크스주의가 마르크스-레닌주의라 불리는 것이 옳은 이유를 설명해 준다.

강철 같은 규율로서의 발전: 레닌

레닌의 활동 이력을 살펴보면, 역사의 간계가 빚어내는 '발전'이 인간 의지와 이성의 지시를 받는 계획으로 전환되는 역사적인 순간을 목격할 수 있다.[17]

1899년에 레닌이 발간한 『러시아에서의 자본주의 발전』은 3백만 부 넘게 팔렸다고 하니, 이것은 발전에 관해 쓰인 책들 중에서 가장 널리 읽혔거나 적어도 가장 널리 배포된 책일 수 있다.[18] 이 책은 마르크스주의에서 마르크스-레닌주의로의 전환이 시작되었다는 점을 알려 준다. 자본주의를 주관적으로는 범죄로, 객관적으로는 진보로 간주한다는 점에서 책의 기본 구조는 마르크스의 입장과 동일하다. 그러나 레닌의 강조점은 진보적인 측면에 있다. 이제 막 산업화가 시작된 러시아의 상황에서 레닌은 자본주의가 그토록 야만적인 결과를 초래한다면 자본주의를 러시아에서 쫓아내야 한다는 나로드니키의 입장에 반대하였다. 이 책의 주요 내용은 자본주의가 가져올 훌륭하고 필연적인 결과들을 설명하는 것이었다. "자본주의의 부정적이고 어두운 측면에 대해서는 전적으로 인정하지만"(602쪽)이라는 정도로 조건을 붙이는 문구가 간혹 있을 뿐이다. 자본주의는 "농업에서 공업을 분리"해 냈기 때문에 진보적이다. 다시 말해, 자본주의는 농민들을 데려다 산업 노동자로 만들어 공장에서 일하게 한다. 자본주의는 농업 사회의 전통을 따르던 농민들이 산업 조직의 통제를 받도록 만든다. 자본주의는 집중화와 조직화를 통해 생산의 성격을 바꿔 놓는다. 또한 기존의 자급 구조를 파괴하고 사람들이 상품 소비에 의존하게 만듦으로써 소비의 성격도 변화시킨다(이것이 '대규모 산업을 위한 국내 시장의 형성 과정'이라는 부제에 암시되어 있듯이 이 책의 주제이기도 하다). "역사적으로 진보적인 자본주의의 사명(즉, '발전'의 행위자로서 자본주의의 역할)은 두 가지 명제로 간단히 요약된다. 즉 사회 전체의 노동생산력을 증대시키는 것과 그러한 노동을 사회화하는 것이다"(602~603쪽). 또한 '자연경제'(37쪽)에서 산업 경제로의 거대한 변환은 "사람들이 사고방식을 바꾸도록"(606쪽) 했는데, 레닌의 판단으로 이는 개선이었다. 레닌은 이러한 변화의 발전적 성격을 너무 확신한 나머지 여성과 아동의 공장 노동을 금지하려는 '보수주의자와 이상주의자'의 노력을 반대하기도 했다. "여성과 아동을 사회적 생산에 직접 참여시키면, 대규모 기계 산업은 그들의 발전을 돕고 독립성도 증가시킬 것이다"(552쪽). 발전은 효율성과 생산성을 높이고, 노동자들의 사회와 노동자 모두를 개선한다. 그런데 마르크스의 경우와 마찬가지로, 이러한 문화적 변화는 의도된 것이 아니다. "대규모 기계 산업은⋯반드시 생산에 대한 계획적인 규제와 공적인 통제를 요구한다"(549~550쪽). 이는 사회 진화의 자연 질서로서 당연하게 받아들여진다. 공적인 행위는 발전의 결과물이지 그 원인이 아니라는 말이다.

'자본주의의 '사명"이라는 소제가 붙은『러시아에서의 자본주의 발전』의 마지막 장은 자본주의가 러시아에 가져다줄 혁신적인 이득을 정리했다. 이 저작을 쓴 지 채 20년도 되지 않아 레닌은 자신이 혁명정부의 수장으로서 지배하는 나라에 자본주의의 '사명'이 달성되지 않았음을 깨닫는다. 10월혁명이 일어난 지 겨우 몇 달 뒤인 1918년 3월, 레닌은「우리 시대의 주요 임무 The Chief Task of Our Day」에서 다음과 같이 써 내려간다. "그래, 독일인들에게서 배워라! 역사는 이리저리 움직이며 우회하기도 한다. 지금 독일인들이 그렇다. 야만적인 제국주의를 제외하면 그들에게서 배울 점이 너무나 많다. 그들은 근대 기계제 공업의 바탕 위에서 규율과 조직화, 조화로운 협력의 원리와 더불어 정확한 회계와 통제 체제를 구현했다. 바로 이것들이 우리에게 부족한 부분들이다."[19]

러시아의 자본주의는 완성되기도 전에 폐지되었다. 볼셰비키는 이 과제를 떠맡는 것 이외에 달리 선택의 여지가 없었다.

레닌은 이 과업을 중대한 역사적 전환으로 봤으며, 발전의 성격에 나타날 근본적인 변화로 생각했다. "정부의 개입 없이 세워진 자본주의 사회를 조직하는 중요한 힘이 자연발생적으로 성장하고 확장된 국내외 시장"이라면, 혁명을 달성한 지금 당면한 "프롤레타리아트의 주요 임무"는 공장 생산을 위해 사회를 재조직하는 것이다.[20] 볼셰비키는 "반대쪽으로부터 출발해서 이론(온갖 현학적 이론)이 알려 준 방향으로 움직여 왔는데, 그 이유는 우리나라에서는 정치사회적인 혁명이 문화혁명에 앞서 일어났기 때문이다. 그렇지만 바로 그 문화혁명이 지금 우리 앞에 도래하고 있다"[21]. 그것은 거대한 임무였다. 그 임무는 "개별적인 소상품 생산을 대규모 사회적 생산으로 전환해서 사회경제 전체를 조직적으로 재구성하는 것"[22]을 수반하는 일이었다. 동시에 "민중의 분위기를 완전히 바꿔 규칙적으로 규율 잡힌 노동을 마땅히 하게끔 하는 것"도 반드시 필요했다.[23] 이러한 작업은 마르크스가 혁명적 프롤레타리아트의 역사적 과업으로 묘사했던 바와는 다소 차이가 있다. 그러나 이제 "프롤레타리아트는 **지배**계급이 되었고 국가권력을 행사"하게 되었으므로 "이전에는 생각하지도 않았고 생각할 수도 없었던 과업들"[24]을 부여받게 되었다.

레닌은 솔직하다 못해 '열정적'으로 경제발전의 영역에는 민주주의의 자리가 없다고 강조했다. 민주주의를 정치 영역에서 경제 영역으로 확장하려는 시도가 사회주의였다는 점은 사회주의자들의 일관된 입장이었다. 부르주아 혁명이 인민을 위해 민주주의를 쟁취한 것이라고 할 때 그 인민이 시민을 의미하는 것이라면, 이제 사회주의는 노동자로서의 인민을 위해 민주주의를 쟁취한다는 게 사회주의자들의 생각이었다. 그러나 레닌의 생각은 달랐다. 다른 무엇보다도 레닌은 경제발전과 노동자 민주주의의 한 측면으로 여겨지던 경제적인 평등 사이에 모순이 있다고 보았다. 레닌은 주저하지 않고 선택했다. "나는 보너스를 주는 것이…'산업 민주주의'에 관한 매우 추상적인 (결국 빈껍데기뿐인) 말보다 경제발전과 산업 경영, 노동조합의 생산 참여 확대에 더 많이 기여한다고 본다."[25] 이보다 더 중요한 점은 레닌이 민주주의 자체를 작업장에 적합하지 않은 것으로 보았다는 점이다. "노동자들의 '공개 집회' 민주주의는 마치 봄철의 홍수처럼 제방을 넘어 흐르며 격렬하게 요동치지만, 작업 현장에서는 **철의** 규율을 따라야 하고 소비에트 지도자 한 사람의 의지에 **무조건적으로 복종**해야 하니, 이를 민주주의와 결합시키는 법을 배워야만 한다."[26]

이 점을 더 부각하기 위해서, 레닌은 마르크스주의의 핵심 용어를 새로이 정의했다. 확신하건대 이것은 마르크스가 결코 예상하지 않았던 부분이다. 레닌은 (신경제정책을 발표하기 3년 전인) 1918년 4월 "프롤레타리아트 독재는 모든 혁명에서 일어났던 지주나 부르주아지 타도만으로 충분하지 않다. 우리의 프롤레타리아트 독재는 질서, 규율, 노동생산성, 회계와 통제가 프롤레타리아 소비에트 권력에 의해 확립되는 것을 의미한다"[27]. 그런데 [이를 위해서는] 작업장에서 시행되는 독재만으로는 충분하지 않았다. 이 독재를 과학적이고 효과적으로 만들기 위해 레닌은 전 세계 노동자들이 혐오했던 경영 기술을 도입하는 것을 지지했다.

러시아인들의 노동은 선진 국가의 국민들과 비교했을 때 질이 떨어진다. 이 점은 차르 체제에서 다르지 않았으며, 농노 제도의 흔적이 강하게 남아 있었다는 점을 감안하면 특히 그렇다. 소비에트 정부가 모든 영역의 국민들에게 부여해야 하는 과제는 "일하는 법을 배워라"라는 것이다. 이런 점에서 자본주의의 결정판인 테일러 시스템은, 다른 모든 자본주의적 진보와 마찬가지로 부르주아 착취의 세련된 잔인함과 일할 때의 기계적인 움직임을 분석하는 분야에서 성취한 가장 위대한 과학적 업적이 결합된 시스템이다. 소비에트 공화국은 어떤 대가를 치르든 이 분야에서 이룩한 과학과 기술의 성취로서 가치 있는 것이면 무엇이든 받아들여야만 한다.[28]

"과학과 기술의 성취"는 노동자 개인들로부터 생산력을 최대로 끌어내는 데에만 이용되지 않았다. 그것은 사회 전체의 발전을 계획하는 데에도 이용된다. 사회주의란 "소비에트 권력+전력 공급"이라는 레닌의 유명한 발언은 자주 인용된다. 이 공식은 겉으로 보기에 간단명료한 매력을 가진다. 그러나 레닌에게 '전력 공급'이 단순한 문제가 아니었다는 사실은 자주 무시된다. 전력 공급은 '대규모 기계제 생산'의 논리에 따라 전체 사회를 계획적으로 재편하는 것을 압축적으로 표현하는 말이었다. 1920년 2월 「전 러시아 중앙집행위원회 결의안」은 레닌이 즐겨 인용하기도 했고 아마도 직접 작성한 것으로 보이는데, 여기서도 연관된 내용을 확인할 수 있다. "소비에트 러시아는 이제 좀 더 균형 잡힌 경제발전에 착수하여 전국적인 국가경제계획을 과학적인 노선에 따라 수립하고 그 계획을 일관되게 실행할 수 있는 기회를 사상 처음으로 가지게 되었다. 전력 공급의 중요성 면에서 볼 때…중앙집행위원회는 최고경제회의(Supreme Economic Council)에게 발전소 시스템 건설 계획을…실행에 옮길 권한을 부여하기로 결의한다."[29] 레닌은 이 계획이 역사상 최초로 성문화된 포괄적이고 과학적인 국가경제발전계획이라 보았다. 레닌이 이 계획에 부여했던 중요성은 제8차 [소비에트] 의회로 하여금 **"예외 없이 공화국 내 모든 교육기관**은 이 계획에 대한 탐구를 교과과정에 포함시켜야 한다"[30]고 결의하도록 했다는 사실에서 엿볼 수 있다.

전통적인 공동체 생활과 노동에서 인간성을 완전히 뿌리 뽑는 일, 다시 말해, 사회를 효율적인 공장 생산의 도구로 만들기 위해 오래된 기술과 가치, 사유 방식과 감각 방식을 와해시키는 과정에 대해 마르크스는 "세계 역사에서 더 이상 볼 수 없는 끔찍한 광경"[31]이라고 말한 바 있다. 그런데 레닌에게 이런 일들은 "엄청난 노력과 무자비한 군사적 결단을 통해서 우리의 모든 힘을 집중시켜야만"[32] 하는 "새로운 과업들"이었다. 물론 이 모든 것들은 이제 막 탄생한 소비에트 정부의 당시 상황에서 이해되어야만 한다. 러시아는 전쟁으로 폐허가 되었고, 적들에 포위당한 채 식량 부족으로 고통을 겪어야 했다. 기차는 정시에 운행하는 법이 없었고, 공장은 잠깐씩만 돌아가고 있었다. 이토록 절망적인 상황이었기에 레닌이 강력하게 희생과 규율을 요청한 점은 충분히 이해될 만하다. 그렇지만 여기서 "무자비한 군사적 결단"이라는 표현에 대해서는 심각하게 생각해 봐야 한다. 발전이 공장과 관료제 속에서 구현되는 실제의 조직 형태는 물론이고, 발전의 이미지와 이데올로기도 대부분 군대 모델에 의존했기 때문이다. 몇 년 후에 칼 도이치(Karl Deutsch)는 산업 생산을 위해 사회를 재편하려는 현상을 포착하고 이를 '사회적 동원(social mobilization)'이라는 용어로 표현했다. 도이치는 이 표현이 "시적인 이미지"로 떠올랐는데 "1793년 프랑스 국민총동원령(*levée en masse*)*과 1914년에서 1918년까지 독일의 '총동원(total

---

* [옮긴이 주] 당시 전국 각지에서 지롱드파 계열의 연방주의자들을 중심으로 반란이 일어난 프랑스 국내 상황과 오스트리아, 프로이센과의 전쟁을 수행해야 하는 대외적인 상황이 모두 비상한 상태에서 로비스피에르를 중심으로 한 공안위원회에서 발동한 총동원령. 젊은 남성들은 전쟁에 징집되었고, 전시경제 체제를 구축하여 물가와 임금을 공안위원회에서 전면 통제하였다.

mobilization)'이라는 역사적 경험"[33]에서 비롯되었다고 말했다. 그리고 2차 세계대전 이후 수많은 근대화 이론가들은 '근대화 엘리트들'에게 군대가 핵심적인 역할을 했다는 점과 민중이 처음으로 '근대적인 조직 형태'를 경험하는 데에서도 마찬가지였다는 점을 지적한 바 있다.[34]

레닌이 취한 입장의 또 다른 특이성은, 국가권력을 계획적으로 사용하여 무자비한 결단에 따라 사회 재편이 이뤄지겠지만 여전히 이는 역사적으로 이미 결정된 과정이 펼쳐지는 [것이라고 레닌은 보았다는] 점이다. 역사의 철칙은 실정법으로 구현되고 국가의 강철 같은 규율에 따라 집행된다. 이런 특이한 조합은 국가권력이 초역사적인 과정을 실행하는 매개물처럼 보이게 하는데, 이는 20세기 권위주의 지배의 특징으로 종종 언급되고, 아렌트는 이를 전체주의의 핵심요인[35]이라 규정하기도 했다. 이 것은 왕권신수설의 현대적인 변형으로, 정치권력의 원천이 인간의 선택 영역 바깥에 있다고 주장함으로써 정치권력을 탈정치화시킨다. 이로 인해 권력자는 철칙을 수행하는 과정에 대해서는 책임이 있지만 그 결과에는 책임을 지지 않는 위치에 서게 된다.

이 괴상한 추론 방법을 살펴보자. "모든 사회주의 혁명들에서…그에 따라서 1917년 10월 25일에 우리가 시작한 러시아의 사회주의 혁명에서 프롤레타리아트의 주요 과업은…(등등)."[36] 레닌이 이 구절을 쓴 시점은 1918년 4월이다. 이 사고방식에 따르면, 인간은 보편 원리로부터 연역적으로 구체적인 사례에 대해 추론함으로써 자신의 과업을 깨닫게 되는 것이지만, 위의 글을 쓸 당시에 사례라고는 역사를 통틀어 단 하나밖에 없었을 뿐이다. 여기서 말하고 있는 당시의 '과업'이란, 인간이기에 실수할 수도 있는 정치 지도자들이 과거의 경험에 근거하고 현재 상황을 분석해서 내린 결정이 아니다. 이 과업은 그들이 권력을 잡기 전부터 이미 정해져 있던 보편적 실체이다. 이 책임 없는 의무라는 이상한 형식이 이른바 스탈린주의에 어떻게 기여했는가에 대해서는 잘 알려져 있다. 이에 비해 주목을 받지 못한 부분은 이러한 사고방식의 핵심, 즉 초역사적인 의무로 강요되는 이 '과업'의 내용 자체가 '대규모 공장 생산'과 대량 분배를 위한 사회의 재편, 즉 발전을 위한 사회의 재편이라는 점이다.

다른 국민들을 '발전'시키기:
자본주의의 길과 비자본주의의 길

러시아 혁명과 더불어 발전은 하나의 과정에서 하나의 기획으로 변했다. 그리고 '발전'이라는 단어의 사용법에서도 '발전'은 자동사에서 타동사로 바뀌었다. 그렇지만 위에서 설명한 초기 단계에서 발전은 국내의 기획에 머물렀다. 국가와 정당의 지도자는 다른 국가가 아니라 자신의 국가를 발전시키려 했다. 그렇다면 언제부터 발전이 초국가적인 의미로 사용되었을까?

제2차 세계대전 이전에 발전의 개념이 초국가적인 의미로 사용된 예는 두 가지 영역에서 찾아볼 수 있다. 첫 번째는 '식민지 개발(colonial development)'이라는 표현이다. 그런데 이 용어는 유럽의 식민주의자들이 사용했던 순수하게 실용적인 의미로, 마르크스주의와 현대의 발전 이론 모두에서 볼 수 있는 초역사적이고 신의 계시 같은 함축성이 들어 있지 않았다. 이 말은 그저 자원의 개발을 의미하는 것으로서, 이윤을 뽑아낼 수 있는 자원으로 사람과 설비를 조직하는 것을 의미했다. 이러한 조직화가 원주민을 '진보'시키거나 '문명인이 되도록' 하는 데에 도움을 줄 거라는 주장이 가끔 있었지만, 그런 사회적 결과는 부수적인 효과로 여겨졌을 뿐 발전 기획의 목적은 아니었다. 그러므로 1939년에 영국 정부는 식민지 민중들의 복지를 위한 프로그램을 (적어도 문서상으로는) 만들라는 압력을 받자, 1929년의 식민지개발법(Colonial Development Act)을 식민지개발과 복지법(Colonial Development and Welfare Act)으로 대체했다.[37] 이렇게 개발과 복지를 분리해서 이해하는 방식은 무심한 실용주의 영국인들에게 역사철학적인 비전이 빈곤했다는 증거로 받아들여질 수 있었다. 어찌 보면 이들은 스스로 무슨 일을 하고 있는지를 정확하게 알아 발전의 진짜 속성을 정직하고 솔직하며 비이데올로기적으로 이해한 바에 기초해서 이런 태도를 보였다고 볼 수도 있겠다.

'발전'이 초국가적인 과정을 가리키는 용도로 사용된 두 번째 예는, 서양의 발전에 관한 책들에서는 별로 얘기되지 않았지만 소련의 스탈린 통치 시기에 나타난다. 러시아 경제에 마르크스주의 혁명 이론을 적용할 만큼 자본주의가 무르익었다고 주장하는 건 볼셰비키에게 어려운 일이었다. 러시아 제국의 민중들에게 혁명 이론을 적용한다는 것은 매우 불가능한 일이었다. 소비에트의 지배를 받는 이런 현지 민중들에게 산업화를 설명하기 위해 만든 개념이 '비자본주의적인 발전의 길(Noncapitalist Path of Development)'이다. 이는 『소비에트 대백과사전』에 다음과 같이 서술되어 있다. "비자본주의적인 발전의 길이라는 개념은 러시아 제국의 뒤처진 민중들(중앙 아시아인, 카자흐스탄 민중, 북방 코카서스인 그리고 북유럽계 아시아인)이 새로운 사회주의 국가의 지도를 받으며 사회주의로 이행하는 데서 분명히 드러난다."[38] 여기서 '사회주의'란 더 이상 자본주의에 대한 저항도, 해결책도 아니다. 사회주의가 해결책이 되어야 할 자본주의가 없기 때문이다. 더구나 사회주의는 더 이상 하나의 이념도 아니다. 사회주의가 '길'이라고 말하는 건 사회주의가 수단이라는 뜻이다. 그렇다면 발전이 목적이고 사회주의는 발전을 이루기 위한 방법이다.

냉전 시기의 발전: 트루먼

1947년에 크리스토퍼 힐(Christopher Hill)은 이제는 다소 당혹스러운 책이 된『레닌과 러시아 혁명』의 결론에서 "뒤처진 사람들이 근대 문명을 이루고, 특히 농민을 위한 자치 수단으로서 소비에트 체제와 집단농장을 발전시킨 소비에트의 경험은 틀림없이 동유럽과 아시아는 물론 궁극적으로는 아프리카와 남미에까지 엄청난 영향을 미칠 것"[39]이라고 적었다. 물론 힐이 이런 생각을 발명한 것은 아니다. 이런 생각은 그 당시 유행했고 그 시기 냉전 담론 용어를 형성하는 데 절대적인 영향력을 행사했다. 이는 또한 미국 정부가 미국보다 '개발도상' 국가들에 갑작스럽고 전례 없이 관심을 쏟게 하는 구체적인 배경을 만들었다. 힐이 이 책을 쓰고 2년이 흐른 뒤인 1949년 1월 20일에 트루먼 대통령은 이제 발전이 미국 정부의 정책이라고 선언했고, 새롭게 만든 용어인 '저개발'을 공적 담론에 도입했다. 트루먼은 "저개발 지역의 개선과 성장을 위해 우리의 과학 발전과 산업 진보의 혜택을 활용하는 과감하고 새로운 프로그램에 착수해야 한다"[40]고 말했다.

트루먼의 연설은 근대 역사의 중대한 전환점들 중 한 시점에서 이뤄진 것으로, 패배한 일본과 몰락하던 유럽 제국 영토들에 대한 소유권(이 소유권은 더 이상 과거의 식민지 지배 방식으로 유지될 수 없었다)을 미국이 상속받음으로써 역사상 전례 없는 초강대국으로 등장했던 그 순간이었다. 이 연설은 냉전의 시작을 알렸다. 그리고 미국에게는 자본 투자의 출구가 꼭 필요했던 시기였다. "저개발 국가"를 발전시키려는 트루먼의 "과감하고 새로운 계획"은 이러한 모든 요소들을 잘 고려한 것이었다. 트루먼은 나중에 출간된 『회고록』에서 이 계획이 "식민 상태에 머물고 있던 저개발 국가의 수백만 인민들로 하여금 스스로 자립할 수 있고 궁극적으로 번영에 이르는 수준까지 올라설 수 있도록 하는 것을 목표로 한" 아주 멋진 모험이었다고 말했다. 동시에 이 계획은 "공산주의의 확산을 저지하려는 정책과도 일치"했다고 말했다. 그리고 이 계획은 "미국에 축적된 자본"을 활용하는 훌륭한 방법이었고 "만약 미국의 자본 투자가 몰수되지 않고 보호될 수 있다면, 그리고 자본가들이 다른 나라를 착취하지 않고 발전시키기 위해 일하도록 설득할 수 있다면, 그것은 관련자 모두에게 이익이 될 것이다".[41]

트루먼의 혼란스러운 글 속에 새롭게 부상하는 발전 이데올로기의 기본 윤곽이 숨어 있음을 알 수 있다. 물론 트루먼이 자본가들에게 착취 대신에 발전을 설득하면서 자본주의의 기능이 바뀔 수 있다고 진지하게 제안하는 것은 아니다. 사실 이 문장은 자본가들이 무언가 다른 일을 해야 한다고 말하지 않는다. 대신 자본가들이 하는 일을 '착취'라고 부르지 말고 '발전'이라고 부르라는 말이다. 물론 이런 말을 믿어야만 하는 사람들(자신들이 외국에서 어떤 목적으로 일하고 있는지 아는 사람들)은 자본가가 아니라 저개발 국가의 사람들과 유엔(UN)의 반식민주의자, 그리고 미국 시민들이었다.

　트루먼은 자서전에서 이런 계획을 "세계 역사를 봐도 다른 나라에서 한 번도 제안된 적이 없는 모험적인 구상"[42]이라 적었다. 이러한 자기 자랑을 우리는 진지하게 받아들여야 한다. 이미 알고 있듯이 트루먼과 그의 고문들이 발전을 국가 차원의 계획으로 창안했다거나 최초로 발전을 타동사로 사용했다는 의미는 아니다. 그러나 [저개발국에 대한] 기술원조계획(Point Four Program)과 더불어 '발전'은 제2차 세계대전 이후 완전한 형태를 갖추게 되었다. 이로써 발전은 주로 제3세계 국가의 사회적 면모를 완전히 바꾸는 것을 목표로 삼아 이른바 '저개발'이라 불리던 불편 증세를 치료하는 데 주안점을 둔다고 주장하는 산업자본주의 국가들의 의도적인 계획을 의미하게 되었다. 트루먼의 1949년 연설 이전에는 underdevelopment*라는 표제어로 사전에 등재되어 있는 사물은 카메라 필름밖에 없었다. 트루먼의 연설 이후에야 '발전'은 '저개발'이라는 불리는 특정 질병을 구체적으로 치료한다는 의미로 자본주의 국가에서 사회과학의 전문용어로 자리를 잡았다. 이런 새로운 정부 정책의 발표는 미국에서 사회과학의 새로운 패러다임을 낳았고 그 하위 학문 영역으로

---

* [옮긴이 주] 현상 부족. 필름을 현상액에 충분히 담그지 못해 필름의 명암 대비가 부족하게 나온 상태.

'발전경제학(development economy)'이라는 분야를 출현시켰다. 포드 재단(Ford Foundation)이나 미국 국방부와 같은 곳은 '근대화'와 '발전' 연구에 수백만 달러를 쏟아부었고, 수백 또는 수천 권의 책과 논문을 지원했다. 연구장학금 혜택을 주어 수백 또는 수천 명의 뛰어난 젊은 학자들을 제3세계에서 미국으로 데리고 왔는데, 그 목적은 그들을 새로운 복음으로 개종시키고 '근대화 엘리트'로 키우기 위해서였다. 다시 말해 미국의 사회과학자들이 자신들의 '가치중립적인' 방법론의 우월성을 떠벌릴 때, 정부의 정책 결정과 거대 자본의 결합은 갑작스레 전혀 새로운 사회과학 분야를 불러내는 데 성공했다.

발전 이데올로기의 엄청난 성공은 전 세계 빈민의 삶을 실제 '궁극적인 번영'의 단계로 향상시킨 데 있는 것이 아니다. 발전 이데올로기는 제3세계 자본가들의 활동 의도를 수많은 사람들에게 납득시키는 데에 성공했을 뿐이다. 사실 '저개발 국가들의 발전'이라는 표현은 다른 가치관으로 보면 '신식민주의'라 불릴 수 있는 활동을 가리키는 말이다. 발전 이데올로기의 주도로 가장 대규모의 체계적인 인간 착취 계획이 시작되었으며, 자연과 문화가 역사상 가장 강력한 공격을 받게 되었다. 이런 계획을 추진했던 국가와 기업의 제국주의를 논쟁적인 문제로 만들었다는 점이 발전 이데올로기의 특별한 성과였다. 발전 이데올로기는 발전경제학자들이 식민주의와 제국주의라는 낡은 개념을 사용하지 않고도 이 모든 것에 대해 말할 수 있게 했다. 마치 식민주의와 제국주의라는 개념은 더 이상 존재하지 않을 뿐 아니라 결코 존재하지 않았던 것처럼, 그 개념이 있더라도 별로 중요하지 않은 것처럼.[43]

발전경제학의 모든 연구자들이 자신들의 학문이 자본가들의 부당이득과 정부의 전략에 활용된다는 점을 순진하게 모르고 있는 것은 아니었다. 어느 교수는 다음과 같이 썼다.

국제적인 저명 인사들은 강력한 두 진영 사이의 경쟁이 군사적인 단계에서 경제적인 단계로 점점 변화할 것이므로 누가 이기느냐는 저개발 지역을 발전시키는 능력이 누가 좋으냐에 달려 있다고 말한 바 있다. 저개발 지역과 그곳의 문제들에 엄청난 관심이 쏠려 있는 만큼 사회과학자들이 그곳의 문제를 해결만 할 수 있다면 군부를 밀어내고 훨씬 더 많은 부와 지위를 거머쥘 거라는 비아냥의 소리가 나올 만하다.[44]

이 교수는 냉전의 군사적 '국면'과 경제적 '국면'이 공유했던 공동의 목적을 알고 있었지만 1980년대의 저강도분쟁(Low Intensity Conflict)에 대한 중요한 이론가는 아니었다. 이 글은 1957년도에 씌어졌다. 이 점을 생각해 보면 저강도분쟁이 새로운 구상도 아니고, 미국 정책의 모험주의자들 집단이 주장했던 특이한 계획도 아니라는 것을 쉽게 떠올릴 수 있을 것이다. 저강도분쟁의 기초를 이루는 통찰—군사행동은 경제·사회적 행동(기술 지원, 개발 원조, 평화 봉사 단원 등)으로 보완될 때 더 효과적이다—은 트루먼의 연설 이후 미국 외교정책의 주류가 되었다. 미국 정책의 관점으로 보면 저강도분쟁과 발전의 차이점은 없다. 처음부터 발전은 저강도분쟁의 한 형태였다.

그런 점에서 발전 개념은 마르크스주의와 자유주의가 나눈 오랜 대화를 통해 현재의 형태로 만들어졌다. 냉전 기간 동안 트루먼과 그의 고문들이 함께 만든 이러한 견해는 미국의 힘으로 뒷받침되면서 전 세계 대부분의 지역에서 지배적인 담론이 되는 데 성공했다. 그렇지만 트루먼의 발전 이론은 마르크스-레닌주의에 빚을 지고 있고, 내가 아는 한 이 점은 지금껏 제대로 알려지지 않았다. 사실상 발전 이론은 자유주의적 역사유물론의 일종으로서 역사유물론과 똑같이 자발성과 필연성을 혼합했고(상황이 요구하는 대로 자발성과 필연성 사이를 넘나든다) 역사유물론의 책임-없는-의무와 똑같은 개념이다. 또한 발전 이론은 실증주의 사회과학자가 이해할 수 있도록 단순하게 만들어진 경제결정론이었다. 1965년에 데이비드 앱터(David Apter)는 "**산업사회에서 경제는 독립변수이고** 정치 체계는 종속변수이다"라고 주장했다.[45] 문제는 더 이상 '경제 변수'가 그 자신의 법칙에 따라 [자율적으로] 발전하는 것으로 이해되지 않는다는 점이다. 그런 건 초역사적인 차원에서 문제를 다루는 책의 서문에서나 가능할 뿐이다. 실제 현실에서는 경제발전을 고안하여 바로 그 경제발전을 통해 '경제 변수'가 통제된다. 정리하자면 무의식적으로 경제결정론에 시동을 건 것은 자본가였고, 이를 발견하고 분석한 것은 마르크스였으며, 다시 경제발전 이론이라는 새로운 형식으로 이를 의도적으로 받아들인 것은 자본주의였다. 이제 메시지는 다음과 같다. 경제를 지배하는 자가 모든 것을 지배한다.

자유주의와 마르크스주의 사이에 이어지는 대화의 다음 단계는 마르크스주의 입장에서의 반론으로서 이는 1957년 폴 바란(Paul Baran)의 저서인 『성장의 정치경제학 *The Political Economy of Growth*』에서부터 시작되었는데, [이 책은] '저개발'이라는 말을 전문용어로 다룬 최초의 마르크스주의 저작이라고 말해진다.[46] 이미 마르크스주의 담론에 자유주의 용어가 들어 있기에, 자유주의적 발전을 반박하는 활동은 자유주의와 마르크스주의를 한층 더 수렴하게 만들었다. 안드레 군더 프랑크(Andre Gunder Frank)의 저 유명한 '저발전의 발전'이라는 역설의 충격 효과가 가능했던 것도 '발전' 국가[선진국]와 '저발전' 국가[후진국]를 나누는 트루먼의 세계관이 이미 자리하고 있었기에 가능했다. 프랑크와 다른 종속이론가들에게 가장 중요한 작업은 다름 아니라 미국의 발전 이론이 사기라는 것을 증명하는 것이었다. [그리고] '저발전'의 모습이 현재와 같은 것은 전통에서 비롯된 것이 아니라 수십 년 수백 년 이어 온 식민주의와 신식민주의의 파괴적인 영향 때문이었다는 점을 보여 주는 것이었다.[47] 또한 발전(발전 이론의 맥락에서 보면, 산업화는 가난한 나라에 번영을 가져다 주겠지만)은 이러한 종속 관계가 유지되는 한 실현될 수 없다는 점을 보여 주는 것이 종속이론가들의 중요한 작업이다. 종속 이론의 이 생각은 맞는 말이긴 하지만, 이것은 발전 이론 자체의 관점에서 비롯한 일종의 내부 비평에 지나지 않는다. "자본주의는 저발전을 끝낼 수 없다"는 비평은 사실이고 중요한 의미를 지닌다. 하지만 문제는 다음과 같은 함축적인 결론 때문에 생긴다. "바로 그것이 자본주의의 문제이다." 그리고 이 결론은 논란이 되는 명제로 넘어간다. "반면 사회주의는 저발전을 끝낼 수 있다. 바로 그것이 사회주의의 장점이다."* 자유주의와 마르크스주의는 발전경제학의 전체 패러다임 내 중간에 나란히 위치하는 가설들이다. 두 이론 사이의 선택은 더 이상 의지나 가치의 문제가 아니다. 그 선택은 경제발전이라는 공통의 목적을 위

---

* [옮긴이 주] 안드레 군더 프랑크는 중심에 위치하는 메트로폴리스와 주변부에 위치하는 위성 도시로 구성되는 세계 체제 내에서의 불평등한 교환 관계로 인해서 주변부에 위치하는 지역의 저발전 현상은 지속될 수밖에 없다고 주장한다. 그러면서 동시에 세계 체제 내로 편입되기 이전 지리적으로 고립되어 있던 여러 지역들, 예컨대 19세기 말이나 20세기 초엽 이전의 파라과이의 로사리오나 아르헨티나의 멘도사, 그리고 카리브해의 도서국가들에서 자영농과 공장제 수공업이 번성했던 역사적 사례를 들어, 자유주의와 자본주의적 발전 패러다임의 폐해를 지적하고 있다. 그러나 여기서도 주목해야 할 점은 사회주의 경제체제가 지향했던 발전 패러다임과 프랑크 자신이 예로 든 지역의 자영농 중심의 발전이 근원적으로 성격이 다른 경제 패러다임에 속하는 것이라는 점이다. 프랑크의 '저발전의 발전'이라는 자본주의적 발전 패러다임에 대한 비판의 이론적 토대는 물론 사회주의이지만, 사회주의 이론의 지주 격인 마르크스나 레닌은, 위에서 확인하였듯이, 공통적으로 발전의 영역에는 민주주의의 자리가 없으며 발전은 노동에서 인간성을 완전히 뿌리 뽑는 세계 역사에 전례 없이 끔찍한 일이라고 자인했다는 점에서, 사회주의가 저발전을 끝낼 수 있다는 프랑크의 종속이론의 결론은 발전의 야만적 성격을 호도하고 있다.

한 수단으로서 어느 쪽이 가장 최선인지를 판단해야 하는 실용적이고 경험적인 사안이다. 간단히 말하자면 승리는 해리 트루먼에게 돌아갔다. 그리고 혁명정부가 토지 정책을 결정할 때 필요한 기준이 자원 활용의 '최적화'라고 마르크스주의 경제학자는 얼마든지 주장할 수 있는 길이 마련되어 있었던 것이다.

발전이라는 은유

발전이라는 이데올로기가 가진 특수한 힘을 이해하려면 우리는 '발전' 개념 속에는 모종의 은유가 절반쯤 숨겨져 있다는 사실에 주의해야만 한다. 은유가 들어 있지 않은 원래 의미에서 발전(development)의 반대말은 '쇠퇴'나 '정체'가 아니라 '둘러싸기(envelopment)'였다. 'Velop'은 영어 단어가 아니다. 그러나 같은 어근을 지닌 이탈리아 단어 *viluppare*는 '감싸다, 다발로 묶어두다, 둘러싸다, 말다'라는 의미를 갖고 있다. 무언가를 발전시킨다는 것은 싸여 있거나 말려 있던 것을 펼치는 것, 포장을 벗기고 밖으로 꺼내는 것을 의미한다. 더 이상 사용하지 않는 표현이지만 이런 의미로 쓰인 예로, "He developed the contents of the package"는 그가 상자를 뜯어 내용물을 끄집어냈다는 것을 의미한다. 이탈리아어 *sviluppare*, 프랑스어 *développer*, 스페인어 *desarrollo*, 독일어 *Entwicklung*에도 똑같은 이미지가 숨어 있음을 알 수 있다.

처음부터 그 단어는 두 가지 상황에 은유적으로 적용되었다. 살아 있는 유기체의 성장을 발달(development)이라고 부르는데, 이 말은 미성숙한 유기체(씨앗 혹은 유아) 안에 '감싸여 있던' 것이 '벗겨지고' 드러나는 형상의 이미지를 불러일으킨다. 또는 이야기의 전개를 발전(development)이라고 부르는데, 이때는 도입부에 감춰져 있던 의미가 점차 '펼쳐져' 독자와 청중에게 명확해지는 이미지를 불러일으킨다. 이러한 두 가지 과정을 결합하여 무엇인가를 추출하는 과정을 밟으면서 '발전'은 제3의 의미를 갖게 되는데, 그것은 어떤 변화의 구조라고 불러 볼 만한 그런 것이다. 발전적인 변화는 단계를 밟으며 예정된 모습을 갖춰 가는 변화로서, 이런 변화를 거치면서 초기 단계에서 잠재적이던 형상이 이후 단계에서 뚜렷하게 드러난다. (이것은 적어도 유럽 언어에서는 외인적인 발전과 자생적인 발전을 구분하는 것이 종종 언어학적으로 적절하지 않다는 점을 뜻한다. 엄밀히 말해서, 외인적인 변화를 설명하는 데 '발전'이라는 단어를 사용하는 것은 적절하지 않다.)

이처럼 발전이 이데올로기적 의미를 띠기 전에는 반드시 "더 나은 어떤 것으로의 변화"를 의미하지는 않았다. 변화의 바람직함은 무엇이 발전하고 있느냐에 달려 있다. 『옥스퍼드 영어사전』이 상기시키는 것처럼, 화재와 홍수가 발전하고, 적들의 공격 역시 발전하고, 사전의 예문에 따르면 돼지 독감과 같은 질병도 발전한다.

이런 발전의 은유는 발전 이데올로기에서 위력을 발휘하게 된다. 발전의 은유 덕에 발전 이데올로기 아래 실행되는 계획들이 자연스럽고 필연적인 것으로 보이게 되며, 본질적으로 내재된 실체를 발전시켜 그것의 본래 예정된 미래를 실현시킬 것이라는 인상을 주는 것이다. "발전을 방해하는 것"을 제거하면 곧바로 발전이 저절로 이루어질 것처럼 설명된다. 그러나 사실상 발전 이데올로기의 영향을 받아 일어난 변화들 대부분은 완전히 다른 종류의 것이다. 마을 주민들은 내쫓기고 댐이 건설된다. 숲은 없어지고 그 자리에 대농장이 들어선다. 온 문화가 망가지고 사람들은 전혀 다른 문화권으로 내몰린다. 지역적인 자급 수단은 사라지고 사람들은 세계시장의 권력에 종속된다. 원래 있던 것을 파괴하고 그 자리에 다른 것을 세우는 과정에 '발전'이라는 단어를 쓰는 것은 적절한 용법이 아니다. 그런 활동을 '발전'이라고 부르는 것은 그것이 인간의 선택이라는 것, 즉 인간에게는 **그렇게 하지 않을 자유가 있다**는 사실을 숨기는 것이다.

발전에 관한 은유의 의도적 오용은 다소 불가사의한 생각을 낳는다. 이런 생각은 자유주의와 마르크스주의 발전 이론 모두에서 발견되는 것으로, 정치와 경제의 지도자들이 산업 생산력을 극대화하기 위해 자연 세계와 사회 세계를 재조직할 때, 그들은 인간의 힘을 능가하는, 즉 인간이 따지거나 바꿀 수 없는 막강한 역사적인 힘의 대리인으로서 행동할 뿐이므로 결과에 대해 도덕적인 책임을 지지 않는다는 것이다.

발전이라는 은유 속에 숨겨진 또 다른 메시지는, (과잉발전된 overdeveloped 국가들의 사려 깊은 사람들은 더 이상 그렇게 믿지 않지만) 한 사회의 경제가 산업화되는 정도가 헤겔 철학 식이나 섭리 현현(providential fashion) 식의 '인간 정신의 발전'에 결국은 상응한다는 것이다. 간단히 얘기하자면, 경제발전이 인간을 더 훌륭하게 만든다는 것이다. 이는 발전된 국가로 분류되는 곳에 살고 있는 사람들에게는 매우 자기만족적인 생각이다. 하지만 그렇지 못한 사람들에게 이런 생각은 모욕일 수 있다.

다른 한편으로, '저발전'은 정말 놀라운 개념이다. 저발전이라는 개념은 대다수의 세계 문화권들을 단 하나의 범주에 집어넣는 데 성공하지만, 이 문화권들의 유일한 특징은 산업화된 국가들이 보여 주는 몇몇 특징들을 가지고 있지 않다는 사실이다. 마사이(Masai) 스텝 지대의 베레쿠(Bereku) 마을과 카이로(Cairo)의 고대 도시, 벨라우 공화국(the Republic of Belau)의 '공통점'을 효율적인 전화 시스템이 없다는 점에서 찾는다면 이것이 사회과학의 절차로 적합한가? 그러나 유럽 문화의 어떤 특징들을 보이지 않는 사람들 모두에게 유럽이 하나의 이름만 부여한 것이 처음은 아니다. 유럽적이지 않은 다른 문명을 보유한 사람들은 옛날부터 '야만인'이라 불렸다. 기독교가 아닌 다른 모든 종교의 신봉자들은 '이교도'라 불렸다. 유럽인이 식민지로 만든 나라에 살던 거주민들은 모두 '원주민(natives)'이라 불렸다. 그리고 백인이 아닌 다른 모든 피부색의 인종들은 '유색인종'이라 불렸다.

'저발전'은 이런 '타자'들을 부르는 오랜 방식들 중에서 가장 최근의 것일 뿐이다. 그런데 구스타보 에스테바가 주장했듯, 바로 '저발전'이라는 범주화가 "가장 치명적인 식민화의 위력"[48]을 지니게 되었다. 왜냐하면 이번에는 수백만의 사람들이 어떤 식으로든 그것을 자신의 정체성으로 받아들이도록 설득당했기 때문이다. ('사회적 맥락에서 벗어나 disembedded')* 물질적인 이익만을 노골적으로 무한히 추구하는 것은 불쾌하고 불명예스러운 것이라고 수천 년 동안 가르쳐 온 문화를 가진 사람들은 이제 자신들의 문화가 무지하고 낙후된 것이라며 거부하기 시작했다. "우리의 문화가 경제적인 목표에 가한 제약은 계속 효력을 잃어 왔다. 이러한 제약은 냉담함이나 순응주의로 여겨졌고, 특히 심각한 '발전의 방해물'로 간주되었으며 이런 태도는 '전근대적 사고방식'의 특징으로 생각되었다. 우리 스스로 세상을 이렇게 보게 되었다."[49] 발전이라는 은유를 통해 사람들은 자기 자신을 '발전의 방해물'로 간주하도록 교화되었고 의식의 가장 깊은 곳까지 식민화된 만큼, 발전의 은유는 민주주의를 크게 가로막는 역할

* [옮긴이 주] 칼 폴라니에 따르면, 자본주의적 근대 이전 수천 년간 인간의 경제활동은 문화, 관습, 종교 등 사회를 구성하는 여러 요소들의 맥락에 내포되어 있던(embedded) 반면, 16세기 이후 점차 시장 사회가 형성되어 가면서 경제는 여러 요소들로 이루어진 사회적 구성체로부터 이탈하여(disembedded) 스스로 자기 조정을 해 가면서 독자적으로 운영된다는 믿음의 체계 위에서 자유시장경제가 확립되었다는 것이다. 폴라니는 이렇게 사회적 성격으로부터 완전히 자유로운 자율적인 경제의 독립성은 존재할 수도 유지될 수도 없다고 보았다.

을 하고 있다. 발전이라는 은유는 "자신의 고유한 사회적 삶을 규정할 수 있는 가능성을 사람들의 손에서 빼앗았다".[50]

발전은 보편적인 개념이 아니다

에스테바는 유럽 언어를 사용하는 제3세계 국가인 멕시코 출신이다. '발전'이라는 단어의 멕시코 말은 *desarollo*인데, 영어 단어처럼 은유적이고 역사적인 무게를 많이 지니고 있다. 그러나 추정컨대 개발업자들(developers)이 그곳에 도착하기 전까지는 대부분의 제3세계 언어들에 '발전'이라는 말이 없었을 것이다. 그래서 그들은 새로운 단어를 만들거나 그들의 말 중에서 새로운 의미를 부여할 수 있는 말을 찾아야만 했을 것이다. 이 새로운 말이 '발전'의 함축적인 의미를 얼마나 충족시킬 수 있을까? 궁금하다. 내가 이 질문에 답할 자격은 없지만 필리핀에 머무를 때 필리핀어를 쓰는 사람이 말해 준 바를 전할 수는 있다. '발전'은 타갈로그어(또는 필리핀어)로 *pag-unlad*로 번역되거나 스페인어에서 파생된 말인 *progresso*로 번역되었다. 그리고 일롱고어*로는 *pag-uswag*나 *asenso*로 번역되었다. 일로카노**에서

---

* [옮긴이 주] 일롱고(Ilongo)는 힐리가이논(Hiligaynon)이라고도 불리는 필리핀 소수 민족. 일롱고어 사용자는 900만 명 정도로 필리핀에서 두 번째로 많다.
** [옮긴이 주] 일로카노(Ilocano)는 필리핀 내 세 번째로 큰 문화언어집단.

는 '발전'이 읍내에 사는 사람들에게는 *progresso*로 번역되고 시골 마을(바리오)에서는 *rang-ay*로 번역되었다. 나는 일로카노어를 모어로 사용하는 사람에게 *rang-ay*의 가장 일상적인 용례에 어떤 것이 있는지를 물었다. 내가 그 사람에게 들은 첫 번째 대답은 이런 것이다. 누군가가 요즘 어떻게 지내냐고 물었을 경우 "*Awan ti pinag rang-ay*"라고 답하는데, 이것은 "발전이 없어", 즉 영어로 "똑같지 뭐"라는 의미이다. 여기서 암시되는 바는, *rang-ay*는 다른 동료들을 앞지른다는 의미로, 이런 태도는 눈살을 찌푸리게 만든다는 것이다. 즉 이기적인 이유로 남들을 앞서려고 하지 않는 것이 좋은 태도이자 마을 사람들과 어울려 살아가는 좋은 방법으로 여겨진다.

나는 일롱고어를 쓰는 이에게 어떨 때 *pag-uswag*라는 표현을 쓰냐고 물었다. 그는 곧바로 "시골 마을이 읍이 될 때"라고 답했다. 그는 또한 돼지나 작물이 다 크거나 집을 지을 때 이 말을 쓸 수 있다고 말했다. 이런 용례들의 공통점은 지금까지 세상에 알려지지 않은 것이 도입되는 것을 묘사할 때 이런 표현을 사용하지 않는다는 점이다. 아주 오랜 옛날부터 번성한 읍이 있었고, 시골 마을에 평화와 건강이 보장되고 꾸준히 풍작을 기록할 때면 가끔씩 마을이 읍내처럼 들썩거렸다.

*pag-unlad*라는 타갈로그어(즉 필리핀어) 단어의 의미를 알기 위해서 나는 필리핀 학자가 영어로 발전에 관해 쓴 책의 한 구절을 인용하겠다.

빈곤이 심화되는 현상은 생산력의 증대와 구분해서 따로 해석되어야 한다. …속물화된 정치경제학은 빈곤의 심화가 '후진성'의 결과라는 가정을 받아들여 왔다. 만일 '후진성'이 생산력이 발달되지 않은 상태를 의미한다면 이런 식의 분석은 정확하지 않다. 지난 10년 동안 빈곤이 급속하게 심화된 것은…독점자본주의의 생산력 **강화**가 직접적인 원인이다. …이런 발전의 결정적인 요인…[51]

나는 이 학자에게 여기서 설명된 의미대로 '발전'을 번역하려면 어떤 타갈로그어를 사용해야 하는지를, 특히 *pag-unlad*가 적절한지를 물었다. 그의 첫 대답은 *pag-unlad*가 적절하지 않지만 어울릴 만한 타갈로그어가 딱히 없다는 것이었다. 그의 두 번째 대답은 어쩌면 길을 따라 나아간다는 의미의 *pag-sulong*을 쓸 수도 있다는 것이었다. 여기서 이 단어는 공간의 이동을 뜻하며, 꼭 향상이라는 의미를 가지지 않는다. 그의 세 번째 대답은 필리핀 국어로 사용되는 마닐라의 타갈로그어와 지방어로 사용되는 시골의 타갈로그어를 구별해야 한다는 것이었다. 도시의 언어에서, 특히 영어 단어 '발전'을 알고 있는 사람들이 말할 때는 *pag-unlad*를 사용할 수 있다. 여기서 *pag-unlad*는 영어 단어 development의 의미를 가질 뿐이다.

'발전'과 같은 뜻의 말이 없다는 것은 결코 필리핀어의 세련미가 영어에 비해 떨어진다는 의미가 아니다. 오히려 필리핀어의 어휘들은 언제나 명확하고 정확하다. *pag-unlad*는 '번영'을 의미한다. 일이 번창할 때 이 말을 쓴다. 사람이 굶주리거나 돼지가 돼지독감에 걸릴 때에는 이 말을 쓰지 않는다. 필리핀의 지역어(마닐라시의 지식인들이 쓰는 사투리는 제외하고)에는, 모든 상황이 나빠지고 있는 것을 직접 보고 있으면서도 상황이 좋아지고 있다고 말할 수 있는 단어가 없는 것이다. 간단히 말해, 필리핀의 지역어로는 조지 오웰이 '이중 사고(doublethink)'*라고 불렀던, 그런 생각을 표현할 수 없다.

근대의 건축물, 빈민가

이중 사고가 아니라면 발전이라는 은유를 달리 뭐라고 부를 수 있을까? 발전이라는 은유가 사람을 홀리는 힘을 생각해 보라. 우리는 발전의 세기로 기록될 수 있는 역사의 끝자락에 서 있다. 만약 우리가 미래학의 환상에서 눈을 떼고 우리를 둘러싼 실제 세계로 눈을 돌릴 수 있다면, 우리 눈에 들어오는 것은 전례 없는 대규모 빈곤 형태, 전례 없는 방식의 대량 학살, 전례 없는 통제 수단, 전례 없는 지구 오염과 파괴, 경치의 훼손, 그리고 전례 없이 소수의 손에 집중된 부와 권력이다. 이 모든 사실을

---

* [옮긴이 주] 모순되는 두 가지 생각을 동시에 갖는 것.

알고 있고 안드레 군더 프랑크의 역설*을 이해하면서도, 우리는 여전히 발전 개념을 포기하기를 거부한다. 그리고 틀림없이 이 모든 것이 일종의 기만이자 사기, 거짓된 발전이지만, 아직 도래하지 않은 '진정한 발전'이 틀림없이 있을 거라고 우리 자신에게 말한다.[52]

발전이라는 복음에서 벗어날 좋은 출발점은 세계체제론 (world-system theory)의 핵심 사상을 진지하게 받아들이는 것이다. 이 이론을 수용하는 통상의 태도보다 좀 더 진지하게 세계체제론을 받아들여 보자. 발전에 관한 논의를 하다 보면 종종 발전이 특정한 '운동 법칙'을 따른다는 주장을 접하게 된다. 당연히 이 주장은 뉴턴의 물리학에서 따온 은유이지만, 뉴턴의 세가지 법칙 중 어느 것을 말하는 건지는 언급되지 않는다. 발전을 지역이나 국가에 한정하지 말고 세계적인 현상으로 봐야 한다는 프랑크와 이매뉴얼 월러스틴(Immanuel Wallerstein)의 주장이 옳다면, [세 가지 법칙 중 어느 것인지에 대한] 해답은 분명해진다. 20세기에 발전이 일관되게 따랐던 운동 법칙은 "모든 작용

---

* [옮긴이 주] 자본주의 세계 체제에 편입되어 있는 이상, 세계 체제의 주변부 국가는 중심 국가와의 불평등한 교환 관계로 인해서 중심 국가에 의한 노동과 자원 착취를 허용하게 되고, 이로 인해 주변부 국가의 개발은 필연적으로 저개발의 지속으로 이어질 수밖에 없다는 것이 종속이론가들의 핵심 주장. 그중에서도 특히 안드레 군더 프랑크는 중심 국가-주변부 국가 사이의 종속적 관계에서 한 걸음 더 나아가, 메트로폴리스와 이의 배후에 있는 위성 지역 사이의 종속적 관계를 근본적으로 변혁하지 않는 이상 저개발 상태는 이어질 것이라는 진단을 내놓았다.

에는 그 크기는 같고 방향은 반대인 반작용이 존재한다"는 뉴턴의 세 번째 법칙이다. 누군가가 부자가 되었다면 다른 누군가는 빈곤해진다. 여기서 양쪽의 숫자가 똑같다고 주장한다면 지나친 비약이다. 실제로는 양쪽의 숫자가 같지 않다. 빈곤해진 사람들이 부자가 된 사람들보다 훨씬 많다.

근대화와 발전에 관해 생각할 때 우리는 바우하우스의 국제적인 스타일, 최첨단 강철과 유리로 지은 빌딩, 저소음 엔진, 공항, 컴퓨터 등을 떠올리곤 한다. 우리가 진정 과학적이고 세계체제론의 관점에서 사물을 보고자 한다면 이런 이미지들이 우리 자신을 속이는 것이라는 점을 인정해야만 한다. 만일 발전이 전 세계적인 현상이라면, 눈도 즐겁고 양심도 편안한 일부 지역만이 아니라 발전이 만든 모든 것들이 똑같이 근대적이고 발전했다고 불려야만 한다. '근대의 건축물'이야말로 오늘날 제3세계의 거의 모든 대도시에서 실제로 나타나는 모습들로 이해되어야만 한다. 즉 강철과 유리로 지은 고층 빌딩만이 아니라 무단 거주자들이 세운 빈민가를 봐야 한다. 빈민가는 고층 건물만큼 새로운 것, 아니 더욱더 새로운 것이기 때문이다. 더구나 빈민가는 근대 건축물의 소재들(합판, 골함석, 섬유판, 플라스틱 시트, 시멘트 블록)을 주로 활용한다. 유명한 쓰레기 처리장이 있는 마닐라시의 스모키마운틴(Smoky mountain)을 예로 들어 보자. 그곳을 둘러본 사람들은 누구나 매우 발달된 쓰레기들, 즉 자동차 타이어, 부서진 기계 부품, 고무 샌들, 폴리에스테르 의류, 수

많은 비닐 봉지가 그곳을 채우고 있음을 알게 된다(사실 '쓰레기' 자체가 근대의 산물이다. 자급경제는 '쓰레기'를 만들지 않는다.)

수천 명의 스모키마운틴 거주자들은 주로 비닐봉지를 모아 강물에 씻어서 이를 페인트와 플라스틱 인형으로 다시 가공하는 회사에 파는 일을 한다. 이런 일이 기술적으로 가능해진 지도 불과 수십 년밖에 되지 않았다. 우리는 컴퓨터칩 산업처럼 이들의 일도 성장산업으로 간주해야만 한다. 세계체제론의 관점에서 우리는 결코 '빈곤 대 근대화' 또는 '빈민가 대 발전'이라 얘기하는 감상적인 실수에 빠져서는 안 된다. 왜냐하면 이런 말들은 연구가 필요한 대상, 즉 '빈곤의 근대화'나 '빈민가의 발전'이라는 대상에 관심을 두지 못하게 만들기 때문이다.

근대화와 발전은 결코 빈곤을 없애려 하지 않는다. 오히려 근대화와 발전은 부자와 가난한 자의 관계를 합리화하는 것을 뜻한다. 이런 의미에서 발전은 빈곤의 발전만 의미하는 것이 아니다. 발전이라는 개념 속에는 민중을 상대적 빈곤의 위치에 머물도록 하는 데 필요한 관리와 억압 기술의 발전이 포함되어 있다. 그리하여 발전은 부유한 사람들의 부를 유지하는 잉여가치를 은밀히 생산해 낸다. 세계적인 규모의 발전은 경찰국가, 계엄령 체제, 어용 노조, 전략촌(the strategic hamlet)*, 과학적인 관

* [옮긴이 주] 미국의 베트남전쟁 때 남베트남민족해방전선[베트콩]과 농촌 마을의 주민을 분리하기 위해 농민들이 살던 마을을 파괴하고 베트남 정부가 전략적으로 건설한 인위적인 마을.

리, 사상 통제, 최첨단 고문 기술, CIA의 국제 네트워크와 같은, 20세기 역사만큼 긴 목록의 발전을 포함한다.

왜 발전은 실패한 전략인가

민주주의자들이 발전에 희망을 걸거나 민주주의를 발전에 뒤따르는 결과로 생각한다면, 그것은 실패하고 있는 전략을 채택하는 것이다. 아니면 이미 실패한 전략, 애당초 승리를 구상하거나 표현할 수 있는 언어를 포기한 전략을 택하는 것이다. 민주주의는 정치의 언어로만 상상될 수 있고 정치투쟁을 통해서만 달성될 수 있는 정치적인 상태(political state)이다. 발전경제학의 언어로는 민주주의로 가는 길을 설명할 수 없다. 즉 '해방'과 '정의'는 경제학의 전문용어가 아니다. 그리고 발전의 등에 올라타서 민주주의로 갈 수는 없다. 발전은 민주주의로 가지 않기 때문이다. 어차피 민주주의로 가려면 걸어가야만 한다.

발전은 실패한 전략이다. 선량한 민주적 개발업자(developer)가 꿈꿔 왔던 '진정한 발전'은 절대로 이루어지지 않기 때문이다. 트루먼이 전 세계의 사람들에게 "궁극적인 번영"을 약속했을 때, 그가 의도했고 또 모든 이들이 이해했던 바는 적어도 미국 중산층의 소비 수준, 즉 세계적인 부자들의 소비 수준을 누리는 삶이었다. 이 약속은 가망 없는 환상이었다. 또 다른 환상은 경제발전이 마지막 단계에서는 전 세계의 모든 사람들에게 어느 정도의 경제적인 평등을 보장할 수 있다는 생각, 즉 가난한 국가가 '따라잡을' 수 있다는 생각이다. 아직도 이러한 환상들이 남아 있다는 사실은 우리가 20세기가 끝나는 시점에서도 얼마나 상황의 본질을 파악하지 못하고 있는지를 알려 준다. 이런 환상들 중 어느 것도 실현될 수 없는 이유에 대해 좀 더 분명하게 설명할 필요가 있다.

발전의 평등은 통계의 오류이다. 우선 통계의 대강을 보자. 1988년에 발간된 세계은행(World Bank)의 「세계발전보고서 World Development Report」에 따르면, 산업시장경제(즉 20개의 부유한 자본주의 국가들)의 1인당 GNP는 (1965년부터 1986년까지) 해마다 평균 2.3%씩 성장해서 1986년에 12,960달러였다. 단순하게 계산해도, 해당년도의 1인당 소득 증가가 298.08달러임을 알 수 있다. 가장 가난한 33개 국가의 1인당 평균 소득은 3.1% 성장해서 270달러였다. 똑같이 계산하면 한 해에 1인당 소득이 8.37달러 증가했음을 알 수 있다. 부유한 국가의 1인당 소득 증가액인 298.08달러에 필적하려면 가난한 국가들은 해마다 110.4%씩 성장해야 한다.

물론 가난한 국가들이 부유한 국가들의 성장률보다 더 높은 성장률을 아주 오랜 시간 동안 유지한다면, 이론적으로는 결국 부유한 국가들을 따라잡을 수 있다. 그렇다면 얼마나 시간이 걸릴까? 「세계발전보고서」의 평균 성장률이 변하지 않는다고 가정하면, 가난한 국가들이 127년 뒤면 부유한 국가들의 1988년 소득에 이를 것이라 계산할 수 있다. 그러나 아킬레우스에게서 도망가는 토끼*처럼 그때가 되면 부유한 국가들은 당연히 이전보다 더욱더 부유해질 것이고, 그래서 가난한 국가들은 천 년의 절반, 정확히 말하자면 497년이 지나도 사실상 그들을 따라잡지 못할 것이다. 그때의 세계 1인당 평균 소득은 1,049,000,000달러가 될 것이다.

전 세계 모든 가난한 국가들이 실제로는 불가능하긴 하지만 5%의 성장률을 유지한다고 가정한다면, 149년이 지나면 전 세계의 1인당 평균 소득은 4십만 달러가 조금 안 되는 정도에서 따라잡을 수 있을 것이다.

사실, 인도와 중국을 제외한(특히 5%에 달하는 것으로 보도되는 중국의 공식 성장률과 엄청난 인구는 위의 수치들을 무색하게 한다.) 가난한 나라들의 성장률은 0.5% 정도이다. 이 정도의 성장률로는 결코 따라잡을 수가 없다. 게다가 가난한 국가들 중 12개 국가의 성장률은 '마이너스'를 기록 중이다.

평등한 발전은 구조적으로 불가능하다. 앞서 살펴본 간단한 수치들 덕분에 우리는, '발전'에 모든 노력을 쏟아부은 뒤에도 부유한 국가와 가난한 국가의 격차가 계속 벌어지고 있다는 소식에

---

* [옮긴이 주] 저자는 여기서 제논의 역설을 원용하고 있는데, 제논의 역설은 아킬레우스와 거북이의 경주를 다루고 있다. 토끼를 언급한 것은 저자의 오류로 보인다.

쓸데없이 놀라지 않을 것이다. 그러나 동시에 이 수치들이 경제체제의 실제에 근거하고 있지 않다는 점에서 그것은 비현실적이고 오해를 불러올 수 있다. 즉 「세계발전보고서」는 세계를 하나의 경제체제로 보지 않고 개별 국가 경제들의 집합체로 그린다. 세계경제체제는 우연히 불평등을 낳은 것이 아니라 체제적 요인이 불평등을 조장한다. 세계경제체제는 가난한 국가에서 부유한 국가로 부를 이전시킨다. 부유한 국가들의 '경제발전', 즉 부의 많은 부분은 가난한 국가들에서 가져온 것이다. 도대체 모두에게 똑같은 조건을 만들어 줄 부를 어디서 가져올 수 있을까? 세계경제체제는 불평등을 조장하고 불평등을 원료로 작동한다. 내연기관이 피스톤의 위와 아래의 압력 차이로 움직이는 것처럼, 세계경제도 부유한 국가와 가난한 국가의 격차로 움직인다. 그래서 가난한 국가의 5% 성장률, 부유한 국가의 2.3% 성장률과 같은 통계치에 대해 머릿속으로 공상을 할 수 있지만, 우리는 (이 게임의 법칙에 따라) 통계의 실제는 보지 못한다. 이것은 마치 카지노의 전체 이익은 그대로인 가운데 고객의 상금으로 성장률 5% 책정을 가정하는 것과 같다. 체제는 그런 식으로 만들어져 있지 않다.

그래도 의심스럽다면, 세계은행 전(前) 총재의 권위에 의지해서 1973년 세계은행 총회(Board of Governors)*에서 행해진 명연

---

* [옮긴이 주] 회원국들의 중앙은행 총재나 재무부장관으로 구성된 명목상 최고 의결 기구

설을 참고할 수 있다. 그는 연설을 통해 부유한 국가들이 발전에 반대하는 것이 "당연히 근시안적인데, 그 이유는 장기적으로 보면 가난한 국가만이 아니라 부유한 국가들에게 이득일 수 있기 때문"이라고 말했다.[53] 우리는 가난한 나라에 약간의 이득을 주는 발전이 부유한 나라에는 커다란 이득을 줄 것이라 확신할 수 있다.

생태학적으로 불가능한 '궁극적인 번영'. 세계경제체제가 모두를 위한 '궁극적인 번영'을 허용하지 않을뿐더러 지구도 궁극적인 번영을 지탱할 수 없을 것이다. 지구가 소수의 부자 나라들의 현재 소비 수준조차 지탱할 수 있을지도 분명하지 않다. 예를 들자면, 현재 로스앤젤레스 주민들의 1인당 에너지 소비 수준으로 전 세계 인구가 생활하려면 지구가 다섯 개나 필요하다는 평가가 있다.* 이 수치도 미심쩍지만 지구 몇 개를 넣든 빼든 결론은 똑같다. 그 수준으로 소비하지 못하고, 앞으로도 소비할 수 없을 것이며, 따라서 그렇게 될 것처럼 말해서도 안 된다.

물론 그렇게 되리라는 미신은 '살아' 있다. 이 신화는 발전을 추진하는 거대한 엔진에 연료를 공급하고, 세계경제가 낳는 실

이지만, 실제 의결 권한은 대부분 이사회로 위임되어 있으며, 신입 회원국의 승인 여부, 세계은행의 수입 분배, 자본금 증감 결정 등이 총회의 기능으로 남아 있다.
* 소비 수준이 경제적인 평등을 가져오거나 로스앤젤레스의 빈곤을 없애지 못했다는 점을 기억하는 것은 중요하다. 로스앤젤레스에는 엄청나게 잘사는 부자와 찢어지게 가난한 이들이 산다.

질적인 불평등으로부터 전 세계 사람들의 관심을 돌려 눈길을 고정시킬 매혹적인 구경거리를 제공하며, 많은 선량한 사람들이 협잡꾼 개발업자들과 어울리게 만드는 대규모 개발산업을 정당화한다. 그러나 한 가지 사실은 그대로 남아 있다. 현재의 경제체제든 다른 어떠한 경제체제든, 부자들의 소비 수준이 모든 사람에게 확대되면 세계 자체가 소비될 것이라는 사실은 그대로이다.

왜 모두 부자가 될 수 없는가. 민주주의자에게 발전은 실패한 전략이다. 왜냐하면 부유함은 번영의 형식이요(번영의 형식으로는 다른 것들도 있다) 발전론자들이 미끼로 제시하는 것이기는 하지만, 부유함은 평등하게 공유될 수 없고 실제로 부유함 속에는 명백한 불평등의 원리가 구조적으로 내재되어 있기 때문이다. '부'란 결국 무엇인가? 『옥스퍼드 영어사전』을 보면 '부'라는 단어는 경제적인 말이 되기 전에 정치적인 말이었다. 부의 어원은 '왕'을 뜻하는 라틴어 *rex*이고, 지금은 쓰지 않는 고대 영어의 정의에 따르면 '강력한, 힘이 센, 높은 신분의, 고귀한, 위대한'을 뜻한다. 지금은 쓰지 않는 '부'라는 단어의 또 다른 형태는 'riche'로 이 말은 '왕조, 왕정, 왕토'를 뜻하는 것으로서 독일어 'Reich(왕국, 영토)'와 가깝다. 원래 부유해진다는 말은 왕이 가진 것과 같은 권력, 즉 다른 사람을 지배하는 권력을 가진다는 뜻이다. 이것은 다른 사람이 가지고 있지 않아야만 가질 수 있는, 그런 종류의 권력이다. 신민이 없는 곳엔 왕도 있을 수 없다. 부유해진다는 말이 다른 사람들보다 더 많은 돈을 가져서 그들을 지배하는 특정한 형태의 권력이라는 의미로 구체화된 것은 더 나중의 일일 뿐이다.* 부자가 된다는 것은 재산을 관리한다는 의미가 아니라 재산으로 사람을 지배한다는 뜻이다. 아니, 오히려 이런 형태의 '부유함' 자체가 사람을 통제하는 능력의 크기이다. 결국 돈의 가치는 어떤 신비로운 속성보다 경제학자들이 '구매력 (purchasing power)'**이라고 부르는 것에 있다. 이미 한 세기 전에 존 러스킨(John Ruskin)이 핵심을 예리하게 지적한 바 있다.

나는 기업을 하는 사람들이 '부(富)'라는 말의 의미를 거의 모른다는 사실을 알게 되었다. 설령 알고 있더라도 적어도 그들의 인식은, '북쪽'이라는 말에 '남쪽'이라는 반대말이 뒤따르듯이 '부'라는 말도 '빈곤함'이라는 반대말이 뒤따르는 상대적인 말이라는 사실을 논리적으로 받아들이지 않는다. 대개 사람들은 마치 '부'

---

* [옮긴이 주] 어원 사전에 기술되어 있는 rich의 의미 형성 역사에 따르면, 13세기 이전에 '권력'이나 '힘'이라는 정치적 의미가 먼저 형성되었고, 13세기 중엽 이후 '가치의 크기'에 대한 합의가 덧붙여진다.

** 경제학의 '자유계약' 신화는 노골적인 권력관계를 가리키는 비경제적 의미를 현재 은폐하고 있지만, 원래 다수의 '경제학' 용어들 속에는 그런 비경제적 의미가 들어 있었다. 'Purchase'(잡다, 사냥하다, 쫓는다는 의미의 라틴어 *pro captiāre*가 어원)는 원래 "강제로 붙잡거나 빼앗는 것, 또는 폭력, 약탈, 노략질, 강탈, 포획을 통해 붙잡거나 빼앗는 것"을 의미했다. 'Finance'는 '감금이나 형벌에서 풀려나기 위한 보석금'을 의미했다. 'Pay'라는 말이 파생된 라틴어 *pācāre*는 평화를 얻기 위해 달래거나 진정시키고 가라앉히는 것을 의미했다(『옥스퍼드 영어사전』).

가 절대적이며, 과학적인 가르침을 따르면 모두가 부유해지는 것이 가능한 것처럼 말하고 글로 쓴다. 그러나 부의 힘은 전기와 비슷하게 그 힘이 불평등하거나 부정되었을 때에만 작동한다. 당신 주머니 속에 있는 1기니의 힘은 이웃의 주머니 속에 1기니가 없다는 사실에 전적으로 의존한다. 만약 이웃이 그 돈을 원치 않는다면, 당신 주머니 속의 1기니는 아무런 쓸모가 없을 것이다. 1기니가 가진 힘의 정도는 정확하게 그 돈을 필요로 하거나 그 돈을 욕망하는 이웃에게 달려 있다. 따라서 당신을 부유하게 만드는 기술은…마찬가지로 당신의 이웃을 빈곤하게 만드는 기술이기도 하다. 그리고 필연적으로 그렇기도 하다.[54]

우리는 다른 수많은 사람들의 노동을 통제하기에 충분한 구매력을 가진 사람을 부유한 사람이라 생각한다. 이러한 통제는 노동자와 하인을 직접 고용하는 형태를 취하거나 당신의 일을 대신해 줄 다른 사람을 '서비스' 산업을 통해 배치하는 모습을 지닐 수 있다. 우리는 '값싼 노동력'으로 생산되는 다른 나라들의 상품을 충분히 살 수 있을 만큼 구매력을 가진 국가를 부유한 국가라 여긴다. 러스킨이 지적하듯이, 이런 종류의 구매력은 부자의 재산을 늘리거나 가난한 사람의 빈곤을 심화시킴으로써 증가할 수 있다. 모든 사람들의 수입이 증가하는 것은 어느 누구의 수입도 늘어나지 않았다는 것과 같다. 모든 사람들의 수입이 증가하는 것은 풍요로움이 아니라 인플레이션이다. 그래서

'부익부 빈익빈'이라는 오래된 말은 반어적인 역설이 아니라 뉴턴의 제3법칙처럼 세련되고 깔끔한 경제 법칙이다. 즉 부자가 더욱더 부유해질 **때** 가난한 자는 더 빈곤해지고, 그 반대도 마찬가지이다.

누군가의 상대적인 빈곤을 미리 전제한 상태에서 모든 이들에게 풍요로운 상태를 가져다줄 것처럼 보이게 하려는 경제-발전의 신화는 사기이다. 과잉발전된 국가들에서 제작되는 영화와 텔레비전, 광고에서 이상적으로 그려지는 사람들은 이런 사람들이다. (다른 사람들이 더 많이 일하기 때문에) 세상에서 자신이 져야 할 일의 몫보다 적게 일하는 사람들, 그러면서도 세상에서 자신의 몫보다 더 많은 것을 소비하는(그래서 타인들이 더 적게 소비해야만 하는) 사람들, 그리고 (직간접적으로 고용된) 하인과 노동자들 덕분에 즐겁고 편리하게 생활하는 사람들의 삶이 이상적인 것으로 그려진다. 피라미드 구조를 갖춘 경제에서 모든 이들이 정상에 서려 하는 건 이해할 만한 일이다. 그러나 모두가 그 자리에 설 수 있는 방법은 없다. 모든 사람들이 정상에 선다면, 피라미드도 없고 정상도 없기 때문이다.*

---

* 『정치학』(1253b-54a)의 유명한 구절에서 아리스토텔레스는 신화에 나오는 다이달로스 조각상처럼 스스로 작동하는 도구를 만들 수 있다면 노예제도가 폐지될 수 있으리라는 생각의 유희에 **빠**진다. (자동화를 통한 자유는 매우 오래된 이상이다). 그렇지만 그는 바로 이런 생각을 버리고 도구가 제작(*poiesis*)의 수단이듯 옷이나 침대처럼 노예도 행위(*praxis*)의 도구라고 지적한다. 아리스토텔레스의 이 말은 다음과 같은 동어반복을 생각나게 한다. 타인의 봉사를 받음으로써 얻는 특별한 이익은, 그 이익을 다른 사람이 제공

이렇게 미리 결정된 불평등이라는 속성은 현대의 소비에서도 나타난다. 소스타인 베블런(Thorstein Veblen)이 한 세기 전에 알려 준 것처럼, 우리가 부와 연관지어 생각하는 대부분의 소비는 '과시적 소비'로, 그 특유의 즐거움은 그런 류의 소비를 누릴 여유가 없는 타인들이 있다는 데 있다. 과시적 소비는 부자들만의 것이 아니다. 모든 광고업체들이 알고 있듯이, 필요하지 않은 상품들이 가난한 사람들에게 팔리는 이유는 이런 소비를 통해 상품과 상류층의 삶 사이의 정신적 연계성이 확립되기 때문이다. 가난한 국가라고 과시적 소비를 모르는 것은 아니다. 근대화론자들이 "높아지는 기대 수준의 혁명(revolution of rising expectations)"이라 한껏 치켜세우는 것의 대부분은 과시적 소비에 대한 욕망을 이식하는 행위다. 1988년 메트로 마닐라의 퀘존 애비뉴에는 '부잣집 소녀의 브래지어와 거들'을 홍보하는 엄청나게 큰 광고판이 있었다. 브랜드가 모든 것을 말해 준다. 열대 국가의 사람들에게 거들을 사라고 납득시킬 방법이 달리 있을까? 민중에게 엘리트의 지위에 대한 갈망을 심어 주고 다양한 상품 속에 그런 지위가 조각조각 주입되어 있다고 생각하게

해 주고 있다는 사실이다(The particular good attached to being served by others is being served by others). 주인은 옷을 입듯 자기 노예를 지니고, 신발처럼 노예를 신고 돌아다니며 침대처럼 노예를 베고 눕는다. [그러나] 노예가 없다면 주인은 더 이상 주인이 아니기 때문에, 움직이는 조각상이 노예를 대신할 수는 없다. 그래서 오늘날의 부자들에게도 (예를 들자면) 카페테리아나 자동판매기의 효율성이 최고 수준의 웨이터들의 접대를 대신할 수 없다.

만듦으로써, 판매원들은 무한한 소비자 수요를 보장하고 발전의 쳇바퀴가 영원히 돌아가기를 희망한다. 끝없는 성장이 결국은 생태계의 대재앙을 초래할 뿐이라는 사실을 알고 있는 오늘날, 베블런의 다음과 같은 말은 더욱더 중요한 의미를 지닌다. "만약…축적의 동기가 기본적인 생필품이나 육체적인 편안함의 부족이라면 공동체 전체의 경제적인 필요는 어느 선에 이르면 만족되기 마련이다. …그러나 다툼의 본질은 시샘 유발 식 비교에 따른 평판을 놓고 벌이는 경쟁이기에, 일정 수준의 성과에 도달하면 되는, 그런 식의 어떤 접근법도 가능하지 않다."[55] 그렇기 때문에, 바로 이 잔인한 논리로 인해, 과잉발전된 자본주의 국가의 생활수준에 도달하기를 간절히 원하는 '사회주의' 국가는 그 과정에서 계급 구조에 따라 분열될 것이다. 과잉발전된 자본주의 국가의 생활수준 속에는 계급이 내장되어 있다. 미국의 비속어 classy(세련된, 우아한)라는 말이 보여 주는 대로, 그런 생활수준은 'classy'하다. 즉 우아하지만 계급적이다.

빈곤의 근대화

경제학자들은 빈곤을 절대적인 빈곤과 상대적인 빈곤이라는 두 가지 형태로 구분한다. 그러나 현실은 훨씬 세분화되어 있다. 여기서 나는 빈곤의 유형이 적어도 네 가지 유형으로 구분

될 수 있다는 점을 제안한다.

첫째, 물질적인 절대 빈곤이 존재한다. 즉 빈민은 건강하게 생활하기 위한 먹을거리와 쉼터, 옷, 약품과 같은 것들을 충분히 가지지 못한 사람들이다. 빈곤이 주로 묘사되는 방식이 바로 이것이며, 애써 더 설명할 필요가 없는 부분이다.

둘째, 자신들은 궁하다고 여기지 않는데 외부 사람들이 빈곤하다고 부르는 경우이다. 다른 문화권에서 보면 자급경제가 빈곤하게 보일 수 있지만 정작 그 안에서 생활하는 사람들은 자신들의 문화 기준에 따라 모든 사람이 원하거나 필요한 모든 것들을 충족시킬 수 있다. 여기서 외부의 판단이 항상 옳다거나 항상 그르다는 보편 원리를 세우려는 유혹에 빠지지 않는 것이 중요하다. 그런 외부 판단이 항상 그르다고 주장하는 극단적인 문화상대주의자들의 추상적 입장은 논리적으로는 허점이 없을 수 있지만 모든 구체적인 사례들에 일관되게 적용될 수 없다. 때때로 사람들은 비참한 상황에 체념하기도 하고, 자신의 문화에서 비판이나 저항의 언어를 제거해 버리기도 한다. 오랜 내전이나 기근, 야만적인 압제를 운명으로 받아들이도록 만드는 문화가 조성될 수도 있는 것은 사실이지만, 그렇다고 해도 이런 조건에 따른 고통이 느껴지지 않거나 이런 조건들 때문에 인간 정신이 훼손되지 않는 건 아니다. 이와 반대로 외부 판단이 명백히 불합리한 경우도 있다. 거들, 가죽 구두, 콘크리트 빌딩, 가로등과 같은 것이 없다고 토착민들을 빈민이라 부르는 경우를 예로 들 수 있다. 서구의 식민주의와 호전적 배외주의, 인종주의의 역사로 인해 평등과 인간 존중은 거의 불가능해지기는 했지만, 평등과 인간 존중에 기초해서 서로 다른 문화권에 사는 사람들 간에 이루어지는 대화를 통해서만 외부인들의 판단의 타당성 여부는 결정될 수 있을 뿐이다.

셋째, 사회적 빈곤이 존재한다. 이는 상대적인 빈곤을 의미하는데, 그렇다고 단순히 다른 이들보다 부(금전 수입 같은 어떤 절대적인 기준에 의해 측정될 수 있는 부)를 적게 가진 사람의 빈곤을 가리키지는 않는다. 나는 빈곤이 위에서 설명했던 '부'의 현상과 조응하는 경제적이고 사회적인 관계라고 본다. 가난한 사람은 부자들의 경제력에 지배당하는 사람이다. 가난한 사람은 자신들의 빈곤으로 부자들의 부유함을 발생시켜 주는 사람이다. 가난한 사람은 자신들의 노동으로 부자들의 여가를 만들어 주며, 가난한 사람들의 수치심이 부자들의 자긍심을 만들고, 가난한 사람들의 종속이 부자들의 자율을 만들며, 가난한 사람들의 무명(無名)성이 부자들의 '명성'을 만든다. 사회적 빈민은 경제체제에서 빈민으로 조직된 사람들이다.

네 번째 빈곤은, 이반 일리치의 표현에 따르면, '근원적인 독점(radical monopolies)'[56]에 의해 만들어지는 빈곤이다. 이 빈곤은 무언가 발명되기 전까지는 필요로 하거나 원하지 않았던 것을 사람들이 가질 수 없게 되었을 때 생긴다. 누군가가 냉장고나 자동차를 발명하고, 그것이 일상생활을 위한 최소한의 조건으로 자리매김하는 데 성공한다. 이는 현재의 필요를 충족시키는 것이 아니라 전에는 있지도 않던 필요를 만들어 내고, 이제 그 물건을 살 수 없는 사람들을, 이전에는 그것을 소유하려는 꿈조차 꾸지 않았던 사람들까지도 그만큼 빈곤해지도록 사회가 재구성된 것을 가리킨다. 이런 과정을 거치며 사람들은 절대적인 생활수준에 아무런 변화가 없는데도, 자신들이 제어할 수도 없는 멀리 떨어진 곳에서 발생하는 변화 때문에 점점 더 심한 '빈곤'에 빠져들게 된다. 이런 과정의 철저히 반민주적인 성격을 알아차리는 것은 쉬운 일이다. 이러한 종류의 빈곤은 산업 발전으로 감소되는 것이 아니라 증가한다. 그것도 끝없이 증가한다는 것을 이해하는 것 또한 쉬운 일이다. 발전은 사람들에게 '결핍으로부터의 자유'를 주지 않는다. 오히려 발전은 사람들이 영원히 결핍에 지배당하도록 만든다.

절대 빈곤은 고통스럽지만 그것만인 경우, 즉 모든 사람이 똑같이 가난한 상태에서는 빈곤이 부정의한 것은 아니다. 정의의 문제를 제기하는 것은 사회적 관계로서의 빈곤이고, 그래서 이 빈곤은 정치적인 사안이고 개혁이나 혁명에 적합한 주제이다. 종종 발전론자들은 빈민들이 사회적 빈곤에 관심을 두지 않고 오로지 물질적인 궁핍에만 관심을 둔다고 말하곤 한다("가난한 사람들은 정치나 이데올로기에 관심이 없고 원하는 건 머리 위의 지붕, 자신과 아이들을 위한 음식과 옷가지뿐이야."). 이런 얘기는 자칭 중산층을 대변하는 자들이 만든, 가난한 사람들에 대한 잔인한 중상모략이다.

가난한 사람들이 때때로 자신과 가족을 먹여 살리기 위해 심한 모욕도 받아들이지만 그렇다고 모욕에 신경을 쓰지 않는 건 아니라는 점은 분명하다. 가난한 사람들은 때때로 자신들이 경제적으로 의존하는 자들에게 어쩔 수 없이 자존심을 접지만, 자존심에 많은 신경을 쓰고 인간관계에서 정의와 품위도 중요하게 여긴다. 확실히 이러한 것들에 부자보다 가난한 사람들이 좀 더 많은 신경을 쓴다.

거칠게 말하면, '경제발전'이 수행한 것은 (가상의 미래를 상상하는 게 아니라 지금까지의 실제 시공간에서) 두 번째 유형의 빈곤을 세 번째와 네 번째 유형의 빈곤으로 전환한 일이다. 더군다나 그 과정에서 전 세계에서 절대 빈곤에 처한 사람들의 수가 매우 늘어났다. 물론 어디에나 적용할 수 있는 일반화는 쉽지 않다. 발전을 추구하는 사람들이 당도하기 전에 각 지역의 상황은 매우 달랐기 때문이다. 자급경제가 자리를 잡았던 곳에서 발전은, 말하자면 검소함을 사회적인 빈곤으로 바꿨다. 계급적인 전통 사회들이 자리 잡은 곳에서 경제발전은 사회적인 빈곤의 종류를 바꿔 놓았다. 어느 경우든, 경제발전이 이룬 것은 그 경제체제가 어떠한 것이든 기존의 경제체제를 무너뜨리고, 그로 인해 생겨난 난민들을 세계경제체제 속으로 조직화된 빈민으로서 편입시키는 것이다. (여기서 빈민을 조직한다는 말의 의미는 빈민들을 부자들이 점점 더 체계적이고 합리적으로 통제한다는 것이다.) 이

것이 '빈곤의 근대화'가 의미하는 바이다.

번영을 위한 정치적 토대, 커먼웰스

경제발전은 민주주의를 가로막는 폭력이다. 경제발전의 자본주의적 형식을 보면, 경제발전은 경제 불평등을 만들고, 만들어야만 한다.* '사회주의'적 형식에서 경제발전은 이론적으로는 경제적으로 평등주의적이지만(그러나 실제로는 그렇지 않다) 계획경제에 내재된 불평등을 만든다. 다시 한번 말하자면, '경제발전'은 번영을 증진시킬 수 있는 **어떠한** 형식도 의미하지 않는다. 그것은 특수한 정치경제조직의 확장을 가리킨다. 경제발전은 효율성을 극대화하는 규율에 따라 일하는 위계 조직들 속으로 점점 더 많은 사람들을 동원하는 것을 의미한다. 그리고 점점 더 많은 사람들을 소비자로, 즉 대기업들이 만든 상품들에 의존해서 살아가는 사람들로 바꾼다. 이런 두 가지 경향 모두가 민

---

* 가난뱅이에서 부자가 된 앤드루 카네기(Andrew Carnegie)의 등장이 19세기 프롤레타리아트의 부유함을 증명하지 못하듯이, 소위 신흥공업국가(Newly Industrialized Economies, NIES)의 출현이 경제 불평등이라는 일반화를 부인하지는 못한다. 여기에서 문제는 개인이나 집단이 이런 체제에서 부자가 될 수 있느냐(물론 부자가 될 수도 있다)가 아니라, 사회적인 빈곤이 체제에서 없어질 수 있느냐이다. 그리고 오늘날 신흥공업국가가 가난한 나라에 하청을 주거나 이주노동자를 불러들인다는 말을 들어 보면, 그런 국가들의 경제 부흥이 일반적인 예임을 알 수 있다.

주주의를 가로막는다. 그래서 '민주적인' 헌법, 선거제도, 언론의 자유, 인권 보장을 갖춘 사회라 할지라도 경제발전은 사람들의 일상 한가운데에 민주주의를 파괴하는 블랙홀을 만든다.

민주주의와 경제발전의 모순을 지적하는 것은 경제발전을 '반대'하는 것과 다르다. 어떤 독자들은 이의를 제기하고 싶을 수도 있겠지만, 경제발전이 우리에게 가져다준 멋진 상품들을 보라! 자동차, 비행기, 세탁기, 무선전화기 같은 것들을 생각해보라. 모두가 이런 목록을 알고 있다. 반대는 적절하지 않다. 여러 가지 좋은 것들이 모두 연결되어 함께 이 세상에 출현하면 좋겠지만 그렇지는 않다. 경제발전으로부터 나온 물품(goods)들은 그냥 물품들이다. 세탁기의 좋은 점(good)은 그것이 옷을 빨아준다는 점이다. 세탁기를 제조하는 대량생산방식이 민주적인 작업장을 만들어 가는지는 별개의 문제이다. 여기서 경제발전이 반민주주의적이라는 주장은 하나의 사실로서 제시되는 것이지 어떤 가치를 드러내려는 게 아니다. 우리는 이 사실을 이해하는 가운데 어떤 선택을 할 수 있을 것이다. 민주주의보다 경제발전을 선택하는 것도 가능하다. 바로 이런 선택을 전 세계의 과학자들과 기술 관료, 발전경제학자, 개발독재자들이 하고 있는 것이다.

그런데 만일 우리가 민주주의를 선택한다면 발전에서 비롯한 좋은 물품들을 모두 포기해야만 하는 걸까? 만일 민주주의가 산업화 이전의 사회로 '돌아가야'만 한다는 것을 의미한다면, 우리는 경제적인 재앙만이 아니라 우리의 삶이 뿌리내리고 있고 우리에게 익숙한 세계 전체의 붕괴를 경험하지 않을까?

이러한 물음 또한 핵심을 벗어나 있다. 민주주의는 현재에도, 과거에도 경제나 기술 발전 수준을 뜻하지 않는다. 민주주의는 민중이 토론하고 함께 행동하면서 정의와 평등의 원리 아래 삶의 질서를 함께 세우는 것이다. 민중이 민주주의를 원하고, 민주주의를 위해 투쟁하고, 그 투쟁에서 승리하는 곳에 민주주의는 자리 잡는다. 어떤 경제체제에서건, 기술 '수준'이 어떠하건 민중은 자유로이 민주주의를 위한 투쟁을 벌일 수 있다. 사실 이러한 과정이야말로 오늘날 전 세계에서 벌어지고 있는 일이다. 남아시아의 왕국, 동유럽의 공산국가, 제3세계의 바나나 플랜테이션, 자본주의 국가의 다국적 기업처럼 반민주적 조직을 어떻게 민주화할 수 있냐는 문제는 그 조직 내에서 실제로 민주주의를 위해 싸우는 과정에서만 구체적으로 답해질 수 있다. 이런 의미에서 근원적 민주주의는 이상주의와 다르다. 근원적 민주주의는 미리 구상한 모델을 강요하려고 애쓰지 않는다. 아무리 그 모델이 '민주적인' 것일지라도, 그런 강요 자체는 언제나 반민주주의적인 것으로 판명되기 마련이다. 근원적 민주주의는 민주적인 원리에 따라 실행되는 투쟁, 새로운 형태의 조직이 등장하는 과정을 뜻한다. 그런 투쟁은 어떤 조직이건, 경제 수준이나 기술 수준이 어떻건, 그것과 상관없이 시작될 수 있다.

그런데 근원적 민주주의에서는 '부유한(rich)' 상태로서의 부가 아닌 다른 개념의 부가 요청된다. 앞에서 설명했듯이 부유함은 본질적으로 민주주의적이지 않고, 부유함에 대한 욕망도 민주주의적이지 않은 욕망이다. 확실히 부유함은 다른 이들을 지배하는 경제력을 뜻한다. 그러나 부의 또 다른 형식이 존재하고 이는 함께 공유될 수 있다. 그리고 이런 부의 형식은 순전히 경제적인 형식이 아니라 중요한 정치적인 측면을 가진다. 무엇보다도 '커먼웰스(commonwealth)'라는 표현은 공적인 것이란 의미의 라틴어 *res publica*, 즉 공화국이란 말의 영어식 번역어이다. 한 사회 내에서 공동의 부의 유무는 경제발전이 아니라 그 사회의 정치 질서에 달려 있다. 이런 생각은 전 세계 대부분의 민중들에게 알려져 있고, 아마도 특히 자급경제를 누리는 사람들은 이런 생각에 익숙할 것이다. 그리고 이런 생각에 대해서 가장 격렬하게 경쟁하는 자본주의 사회 역시 모르는 바가 아니다. 공동의 부는 모든 이들의 삶을 풍요롭게 만드는 공공 도로, 다리, 도서관, 공원, 학교, 교회, 사찰, 혹은 예술 작품과 같은 형태로 구현될 수 있다. 공통의 부는 공동 경작지나 공동 어장 같은 '공유지'의 형식을 취할 수도 있고, 함께 나누는 의식, 축일, 축제, 춤, 공공 오락의 형식일 수도 있다.

하나의 기준에 세계 전체를 맞추는 발전 이데올로기는 우리가 사회를 제대로 보지 못하도록 만든다. 그래서 그 하나를 제외한 다른 모든 공동체 생활양식은 모두 발전하지 않은 것으로, 열등하고 비참한 것으로 무시된다. 이성을 마비시키는 이런 분류법을 마음속에서 지우며 우리는 세계를 응시할 수 있어야만 한다. 두 가지 가능성—발전이냐, 아니면 발전이 없느냐—만을 보지 않고, 공동체의 질서를 잡는 현실적이고 가능한 방법들이 다양하다는 점을 이해할 수 있어야만 한다. 가치의 다원성을 보는 능력은 민주적인 정신과 일맥상통한다. 이런 공동체들에서 가치를 재발견하는 것은 '가난'해지는 것에서 가치를 발견하는 것이 아니라, '가난'이라 불리는 많은 것들이 번영의 다른 형태임을 이해하는 것을 뜻한다. '번영'(라틴어로는 *pro spere*)이라는 단어는 본래 '희망에 따라'란 의미를 지닌다. 번영의 방식과 시기는 사람들이 무엇을 희망하는지에 달려 있고, 번영이 순전히 경제 용어가 되는 것은 오로지 경제적 희망 이외에 다른 모든 희망을 버릴 때뿐이다.

만일 부가 경제적인 잉여라면, 각기 다른 공동체들은 잉여의 형태가 어떤 것이 되어야 할지에 관해 각기 다른 선택을 할 수 있다. 잉여는 개인의 소비로 돌릴 수도 있고, 공공사업으로도 이용될 수 있다. 잉여는 노동시간 감축을 통해 여분의 여가 시간을 떼어 내 예술과 배움, 축제, 의식, 스포츠, 단순한 놀이에 사용하는, 그런 형태를 띨 수도 있다. 이런 일들은 '철칙'에 따라 결정되는 필연적인 일들이 아니라 정치적인 선택이다. 정치가 공동체의 일을 분담하고 재화를 배분하는 방식에 관한 공동체의 기본적인 정책 결정을 의미한다는 점을 감안해 보라. 그리고 만약 구성원에게 마땅한 제 몫을 주는 것이 정당한 분배 규칙이라면, 땅과 숲, 물고기, 새, 동물들에게도 그들의 몫을 주도록 조직된 공동체들이 전 세계에 있었다는 점을 우리는 이해해야 한다. 발전경제학이 극단적인 절대 빈곤의 상태로 규정한 이런 공동체들은 실제로는 이런 방식으로 엄청난 '잉여'를 관리해 왔다. 즉 그들이 살았던 자연환경이야말로 엄청난 공동재산이요, 그것이 곧 잉여였던 것이다. **커먼웰스**라는 오래된 생각과, **환경**과 관련해 최근 등장한(또는 재등장한) 깨달음을 결합하면, 이 지구상의 '부'가 실제로 뜻하는 바에 관해 전망 밝은 새로운 개념이 탄생할 수도 있을 것이다.

우리는 이 세상에 진정한 평화와 민주주의가 실현된다면 경제발전에 어떤 일이 일어날지 물을 수 있다. 이런 가정은 상식만으로도 충분하고, 누군가는 이 자체**가** 상식이라고 말할 수도 있을 것이다. 그러나 동시에 역설적으로 이런 일은 거의 상상하기조차 어렵다. 모든 사회에서 군사나 경제 침략의 위험이 사라진 세계는 과연 어떤 모습일까? 부자와 가난한 사람들 사이의 관계가 사라졌다면 세상의 모습은? 의식을 탈식민화시키는 문화혁명이 성공해서 '서구 자본주의 중산층의 삶'이라는 유령이 더 이상 세상에 주문(呪文)을 걸지 못하고, 세계 각국의 사람들의 자긍심과 도덕성이 자신들의 고유한 문화에 뿌리내려 있는, 그런 세계였다면? 지역사회와 국제사회 모두가 신뢰를 바탕으로 세워져 서로를 두려워하지 않는 세계라면?

이런 질문들을 던지는 것은 위의 조건들이 쉽게 성취되기 어렵다는 점을 암시하려는 것보다 단지 정신적인 실험을 해 보기 위함이다. 그런 세계에서는 경제발전에 어떤 일이 일어날지 물어봄으로써 우리는 그 본질을 더욱더 분명하게 파악할 수 있다. 그렇지만 미래학의 형태로 답하려는 것은 잘못이다. 우리의 수많은 필요들은 전문적으로 필요를 만들어 내는 업자들에 의해 주입되어 왔거나, 계급사회의 시샘과 악의로 일그러져 있거나, 적들로부터 자신을 보호할 수 있을 만큼의 충분한 힘에 대한 욕망 등으로 왜곡되어 있기에, 이런 외부 요인들을 빼고 나면 무엇이 남게 될지를 미리 점치기란 어렵다. "무한한 힘에 대한 욕망은 죽음으로 끝을 맺을 뿐이고" 소유욕 강한 개인주의자를 부추기는 동력이지만, 이는 우리 이웃에 대한 두려움에 뿌리내려 있다고 말한 홉스가 옳았다면, 그런 두려움이 사라진 뒤 그 욕망은 어떻게 될까? 경제활동을 왜곡하는 부자연스러운 요인들이 없다면, 경제활동이 본래의 자연스러운 형태로 돌아가리라 우리는 상상할 수 있다. 이렇게 되는 것이 극빈의 암흑시대로 돌아가는 것을 의미한다고 생각할 이유는 없다. 세계를 자연스런 모습으로 되돌린다는 것은, 얼마만큼의 일을 하고 싶은지, 얼마만큼의 여가를 갖고 싶은지에 비추어 필요에 대한 욕망을 조절하면서, 우리가 무엇을 필요로 하고 무엇을 원하는지를 스스로 자유로이 결정할 수 있다는 것을 의미한다. 놀라운 점은 민주주의에 관한 이런 상식적인 이미지가 우리 시대의 '상식'과 매우 동떨어져 있다는 점이다.

그런 '자연경제'(아이로니컬하게도 이것은 레닌의 개념이다)에서도 사람들이 여전히 필요—만일 '필요'가 그때도 적절한 말이라면—와 욕구를 느낄 거라고 우리는 가정할 수 있다. 이런 욕구에는 장난감과 예쁜 옷, 음악, 쾌적한 방과 머리장식처럼 '쓸모없는 것들'에 대한 욕구도 포함된다. 그러나 이런 욕구는 미리 결정되어야 하는 종류의 사안이 아니고, 사회주의 국가나 신정(神政) 국가에서 봤듯이 집권당이 사치금지법(예를 들어 특정한 유형의 옷이나 음악을 금지하는 것)을 시행하여 인민들에게 강요할 사안도 아니다.* 계급사회의 두려움과 시샘 때문에 상처 입은 결과로 생긴 필요에서 진정한 필요를 골라내는 일은 진정 정의롭고 평등하며 안전한 사회에서 천천히, 그리고 자연스럽게 진행될 것이다. 아마도 이런 '대항발전(counterdevelopment)' 과정이 충분히 오래 지속된 뒤에야 비로소 '번영'은 *pag-unlad*가 과거 필리핀의 타갈로그족들에게 전달했던 바와 매우 비슷한 의미를 가지게 될 것이다.

이런 일에 관심 있는 이들이라면, 이 관점을 취하는 것은 마르크스를 뒤집어서 정치를 다시 하부구조(정치는 아리스토텔레스의 '최고의 학문')로 만들고 경제-기술 활동을 '상부구조'로 만드는 것이라고 주장하는 것과 다름없다는 점에 주목할 만하다.

---

* [옮긴이 주] 필요(needs): 결핍으로 인해 발생하는 생리적·사회적 상태. "배가 고프니 먹을 것이 필요하다." 욕구(wants): 인간의 본능적 필요가 구체화된 상태. "젊은이들의 서구화된 식사 욕구는 쌀 소비를 감소시키고 있다."

(그렇다고 마르크스가 그의 시대에 헤겔을 뒤집은 것을 잘못이라고 주장할 필요는 없다. 이론이란 모래시계와 같아서 시계가 계속 작동하게 하려면 주기적으로 뒤집어 주어야 한다.) 경제발전이 반민주주의적이라고 말하는 것은, 경제발전의 문제는 정치적인 것이고 정치적으로만 해결이 가능한 문제라고 말하는 것이다. 결함투성이의 정치경제 구조 속에서 이뤄지는 경제활동으로 세계경제의 결함이 발생하는 것이다. 이런 구조 안에서 경제활동을 심화시킨다고 해서 치유책이 될 수는 없는 노릇이다. 근원적으로 민주화된 정치경제의 하부구조를 토대로 삼는다면 경제활동(생산, 교환, 소비)은 완전히 다른 특성을 갖게 될 것이다. 이런 과정을 '발전의 고사(枯死)'라고 부르면 어떨까?

제3장

기계의
반민주주의적 성격

기계를 평가하는 데 민주주의라는 잣대를 사용하는 것은 차원을 혼동하는 듯 보일 수 있다. 마르크스주의 용어로 보자면 기계는 하부구조의 일부인 데 비해 정치는 상부구조에 속하기 때문이다. 기계들은 그것에 적합한 기준으로 평가되어야 한다. 소음이나 오염처럼 바람직하지 않은 부작용을 너무 많이 일으키지 않으면서 설계된 대로 일을 효과적으로 잘 처리하는지, 그런 능력으로 평가되어야 한다. 선반 기계가 콘서트장의 바이올린 같은 소리를 낼 것을 요구하지는 않는다. 그런데도 왜 우리는 기계가 민주적일 것을 요구해야 하는가? 그런 요구는 무엇을 뜻할까?

설령 기계의 민주주의성에 관한 비평이 이뤄진다 하더라도 그건 무용한 일 아닐까? 기계들에는 일종의 어떤 불가피한 경향이 있는 듯 보인다. 외견상 피할 수 없는 논리에 따라 기술 지식의 진전과 함께 기계들도 변화하고 나아진다. 전기의 비밀이 밝혀지자 우리는 전기난로, 전기모터, 전등, 전화기, 텔레비전, 컴퓨터, 전기의자를 갖게 되었다. 이런 점이 정치와 무슨 상관인가?

이런 생각 자체가 어려움을 야기하는 요인 중 하나이다. 앞 장에서 주장했듯이, 뭔가 공동생활의 질서에 많은 영향을 미치는 것이 있는 상황에서 그 상황을 수용하는 것 이외에는 별다른 선택권이 없다고 배우지만, 사실은 얼마든지 다른 선택지가 있다면 그것은 민주주의의 문제이다. 달리 말하면 기계가 결코 정치적인 기준으로 판정되고 선택되어서는 안 된다는 주장 자체가 반민주주의적이다. 앞 장에서 경제성장 이데올로기를 비판했던 내용은 기술발전 이데올로기에도 적용될 수 있다. 자연스럽게 '경제발전'과 '기술 발전'이 대부분 겹치기 때문이다. 그렇지만 이것은 이데올로기 비평이다. 이 비평이 기계 자체에는 어떻게 적용되어야 할까?

물화된 인간관계로서의 기계*

기계는 결국 무엇인가?

* [옮긴이 주] '물화된 인간관계(reified human relations)'는, 마르크스와 루카치가 사물의 인격화와 생산관계의 물화(物化)에 대해서 설명하면서 상품에 대한 물신숭배에 오염된 인간관계의 왜곡 현상을 지적할 때 사용한 용어이다. 하지만 이 장에서 저자는 그렇게 왜곡된 인간의 의식이 어떻게 기계나 기술적 장치에 의해 물질적으로 구현되는가, 그리고 그 정치사회학적 또는 정치인류학적 의미는 무엇인가에 대해 탐색한다. 저자는 이런 맥락에서 '물화된 인간관계'가 물질화(reification)된 것이 기계라는 입장을 보인다. 이 경우 reification이라는 표현을 '의식의 물화' 현상과는 구분하기 위해 '실체화'라고 번역하였다.

기계는 추상개념이나 일반론이 아니다. 그것은 물질적인 실체를 가진다. 물론 우리는 가끔씩 다른 의미로 기계라는 말을 쓰곤 한다. 가령 정당 조직(political machine)이나 군수품 또는 무기(war machine)에 관해 말할 때도 이 단어를 사용한다. 『기계의 신화 *The Myth of the Machine*』에서 루이스 멈퍼드(L. Mumford)는 세계를 이해하고 사회질서를 규정하는 근본적인 방법으로 기계라는 말을 사용한다. '기계화된 세계의 모습'에 매혹된 사람은 유기체도 기계 생명으로 이해하여 인간도 거대한 사회 기계의 부품으로 조직하려 할 것이다.[1]

멈퍼드의 주장은 강하고 설득력 있지만, 그와 달리 나는 여기서 우리가 기계라고 부르는 구체적인 사물들로 이야기를 시작하고 싶다(나는 기계라는 말을 도구와 기구 등을 포함하는 폭넓은 의미로 사용할 것이다). 엄밀히 말해 과학기술적인 필요가 기계들의 모양을 결정할까? '효율성'이 기계적인 작동의 보편 원리일까? 다시 말해, 효율성은 모든 상황에서 똑같이 작동하는 원리일까?

우리는 어떤 효과를 만들어 내기를 소망하냐에 따라 효율성의 기준이 달라진다는 단순한 진리를 종종 잊어버린다. 최소 노력 투입이라는 원리는 수단과 목적이 분명하게 구분되는 상황에 잘 들어맞는다. 가령 소외된 임금노동에서처럼 목적은 사랑하지만 수단은 증오스러운 상황에 그런 원리가 가장 잘 적용된다. 이것은 음악을 연주하고 사랑을 나누고 춤추고 이야기를 하고 숲을 산책하는 것처럼 수단과 목적이 구분할 수 없을 만큼 서로 얽혀 있는 상황에는 그렇게 적용되지 못한다. 만약 당신이 친구들과 운동하거나 맛있는 음식을 먹는다면, 그것을 되도록 짧은 시간에 끝내는 것은 '효율적'이지 않다. 이와 비슷한 활동들이 많은데, 이런 일들은 적절한 시간 동안 적절한 노력을 쏟는 경우에만 가장 효과적이다. 이런 활동들은 그보다 지나치거나 그에 이르지 못하면 망치기 마련이다.

상황은 한층 더 복잡하다. 지크프리트 기디온(Sigfried Giedion)이『기계화의 지배 *Mechanization Takes Command*』의 한 장을 모두 할애할 만큼 중요하다고 여겼던 자물쇠의 발전을 살펴보자.[2] 자물쇠를 채우는 사회도 있고 채우지 않는 사회도 있다. 심지어 자물쇠를 채우는 사회에서도 자물쇠를 채우는 물건이 있고 채우지 않는 물건이 있다. 자물쇠는 도둑을 예상한 것이고, 절도는 사유재산만 전제로 벌어지는 행위는 아니다. 다른 사람의 동의 없이 그의 사유재산을 취할 수 있는 상황이 있어야 절도 행위는 존재한다. 토머스 모어(Thomas More)의『유토피아』에서는 모든 이의 옷과 가구가 거의 똑같고 문에도 자물쇠가 없다. 우리가 이런 상황을 극도로 비현실적이라 생각할 필요는 없다. 우리 모두는 사람들이 자물쇠를 채우지 않는 작은 마을들을 알고 있다. 이런 신뢰가 꼭 사람들의 정직성이 매우 높기 때문에 생기는 것은 아니다. 오히려 이런 신뢰는 상황에 달려 있다. 당신과 내가 작은 마을에서 함께 사는데 내가 당신의 모자를 훔친다면 어디서 모자를 쓸 수 있을까? 우리가 캠핑 여행을 떠나 같이 밥을 먹는다면, 프라이팬을 훔치는 것이 내게 어떤 이로움을 줄 수 있을까?

자물쇠는 모든 곳에서 필요한 것은 아니다. 자물쇠의 쓰임새는 특정한 정치·사회·법률적인 조건에서 생긴다. 어떤 사회에서는 예전이나 지금이나 자물쇠가 필요치 않다. 그래서 우리는 우리 사회에서 자물쇠가 쓸모없어져 사라지게 만드는 변화들을 상상할 수 있다.

간단히 말해, 자물쇠는 정치와 법이 속한 **하부구조**가 실체화된 **상부구조**이다.

언제나 자물쇠가 필요하다고 우리를 설득하는 사람들은 사실 자물쇠를 써야만 하는 정치와 법의 조건이 보편적이고 변하지 않는다고 우리를 설득하려는 것이다. 가장 분명한 예는 홉스로서, 인간의 자연 상태를 만인이 서로 맞서는 전쟁 상태로 묘사한 끔찍한 서술에 이어 미심쩍어 하는 사람들을 다음과 같은 조롱의 말로써 납득시키려 든다. "[의심을 품은 사람들은] 자기 자신에 대해 생각해 보라. … 문을 잠글 때 동료 시민들을 어떻게 생각한 것인지, 금고를 잠글 때 자신의 아이와 하인들을 어떻게 생각한 것인지. 나는 말로 인류를 책망하지만, 내 말에 의심을 갖는 사람들은 행동으로써 인류를 비난하고 있는 것은 아닐까?"[3] 홉스는 자물쇠로 실체화된 정치적 의미를 잘 이해했다. 만일 자물쇠를 감수하겠다면(swallow), 우리는 소유적 개인주의를 감수하는 것이고 리바이어던을 감수하는 셈이다. 또는, 오히려 리바이어던이 우리를 집어삼킨다(swallow).*

자물쇠의 경우에서 보는 것처럼 산업 생산의 기계화 역시 인간의 의향이 실체화되어 나타나는 현상이다. 산업혁명이 생산 설비의 혁명, 그 이상이라는 점은 상식이다. 즉 산업혁명은 일의 조직화에서의 혁명이었다. 이 혁명은 단지 새로운 기계가 새로운 작업 방식을 요구했다는 사실을 뜻하지 않는다. 이 혁명은 일을 재조직하고 노동자들의 저항 투지를 감소시키려는 **의도**에 따라 새로운 기계가 설계되었음을 뜻한다. 나는 노동 분업을 말하려는 게 아니다. 노동 분업은 산업혁명보다 훨씬 전에 실시되었고 노동자들의 힘을 강화하는 요소였다. 한 노동자가 도자기를 굽고 다른 사람은 농사를 짓고 또 다른 이는 고기를 잡고 옷을 짓고 목공 일과 대장장이 일을 하는 분업은 노동자 개인—또는 노동자 공동체나 길드—의 기술을 예술적인 수준으로 발전시킬 수 있게 한다. 이런 식의 전문화는 그냥 제품을 생산하는 것 이상으로 가치 있는 것들을 더 많이 생산해 낸다. 뭐라고 특정하기는 어렵지만, 전통과 노래, 이야기, 예술적 감성, 장인의 자부심이 배어 있는 공동체가 생산되는 것이다. 그 일에 평생을 바친 노동자는 숙련된 농부나 전문 도공, 대목수가 된다. 이런

---

* [옮긴이 주] swallow에 포함되어 있는 두 가지 의미, '감수하다'와 '집어삼키다'를 활용하여 저자는 여기서 언어적 유희를 벌이고 있다.

이들은 존경받을 만한 자격이 있는 사람들로서 이들이 갖고 있는 권위가 정당한 이유는 그 권위가 중요 사물에 관한 진정한 지식으로부터 나오기 때문이다. 이런 상황에서 수단과 목적은 춤을 추듯이 서로 뒤섞여 구분할 수 없을 정도이다.

일 공동체가 생산하는 가치들 중에서 생산물의 양과 교환가치만이 정당한 목적으로 여겨지고 있다는 데에 우리가 동의한다면, 산업혁명 시기에 일이 재조직됨에 따라 생산성과 효율성이 증가했다는 데에는 의심의 여지가 없다. 19세기 자본주의 비판자들의 '이윤 동기'에 대한 탄식의 핵심은, 돈을 바라는 것이 본질적으로 나쁘다는 점이 아니라, 그것이 배타적인 가치척도가 되어 일 공동체에서 생산된 다른 모든 재화들은 무시되어 버려질 수 있다는 점이었다. 공장에 배치된 기계는 노동자들의 숙련 기술을 착취하는 수단이었다. 숙련노동자들은 높은 임금을 요구할 수 있었고 해고되기 어려웠다. 그들이 파업을 벌이면 대체 인력을 구하는 것은 어려운 일이었다. 기계 덕분에 제조업자들은 숙련노동자들을 미숙련 기계 보조자들로 대체할 수 있었다. 기계 보조노동자들—이들은 아동노동법이 제정되기 전에는 아동들인 경우가 많았다—은 낮은 임금을 받았고 다루기 쉬웠다. 자본주의를 비판하던 사람들이 이런 분석을 만들어 낸 게 아니라, 기업 경영자들이 이 문제에 대해 정확하게 인식하고 있었다는 사실을 상기하는 것이 중요하다. 카를 마르크스는 "1830년 이후 발명의 역사 전체가 노동계급의 반란에 맞설 무기를 자본가들에게 제공하려는 목적으로만 진행되었다고 기록해도 무방할 것"[4]이라고 적었다. 『자본론』에서 마르크스는 [노동자들의] 힘을 빼앗는 기계의 효율성에 관한 많은 제조업자들의 증언을 인용한다.

"지금 모든 기계 노동자들이 해야 하는 것은—그것이 모든 아이들이 할 수 있는 일이기도 하지만—스스로 일하는 것보다 기계의 아름다운 노동을 관리하는 것이다. 온전히 자신의 기술에만 의존하는 노동자들의 무리들은 이제 사라지고 있다. 앞서 나는 모든 기계를 관리하기 위해 네 명의 아이를 고용했다. 이 새로운 기계 배치 덕분에 나는 성인 노동자의 수를 1,500명에서 750명으로 줄였다. 그 결과 이윤이 엄청나게 늘어났다."[5]

"(스스로 일하는 노새는) 몸을 부지런히 움직여 일하는 부류들 사이에서 질서 회복을 위해 고안된 발명품이다. … 이 발명은 이미 제출된 바 있는 저 위대한 교리를 확인해 준다. 즉, 자본이 자신에게 유리하도록 과학을 끌어들일 때마다 고집 센 노동자들은 언제나 고분고분해지도록 순치된다는 것."[6]

마르크스는 산업 생산의 기계화에 잠재된 정치를 간파했고 그것에 관해 설득력 있는 글을 써냈다. 마르크스는 공장에서 "동작을 조절하는 중앙의 기계는 자동기계이자 독재자이다"(545쪽)라고 『자본론』에 적었다. "노동자가 노동 도구의 획일적인 운동에 기술적으로 종속되는 것은…군대 같은 규율을 가져와…노동자들을 육체노동자와 감독으로 나누고, 졸병과 산업 군대의 부사관으로 구분짓는다"(549쪽). 공장 기계화의 기술적인 필요조건이라는 명분 아래 기업 경영자는 공장의 규칙에 관한 입법권을 행사하는 "공장 리쿠르고스"(550쪽)가 된다. "공장의 규칙과 관련해 자본가는 마음대로 법을 정해 노동자들에게 독재 권력을 행사하기 때문에, 자본가의 이런 태도에는 다른 경우라면 부르주아지가 승인했을 책임 분담이나 부르주아지들이 더더욱 찬성해마지 않았을 대의제 시스템은 수반되지 않는다. 공장은 순전히 자본가들의 의지가 발현되는 공간이다"(549~550쪽).

궁극적으로 기계에 대한 마르크스의 입장은 무엇일까? 이에 관해서는 말하기 어렵다. 다윈은 종 진화의 자연성이나 불가피성을 서술한 적이 있는 바, 어떤 곳에서 마르크스는 기계의 발전을 다윈에 비유될 만한 진화 과정으로 설명한다(493쪽 주석 4번). 종종 마르크스는 독자들에게 자신이 기계 자체가 아니라 자본주의하에서 기계의 잘못된 사용법을 비판하고 있다는 점을 상기시킨다. 그러나 누가 아래의 구절을 그렇게 해석할 수 있을까?

공장일은 신경체계를 극단적으로 소모시킨다. 동시에 공장일은 근육의 다양한 움직임을 제거하고 육체 활동과 지적인 활동 모두에서 자유의 요소를 완전히 옥죈다. 심지어 노동을 줄이는 일조차 고문의 수단이 된다. 왜냐하면 기계는 노동자를 일에서 해방시키지 않고 오히려 일의 내용 자체를 완전히 제거하기 때문이다. (548쪽)

만일 노동자가 속한 국가나 노동자 자신이 기계를 소유한다면, 기계가 인간의 육체를 물리적으로 직접 지배한다는 이 설명이 어떻게 결정적으로 바뀔지는 명확하지 않다. 특히 여기서 자본주의적인 요소는 무엇인가? 기술적으로 '올바른' 사용법에 더하여 기계의 착취적인 **잘못된 사용법**이란 무엇일까? 나는 마르크스가 이 점을 분명하게 밝힌 글을 찾을 수 없다. 공장일과 학업을 번갈아 가며 하거나(613쪽) 노동자들이 하나 이상의 기술을 가지고 직업을 바꿀 수 있다면 공장일은 덜 고통스러울 것이라고 마르크스는 제안하는데, 그의 이런 제안은 훌륭하고 현실적이다. 그러나 산업 노동의 고통 감소를 위한 이런 식의 제안에는 **지양**(止揚, *Aufhebung*)의 철학이 요청되지 않는다. 왜냐하면 마르크스의 그 제안에는 공장일 자체의 본질적인 성격의 어떤 변형도 암시되고 있지 않기 때문이다. 그리고 공산주의 사회의 사람들이 "마음 내키는 대로 아침에 사냥하고, 오후에 물고기를 잡고, 저녁에 가축을 기르고, 저녁 이후 비평"할 수 있다는 마르크스의 유명한 구절은 주목할 만하다. [7] '비평'한다는 것은 예외가 될 수 있겠지만, 마르크스는 여기서 단순히 산업사회 이전 정도가 아니라 사실상 신석기 시대의 기술 목록을 제시했다. 만일 마르크스가 "아침에 석탄을 캐고, 오후에 방적기를 돌리고, 저녁에 석유 펌프를 조립할 수 있다"고 적었다면 상황은 상당히 덜 목가적으로 읽힐 것이다. 그리고 "마음 내키는 대로"라는 부분은 블랙 유머가 될 것이다. 반면에 아마도 우리는 저녁 이후의 비평에서 더 활기찬 결과를 기대할 수도 있을 것이다.

억압적인 것은 기계 자체일까? 아니면 기계의 오용일까? 천을 짜는 역직기나 정유 공장, 작업 라인에 대해 근본적으로 다른 이용법을 생각하기란 어렵다. "기술은 좋은 목적, 나쁜 목적, 어느 것을 위해서나 이용될 수 있다"는 오래된 속담은 분명히 기술 자체에 정해진 목적이 내장되어 있다는 점에서 그다지 설득력이 없다. 구분 짓기를 통해 이 난제에서 빠져나오는 방법이 있기는 하다. 과학기술 **지식** 자체는 다른 목적들을 위해서 이용될 수 있는데, 자본주의하에서 실제 기계를 설계하다 보니 과학 지식이 착취 의도와 뒤섞이게 되었다고 말하는 것이다. 누군가 말했듯이 과학은 보편적이고 중립적이지만 생산 설비는 노동자에게서 최대한의 잉여가치를 짜내려는 의지가 실체화되어 과학에 뒤섞인 혼합물이다.[8] 샤를 푸리에(Charles Fourier)가 공장을 감옥에 비유한 것은 지금도 유효하다. 자물쇠와 안을 들여다볼 수 있는 구멍이 있는 철문, 간수탑, 독방, 사형실을 갖춘 감옥에는 자신의 의지를 거슬러 사람을 가두려는 건축 의도가 들어가 있다. 물론 건물은 리모델링될 수 있고 극장이나 박물관으로 바뀔 수도 있지만, 그러려면 아주 근본적으로 새로 지어야 한다. 샌프란시스코만(灣)의 앨커트래즈섬에 세워진 건물에서 감옥의 특성을 없앨 유일한 방법은 그것을 완전히 허무는 것일지 모른다. 감옥은 감금하려는 사회의지를 실체화한 것이다. 이 의지는 감옥을 세운 특수한 지식 체계, 즉 교도소 관리학에서 발견될 수 있다. 그러나 이런 의지가 벽이나 지붕을 세우고 배관 공사나 조명 공사를 하는 데 이용되는 일련의 지식에서 발견되지는 않는다. 이런 지식은 거주지나 도서관, 극장에서도 잘 활용될 수 있다. 마찬가지로 다음과 같은 주장도 할 수 있다. 잉여가치를 뽑아내려고 혈안이 된 사회에서의 지식 체계는 공장 생산과 같은 착취적인 설비 형태를 띠지만, 근본적으로 다른 의도를 가진 다른 사회에서는 완전히 다른 생산 설비의 형태를 취할 수 있다는 것이다.

이런 주장을 하는 것은 가능하지만, 내가 2장에서 보여 줬듯이 레닌은 절대로 이렇게 주장하지 않았다. 레닌은 그렇게 생각하지 않았고, 혁명 이후 러시아의 절망적인 상황으로 여유롭게 실험을 해 볼 기회를 많이 갖기도 어려웠다. 자본주의 생산 설비를 거부하기는커녕 레닌은 적극적으로 자신이 직접 설비를 통제하려 했다. 그리고 우리가 봤듯이 레닌은 대규모의 기계 생산이 작업장에서 노동자의 자유에 어떤 영향을 미치든 전혀 개의치 않았다.

그런데 위의 의견은 엥겔스를 전혀 매혹시키지 못한 생각이

기도 했다. 혁명 이후 노동자들이 함께 공장을 통제할 수 있다는 아나키즘 주장을 반박한 유명한 글에서 엥겔스는 공장 기계화의 독재 권력을 보편적인 원리로 격상시켰다.

여느 대공장의 기계화는 노동자들을 고용하는 소규모 자본가들보다 훨씬 더 독재적이다. 적어도 노동시간과 관련해 누구라도 이 공장 현관에 다음과 같은 문구를 적어 놓을 수 있다. 여기 들어오는 그대, 모든 자유를 포기하라!(*Lasciate ogni autonomia, voi che entrate!*) 만일 지식과 발명 재능으로 인간이 자연의 힘을 정복한다면, 자연의 힘을 이용하는 한 어떤 사회조직이든 막론하고 자연의 힘은 인간을 진정한 독재의 지배를 받게 하여 인간에게 복수한다. 대규모 산업에서 권위를 폐지하길 원하는 것은 산업 자체를 폐지하길 원하는 것과 마찬가지다. 말하자면, 물레로 돌아가기 위해 방직기계를 파괴하는 것과 같다.[9]

혁명이론가이자 산업가로서의 이중적 이력을 지닌 엥겔스에 대한 의구심은 "어떤 사회조직이든 막론하고"와 같은 구절을 읽으면 어느 정도 줄어든다. 어쨌거나 그가 말하고자 하는 바의 핵심은 더없이 분명하다. 즉, 사회주의에서 부와 권리가 다른 식으로 분배될 수 있지만 노동자에 대한 공장 기계의 독재는 그대로 유지된다.

내가 알고 있는 한, 다른 방향으로 한 걸음 더 나아갔던 사회주의자는 엥겔스가 '감상적인 사회주의자'로 몰아세웠던 인물인 윌리엄 모리스(William Morris)였다.[10] 그가 택한 방향은 착취 의도가 사라진 사회에서 기계 자체가 다른 식으로 발전할 수 있는 가능성을 탐구하는 것이었다. 모리스는 일에 관해 글을 쓸 뿐 아니라 [직접] 그 일을 했다는 점에서 일에 관한 이론가들 중에서 보기 드문 인물이다.[11] 모리스는 그림, 인쇄, 뜨개질, 조각, 책 제본 같은 많은 기술들에 실제로 능통했고 요리를 잘한다는 주장을 하기도 했다. 이런 경험들을 기초로 모리스는 일이 무엇이고 자본주의 체제 아래에서 일이 어떻게 잘못되었는지에 관해 강력하고 심오한 이론을 만들 수 있었다. 이 이론의 핵심은 일이 즐거울 수 있고 즐거워야 한다는 주장이다. 이 주장은 어느 정도 일부러 꾸며 낸 유토피아적인 의견이 아니라 그가 일상생활에서 깨달은 것이었다. 올바른 도구와 재료를 가지고 적절한 속도로, 자유로운 분위기에서 물건을 만드는 것이 인간의 가장 큰 즐거움 중 하나라는 것이다. 모리스에게 일하는 즐거움은 일의 목적 중 하나였다. 이런 관점에서 보면 수단과 목적에 있어 공장 생산의 '효율성'은 전혀 효율적이지 않은데, 효율성이라는 것이 중요 목적을 달성하는 것과 관련이 있는 것이라면 특히 그렇다. 물건을 만들고 그 물건을 아름답게 만드는 것은 지상의 인간에게 행복의 주요 원천 중 하나이다. 불행하고 솜씨 없는 노동자들이 일하는 공장에서 더 많은 물건을 만드는 것이 더 낫다고 말하는 것은 완전히 핵심을 놓치고 있는 것이다. 「공장의 가능성 A Factory as It Might Be」이라는 글에서 모리스는 사회주의 사회에서조차도 어떤 일은 돌이킬 수 없을 만큼 지루할 것이고 기계화된 생산이 그런 일에 쓰는 시간을 줄이도록 발전해야 한다고 인정했다.* 그러나 모리스의 사회주의 사회에서 이윤 동기가 사라졌다는 점은, 쓸모없고 흉한 사치품을 생산하려는 동기가 사라졌음을 뜻한다─윌리엄 모리스의 정신적 스승인 존 러스킨의 표현에 따르면, 이런 동기는 '병든 상태(illth)'**다. 그리고 할 일 없는 부자들도 모두 일을 하게 될 것이다. 이런 상황이 되면 모리스는 한 사람이 공장에서 일하는 시간을 하루에 네 시간으로 줄일 수 있다고 기대했다.[12] 더 중요한 것은, 재미있는 작업은 기계가 아니라 손으로 이루어질 것이라는 점이다. 모리스가 이런 생각을 피력할 때 모든 이들이 '취미' 생활을 할 것이라는 점을 의미한 것이 아니다. 모리스가 하고 싶었던 말은 기본적인 생산노동의 중요한 부분을 손으로 하게 될 것이라는 점이다. 기계 노동과 손 노동을 번갈아 하면서 각 노동자는 창조적인 일의 즐거움을 깨닫게 되고 예술가가 될 기회를 누리게 될 것이다.

* [옮긴이 주] 이 글에서 윌리엄 모리스는 기계화에 따라 남는 시간을 이용해 공장이 그 작업장에서 일하는 노동자들과 외부의 시민들에게 교육의 장소로서 의미를 지닐 수 있음을 강조했다.
** [옮긴이 주] 'illth'는 러스킨의 조어로, 'wealth'에 상대되는 어휘이다. 즉, '안녕한(weal)' 상태로서의 부(富)의 반대항에 놓일 수 있는 어휘이다.

모리스는 에드워드 벨라미(Edward Bellamy)의 『반추(反芻) *Looking Backward*』를 읽으며 산업역군들이 만들어 내는 사회주의의 사회상에 공포를 느꼈다. 『유토피아에서 온 편지 *News from Nowhere*』*라는 유토피아 소설을 쓴 것은 그 후의 일이다. 이 소설 전체에서 기계가 거의 등장하지 않는데, 모리스는 "기계는 잉여가치를 생산하기 위한 수단"이라는 『자본론』의 단호한 주장[13]을 심각하게 받아들여 그 생각을 극단으로 밀어붙인 것일 수 있다. 기계의 목적이 잉여가치를 추출하는 것이라면, 이미 착취가 사라지고 사용가치만이 중요한 사회에서 기계도 함께 사라지면 안 될 이유가 있을까? 19세기에 잠들었다 21세기에 깨어나는 이 소설의 주인공 손님(Guest)은 기술사회가 아닌 수공예사회를 목격하고 놀란다. 기계시대는 이미 오래 전에 끝났고 박물관이나 기억에만 남아 있다. 손님은 사회주의를 실현한 혁명이 끝난 뒤에 "기계에 의존하는 생활에 대한 반감이 조금씩 퍼졌다"는 이야기를 전해듣는다. "일로 여겨지지도 않을 만큼 유쾌한 모습을 하고 있어 기쁨 자체가 되어 버린 일이 마침내 기계적인 힘든 일을 밀어내기 시작했지요. 한때 완전히 없애 버리는 것은 언감생심 바랄 수도 없었고 그저 조금이라도 줄이면 다행이라고 여겼던 기계적인 일이 밀려나기 시작한 거죠." "기계로는 예술 작품을 생산해 낼 수 없는데, 예술 작품에 대한 수요

* [옮긴이 주] 한국어 번역본은 『에코토피아 뉴스』 박홍규 옮김, 필맥, 2008.

가 늘어나면서 기계는 하나씩 조용히 사라진 거죠."[14] "엄청나게 발전한 기계화"가 지루하고 힘들 수밖에 없는 노동을 대신한다는 주장은 원칙적으로 맞는 말이다. 그러나 손님의 영국 여행을 쫓아다니다 만난 물건 중 이런 설명에 맞아떨어지는 거의 유일한 물건은 유람용 동력선뿐이다. 그리고 모리스의 '유토피아'에서 즐거움을 주는 건 예술적인 창작만이 아니다. 사람들은 (동력선이 있음에도) 강에서 배를 젓고, 농산물을 수확하는 활동에서 즐거움을 느낀다. 사실 오늘날 운동경기와 마찬가지로, 일종의 연례 축제인 건초 베기 축제에 대한 기대감으로 들떠 북쪽으로 축제장을 향하던 한 무리의 청년들을 손님이 우연히 조우하는 장면을 통해 모리스는 마성의 매력을 이야기 전체에 불어넣을 수 있었다. 그들 중 한 명은 수확 축제를 "쉽고도-고된 일"이라 말했다. "근육을 단련시켜 강하게 만들고, 당신을 피곤하게 만들어 기분 좋게 잠자리에 들게 하는, 그런 일이죠. 그렇지만 다른 점에서는 고되지 않아요. 간단히 말하면 사람을 시달리게 하는 일은 아니에요. 과로하지 않는다면 그런 일은 언제나 즐겁죠. 다만 건초를 잘 베려면 약간의 기술이 필요하다는 점만 명심하세요. 저는 꽤 능숙하게 풀을 베죠"(162쪽). 물론 풀은 손을 쓰는 큰 낫으로 베어진다. 이야기 결말의 약간 슬픈 점은 청년들이 오랫동안 기다려 온 건초 베기 축제에 도착하기 전에 손님이 잠에서 깬다는 점이다.

많은 마르크스주의자와 마르크스-레닌주의자들은 모리스가

낭만적인 공상가나 비과학적인 사람이라며 무시했다. 그렇지만 그의 과학에는 아무런 문제가 없다. 모리스가 기술결정론자가 아니라고 말해야 정당한 평가다. 모리스에게 기계와 기술은 사회에 내포되어(embedded) 있으므로, 인과관계상 사회에 우선하지 않는다. 오히려 기계와 기술은 그 사회의 기능과 가치를 구현하는 것이고 그 사회의 기풍(ethos)에 따라 특성을 가진다. 각기 다른 특성을 가진 사회는 각기 다른 기술을 발전시킬 것이다. 모리스가 보기에 자유로이 일하는 자유로운 사회는 자유로운 노동의 기술을 선택할 것이고, 이 기술은 노동자에게 최대한의 권한과 즐거움을 준다. 만약 마르크스-레닌주의자들이 모리스를 공상가로 무시한다면, 모리스는 분명히 마르크스-레닌주의자를 핵심을 놓친 어리석은 경제발전론자라고 비난할 것이다.

'어디에도 없는' 기술*

아주 정치적인 작가로 우리가 잘 알고 있는 니콜로 마키아벨리(Niccolo Machiavelli)는 새로운 도시를 만드는 사람의 지혜를

---

* [옮긴이 주] 원문은 Noplace Technology. '장소성을 상실한 기술'이 문자 그대로의 번역이지만, 현대의 최첨단 테크놀로지가 대개 장소성을 상실하고 어디에서든 사용 가능한 보편적 기술을 지향한다는 점에서, 현대의 최첨단과 장소성 상실이라는 이중적인 의미를 드러내기 위해 작은따옴표를 붙여 '어디에도 없는'이라는 표현으로 옮겼다.

"알아볼 수 있는 방법으로서 다음 두 가지가 있다"고 쓴 적이 있다. "어떤 장소를 선택해 도시를 세웠는가와 거기서 어떤 성격의 법률을 만들었는가."[15] 정치와 장소는 깊이 연관되어 있는데, 현대의 정치학자들은 이 점을 거의 언급하지 않는다. 특정한 지역에 속한 공동의 유대감은 하나의 공동체를 유지하는 요소이고, '고국', '모국', '조국'처럼 감정이 많이 실린 정치적 표현들은 지금도 이 점을 반영하고 있다. 사람들은 자신이 살던 장소에서 강제로 밀려나는 것에 맞서 격렬하게 싸울 것이다. '쫓겨난 사람들'은 자신이 태어난 곳과 강제로 분리되었을 뿐 아니라, 그 결과 공동체로서의 정치적인 실체나 개인으로서 정치적 권리의 기반을 갖지 못하는 사람들이다.

어느 정도는 공동체의 장소가 공동체의 성격을 규정한다. 이렇게 말하는 것은 일종의 풍토 결정주의를 주장하려는 게 아니다. 예를 들어 열대 문화와 온대 문화의 표준화된 특성에 관한 보편 이론을 만들어 보려 해도 잘 되지 않을 것이라는 점은 분명하다. 인간과 장소가 대화를 나누며 문화를 형성하는 건 일과 일에 사용되는 기술 덕분이다. 어떤 장소를 어촌 마을, 농촌 지역, 무역항이라 설명할 때 우리는 구성원들의 주요한 일이 그 공동체를 특징 짓고 그 일이 장소에 뿌리내려 있다는 점을 주장하고 있는 것이다.

유럽어에서 '문화(culture)'라는 단어는 땅을 경작한다는 의미와 교육과 훈련으로 관습과 풍습을 다듬는다는 의미, 모두를 뜻한다. 이 이중적인 정의는 비유가 아니다. 인간 문화는 여러 세대의 노동의 결과물**이다.** 농부는 땅을 파고 땅을 비옥하게 한다. 그들은 도구와 기술을 발전시킨다. 그들은 야생 동식물을 길들여 쌀, 옥수수, 밀, 돼지, 닭, 소 같은 작물과 가축을 키운다. 밭을 갈고 수확을 하는 계절별로 의식과 축제가 동반되기 마련이니, 농부들은 일을 통해 시간에 리듬과 질서를 부여한다. 그들의 일은 인내, 세심함, 질서 정연함, 철저함과 같은 인간의 덕목들도 낳는다. 『옥스퍼드 영어사전』에 따르면, 'cultivate'는 "작물 재배를 위해 노동과 관심을 쏟는 것"을 뜻한다. 노동과 관심에서 세심함은 경작의 특수한 덕목인데, 일반적인 세심함이 아니라 그 사람이 일하는 장소, 땅에 대한 세심함이다.

노동을 통해 인간은 지구를 세계로 만들었고 자연을 문화로, 공간을 장소로 만들었다. 노동을 통해 인간은 풍요로운 공예 전통을 발전시켰다. 루이스 멈퍼드는 이에 대해 『기계의 신화』에서 명징한 언어로 묘사한 바 있다. 멈퍼드에 따르면 공예의 파멸은 인간이 생물권 밖에서 일하도록 강요했던 최초의 산업, 즉 광업에서 시작되었다. 멈퍼드는 중세의 광업이 산업혁명의 핵심을 차지했던 많은 기술들의 기원이라고 주장했다. 그의 주장에 따르면, 가령 철길, 기계 승강기, 환풍기, 인공조명, 24시간 3교대, (어쩌면) 임금노동 같은 기술들이 광업에서 비롯된 것이다. 간단히 말해 이런 기술들은 세계 바깥에서, 말하자면 존재하지 않는 장소에서 일하기 위한 기술이었다. 동시에 광업은 엄청난 이윤을 남긴 초기 자본주의 산업들 중의 하나였다. 땅밑 광산에서의 작업 조건과 기술들—"열악하고 무질서한 환경과 더불어 광업의 파괴적인 적의(敵意)와 고통스럽게 반복되는 일"(147쪽)—은 장소성이 제거된 근대적 작업장, 공장—여기엔 당연히 화이트칼라의 공장인 사무실도 포함된다—에서 이루어지는 일의 원형이다. 광업의 비세계성(unearthliness)은 노동 과정을 추상화시켰다. 끝없이 이어지는 광산 노동은 단조롭고, 갱도에서는 낮과 밤, 날씨나 계절이 사라져 1년 내내 24시간 내내 일하는 것이 이상하지 않게 되었다. 세상 **안에서** 대부분의 사람 일은 시작과 끝이 있고 일이 끝나면 쉬거나 다른 활동을 할 수 있다. 광업의 부자연스럽고 끝없이 이어지는 동일 노동은 공장에서 그대로 재현되었고, 이것이 근대산업의 수익성의 비밀들 중 하나이다.

마르크스는 "기술 적용이 보편적이어서 거주지를 선택할 때 지역의 상황에 거의 영향을 받지 않은" 최초의 동력 장치가 와트의 증기기관이었다고 주장한다.[16] 당연히 증기기관은 광산에서 채굴한 석탄을 연료로 사용했고, 멈퍼드는 증기기관이 "광산에서 물을 빼내던 뉴커먼*의 조잡한 모형에서 처음 탄생했다"고 지적했다(147쪽). 장소성을 잃어버린 증기기관은 장소성을 잃어

---

* [옮긴이 주] 토머스 뉴커먼. 배관공 출신으로 주석 광산의 물을 빼내기 위해 최초의 증기기관을 고안해 냈다. 이것이 바로 제임스 와트의 증기기관의 전신으로서 '뉴커먼 기관'으로 불린다.

버린 신종 작업장인 공장의 동력 장치가 되었던 것이다.

한나 아렌트의 수수께끼같이 불가사의한 통찰 중의 하나는, 한때 근대경제학이 낳은 세계 소외(world alienation) 외에 우리 세대가 '지구 소외(earth alienation)'로 고통을 받고 있다고 주장했다는 점이다. 이 지구 소외가 시작된 것은 과학이 생물권을 벗어나 천체물리학으로 변모해 외계에서 [지구를] 바라보게 되면서부터다. "우리는 인간의 조건 때문에 여전히 지구에 얽매여 있어…실제로는 아르키메데스가 자리 잡기를 원했던 곳에 갈 수 없는 형편이지만, 마치 외부에서, 즉 아르키메데스의 점에서 지구를 다룰 수 있는 것처럼 지구와 지상의 자연에 영향을 끼칠 수 있는 법을 발견했다. 그리고 자연적인 생명 과정을 위태롭게 하는 위험을 감수하면서까지 우리는 지구를, 자연의 보금자리를 우주적인 힘에 노출시켰다."[17]

엄밀히 말하면, 지금 문제가 되고 있는 것은 과학이 아니라 기술이다. 우리는 새로운 사유방식이 아니라 새로운 행동 방식을 보고 있다. 지구 소외를 불러온 것은 갈릴레오나 뉴턴, 아인슈타인의 발견이 아니라, 지구상의 것이 아닌 일을 요구하고 지구상에 있을 수 없는 인간 환경을 낳는 세속의 기술이다. 캘리포니아주 오클랜드에 대한 거트루드 스타인(Gertrude Stein)의 유명한 "그곳에는 그곳이 없다(There's no there there)"*는 진술

---

* [옮긴이 주] 청소년기를 오클랜드에서 보낸 시인이자 작가인 거트루드 스타인이 오랜 세

은 노동계급의 도시로서는 다소 억울한 평가일 수 있다. 오클랜드를 비난할 이유는 없다. 이런 식의 논평은 엄청나게 늘어나는 도시들 모두에 적용되는 이야기다. 지난 몇 년 전 나카오 하지메(Nakao Hajime)*와 나는 일본 학생들을 데리고 워싱턴 동부의 핸퍼드 핵폐기물 저장소(Hanford Nuclear Reservation)에 갔다. 나가사키에 떨어진 핵폭탄의 플루토늄이 그곳에서 만들어졌고, 그 뒤에는 핵에너지센터와 연구 시설로 개조되었다. 우리 버스가 리칠랜드의 기업도시에 들어서자 나카오는 "여러분, 잘 보세요. 이것이 원자력 문화예요"라고 말했다. 광활한 워싱턴 동부 사막의 아름답고 멋진 공간의 한가운데에 마을이 존재했지만, 그 마을이 위치한 장소와 어떤 관련도 갖고 있지 않았다. 마을의 건축물들은 그곳에 사는 이들이 한때 목장일이나 농장일을 하는 사람들이었다는 사실을 보여 주는 구석이 전혀 없었다. 실제로 그곳에 있던 소수의 농가들은 1943년에 모두 파괴되었고 그와 동시에 마을이 만들어졌다. 리칠랜드는 유명한 '원자력 마을'이었다. 각 가정의 냉난방장치에 전기를 공급하는 것은 물론, 마을 전체의 경제를 유지하는 원동력은 핵에너지였다.

월 지난 후 파리에서 돌아와 자신이 살던 오클랜드의 주소지를 방문하였으나 도시 개발로 고향 집과 농장 터가 흔적도 없이 사라진 모습에 대해 시인 특유의 특정 어휘의 반복적 표현으로 자신의 감상을 담은 시 구절.

* [옮긴이 주] 일본의 사회심리학자이자 활동가로, 교토 세이카 대학의 총장을 역임했다. 스리마일섬, 체르노빌, 후쿠시마 핵발전소 사고 지역의 주민들과 면담을 토대로 사회심리학적 연구 업적을 남겼다.

그 엄청난 에너지원을 기려서 마을은 거리에 '양성자 길'과 '전자 길'이라 이름을 붙였고, 그곳의 고등학교 풋볼팀은 '리칠랜드 폭격기'라 불렸다. 리칠랜드는 워싱턴 동부만이 아니라 지하나 우주에 존재할 수도 있다. 이 마을이 어느 곳에나 존재할 수 있다고 말하는 건 정확하지 않다. 오히려 이 마을은 **어디에도 없다**는 것이 본질이다. 사막은 북아메리카 환경에서 발견될 수 있겠지만, 그 못지않게 어디에도 존재하지 않는 곳에 가깝다. '장소 상실(noplaceness)'은 단지 리칠랜드나 텍사스주의 휴스턴(휴스턴의 경우, 두 개의 거대 산업—석유산업과 우주산업—이 생물권 아래와 위에서 활동하고 있으며, 환경에 기여하는 것이라고는 완벽하게 장소성이 지워진 상품명을 지닌 제품 Astroturf*을 출시한 것뿐이다), 또는 쿠웨이트(쿠웨이트의 경우도, 사막에 세워진 도시로서 바닷물을 식수로 만들기 위해 석유를 태우고 있다)처럼 독특한 도시들만의 특징이 아니다. 장소 상실은 모든 곳의 특징이 되려 하고 있다. 나는 도쿄라는 도시에 살고 있다. 도쿄는 한때 도쿄만에서 물고기를 잡고 도시 주변의 농장에서 채소를 길러 먹을거리가 공급되던 곳이었다. 오늘날 도쿄만은 거의 죽었고 농장은 도로나 집으로 바뀌었다. 그리고 도쿄는 해외에서 음식을 수입해서 먹는다. 잘은 모르지만 전 세계에서 가장 **빠른** 속도로 집들이 철거되고 ('소비되고') 재건축되고 있다고 나는 생각한다. 제2차 세계대전

---

* [옮긴이 주] 인조 잔디의 상품명으로 '우주 잔디'라는 뜻이다.

이후 도쿄는 추한 도시였지만, 가장 최근의 주택 건설은 추하기보다는 소름이 끼친다. 더 이상 도쿄는 어떤 건축양식을 유지할 만큼 강력한 장인 전통이나 문화 전통을 가지고 있지 않다. 집들이 어떠한 건축양식으로도 지어질 수 있고 실제로 그렇게 지어진다는 것은 당연히 어떠한 건축양식도 없음을 뜻한다. 그곳에는 건물이 없고 제품만 있다. 노동자들은 집을 짓지 않고 철제 책장이나 플라스틱 모델을 조립하는 것처럼 집을 조립한다. 나는 노동자들 몇이서 마치 거대한 장난감 부품처럼 밝은 색깔의 철 부품을 트럭에서 내려놓고 설명서에 따라 하루 만에 집의 뼈대를 세우는 것을 본 적이 있다.

1989년에 브라질의 아마존에서 온 에일턴 크레낙(Ailton Krenack)은 홋카이도의 아이누 민족이 후원한 토착민 회의에서 돌아가는 길에 도쿄를 거쳐 갔다. 홋카이도에서 그는 이렇게 연설했다.

나는 브라질 정부가 부족의 마지막 가족들을 붙잡아 다른 지역으로 가는 트럭에 억지로 태웠던 1950년을 기억합니다. 정부는 그들을 이주시켰죠. … 새 마을은 꽤 좋은 시설을 갖추었고, 정부의 핵심 주장도 우리를 더 나은 장소로 이주시킨다는 것이었습니다. … 여행을 떠나기도 하고 그곳에서 살다가 죽을 수 있는 그런 마을이 세계 어디에도 없다는 것을 정부에게 증명하고자 우리는 투쟁했습니다. 왜냐하면 다른 곳은 어디라도 결국 망

명지일 테니까요.

이것은 영역에 대한 감정이 아니라 신성한 장소에 대한 감정입니다. 산이 단지 산으로 존재하지 않는 곳, 강이 친족인 장소…그 장소의 곳곳이 창조의 기억을 품고 있고 우리를 일깨우며 연속성을 느끼게 해 줍니다.[18]

나는 공항에서 도쿄로 들어오는 모노레일에서 크레낙의 옆자리에 앉았다. 우리는 매립지 위에 세워진 몇 개의 커다란 새 아파트 건물을 지났고 나는 그에게 저곳에 사람들이 현재 살고 있지 않은가, 그걸 알고 있지 않은가, 물었다. 그는 "알고 있지요"라고 말하며 슬픈 표정을 지었다. "만일 저들이 저곳에서 3대를 계속 살면 그들의 손자는 **아무것도 모르게** 되겠죠."

이런 것이 정치와 무슨 상관이 있을까? 정치의 본질을 망각한 사람만이 이런 질문을 던질 수 있다. 정치는 인간이 자신의 집단적인 삶을 함께 선택하고 건설하는 활동이다. 이 선택을 선택이 아니라고 속이는 기술결정론 이데올로기는 우리가 가야 할 자치의 길 중 하나를 빼앗는다는 점에서 반(反)정치적이고 반(反)민주적이다. 이런 물음들과 아무런 관련이 없는 '정치'는, 자크 엘륄(Jacques Ellul)의 표현을 빌리자면 '정치적 환상(political illusion)'이다. 즉, 그런 정치는 민중의 삶의 질과 공동체의 질서, 그리고 민중이 통치되는 방식에 가장 많은 영향을 미치는 정말 중요한 선택에 관심을 두지 않고, '민주적 과정'을 통해서 온갖 종류의 부차적이고 사소한 일들만을 결정하는 데 집중한다. 그런 정치는 사람의 눈을 속이는 정치이니 정치라고 할 수 없다.[19] '어디에도 없는' 기술을 선택하는 데에는 엄청난 정치적 대가가 수반된다. 20세기 동안 우리는 이 대가를 지불하고 또 지불했다. 만일 그것이 정말로 선택이라는 점을 깨달을 수만 있다면, 아마도 우리는 달리 선택하기 시작할 수 있을 것이다.

기술과 '일의 질서'

모든 정치 담론의 시작은 질서의 문제로, 어떤 종류의 질서가 최선인가와 더불어, 공동체가 어떻게 질서 자체를 확립할 수 있는가에 관한 것이다. [이 질문에 대한] 답은 매우 다양하다. 경찰관은 법을 정하고 그 질서를 파괴하는 사람들에게 국가 폭력을 가해야 질서가 확립될 수 있다고 대답한다. 학교 선생님은 (오늘날 미국을 비롯한 여러 나라의 참 스승들이 이런 생각을 비웃음에도) 성인이 되기 전에 통일된 가치 체계를 어린이들에게 주입할 수 있는 보편적인 의무교육을 통해서 질서 확립이 가능하다고 대답한다. 경영인은 이해관계를 조작함으로써 사람들의 행동에 질서를 부여할 수 있고, 비용-편익 계산에 따라 질서 있는 행동 패턴이 형성되는 상황을 접하게 될 것이라고 답한다. 보수주의자는 사람들이 옛날부터 전해 내려온 관습과 전통을 따른다면 규율이 잡힐 거라고 대답한다. 선동가들은 사람들이 자신을 따른다면 질서 정연하게 생활할 것이라고 대답한다. 사회계약론자들은 서로 계약을 맺고 그것을 지키면 질서를 유지할 수 있다고 대답한다. 아나키스트들은 여러 이유를 들어서 질서가 인간 공동체에 자연적으로 존재하기 때문에 국가권력 없이도('아나키즘'은 질서가 아니라 정부가 없는 것을 뜻한다) 질서가 잡힐 수 있다고 대답한다. 이외에도 여러 대답들이 있을 수 있다.

실제로 존재했거나 제안된 정부 형태들 중에서 대부분은 이런 전략들을 혼합해서 활용했다. 심지어 토머스 모어의 유토피아에도 형법이 있다. 그리고 루소의 『사회계약론』도 관습과 풍습에 관해 얘기하고, 마키아벨리조차도 군주가 민중의 기본적인 이해관계에 신경을 써야 한다고 충고한다. 또한 플라톤의 철인왕도 고귀한 거짓말, 즉 거짓 선전을 할 준비가 되어 있다. 여기서 내 관심은 질서에 관한 이론을 완벽하게 분류하거나 그 다양한 조합들을 소개하는 것이 아니다. 다만, 나는 질서 문제에 관한 또 다른 해결책이 있다는 점을 지적하고 싶을 뿐이다. 정치 이론가들은 이 해결책을 거론하는 일이 별로 없지만, 이것은 일 공동체에서 생활하는 사람들이면 겪는 경험의 일부이다. 내가 알기로 이 해결책을 공식적으로 제안했던 유일한 정치 이론가(그를 이렇게 부를 수 있다면)는 제라드 윈스탠리(Gerrard Winstanley)이다.

독자들은 윈스탠리가 영국혁명에서 디거파(Diggers)를 이끌었고 디거파의 주요 문건을 쓴 사람이라는 점을 기억할 것이다. 1648년 밭갈이 철을 맞이하자 윈스탠리와 소수의 동료들은 성 그레고리 언덕의 공유지를 개간하며 토지의 공동소유를 요구하는 문건들을 발행하기 시작했다. 모든 당파가 이들을 공격했고, 결국 1650년 초에 이들을 몰아냈다. 나중에 윈스탠리는 공동소유에 바탕을 둔 정치 공동체를 위해『자유의 법 강령 Law of Freedom in a Platform』*이라는 상세한 정강 정책 책자를 펴냈다. 이 책의 서문은 혁명이 진정한 해방을 가져올 수 있는 유일한 방법은 궁극적으로 사적 소유를 폐지하는 것이라며 올리버 크롬웰(Oliver Cromwell)에게 호소했다.

『자유의 법 강령』에서 윈스탠리는 사회의 밑바닥에서부터 정교하게 사회질서의 청사진을 펼쳐 보인다. 여기서 흥미를 끄는 것은 논의 서두에 나오는 보편 원리들에 대한 진술이다.

첫째, 모든 경우에, 인간이 행하는 거의 모든 행동마다 그에 적합한 법칙이 존재한다.…예를 들자면,

쟁기질을 해야 할 시기가 있고, 올바른 이해의 법칙이 그 일에 관여한다. 대지의 과실을 수확할 시기가 있고, 그때에는 올바른 관찰의 법칙이 그 일에 관여한다.

그래서 **솔로몬이 "모든 일에는 때가 있는 법이다"**라고 말했듯이, 참

---

* [옮긴이 주] 한국어 번역본은『자유의 법 강령』, 김윤경 옮김, 한길사, 2011.

된 정부는 모든 행동에 올바른 질서를 잡고 모든 행동과 사물에 적절한 무게와 기준을 정해서 혼란을 막는다.[20]

윈스탠리가 질서에 관해 말한 내용은 이것이 전부가 아니다. 그는 천년왕국의 재림을 믿는 기독교인이었던 만큼, 초기 문건을 보면 영국혁명이 물건을 팔고 사면서 이득을 보려는 교만한 욕망을 드디어 씻어 낼 수 있는 계기라고 주장했다. 반면에 윈스탠리는 『자유의 법 강령』에서 범죄자를 처벌할 것을 제안했다.[21] 그럼에도 『자유의 법 강령』을 보면 윈스탠리가 건강한 정부의 기반을 일의 질서에서 찾았다는 점은 변함없는 사실이다.

윈스탠리에 관해 글을 쓴 사람들은 그가 하층계급 출신이라는 점에 당황하면서 이런 배경을 윈스탠리로서는 완전히 극복할 수 없었던 불리한 조건으로 보곤 한다.[22] 이런 당혹감은 지금까지의 모든 정치 이론을 왜곡해 온 계급적인 편견을 반영한다. 정치학자들은 특권계급의 구성원인 경우가 많았고, 질서에 관해 어떤 이론을 세우든 보통 자신과 같은 사람들이 질서를 올바로 이해하고, 따라서 자신들이 질서를 적절히 집행해야 하는 것으로 생각해 왔다. 왕이든, 카리스마적인 지도자이든, 온화한 선생님이든, 선출된 의원이든, 경영자든, 기술 관료이든, 위로부터의 다스림이 없이는 평범한 사람들은 질서를 유지할 능력을 갖지 못할 것이고 '무질서'로 전락할 것이다. [그러나] 인류의 실제 역사를 통틀어 전 세계의 농촌 마을, 어촌 마을, 시장이 서는 마을, 장인들의 도시를 비롯한 일 공동체는 국가 폭력의 도움 없이 그 자신의 힘으로 질서를 유지해 왔다. 이들의 질서는 주로 '일의 질서'를 기반으로 세워졌다.[23] 아마도 보통 정치학자들은 이런 종류의 집단 노동을 해 보지 않았기 때문에 이런 역사적 사실을 무시한다. 윈스탠리의 출신 배경은 불리한 조건이 아니라 장점이었다. 『자유의 법 강령』에서 윈스탠리는 상층 계급의 이론가들로서는 알 수 없는 것이지만 일하는 민중들에게는 상식적인 그 무엇인가를 표현할 수 있었다.

이 세계에서 일은 하나의 자연 질서이다. 모든 직업은 시작 시점과 적절한 작업 순서, 일이 끝나는 시점을 가진다. 나는 이 질서가 '자연적'이라 말하지만 그것은 인위적인 것, 즉 인간이 만드는 것이기도 하다. 일은 인위적인 것이지만 노동자들이 일하는 소재는 자연에서 얻어지고 자연적인 특성을 가진다. 농부는 수천 년 동안 농사를 지으며 만들고 개량한 도구로 들판에서 일해 왔다. 이런 도구들의 모습은 땅과 물, 기후, 성장하는 식물의 자연적인 특성들에 맞춰져 있다. 목수는 나무의 복잡한 특징을 충분히 이해하고서 대패와 조각칼을 이용한다. 모든 공예―요리, 도자기 굽기, 유리 제조, 고기잡이, 축산―는 세계의 물질과 생물의 자연적인 특성을 인간의 이성과 경험, 필요와 뒤섞는 지식과 활동의 질서가 구현된 것이다. 숙련된 노동자는 엉성하고 허둥대는 불쌍한 존재가 아니고, 윗사람이 말리지 않으면 닥치는 대로 날뛰는 근본 없는 개인이 아니다. 장인은 일의 질서에 맞춰서 생활하고, 대부분 공동의 노동 질서에 맞춰진 공동체 구조 속에서 생활한다. 일이 하루의 시간을 규율하고, 1년의 단위도 마찬가지이다. 윈스탠리가 구약 전도서의 말씀을 따라 말하듯이, 쟁기질하고 수확할 때가 정해져 있다.

이 책에서 나는 종종 '자연'경제와 '자연스러운'(또는 '부자연스러운') 일과 같은 표현을 사용해 왔다. 이런 표현은 논리적인 자기모순에 빠진 듯 보일 수 있다. 일은 인위적인 것을 뜻하는데, 만일 일이 자연적일 수 있다면 '인위적'이라는 말은 어떤 의미일까? 최선의 표현인지는 모르겠지만 '자연스러운 일'은 앞에서 묘사한 일로서, 자연과의 대화를 그 특징으로 하는 속성을 계속 유지하면서 부분적으로 자연 질서를 반영한다. 일이라는 말을 엄격하게 사용한다면, 자연스러운 일과 그 일로 만들어진 생산품이라 하더라도 '자연적'이라고 말할 수는 없을 것이다. 그러나 인간이 행하기에 적합하며 이 행성의 자연 환경으로부터 인간의 집을 만드는 적합한 방식으로 오랜 세월에 걸쳐 입증된 일과 삶의 양식이라는 의미로 유연하게 사용한다면 '자연스러운 일'은 자연적이라고 말할 수 있다. 이것은 자연의 영향력이 제거된 세계를 만들기 위해 인간이 자연을 '정복'할 수 있다는 환상에 토대를 둔 생활 방식이나 일의 방식과 다르다.

이런 '일의 질서'는 관습법의 질서와 비교될 수 있다. 관습법처럼 이 질서는 사물의 본성을 따르고 인간 이성과 오랜 경험을 통해 조절된다. 그리고 일의 질서가 뿌리를 내린 '본성(nature)'

은 철학적인 추상개념도 아니고, 환경과 분리된 것으로 여겨지는 별도의 정신이나 인간 사회만의 본성이 아니다. 이것은 자연(Nature) 그 자체로 바람과 기후, 강과 비, 돌과 삼나무의 본성이다. 이런 본성의 법칙은 연역적으로 얻어지지 않는다. 이 법칙은 물체의 성질과 운동, 변형 속에 내장되어 있다. 이 법칙에 순응해야 한다는 명령은 단순히 윤리의 문제가 아니다. 어떤 왕의 포고령이나 철학자의 담론, 성인의 기도로도 납이 금으로 바뀌거나 석유가 밀이 되는 일은 없다.

본성의 법칙은 민중이 모욕감을 느끼거나 비굴해지지 않으면서도 복종할 수 있는 생활의 질서이다. 루소가 지적했듯이 우리의 자유를 위협하는 것은 자연법에 복종하는 것이 아니라 다른 사람의 의지에 복종하는 것이다. 이렇게 볼 때, 공예 노동자는 공예 노동자로서의 관점에서 볼 때, 다시 말해, 자신이 수행하는 일과의 관계에서 루소의 '자연인'만큼 자유롭다.* 그리고 공예 노동자는 공예 기술의 도움으로 더 많은 일을 할 수 있는 힘을 갖고 있기 때문에 사실상 루소의 자연인보다 더 자유롭다. 공예 노동자는 자연을 정복하지 않고 그것에 정복당하지도 않는다. 공예 노동은 무엇을 할 수 있고 무엇을 할 수 없는지에 대한 학습의 문제로서, 정복과 아무런 상관이 없다.

---

* [옮긴이 주] 여기서 저자는 자본가 또는 사용자가 공예 노동자를 고용할 경우 발생할 수 있는 사용자와 노동자 사이의 지배-복종의 관계와 대조를 이루는 상황을 묘사하고 있다.

'일의 질서'는 인간의 기술로 조절되고 누그러진 자연에게 복종하는 하나의 형식이다. 이 질서는 또한 특정한 사람에게, 예를 들자면 공예의 대가(master)에게 복종하는 형태를 취할 수도 있다. 『자유의 법 강령』은 행정관(magistrates)을 뒷받침하기 위한 것이었다.[*] 윈스탠리에 따르면, 자신의 아버지에게 "우리가 살아갈 수 있도록 땅에 식물을 심는 법을 알려 주세요. 그러면 우리는 복종할 겁니다"(85쪽)라며 아이들이 아버지에게 보내는 호소야말로 행정관의 정당한 기원이라는 것이다. 윈스탠리가 지지하는 감독관(overseer)은 평화를 지키는 일과 더불어 "생업의 비결을 얻을 수 있도록 조언과 상담을 통해 가장들을 돕는 것을 업무로 삼는, 그런 감독관이다. 그리하여 경험 많은 연장자를 통해 청년들이 사물에 관한 심오한 지식을 배우고 자연의 비밀을 간파할 수 있도록 하는 것이다"(95쪽). 감독관은 누구라도 7년간의 도제 수업을 마치지 못한다면 가장(Master of family)이 되지 못하도록 주의를 기울여야 한다. 윈스탠리의 중세적인 공산 사회에서 가장은 가족을 지배하는 가부장이다. 여기서 핵심은 가족이 하나의 일하는 단위이고 일을 다스린다는 점이다. 따라서 다스릴 수 있는 정당성의 유일한 권위는 공예의 숙련성(mastery)[**]에서 생긴다. 이렇게 일에 대한 개념이 우리와 얼마나

---

[*] [옮긴이 주] 『자유의 법 강령』의 부제는 '진정한 행정직의 복원'이다.

[**] [옮긴이 주] 윈스탠리가 가족의 우두머리를 Master라고 표현한 데서 알 수 있듯이, 그가 생각하는 중세적 가부장의 복원은 단순히 남성우월주의나 여성에 대한 차별에서 비롯하

다른지를 생각해 보라. 이런 일은 사람의 품위를 전혀 떨어뜨리지도 않고 건강을 해치게 하는 것이 아니라 사람을 성장시켜 준다. 한 직업에서 7년의 도제 생활은 그 사람을 권위를 존중받는 인격체로 만든다. [그런데] 우리는 한 번도 자기 손으로 일해 보지 않은 사람, 부유하게 태어났거나 다른 사람의 일을 감독하면서 성인 시절을 보내는 사람, 또는 법률가에게 정치적인 권위를 넘겨주는 데 익숙하다. 윈스탠리의 공동체에는 이런 부류의 사람들이 존재하지 않는다.

오랫동안 일을 멸시해 왔기 때문에 정치 이론의 언어에 깊숙이 스며든 편견을 없애지 않는다면, 우리는 윈스탠리가 '마스터(master)'라는 말로 의미하려는 바를 완전히 이해할 수 없을 것이다. 정치에 관해 이야기하다 'master'라는 말을 듣는다면, 그 즉시 우리는 이 말을 'and slave'[주인과 노예]라는 말과 연관 짓는다. 윈스탠리의 경우, 'master'에 자연스럽게 뒤따르는 말은 'of a craft'[공예 장인]이다. 사람을 지배하는 것과 기술을 지배하는 것의 차이는 매우 크다. 기술 지배자가 부차적으로 지배하게 되는 것이 도제에 대한 지배인데, 이런 지배는 기술을 지배할 수 있도록 도제를 가르치는 것이 목표이지, 도제를 영구히 종속시키는 것이 아니다. 덧붙이자면, 한때 '여 주인(mistress)'이라는 말도

는 것이 아니라, 사물과 자연의 비밀과 힘을 제대로 인지하여 그에 적용할 수 있는 지혜에서 비롯된다는 점을 역설하고 있다.

'여성 공예 장인(mistress of a craft)'이라고 할 때의 바로 그 의미를
가졌고, 오늘날에는 '여교사(schoolmistress)'라는 말에도 그 흔적
이 남아 있다. '마스터'와 '미스트리스'에서 파생된 말이자 오늘
날 모든 계급의 성인 남녀에게 경의를 표하는 말로 사용되는 '미
스터(mister)'와 '미시스(missus)'는 노예에 대한 지배(slave mastery)
가 아니라 공예의 숙련성(craft mastery)이라는 의미에서 진화한
것 같다.

　잘 알려진 대로 아렌트는 일과 노동을 구분하지만, 나는 여기
서 그 둘 모두를 포함하는 의미로 '일'이라는 말을 사용하고 있
다. 나는 또한 일의 질서를 따를 때 일하는 사람이 자유로워진
다고 말하고 있다. 이를 통해 노동이 필연성 자체로서 다름 아
닌 자유의 부정이라는 아렌트의 주장(『인간의 조건』 제3장)을 반
박해 볼까 한다. 아렌트에게 일은 지속적으로 존재할 사물들을
만들어 내는 활동('작업')이다. 일은 인간들이 자신들의 개인적이
고 집단적인 이야기를 구현하기 이전에 그 무대로 쓰일 인위적
'세계'의 안정된 일부를 형성할 사물들을 만들어 내는 작업이다.
반면에 노동은 우리 신체의 필요에 지배당하고 "아무것도 남기
는 것이 없기"(76쪽)에 끝없이 반복되어야만 한다. "모든 인간 활
동 중에서 오직 노동만이…생명 그 자체를 따라 끝없이 자동
적으로 반복되고, 의도적인 결정이나 인간적으로 의미 있는 목
적의 범위를 벗어나 있다"(91쪽). 아렌트는 자신이 염두에 둔 일
이 어떤 것인지 말하기를 꺼린다. (다소 세심히 주의를 기울여 어

면 일인지 특정하기를 피하고 있는 것으로 보인다.) "힘쓰고 쉬고 노동하고 소비하는 자연의 정해진 순환 주기"(92쪽)를 따르는 노동에 관한 아렌트의 설명은 주로 농업을 떠올리게 한다. 다른 곳에서 아렌트는 빵 굽는 일을 예로 들기도 한다(81쪽). 그러나 이런 노동 중 어떤 것이든 그 일이 "의도적인 결정의 범위를 벗어나" 있다고 말하는 것은 농부와 빵 굽는 사람의 기술을 무시하는 일이다. 농업의 경우 영구히 남는 것은 아무것도 없다고 말하는 것은 완전히 허위일 것이다. 농업은 먹을 곡물을 생산할 뿐 아니라 농촌의 모든 것을 만든다. 프랑스의 시골부터 벵게트 (Benguet)주의 계단식 논*까지, 풍경 화가와 시인, 음악가들이 그토록 사랑했던 전 농촌 세계를 만든 건 농부의 노동이었다. 아무것도 남기지 않는다니! 농업은 인간의 활동들 중에서도 가장 활발히 세계를 구축하는 활동 중 하나이다.

"하나의 세계는…그 지속성과 영속성으로 인해 탄생과 죽음도 가능해지는 법이며, 이런 일은 어떤 한 개인이 태어나기 이전부터 존재했으며 그가 죽은 뒤에도 일어날 일이기도 하지만"(84~85쪽), 빵을 굽는 일(또는 다른 음식을 만드는 일)이 이런 세계에 아무런 기여를 하지 않는다고 말하는 것은 마찬가지로 허위이다. 빵은 매일 먹어 없어지지만 빵을 만드는 **솜씨**는 분명히

* [옮긴이 주] 필리핀 루손섬 북부, 벵게트주의 코르디예라 산맥을 따라 이곳에 오랜 세월 정착해 사는 이푸가오 부족들이 개간해 놓은 다랑논.

지속되는 세계의 속성을 가진다. 아렌트가 말하는 세계, 우리가 태어나 죽을 때까지 인간으로 살기 위해 인위적으로 만들어진 틀이자, 우리의 짧은 수명의 무의미함을 줄여 주는 세계는 집 안에 놓인 가구들이나 집 앞에 깔린 도로들보다 더 많은 것들로 구성된다. 그리고 그 세계 속에는 '빵'이 있고 오랜 세월 수많은 세대를 거치면서 전수되어 온 빵 굽는 기술을 지닌 장인도 있다. 물론 이들의 솜씨와 기술은 공동의 결과물이고, 아마도 많은 제빵사들이 최초의 기술로부터 많은 발전을 이루지 못한 채 삶을 마감했을 것이다. 그러나 솜씨를 익히고 도제에게 전수하면서 제빵사는 단순히 음식을 만들어서 육체의 필요를 기계적으로 충족시키는 역할 이상을 하고 있다. 빵 굽는 사람들은 적극적으로 인간 세계를 재생산하고 있는 것이다.

아렌트가 말한 '노동'이 세탁과 설거지, 아니면 다른 형태의 청소를 의미할 수 있을까?(87쪽 참조) 지루하게 반복되고 뚜렷한 결과물을 남기지 못한다는 관점에서 보면 청소는 좋은 후보인 듯 보인다. 그러나 청소는 아렌트의 중요한 기준에 들어맞지 않는다. 청소는 '생명 자체'를 유지하기 위해 필요한 것이 아니다. 접시나 옷을 사용한 **후에** 씻거나 빠는 활동들은 생명의 요구가 아니라 문화의 요청에 따른 것이다. 청결함은 생명을 유지하기 위해 필요하지 않고, 우리가 좋아하는 방식으로 살기 위해 필요하다. 청결함은 자연의 요구가 아니라 우리 스스로 만든 요구이다. 요컨대 청결함이 "의도적인 결정이나 인간적으로 의미 있는 목적의 범위" 내에 있음은 틀림없다.

결국 노동에 관한 아렌트의 설명이 훌륭하지만 나는 그 설명에 딱 맞을 전통적인 직업 노동을 찾을 수 있다고 생각하지 않는다. 그 예를 찾지 못한다는 점은 아렌트가 원했던 논의에 그다지 중요하지 않을는지 모른다. 아렌트가 논의하려던 것은 근대의 경제 세계가 공장 생산과 소비의 무의미한 순환으로 변환되었고, 아렌트의 개념을 빌린다면 '노동'이라는 원리에 지배당하게 되었다는 비판이라는 점을 감안하면 그렇다. "산업혁명은 일하는 사람의 기량 전부를 노동으로 대체했다. 그 결과 근대 세계의 사물은 일의 생산물로서 사용되기보다 노동의 생산물로서 소비되어야 할 운명을 타고난 생산물이 되었다"(108쪽). 아렌트의 개념이 진정 힘을 발휘하기 시작하는 지점은 바로 이 지점인데, 근대 경제의 필요 때문에 우리 세계의 사물들이 모두 소비재로 바뀌면서 안정된 삶을 위해 의지해 왔던 바로 그 세계가 의미를 잃고 유동적인 상태로 해체되었다는 설명은 훌륭하고 정확하여 전율이 일 정도이다. 그러나 근대 경제가 전면적으로 노동의 한결같은 특징(일에는 없는 특징)을 띤다는 것이 아렌트의 주장이지만, 아렌트의 실제 작업은 근대 경제의 특징들을 전통적인 노동에 소급해서 적용한 것이라 나는 생각하는데, 전통 노동에 그런 특징들은 전혀 들어 있지 않다. "의도적인 결정의 범위을 벗어난" 노동을 설명하면서 그 설명을 농사, 고기잡이, 낙농기술(아마도 먹을 것을 생산하고 준비하는 '생명 자체'의 필요와 직접적으로 연결되는 노동)에 적용하는 순간, 설득력은 사라진다. 이런 설명은, 말하자면, 조립라인의 노동에 적용할 때에 훨씬 더 그럴듯하다. 이런 노동에서 대부분의 공예 기술들은 거의 제거되었고, 이런 노동에 대해 어떤 결정을 내릴 때 대부분의 결정은 이미 내려져 있는 상태에서 노동자들은 자기 의지보다 기계의 필요에 따라 몸을 움직일 뿐이다. 아렌트의 노동에 대한 설명은 이런 노동에 어울린다.

더구나 문제점을 다루는 아렌트의 방식은 노동 자체에서 생긴 변화들을 은폐한다. 노동의 원리에 인간의 모든 활동이 포섭되어 왔다는 아렌트의 비판은 농업의 산업화와 같은 변화, 즉 농장이 농기업들에 의해 운영되는 공장으로 바뀐 것과 같은 변화를 주목할 수 없게 만든다. 그런데 이런 농업의 농기업화 현상에서 우리는 아렌트가 설명하고 싶어 했던 바로 그 변화를 본다. 즉 안정되었던 농업 세계는 기업의 지배 속에 미친 듯한 기술 변화의 끝없는 급류 속으로 휘말렸고, 농부들은 농화학 기업의 전문가들이 내리는 명령에 따라 줄지어 심겨 있는 작물 고랑을 따라 움직여 나가는 조립라인의 노동자로 점차 변해 갔다. 아렌트가 집단적인 정치 행위에서 생긴다고 말하는 '자유'의 의미로 보면, 전통적인 노동은 전혀 자유롭지 않지만, 전통적인 노동은 그녀가 설명하는 의미에서 부자유스러웠던 것은 아니다. 이 말을 오해하지 말라. 나는 지주나 주인들이 농노나 노예를 억압하지 않았다고 말하는 게 아니다. 아렌트는 노동자가 주인이나 지주의 지배를 받는가와 상관없이 노동 **그 자체가** 자유롭지 않다고 주장했다. 이 같은 사각지대(blind spot)가 노예 소유주들이 만든 정치철학의 전통을 따르면서 우리가 오랫동안 지불해온 엄청나게 비싼 대가의 일부이다.

기계와 '관리·경영의 질서'

공장과 사무실에서 일하는 질서는, 공예 일로부터 형성된 질서와 완전히 다르다. 이 새로운 질서는 관리된 질서이다. 그리고 그것은 그럴 수밖에 없는 일이기도 하다. 지금도 공장에서 몇몇 장인들을 발견할 수 있지만, 이상적인 공장노동자는(하물며 사무직 노동자도) 일의 질서를 육체와 영혼의 리듬에 각인시킨 장인이 아니다. 공장노동자는 공장에서 생산되는 제품이 무엇이든 그것을 만드는 방법을 알지 못한다. 공장을 이탈한 노동자는 '실업자'가 되고, 아주 오랫동안 이탈하면 노동자는 '최하층민'이 될 위험에 처한다. 그런 노동자의 활동에 질서를 부여하는 것은 관리·경영 직무다. 경영은 당연히 상명하달 방식으로 진행된다. 질서는 자연과의 대화에서 도출되지 않는다. 경영학은 최소 행동 원리와 기계 성능('기계'라는 말 속에는 노동자의 육체가 포함되며 '인도적인' 경영학의 관점에서 보면 노동자의 영혼도 포함된다)이 대화를 나눈 결과이다. 노동자가 질서를 내면화하거나 이해할 필요는 없고 그 질서를 따르는 것으로 충분하다.

'경영 질서'는 기계 자체에 내장되어 있다. 조립라인을 다시 한번 떠올려 보라. 조립라인은 일을 관리하는 질서가 공장 설비로 굳어진 것이다. 이런 부품들을 설치하고 이런 부품들을 용접하며 이 볼트들을 죄어야 한다는 질서 체계가 물화된 것이 조립라인이다. 또한 생산품에도 관리되는 일의 질서가 내장되어 있다. 생산품은 다른 누구도 아닌, 관리되는 노동자들이 조립라인에서 만드는 물건으로 **디자인**된다. 표준화되고 교체될 수 있는 부품들 덕분에 조립라인이 가능해졌다는 점을 우리 모두는 학교에서 배운다. 그러나 우리는 이런 생산수단을 정치적으로 사유하는 법을 배우지 못했다. 표준화되고 교체될 수 있는 부품으로 만들어진 생산품은 관리되는 일의 질서를 요구한다. 이런 유형의 생산품에 따른 기대하지 않은 효과로 일종의 '소비자 직접 수리 민주주의'가 부활한다는 점은 사실이다. 왜냐하면 소비자들이 새 부품을 사서 설치하며 자신의 자동차와 세탁기를 쉽게 고칠 수 있기 때문이다. 그러나 최근 점점 더 많은 상품들은 우리가 고치거나 심지어 분해할 수 없는 방식으로 제조되기 때문에 이런 선택권도 사라지고 있다. 상품들은 플라스틱으로 봉인되거나, 드라이버로 시계 방향이나 시계 반대 방향으로 돌려 열 수 없는 빌어먹을 납작 나사못들로 조립된다. 이런 상품들은 소유자에게 "이 물건을 고치지 말라", "당신은 새로운 제품을 사거나, 아니면 이것 없이 지내야 한다"는 명령을 담고 있는 것이다.

백열전구나 세탁기 수도꼭지를 바꾸는 수리 작업만 할 수 있도록 지어진 집들이 점점 늘어나고 있다.

어떤 기술을 선택하느냐에 따라 그 기술이 동반하는 정치를, 즉 일의 질서를 선택하게 된다. 대량소비를 선택한다는 것은 대량생산과 관리되는 일의 질서를 선택하는 것이다. 대공장을 선택한다는 것은 경영진의 과두정치와 사회적 불평등을 선택하는 것이다. 다시 한번 말하지만, 경영진과 노동자를 분리하는 불평등과 장인과 도제를 분리하는 불평등 사이에는 명백한 차이가 있다. 경영진과 노동자의 관계는 (마르크스가 지적했듯이) 군대에서 장교와 사병의 관계와 아주 비슷하다. 아주 드문 소수의 예외를 제외하면 노동자는 결코 경영진이 되지 못하고, 경영진은 절대로 일을 하지 않는다. 발달된 산업사회에서 자동차의 대량생산은 하나의 선택이었다. 아마도 사람들은 자신이 그런 선택을 했다는 점을 전혀 알지 못할 것이다. 그 이유는 한편으로 그들이 기술 '진보'의 혜택과 불가피성을 강하게 믿었기 때문이고, 다른 한편으로는 자동차가 문명에 몰고 올 엄청난 변화를 낌새조차 채지 못했기 때문이다. 그럼에도 이것은 정치적인 선택이었다. 예를 들어, 정부가 철도와 다른 공공 교통수단에서 고속도로 건설로 재원을 옮기기 시작했던 당시를 돌아봐도 그것은 정치적 선택이었다. 그 고속도로에서 얼마나 많은 사람들이 죽을지를 알았다면, 그리고 고속도로에서 얼마나 많은 오염물질이 대기로 퍼지고 언젠가는 우리가 고속도로의 자동차에 연료를 넣기 위해 석유 전쟁을 벌여야 한다는 점을 알았다면, 사람들은 대규모 고속도로 건설에 찬성했을까? 만약 사람들은 20세기 말 미시간 주의 디트로이트시*와 일본의 도요타사에서의 생활이 어떻게 될지를 정확히 알았다면 자동차를 선택했을까? 글쎄, 그들은 이런 사실들을 알지 못했다. 이제 우리는 안다.

기술 보수주의에 관한 노트

보수주의 정신의 교훈은 여러 세기에 걸쳐 발전해 온 기술과 제도, 전통, 관습 속에 우리가 알고 있고 알 수 있는 것보다 훨씬 더 많은 지혜와 쓸모가 감춰져 있다는 것이다. 그래서 저 오래된 것들을 파괴하기 시작하면, 잃고 싶지 않은 것을 잃을 것이고 의도했던 범위를 넘어서는 연쇄적 파괴가 시작된다고 보수주의는 가르친다. 보수주의 정신은 자코뱅주의에 대응하며 발전했는데, 보수주의자들이 생각하는 자코뱅주의는 이런 것이다. 즉, 자코뱅주의는 추상적인 이성에 지배되는 이상적 패턴에 부합하도록, 필요하다면 폭력을 써서라도 세계를 재구성할 수 있다는 생각이라는 것이다. 여기서도 우리는 우리 시대의 혼란스러운 언어를 근본적으로 바로잡아야만 한다. 오늘날 지배계급의 '보

---

* [옮긴이 주] 미국의 쇠락한 자동차 도시.

수주의'는 역사상의 자코뱅주의를 직접 이어받았고, 보수주의가 지키려는 제도들은 제도화된 자코뱅주의이다. 보수적인 지배계급들이 보전하려고 노력하는 것은 자신들의 권력을 유지하고 확장시키는 제도들이고, 그 목적을 위해 그들은 불도저로 언덕을 분지 안으로 밀어넣어 버리고 주민을 이주시키거나 자신들의 앞길을 가로막는 건물이나 지역, 마을을 완전히 파괴하려고 만반의 준비가 되어 있다. 테니슨(Tennyson)은

> 썩어 가는 가지를 잘라 버리는 사람이야말로
> 최고의 보수주의자*

라고 썼지만, 보수적인 지배계급은 뿌리를 잘라서 가지를 살려 놓으려 한다. 그리고 그들이 보전하려는 경제-기술 체계는 세계 역사상 유례없이 전통적인 기술과 관습, 제도들을 뿌리째 뽑아 버리는 힘을 발휘했다. 이런 종류의 경제-기술 자코뱅주의에 '보수적'이라는 이름을 붙이는 것은, 노천 탄광 채굴업자가

---

* [옮긴이 주] 알프레드 테니슨의 시 「온 누리에 권세를 Hands All Round」의 한 구절. 1852년에 발표된 이 시는, 영국이 제2차 버마 침략 전쟁을 승리로 이끄는 등 대영제국의 위세가 최고조에 이르던 시점에서 빅토리아 여왕에 대한 충성심과 조국 영국에 대한 애국심을 고무시키는 전형적인 애국시이다. 인용된 "썩어 가는 가지"가 정복의 대상으로 인식되던 버마나 인도 같은 비근대적 아시아 국가들이라는 점을 감안하면, 당시 영국의 '애국 보수'를 외치던 세력의 실체가 무엇인지를 알 수 있다. 더글러스 러미스는 테니슨의 '썩어 가는 가지'가 단순히 잘라 버려도 되는 가지가 아니라, 사실은 보수적 지배계급이 잘라 낸 민중의 뿌리임을 역설하고 있다.

노천 탄광 채굴을 제도적으로 보전하려 한다는 이유로 보수주의자라 부르는 것과 같다.

최근 몇 년 새 생태주의 운동은 보수주의의 정신에서 자신의 영역을 찾고 있다. 이 점에서는 고전적인 보수주의의 주장이 옳다. 즉 자신들의 과학에 따르면, 아마존 정글의 펄프나무를 베거나 방사선이 좀 더 누출되거나 식품에 다른 화학약품을 더해도 별로 해가 없을 것이라는 점을 보증한다고 제조업자들이 말할 때, **당신의 과학으로 그 정도까지는 알 수 없다**고 대답하는 것은 무지한 자의 모르쇠주의(know-nothingism)*가 아니라 보수적인 지혜이다.

정치적으로 보자면, 여기서 중요한 생태주의는 (그 자체가 또 다른 중요성을 가지는) 야생의 생태주의가 아니라, 생산노동을 하는 인간과 자연의 대화 사이에서 여러 세기 동안 발전해 온 생태주의이다. 이런 대화는 농부-농지-계절, 목수-도구-나무, 도공-점토-불, 어부-바다-기후 사이에 이루어졌다. 내가 앞에서 얘기했듯이, 지배계급은 이런 대화에 거의 참여하지 않고, 알지도 못한다. 그런 대화의 결과물로서 일하는 민중들의 문화가 형

---

* [옮긴이 주] 1850년대 아일랜드 가톨릭 신도들이 미국적 자유의 가치를 해칠 거라는 두려움으로 이들을 맹목적으로 배척하던 미국의 사회운동의 모토. 누군가 이 사회운동 참여자들에게 정체를 물으면 모르쇠로 일관한다는 지침에서 이 용어가 비롯되었다. 오늘날 우리 사회에서 빨갱이를 외치거나 반동성애를 부르짖는 보수주의자들에게 맹목성을 느낄 수밖에 없다는 점에서 모르쇠주의가 시사하는 바는 크다.

성되어 왔던 것이며, 그것은 도구와 기술 면에서 인류의 가장 오래된 전통을 계속 이어 온 생산노동의 문화였다. 이 문화는 에드먼드 버크(Edmund Burke)가 보호하려 했던 전통과 유산 모두가 최신식 발명품이라는 점과 대비된다. 보수주의의 고유한 영역은 바로 이런 생태 환경으로, 이것은 인간의 생산 문화와 그 생산의 토대를 이루는 자연 사이의 끝없이 복잡한 관계 체계이다. 이런 보수주의 고유 영역은, 거대 정부와 대기업, 대형 금융 기관이라는 기관들을 연결하는 '게임의 생태계'와는 얼마나 다른가. 바로 이 보수주의 본령(本領)에서는, 변화는 느리고 조심스러워야 하며 어떤 경우에는 완전히 중단되어야 한다. 그런데 지배계급의 '보수 세력들'이 자신들의 불도저 여단을 투입하는 곳이 바로 이곳이기도 하다. 그렇지만 이런 생태 환경에 뿌리 박고 삶을 사는 평범한 사람들이 자연스럽게 이곳을 지켜 왔다. 이런 활동 동기는 자본주의 초기 러다이트 운동부터 공장노동자의 운동과 반식민주의 운동를 거쳐 오늘날의 반(反)개발, 반공해, 반핵 운동에 이르기까지 민중 투쟁의 역사에서 많은 부분을 차지해 왔다.

민중이 타고난 보수주의자라고 얘기되지만, 이런 식으로 이해된다면 그 말은 사실이다. 지배계급의 '보수주의'의 입장에서 보면, 기술 보수주의의 정신은 오늘날 전 세계에서 활동 중인 가장 급진적인 세력 중의 하나이다.

핵발전

내가 일본에서 온 학생들과 핸퍼드 핵폐기물 저장소를 방문했을 때, 우리는 이 시설을 둘러보며 짧은 설명을 들었다. 우리는 히로시마의 날에 방문하려고 일정을 잡았다. 안내인은 다소 신경질적이고 방어적이었으며, 나가사키에 떨어질 폭탄을 만들기 위한 핸퍼드의 긴급 프로그램과 핵폭탄이 성공적으로 폭발했다는 사실이 알려지자 핸퍼드와 리칠랜드에서 벌인 축하 행사가 담겨 있는 커다란 사진을 그냥 지나쳤다. 전쟁에 관해서는 이야기하지 않고, 안내인은 핵발전의 안전성에 관해 장황하게 떠들었다. 핵폐기물이 안전하게 매장될뿐더러 위험 시기 동안 세심하게 관리된다고 그는 말했다. 나는 손을 들고 그에게 물었다. "당신은 이곳에서 만들어진 폐기물이 2만5천 년 동안 위험하다고 말했습니다. 그렇게 오랜 기간 동안 누가 관리하나요?"

"물론 미국 정부죠."

"당신은 2만5천 년 동안 지속된 정부가 있었는지 들어본 적이 있나요?"

안내인은 싸늘한 눈빛을 보내며 대답을 거부했다. 분명히 그는 내 질문에 애국심이 없다고 생각했을 것이다. 반대로 나는 내가 바보와 얘기하고 있음을 깨달았다. 핵물리학자는 아니지만 핵발전을 비판하는 사람들은 전문 지식을 가지고 있지 않은 사안들에 참견한다는 비판을 받곤 한다. 그렇다면 이 안내인은 약간의 상식도 없이 내 영역인 정치 분야에 주제넘게 참견하고 있는 것이다.

핵발전소가 안전하다는 주장은 기술적 근거만이 아니라 정치와 역사에 관한 견해도 필요하다. 이 주장은 지금까지의 역사가 한 번도 경험하지 못했던 안정된 정치를 전제로 한다. 이 주장은 핵발전소를 세운 미국과 다른 모든 정부가 2만5천 년 동안 유지될 것이라는 점만이 아니라, 2만5천 년 동안 대규모 전쟁이 일어나지 않을 것이라는 점을 전제한다. 발전소를 세우는 사람들은 자신들의 발전소가 폭격에 약하다는 사실을 거의 얘기하지 않는다. 일본 정부는 냉전 시기 소련의 침입을 가정해서 전면적인 군사 방어 체계를 구축한 바 있으면서도 소련 잠수함이 쉽게 접근할 수 있는 동부의 해변가에 핵발전소를 줄지어 건설했다. 핵발전소가 안전하다는 주장을 뒷받침하려면 정부는 소련과의 전쟁이 없을 것이라는 사실을 '알아야' 한다. 그렇지만 불행히도 이 점은 '알 수 있는' 문제가 아니며, 핵물리학으로는 알 수 있는 방법이 더더욱 없다.

더구나 핵발전이 안전하다는 주장은 어떤 역사 이론을 전제로 한다. 지금까지도 핵폐기물을 안전하게 처리할 기술이 발견되지 않았다는 점은 널리 알려져 있다. '전문가들'은 오래지 않아 그 기술이 발명될 것이니 걱정하지 말라고 단언한다. 이런 주장은 어떤 종류의 지식에 근거하고 있는가? 다시 말하지만, 이것은 과학적 근거를 가지고 하는 말이 아니다. 지금까지의 과학은 그런 기술을 개발하지 못했다. 그런 기술이 발견될 것이라는 주장은 과학적 진술이 아니라 역사적 예측이다. 이 주장은 과학이 계속 발전할 뿐 아니라 무한히 발전할 것이라는 생각에 기초하고 있다. 과학이 이 문제를 확실하게 해결할 것이라 말하는 것은 과학이 어떤 문제든 해결할 수 있다는 전제에서만 정당화될 수 있다. 이런 주장은 이상한 종류의 진술이다. 왜냐하면 이런 종류의 진술을 하는 전문가들의 방법론은 경험적 증거에 근거해야 하지만, 과학이 미래에 어떤 일을 할지에 대한 경험적 증거를 얻기 위해 할 수 있는 일은 그저 기다려 보는 것뿐이기 때문이다. 사실상 과학이 이 문제를 확실히 해결할 것이라는 언명은 추측에 지나지 않는다. 그것도 아주 진부하고 혼란스런 유추에 근거하는 추측일 뿐이다. "아니, 과거에도 과학이 많은 문제들을 해결해 왔잖아." 이런 반박은 과학자들이 아주 열심히 노력했지만 해결하지 못했던 많은 문제들이 존재했다는 사실을 무시한다. 예를 들어, 과학자들은 연금술이나 영원한 젊음의 묘약을 발견하는 데에 실패했다.

그래서 핵발전이 안전하다거나 '충분히' 안전하다고 말하는 과학자들은 자신들의 전문 영역을 벗어나는 것이다. 이런 사안들을 과학자들에게 맡겨야 한다고 말하면서, 그들은 정당한 정치적 질문을 가로채 과학자 계급의 배타적인 관할 영역으로 끌고 들어가려 한다. 간단히 말해 그들은 정치권력을 빼앗으려 노력하고 있다. 어떤 기술이 '충분히' 안전한지 아닌지는 과학적인 질문이 아니라 하나의 선택이고, 그 선택이 잘못되었을 경우 피해를 입을 사람들만이 정당한 선택권을 가질 수 있을 뿐이다.

스리마일섬의 핵 사고가 터진 후 나카오 하지메는 그 지역에 살던 사람들을 인터뷰하기 위해 일본에서 [미국으로] 왔다. 그는 자신이 주민들과의 첫 번째 면담자라는 사실을 알게 되었다. 미국의 과학자들은 실제로 어떤 일이 일어났는가를 알기 위해서는 사람들에게 묻기보다는 자신들의 기계를 조사하는 것이 우선이라고 믿었다. 나카오는 과학자가 아니었기 때문에 사태에 대한 관찰의 자유가 있었다. 자신들의 과학으로 인해 관찰과 생각이 저해되고 있는 과학자들과 달리, 그는 사태를 사유해 볼 자유가 있었던 것이다. 나카오는 과학자들의 방법보다 좀 더 경험적인 조사 방법을 채택하기로 결정했다. 그는 사람들의 경험을 1차 자료로 사용하고, 기계에 대한 조사 자료를 2차 자료로 사용하기로 했다.

많은 희생자들은 방사능이 누출된 날에 몇 가지 이상한 경험을 했다고 나카오에게 말했다. 고막이 터질 듯한 굉음이 들렸고 혀에서 쇠 맛이 났으며 목구멍이 막히는 듯했고 메스꺼웠다. 그리고 눈 주위가 타는 듯 뜨거웠고(어떤 이는 보안경을 쓰지 않고 용접을 한 것 같았다고 말했다), 가볍게 햇볕에 그을린 것처럼 피부가 건조해졌으며 며칠 뒤에는 껍질이 벗겨졌다.[24] 그리고 많은 이들이 죽은 강아지나 동물들을 봤고 많은 새들이 자동차 앞 유리에 부딪혔다.

반면에 과학자들은 자신들의 기구를 이용한 조사 자료를 통해 판단하길, 방사능이 주민들에게 어떤 영향을 미치기엔 그 강도가 너무 약하다고 주장했다. 이것이 얼마나 놀라운 형태의 '경험 과학'인지 생각해 보라. 어떤 경험이나 실험에 근거해서 그런 결론을 내릴 수 있었을까? 그곳에서는 이전에 한 번도 대규모 핵발전소 사고가 없었다. 방사능 구름이 도시를 통과할 때 어떤 일이 벌어지는지 누가 알겠는가? 과학자들의 결론은 경험이 아니라 자료 해석 모델과 추측에 근거한 것이었다.

그럼에도 '과학'의 권위를 등에 업고, 방사능을 알아채기엔 그 강도가 너무 약했다는 발표가 나오자, 많은 사람들은 자신의 경험을 의심하거나 심지어 마치 자기 경험이 과학적인 후진성과 무지, 심지어 약점을 드러낸 듯 스스로를 부끄러워하기 시작했다. 이런 반응들은 과학자들이 그런 경험을 사고의 '심리적인 효과'로 정의하기 시작하면서 더욱더 심해졌다. 충혈된 눈, 메스꺼움 등은 갑작스런 공포의 징후라 진단되었다. 거칠게 말하면, 방사능—그런데 그 방사능은 기계에 기록되어 있지도 않았다—이 자신들의 몸을 공격하는 것 같았다고 말했던 사람들은 지레 겁을 먹어 신경과민을 보였던 것이라는 말을 듣는 상황인 것이다.

사람들에게 묻는 대신에 과학 기구를 이용한 조사 자료를 통해 연역하는 방법으로 사람들의 실제 경험을 규정한다는 것은 생각해 보면 괴상한 과학적 방법이다. 자신들의 존재가 '과학'으로 신비화된 나머지, 사람들이 자기 몸이 보내는 메시지보다 기계를 더 많이 믿게 되면, 사람들은 근본적으로 무기력한 존재가 된다. 실제로는 스리마일섬 주변 지역 주민들이 모임을 조직해서 이런 무기력을 이겨냈다. 자주 모여 자신들의 경험을 서로 얘기하면서 그들은 경험이 사실이었다는 점을 이해하게 되었다. 그렇지만 지금까지 전력 회사를 상대로 한 소송들은 모두 심리적 고통에 대한 것이었다는 점은 변함없는 사실이다.

[기술 단계] 뛰어넘기*

어떤 이들은 산업사회 이전의 공예인이 사라졌다고 이제 와서 슬퍼하는 것은 쓸모없는 일이라며 이의를 제기할지 모른다. 산업주의는 현실이고, "당신은 시계를 거꾸로 돌릴 수 없다". 이 낡은 속담은 얼마나 어설픈 비유인가! 사실 당신은 시계를 거꾸로 돌릴 수 있다. 그래야 할 구실은 얼마든지 있다. 당신이 할 수 없는 일은 과거 자체를 반복하는 일이다. 즉, 사건은 반복될 수 없고 사람들은 죽는다. 그러나 과거의 사람들이 깨달은 사실은 우리도 깨달을 수 있다. 신석기 시대의 기술이라는 이유로 내가

---

* [옮긴이 주] leapfrogging(뛰어넘기): 영어 단어 자구대로 '개구리 도약하기'에서 유추되어, "어떤 단계나 앞에 있는 사람을 짚고 건너뛰거나 뛰어넘는다"는 뜻을 지니고 있다.

망치로 호두를 깨뜨리거나 털실로 엮은 옷을 입거나 흙으로 만든 컵으로 물을 마실 수 없는 건 아니지 않은가! 그렇다. 산업주의는 눈앞의 문제이고, 우리가 꼼짝없이 엄청난 생태계 파국을 맞이하도록 만들었다. 지혜를 찾을 수 있는 곳이라면 어느 곳에서든 마땅히 그래야 할 것이다.

더구나 너무 늦었다고 말하는 것은 유럽중심주의일 수 있다. 산업주의가 건드리지 않은 곳이 없다 하더라도, 적어도 유럽, 미국, 일본보다 산업주의가 어느 정도 덜 스며든 곳은 있다. 유럽의 비극적인 산업사를 기계적으로 따라가도록 운명 지어져 있다기보다는, 아마도 제3세계 국가들은 유럽인의 경험에서 타산지석의 교훈을 얻어 더 나은 미래로 바로 나아갈 수도 있다.

필리핀 대학의 로저 포사다스(Roger Posadas)가 「과학-기술의 격차를 뛰어넘기(Leapfrogging the Scientific-Technological Gap)」라는 글[25]에서 제안한 의견을 예로 들어 보자. 포사다스의 주장에 따르면, 필리핀 같은 국가는 산업화된 국가들이 그 기술들을 발전시키기 위해 거쳐 왔던 단계들을 모두 거치지 않아도 자신들이 원하는 어떠한 기술이건 산업화된 국가들에서 고를 만한 위치에 있다. 이 주장은 설득력이 있고 흥미로운 가능성을 제시한다. 그렇지만 그런 방향이 제3세계 국가들에게 진정한 대안이려면 이 생각은 기술 진보에 대한 교조적인 믿음에서 완전히 자유로워져야만 한다(부분적 자유가 아니다).

포사다스는 필리핀을 위한 계획의 목표가 '국가의 과학 정복'

에 있다고 말한다. 이 목표를 위해 포사다스는 교육과 경제, 문화, 정치 체계의 방향이 완전히 바뀌어야 한다고 주장한다. "간단히 말해, 기술 뛰어넘기 전략의 성공적인 이행은 우리의 현재 체계를 철저히 조사해서 완전히 새로운 사회 체계를 만들 것을 요구한다"(37쪽). 여기서 수단과 목적의 순서에 주목하자. 원래부터 기술은 일반적으로 가장 뛰어난 수단, 즉 가치 있는 것을 행하는 수단이다. 기술이 좋은 일을 하고, 고된 일에 걸리는 시간을 줄이거나 교육과 문화, 놀이, 자유로운 정치를 추구할 수 있도록 시간을 해방시킬 때 우리는 그 기술에 좋은 가치를 부여한다. 그러나 포사다스의 논의에서는 방향이 뒤집어진다. 기술 자체가 목적이다. 그 목적을 달성하기 위해 사회, 정치, 경제, 교육 체계 전체를 고쳐야 한다. 즉, 이 모든 것이 수단으로 다루어진다.

나는 새로운 기술의 도입이 정치 체계의 변화를 수반한다는 포사다스의 생각에 동의한다. 이 점은 정확히 내가 이 장에서 주장해 온 바이다. 그러나 '미래의' 기술이 목적이라고 가정하는 데서 시작해서 그 기술을 만들기 위해 사회가 재조직되어야 한다고 주장하는 것은 자연스런 우선 순위를 뒤집는 것이다.

과학과 기술이 도구적인 가치보다 초월적인 가치를 가진다고 보는 경향은 때때로 거의 종교적인 성격을 가져서, 과학에 관한 과학적인 토론을 어렵게 만든다. 과학 주도의 미래를 자명한 것으로 제시하면서 그런 미래로 도약해야 한다는 주장은 과학적인(즉, 경험적인) 근거가 없다. **과학이 주도하는** 미래는 과학 발전의 논리상 그 어떤 것이든 '다음에 오는' 것을 뜻한다. 이것이 인간과 그 세계에 반드시 이득이 된다고 말하는 것은 과학적인 주장이 아니라 오히려 과학에 대한 신앙고백일 수 있다. 기술 면에서 '다음에 오는'것에 관해 말하자면, 핵폭탄으로 인한 대량 학살이나 인간의 생명을 '쓸모없는 것'으로 만드는 로봇/생명공학과 사이보그의 발명은 다른 어떤 시나리오보다 예측하기 쉽다.

필리핀이 반드시 관심을 가져야 하는 것으로 포사다스가 꼽는 '제3의 물결' 기술 목록에는 "극소전자공학, 로봇공학, 컴퓨터, 레이저 기술, 광전자공학, 섬유광학, 유전공학, 광전성학(photo-voltaics), 폴리머(polymers)를 비롯한 여러 합성물질들"(33쪽)이 담겨 있다. 이런 것들에 관해 나는 잘 알지 못하고, 마닐라와 도쿄, 베를린의 평범한 사람들도 마찬가지로 잘 모르리라고 생각하지만, 내가 분명히 알고 있는 것은 이런 기술들로 만든 것들 대부분은 군사용이나 장난감(성인 과학자들이 가지고 놀 만한 크고 비싼 장난감을 포함해), 불요불급의 상품(명함 사이즈의 라디오) 들이다. 이런 기술들은 결국 기술 과시욕을 만족시키는 데에 사용된다. 요컨대, 이런 기술들은 러스킨이 안녕(wealth)과는 반대되는 의미로 병든 상태(illth)라고 명명한 그런 상태를 만들어 내는 데에 쓰이는 기술이다.

포사다스는 이렇게 적고 있다. "'작은 것이 아름답다'는 슈마

허주의 철학에 기반한 **중간기술, 적정기술**, 또는 **대안기술** 들"이 산업사회 이전의 '제1의 물결' 기술에 속하는 것으로서 "과학적인 지식보다 경험적인 지식에 바탕을 둔다"(33쪽, 강조는 원저자). 이 주장은 사실이 아니지만, 주목할 만한 점은 기술의 기초가 되는 지식의 형태가 기술의 가치를 따지는 척도로 제안되어야 한다[고 주장하고 있다]는 점이다. 과학적으로 정교해지는 만큼 기술의 가치도 높아진다는 주장 자체는 어떠한 '물결'에 속하는 과학적인 방법에 의해서도 지지를 받을 수 없다. 인간이 진정으로 균형 잡히고 안정되며 건강한 삶을 사는 데 필요한 대부분의 기술이 고대의 기술이라는 점을 상기해 보는 것이 우리의 생각을 자유롭게 해 줄 것이다. 실로 짜서 엮은 천보다 로봇이 인간에게 더 중요하다거나 지붕과 벽, 창문을 가진 집보다 컴퓨터가 더 중요하다고 진심으로 생각할 사람이 있을까? 인간 사회를 만드는 건, 땅을 갈고 가축을 길들이고 그물과 낚싯바늘과 어항으로 물고기를 잡는 기술들이다. 그리고 점토로 그릇을 만들고 모래로 유리를 만들고 광석에서 철을 뽑아내고 불로 요리하고 악기의 반주에 맞춰 노래하고 춤추는 기술들이다. 그림이나 염색, 나무나 돌, 점토에 상상한 모양을 조각하는 기술들이다. '제3의 물결' 기술은 이런 기술들 중 어느 하나도 쓸모없는 것으로 만들지 못한다.

고대의 기술이 중요하다고 주장하는 건, 모든 신기술들을 가치 없거나 해롭다며 정반대의 주장을 똑같이 반복하는 게 아니다. 잡동사니 자루를 뒤져 보면 어떤 것은 소중하고 어떤 것은 해로우며 상당수는 '꼭 필요하지 않은' 것으로 분류되는 것과 같다. 내가 말하고자 하는 핵심은, 한 기술의 가치가 사람과 사회, 자연환경에 미치는 영향으로 판단되어야 하지, 그것이 개발된 시간대로 판단되어서는 안 된다는 것이다.

더구나 가장 '발전'된 기술이란 엄청난 돈과 권력이 투입된 기술들이라는 환상이 존재한다. '제3의 물결'이나 그런 부류로 제안된 기술들은 거의 대부분이 많은 돈을 지원받는 기술들이다. 정부나 다국적 기업의 지원금을 받는 수많은 과학자들과 과학기술자들이 그 기술을 발전시켰고 전 세계를 현혹하는 기술의 '스펙터클'을 만든다. 더 민주적인 다른 기술들이 '발전된' 기술보다 화려함을 뽐내는 일은 드물지만, 그에 못지않게 새롭고 발전적일 수 있다는 사실은 무시되기 쉽다.

중국에 관한 책에서 '옛것과 새것의 공존'이라는 설명이 붙은 사진을 최근에 봤는데, 도로를 따라 내려가는 자전거와 트럭을 찍은 사진이었다. 이 사진은 그 환상을 잘 보여 준다. 트럭은 자전거와 비교할 때 동력을 달았고 더 크기 때문에 우리는 그것을 '새것'이라 생각한다. 실제로는 자전거와 자동차가 거의 동시에 등장했고, 자전거는 불과 몇 년 더 오래되었을 뿐이다. 더구나 에너지 효율—이동 거리 대비 소비되는 칼로리—이라는 기술적인 기준으로 따지면, 자전거는 다른 어떤 육송 교통수단과도 비교될 수 없다. 그리고 자전거는 지금도 개량되고 있다.

포사다스의 목록으로 보면 '자전거'는 어리석게 보일지도 모른다. 자전거 기술은 하이테크나 파워테크 기술이 아니다. 자전거 생산은 유명 대학에서 박사 학위를 받은 과학자를 필요로 하지 않는다. 자전거 생산은 거대한 공장의 생산 설비를 요구하지 않는다. 그렇지만 포사다스의 필리핀이, 이를테면, 섬유광학보다 자전거 산업을 필요로 한다는 점은 의문의 여지가 없다. 공교롭게도 필리핀 사람들은 아시아 국가들 중에서 유독 내연기관에 강한 애착을 보여 자전거에 관심을 보이지 않는다. 이 강박관념은 자동차 물신주의의 세계 중심지인 미국의 식민지를 경험했던 결과일지도 모른다. 대부분의 다른 아시아 국가들에는 자전거가 흘러넘친다. 심지어 도쿄와 같은 대도시에서도 자전거의 수가 자동차보다 많을 것이다. 이런 국가들에서 자전거는 장난감이 아니라 출근과 쇼핑을 위한 교통수단이고, 우편물과 물품 배달을 위한 수레용 탈것으로 이용된다. 한국에서는 아주 튼튼한 배달용 자전거들이 상당한 무게를 실을 수 있게끔 만들어진다. 필리핀에서 쓸모가 많은 자전거 사이드카는 작은 용접 가게에서 만들어지지만, 자전거는 대부분 수입된다. 그중 경주용 십단 변속 자전거나 BMX 같은 작은 바퀴의 자전거는 모두 작업용이 아니라 스포츠용이다. 약간의 지원만으로도 필리핀의 수많은 전문 용접공과 기계공들이 멋진 지프니* 못지않게

* [옮긴이 주] 지프를 개조한 10인승 승합 버스.

튼튼하고 최신식의 값싼 작업용, 통근용 자전거를 쉽게 만들 수 있다. 자전거 사용이 증가하면, (1) 일산화탄소 오염(마닐라는 매일같이 갈색 구름에 쌓여 있다), (2) 소음 공해, (3) 교통 흐름의 효율성과 안전성*, (4) 매년 자동차와 자동차 부품, 석유를 수입하느라 소비되는 많은 돈에 어떤 영향을 미칠지 생각해 보라. 자전거가 '초기 단계의 기술'이고, 우리는 '전진'해야 한다, '후진'은 안 된다는 생각은 착각이다. 이런 착각 때문에 우리는 이처럼 분명한 사실을 보지 못하는 것이다. 하나 더 추가하자면, 자전거는 대학에서 교육받은 과학기술 엘리트의 권력과 주도권을 빼앗아 노동자, 즉 용접공과 기계공의 손에 쥐여 주는, 그런 종류의 기술이다. 과학기술 엘리트는, 아무리 좋은 목적이라 하더라도, 자신들의 도움을 필요로 하지 않는 기술을 지원하는 데에 시간을 낭비하고 싶어 하지 않는다. 이렇게 볼 때 자전거는 민주적인 기술에 적합한 모델로 사용될 수 있다.

다른 많은 적정기술들도 발전하고 있다. 예를 들어 손도구는 점점 더 정밀해지고 더 강한 철로 만들어진다. 1970년대의 석유 위기 이후 북아메리카에서는 화목 난로의 디자인이 눈에 띄게 향상되어 에너지 효율이 훨씬 더 높아졌다. 몇 년 전에 나는 필리핀 루손(Luzon)섬 북부의 칼링가-아파야오(Kalinga-Apayao) 지역에서 집에서 목공일을 하는 사람과 이야기를 나눴다. 그는

---

* 만일 몇몇 도로들이 자전거 전용으로 만들어진다면.

현지 제재소를 이용하자니 너무 비싸고, 오래된 일반 톱을 쓰자니 그건 시간이 너무 들어, 선반을 자를 때 전기톱(chain saw)*을 쓴다고 내게 말했다. 그러나 전기톱으로 똑바로 자르는 게 아주 어려워서 그는 매번 힘들게 판자를 평평하게 대패질해야 했다. 나는 더 쉽게 판자를 톱질할 수 있도록 전기톱에 부착할 수 있는 유도 장비가 개발되어 있음을 혹시 알고 있느냐고 물었더니 그는 모른다고 답했다. 전기톱의 유도 장비는 '제3의 물결'이 아니지만 새로운 것이고 이 노동자가 자신의 일에 활용할 수 있는 것이다.

'뛰어넘기' 현상이 나타나고 있다는 점은 분명하다. 필리핀의 기술 수준이 영국과 프랑스, 일본, 미국의 산업화 단계와 공포를 무턱대고 따라가야 한다고 생각할 필요는 분명히 없다. 그렇게 말하는 것은 물소가 끄는 나무 썰매로 짐을 나르는 코르디예라(Cordillera)나 다른 지역의 농부들이 (그들이 썰매와 더불어 실제로 사용하는) 자신의 손수레에 고무 타이어와 볼베어링을 끼우기 전에 나무 바퀴와 기름을 먹인 차축을 [먼저] 사용해야만 한다고 말하는 것만큼 불합리할 것이다. 뛰어넘기는 불가피하지만, 문제는 어떤 개구리가 뛰어오를 것인가 하는 점이다. 어떤 이들은 기술 발전이 질서 정연하게 이뤄진다고 생각하는 것처럼, 만일

---

* [옮긴이 주] 전기 배터리를 동력원으로 사용하면 전기톱, 가솔린을 사용하면 엔진톱이라고 부른다.

모든 개구리들이 일렬종대로 늘어선다면 뛰어넘기는 아주 간단할 것이다. 그러나 개구리나 인간 창의력의 순리상 그렇게 줄을 세우지는 못한다. 그래서 개구리들은 어느 방향으로든 뛸 수 있다. 생태계가 파국을 맞는 하이테크 미래, 기계가 인간을 완전히 쓸모없게 만들어 버리는 미래, 또는 (로보캅처럼) 기계 부품들이 인간의 신체 대부분을 대체하는 미래, 아마도 제3의 물결 기술 역량이 가장 눈부시게 발휘되는 것을 볼 수 있는 미래, 즉 핵전쟁의 미래—그 어느 미래로든 도약할 수 있는 것이다. 단지 그것이 고급이기 때문에 하이테크를 선택하거나, 3이 2 다음에 오는 숫자이기 때문에 '제3의 물결' 기술을 선택한다면, 우리는 이런 절망적인 미래를 거스를 어떠한 방법도 갖지 못하게 된다.

또한 어느 정도 뛰어오를 것인가도 문제이다. '21세기로의 도약'이라는 표현은 더 이상 인상적이지 않다. 즉 네 발로 기어도 우리는 곧 21세기에 이른다. 이반 일리치가 '초산업국가(hyperindustrial nations)'라고 부르던 나라들에서는 이미 기술상의 혼란이 심각해졌고 생태계 파괴와 그 결과 자살로 질주하는 현재의 경향을 막을 생산양식과 생산수준으로 전환할 수 있을지도 분명하지 않다. [그런데도] 문제의 한가운데로 뛰어들기보다는 그 문제를 뛰어넘어 해결책으로 도약하려고 왜 시도하지 않는가? 일리치는 다음과 같이 적었다. "인류의 3분의 2는 초산업국가들이 혼란의 대안으로 받아들일 수밖에 없을 생산양식을 지금 바로 선택해서 탈산업적 균형을 잡음으로써 산업화 시대를 거치지 않을 수 있는 가능성이 여전히 남아 있다."**26*** 민주적인 도구를 지닌 사회, 그리고 생태계를 파괴하지 않는 생산수준과 생산양식을 가진 사회의 건설을 '멀리 떨어진 미래로의 도약'이라고 명명하는 것은 대단한 기술결정론적 발전 이론으로 회귀하는 것이 아니다. 이것은 희망을 표현한 것에 지나지 않는다. 우리를 그곳에 데려다줄 것은 결정론이 아니라 결단이다.

이것이 노동자에게 중요한가?

때때로 부자들은 가난한 사람들이 음식과 집에만 관심을 둔다고 주장하고, 그와 비슷하게 가끔씩 엘리트들은 노동자들이 업무 이행과 임금을 받는 데에만 관심을 둔다고 주장한다. 노동자들의 권력화나 탈권력화는 지식인들이나 시시콜콜 따져 볼 뿐이지 작업장의 남성과 여성에게 거의 중요하지 않은 문제라

---

* [옮긴이 주] 이 인용 구절의 출처가 되는 이반 일리치의 『공생을 위한 도구』가 출간된 것은 1973년인데, 같은 해에 출간된 또 하나의 기념비적 저서가 다니엘 벨의 『탈산업사회의 도래』이다. 다니엘 벨의 '탈산업'이라는 용어는 앨빈 토플러가 『미래의 충격』(1970년)에서 사용한 '초산업사회'나 후에 사용한 '제3의 물결'(1980년) 같은 용어 속에 들어 있는 기술결정론 이념으로부터 어느 정도 자유로운 것이 사실이다. 그러나 다니엘 벨은 서비스 경제가 주도하는 지식 기반 사회로의 추세적 이행에 초점을 맞춰서 그런 사회를 탈산업사회로 부르고 있다는 점에서, 산업사회를 뛰어넘는 비근대적 대안을 '탈산업'이라고 표현하는 이반 일리치의 래디컬한 입장과는 질적으로 결이 다르다.

는 것이다.

결정적으로 이 점은 어떤 하나의 방법이나 다른 방법으로 증명되기 어렵다. 분명히 공장 시스템이 도입된 지 여러 세대가 흘렀지만, 일에는 아무런 관심도 없고 자기 임금에만 관심을 쏟는다고 말하는 노동자를 발견하는 것은 가능한 일이다. 그러나 노동자들의 이런 진술은 실은 공장 체계에 대한 긍정이라기보다는 신랄한 비난의 말인 것이다. 대체적으로 본다면, 위의 진술과는 달리, 일 만족도가 노동자에게 중요하지 않다고 진심으로 믿는 사람은 그 자신이 한 번도 생산적인 노동을 해 보지 않은 사람이라고 우리는 말할 수 있다.

1987년에 나는 필리핀의 네그로스옥시덴탈 주*로 가서 작은 협동조합 작업장을 방문했다. 이 시기에 설탕 산업이 몰락하면서 네그로스에 심각한 기아가 닥쳤고, 이 작업장은 캐나다에서 받은 원조금을 종잣돈으로 삼아 세워졌다. 문을 닫은 설탕 정제소의 기업 도시에 살던 여성들이 이 작업장을 운영했다. 이 작업장은 여성들과 가족들이 유니세프(UNICEF)의 급식 프로그램으로 생활했던 지난 2년 반 만에 처음으로 그들에게 일자리를 제공했다. 그들은 대만의 한 회사를 위해 인형 속에 솜을 넣고 꿰매는 일을 했다. 이 일은 매우 낮은 임금을 받았고, 지역에

---

* [옮긴이 주] 필리핀에서 네 번째로 큰 네그로스섬에는 네그로스 오리엔탈 주와 네그로스 옥시덴탈 주가 있다.

250

서 필요한 것들이 많은 상황에서 남에게 고용되어 불필요한 물품을 만드는 것을 보는 건 비극이었다. (또한 그들이 대만 회사에서 하청을 받아 일했다는 사실을 알게 됨으로써 신흥공업국들의 성공이야기 뒤에 숨겨진 수수께끼를 푸는 데에 도움을 받았다.)

어쨌거나 일자리는 여성들이 스스로 관리하도록 조직되었다. 이들이 일을 배치하는 것과 관련해 두 가지 주목할 만한 점이 있었다. 그들은 노동을 세부적으로 나누었다. 즉 한 사람이 팔을, 다른 사람이 머리나 모자를 만드는 식이었다. 그러나 그들은 또한 맡은 일을 교대해서, 계약이 끝날 때쯤에는 각자 여성들이 부분별로 작업을 했지만 결과적으로 인형 완성품을 만들수 있도록 하였다. 그들은 일을 통해 배울 만한 점을 최대한 얻도록 작업 방식을 조정했던 것이다. 거기에다 그들은 일을 통해 무언가를 만들어 냈다는 만족감을 얻을 수 있도록 일의 방식을 정한 것이다. 이 선택은 분명히 생산성을 낮췄고 이것은 기아선상에 놓인 사람들에게 심각한 문제이긴 하였다. 그렇지만 우리 방문객들에게 그들은 이런 식으로 일의 순서를 정하는 것이 자신들에게 매우 중요하다는 점을 분명하게 말했다.

그들은 재봉 기계(대부분은 낡은 고물로 집에서 가져온 자기 물건)를 중앙을 향해 둥글게 배치했다. 공장에서 기계 배치는 결코 이런 식으로 이뤄지지 않는다. 나는 그렇게 한 이유를 굳이 물어볼 필요가 없었지만 물어봤고, 내가 기대했던 답을(그리고 웃음을) 얻었다. "당연히 일하는 동안 서로 얘기할 수 있으니까요!" 생산성 저하라는 비용 때문에 어떤 공장 주임이라도 치를 떨겠지만, 다시 한번 이 노동자들은 자신들의 일을 지루하고 고된 노동에서 즐거운 사회 활동으로 바꿨다. 이런 배치가 다른 누구보다도 가난한 사람들에게 더 중요하다고 말하지 않는다면, 그것은 엘리트주의의 오만함 말고 다른 이유가 있을까?

네그로스에는 놀라운 예가 또 하나 있다. 설탕노동자전국연맹(National Federation of Sugar Workers, NFSW)과 네그로스 소농조합(Small Farmers' Association of Negros, SFAN)의 농민들은 먹을거리와 소득을 안정적으로 마련할 뿐 아니라 '자립(self-reliance)'을 실현할 농업기술을 발전시키려고 노력하고 있다.[27] 이들에게 자립이라는 말은 북아메리카인들이 이상으로 삼는 '개인적인 자립'이 아니라 농업 공동체와 농민 계급 전체의 자립을 의미한다. 이 목적을 위해 그들은 유기농업을 다시 배우고 있는 중이다.* 물론 '유기농업'은 도시의 몇몇 건강식품 애호가들에게나 새로운 유행이지, 설탕 노동자들에게는 그렇지 않다. 유기농업은 지난 이십 년 전만 해도 필리핀에서 이뤄지던 일반적인 농사 방식이다. 설탕 노동자들과 소농조합의 농민들은 유기 거름과 유기 농약으로 되돌아가고 싶어 하는데, 그 이유는 더 영양가가 높고 독성 물질에 덜 오염된 작물을 기르고 싶기 때문만은 아니

---

* 설탕 노동자에게 '다시 배운다는 것(relearn)'은 올바른 표현이 아닐 수 있다. 설탕 농장에서의 노동은 사실상 거의 농업과 무관해서 대부분의 설탕 노동자들은 농사를 처음부터 배울 필요가 있고, 그들은 농사를 배우고 싶어 한다.

다. (이것은 아이들이 영양실조로 죽어 가는 지역에서 삶과 죽음의 문제다.) 또 다른 이유는, 이들은 하이테크 농업에 필요한 종자와 농약을 다국적기업으로부터 구입해야 하는데, 여기에 지불하는 비용으로 인해 빈곤해지며 고리대금업자에게 시달리다 보니 다국적기업의 손아귀에서 해방되기를 원하기 때문이다. 특히 쌀농사를 짓는 농부들은 똑같은 이유로 고수확 변종 종자를 멀리하고 '토종 종자'라고 부르는 종자로 현재 실험을 하고 있다. (녹색혁명은 하이테크에 의한 뛰어넘기 실험 중 하나였지만, 필리핀 농부들을 전혀 해방시키지 못했다).

이 농부들이 어떻게 기술과 사회적 목적 사이의 수단–목적 관계를 바로잡았는지에 대해 주목하자. 그들의 구호는 '생산성'이 아니라 '자립'이다. 그들의 생각은, 가장 발전한 하이테크 농법이라면 어떤 것이든 먼저 도입부터 하고 이런 농법들로 인해 어떤 생산관계와 사회적 형식들이 만들어지든 그것을 '불가피한 것'으로 받아들이자는 것이 아니다. 오히려 그들은 어떤 유형의 공동체(자립 공동체)에서 살고 싶은지에서부터 시작해서 이것을 가능하게 만들 농업기술을 찾는다. 도구를 통제하고 도구에 지배당하지 않는다는 것의 의미는 바로 이런 농부들의 자세에 들어 있다. 물론 진정한 토지개혁 없이 설탕 노동자들이나 쌀농사를 짓는 소농들이 이런 목적을 완전히 실현할 수는 없다. 정부는 지금까지도 토지개혁을 거부해 왔다. 그리고 이 글을 쓰는 중에도 이들은 네그로스에서 이런 실험들을 시도한다는 이유로 혹독한 탄압을 받고 있다. 지주들의 정부에게는 경제적으로, 기술적으로 자립을 이룬 농부들의 나라라는 이미지가 가장 끔찍한 악몽이기 때문이다.

제4장

민주주의 전통의
결함

'민주주의 상태(state of democracy)'라는 조어를 만들어 보자. 이런 표현은 물리학에서 말하는 '상태의 변화'와 같은 이미지를 떠올리게 하면서, 민주주의 현상 자체와 민중이 민주주의를 확립하고 유지하려 만든 제도를 구분하는 데에 도움이 된다. 그리고 이 구분을 통해 민주주의라는 것의 범주가 무엇인지를 해명하는 데에 도움을 받을 수도 있을 것이다. 1장에서 주장했듯이, 마치 제도와 그 제도의 의도에 따라 촉발될 수 있는 상태가 동의어인 것처럼 말하는 것은 잘못이다. 우리는 교육기관이나 법무부, 종교 시설을 교육과 정의, 종교의 장소로 여기곤 한다. 미장원, 건강 센터, 교도소와 같은 기관들을 미와 건강, 참회의 장소로 생각하는, 비슷한 실수를 저지르는 경우는 훨씬 적지만 말이다.

몽테스키외에 따르면, 민주주의는 법과 그 법을 강제할 권력과 더불어 "한 가지 더 필요한 동력인⋯바로 덕목"을 필요로 한다.[1] 즉 정치적인 덕목이 있는 곳에 민주주의가 존재할 수 있고 그렇지 않은 곳에서는 불가능하다. 근대 정치학자들이 공력을 들여 규정해 온 민주주의 개념 속에는 이렇게 손에 잡히지 않는 특성 같은 것은 존재하지 않는다. 이들의 개념 규정에 따르면, 특정한 법과 절차가 시행되고 있는 곳에 민주주의가 존재하며, 특정한 게임의 규칙이 지켜지고 특정한 정책 결정 과정이 일반적으로 이뤄지는 곳이라면 그곳에는 민주주의가 존재한다는 것이다. 그러나 몽테스키외에게 있어 민중이 특정한 규칙과 절차를 지키는 것을 특징으로 하는 정치 형식은 완전히 다른 범주에 속하는 것이다. "민중이…법에 의해 제어되는" 것은 민주정이 아니라 귀족정치다. 귀족정치에서 민중은 지배하지 **않는다**. 이런 사정으로 몽테스키외는 "따라서 귀족정에서 민중은 민주정에서보다 덕목을 행할 기회를 적게 가진다"고 덧붙였다.[2] 몽테스키외에게 민주주의는 복종의 형식이 아니라 지배하는 형식을 부르는 말이었다. 민주주의는 민중이 주권 권력을 가진 상황을, 민중이 법에 **대한** 권력을 가진 상황을 뜻한다. 민주주의에서 정치적 덕목이야말로 민중이 권력을 절제되고 규율 있게 행사하도록 이끄는 요체다. 이 점에 생각이 미치면 정치에 관해 글을 쓰는 사람들은 불안해져서 몽테스키외가 그랬듯이, 다양한 견제와 균형, 민중의 정치 행위를 규율 있고 예측 가능하게 만들 여러 가지 제도를 서술하는 일로 재빨리 이동하고 싶어 한다. 그러나 민중의 행동이 스스로의 덕목 때문에 규율을 따르고 절제하는 상황과, 제도와 법이 제한하기 때문에 규율을 따르는 상황은 그 원리상 완전히 다른 상황이다. (실제 생활에서는 이런 두 가지 요소들이 보통 뒤섞여 나타나기는 하지만.) 만일 몽테스키외가 옳다면, '민주주의 상태'는 제도 이전의 상태다. 민주주의는 민중이 스스로 입법자의 자리를 차지하는 것이다. 민주주의의 덕목은 법에 복종하는 단지 수동적인 덕목이 아니라, 정당한 법을 만들 능력을 갖춘 적극적이고 창조적인 덕목이다. 민주주의를 이렇게 정의하는 것은 그것이 제도와 법을 반대한다고 말하는 것과 다르다. 민주주의와 잘 어울리는 특정한 법과 기관, 절차들이 있으며, 옛날부터 민주주의자들은 이것들을 지키려 싸워 왔고 지금도 마찬가지다. 시민의 평등한 권리, 모두에게 공개되어 있는 공정한 절차, 공적인 선택에 관한 공개 토론, 전반적인 부의 평등과 생산수단에 대한 통제, 지역으로 분산된 권력, 이 모든 것들이 본질적으로 민주적인 요구들이다. 그러나 이 모든 것들을 성취했다 하더라도, 이 제도들 뒤에 놓여 있는 정치적인 덕목을 알지 못한 채 수동적으로 받아들인다면, 그 결과는 민주주의가 아닐 것이다. 그것은 입법자가 만든 법이 민중을 행복한 유년 시절에 영원히 가둬 두는, 토머스 모어의 유토피아에서의 상황과 비슷할 것이다.

여기서 내가 주장하는 바는 정부의 형태에 관한 고전적인 분류와 일치한다. 그 유형은 세 가지 기본 형태, 즉 한 사람의 정부, 소수의 정부, 다수의 정부 형태에서 부패한 유형과 부패하지 않은 유형으로 다시 나누어진다. '민주주의 상태'라는 말이 의미하는 바는 부패하지 않은 다수의 지배와 일치한다. 그러나 덕목과 부패를 단지 손에 잡히지 않는 '규범적인' 요소로 생각하여 그 유무에 관계없이 정치 유형 자체는 변하지 않는 것으로 남아 있다고 본다면 그것은 잘못이다. 얼음이 물로 변하고 물이 증기로 변하는 순간처럼 그 성분은 변하지 않고 남아 있지만 **형태**가 심하게 변하기 때문에, '상태의 변화(Change of state)'는 적절한 비유이다. 민주주의 상태에서 정치의 구성 요소들은 서로 다른 관계를 맺으며 서로에 대해 다르게 행동한다. 물이 증기로 변하는 경우처럼 이 변화는 놀라운 힘을 만들 수 있다.

권력이 민주주의 상태에 의해 발생한다고 보면, 국가권력의 기반이 폭력의 합법적인 독점이라는 막스 베버의 말을 믿도록 교육받아 온 우리 시대의 통념은 설명되기도 어렵고, 심지어는 그런 개념은 형성되기도 힘들다. 민주적인 권력이 출현해도 보통 그 행위자들조차도 그 순간을 예상하거나 예측하지 못한다. 그리고 현대 정치학의 언어로 설명되기 어렵기 때문에 민주적인 권력은 다른 전문용어로 '해석'되면서 정치 현상에 관한 기록에서 지워진다. 민주적인 권력을 하나의 기적처럼 서술하며 떠받들 수도 있고, 그것을 폭동으로 묘사하며 깎아내릴 수도 있다.

필리핀 좌파 중 가장 현실주의적인 세력들은 1986년 2월로 예정되었던 대통령선거에 참여하기를 거부했다. 무지해서 그렇게 참여를 거부한 것은 아니었다. 마르크스주의나 자유주의를 비롯해 근대정치학에서 수집된 대부분의 지혜, 즉 독재자는 선거로 물러나지 않는다는 점이 이런 입장을 옹호했다. 이것은 힘의 정치라는 법칙에 근접해 있는 생각이다. 이 예상은 실현되지 않았다. 더구나 사건이 벌어졌다. 필리핀에서는 선거가 치러졌을 뿐 아니라, 그 선거 결과를 집행하기 위해 엄청난 수의 필리핀 민중이 봉기했다. 독재자의 권력은 무너졌다.

놀랍게도 이 사건이 일어난 뒤에 모든 정파의 '정치 현실주의자들'은 그런 일이 결코 일어나지 않았다는 점을 증명할 논거들을 만들어 내기 시작했다. 우리가 들은 바를 얘기하자면, 실제로는 군사 쿠데타였다, 로널드 레이건이 뒤를 봐주었다, 미국중앙정보국(CIA)이 계획했다, 후안 폰세 엔릴레(Juan Ponce Enrile)*가 모든 걸 계획했다, 등이다. 민주주의 권력이 독재자를 물리쳤다는 점을 제외하면 어떤 이야기도 좋았다. '피플파워'의 순간이 금방 사라졌고, 필리핀 민중이 잘못된 곳에 신뢰를 보내도록 유도되었으며, 오늘날 그 선택의 대가를 혹독하게 치르고 있다는 점은 사실이다. 여기서 핵심은 그 순간에는 '피플파워'가 실제 권력이었다는 점이다.

권력을 좇는 정치인과 냉소적인 사람들은 영원한 철칙이 자신들의 권력과 냉소주의를 보호한다고 믿고 싶어 한다. 그들은 자기 눈으로 이런 철칙이 깨지기 시작하는 걸 보면서 언짢아했고 그 법칙이 회복될 것이라 단언한다. 나는 정치와 사회과학에

---

* [옮긴이 주] 피플파워 혁명 당시 필리핀의 국방부 장관으로, 마르코스 정권에서 이탈하여 기관총을 들고 코라손을 호위하여 거리 행진을 하는 등 혁명 성공의 결정적 계기 중 하나를 마련한 정치인.

그런 권력의 법칙이 존재한다고 믿을 준비가 되어 있다. 다만, 민중은 가끔씩 그 법칙에 불복할 뿐이다. 그것이 사회과학 법칙들의 특징이다. 우리는 그런 법칙들을 만들거나 발견할 수 있는데, 그 법칙이 정확할 수는 있지만, 정확성 자체는 사람들이 다른 선택을 내리는 걸 막지 못한다. 꽤 많은 사람들이 다른 것을 선택할 때, 상태의 변화에 맞먹는 변화가 일어나고 낡은 법칙은 더 이상 작동하지 않는다. 당신은 얼음을 지켜보면서 증기가 무엇을 할지를 알 수 없다.

『혁명론 On Revolution』에서 한나 아렌트는 근대 국민국가가 등장한 이후 적어도 혁명의 초기 단계마다 특수한 정치 형태, 그녀의 표현에 따르면 평의회 체제가 등장했다는 점에 주목했다. 혁명이 혁명적인 기운을 간직하는 단계의 정치체제는 민중이 진정한 공동체 속에서 서로 모여 이야기를 나누고 선택하고 행동할 수 있을 만큼 충분히 작은 단위로 자연스럽게 쪼개졌다. 이런 일은 혁명기에 매번 되풀이되는 일이다. 주목할 만한 점은 매우 다른 문화와 역사적인 배경을 가진 사람들이 한결같이 그런 정치 형태에 빠져들었다는 점이다. 이들에게 그런 정치 형태를 옹호하거나 설명할 수 있는 정치 이론이나 이데올로기가 있었던 것도 아니다. 심지어 혁명 이론에 따라 전혀 다른 종류의 혁명 정치조직, 즉 혁명 정당이 요구되는 곳에서도 이런 공동체적 정치 형태가 등장했다.[3] 이런 정치 형태는, 이론적으로는 민주주의가 불가능한 시대에 자신의 모습을 드러내기 위해 싸우는 민주주의 상태로 이해될 수 있다. 거대한 국민국가에서 선출된 대표들로 구성되는 정부로 '민주주의'가 재정의될 때, 민주주의의 실제 상태는 이름을 갖지 못하는 정치 현상이 된다. 그러나 이름을 훔치고 이론적인 지위를 폐지한다고 해서 민주주의가 하나의 가능한 현상으로서 제거되는 것은 아니다. 어떤 일들은 '진보한다'고 해서 사라질 수 있는 것이 아니다. 민주주의 상태는 가능한 [정치] 형태이고, 민주주의 상태를 통해 공중(公衆)이 가시적으로 형성될 수 있을 만큼 충분히 작은 인간 집단이 모색된다는 점은 예전만큼이나 오늘에도 진실이다.

따라서 민주주의 상태를 경험한 사람들이 보통 그 경험을 표현할 말을 찾느라 어려움을 겪는 것은 놀라운 일이 아니다. 필리핀에서 사람들은 EDSA(무장하지 않은 사람들이 마르코스의 군대를 가로막았던 거리명, Epifanio de los Santos Avenue의 약자)의 '기적'을 지금도 얘기한다. 내가 1987년에 인터뷰했던 '폴란드 자유노조'의 노조원은 '그날들'에 관해 말할 때 어조를 바꿨고, 그곳에 있지 않은 사람이 그 사건의 본질을 이해하거나 믿을 수 있을 거라 생각하지 않는다고 말했다. 그날의 일은 노동조합의 평범한 투쟁이 아니었고, 권좌에 있는 사람을 끌어내리려는 목적을 갖지도 않았으며, 고깃값이나 길게 늘어선 대기 행렬에 관한 것도 아니었다. 그날의 일은, 독재의 정치제도와 군사 제도들이 예전처럼 유지되었지만, 민주주의 상태로 변화를 겪고 있는 사회를 통제하기에는 역부족인 상황이었다.

1960년대의 운동에 참여했던 많은 사람들은 이보다 더 작은 규모일지라도 비슷한 경험을 했다. 1964년에 자유발언운동(Free Speech Movement)이 진행될 때 나는 캘리포니아 주립 대학에 있었는데, 그 이후로는 결코 예전과 같은 방식으로 정치를 이해할 수 없었다. 대학 정책에 영향을 미치려는 소규모 피켓 행렬로 시작되었던 그 행렬은 결국 대학 자체가 **되어 버렸거나** 적어도 대학의 많은 부분을 대체했다. 대학[당국]은 자신을 상처 내지 않고서는 이 운동을 공격할 수 없었다. 그 가을 한 학기 동안 완전히 새로운 소통 체계가 캠퍼스에서 만들어졌다. 누군가가 비행기에서 본다면 대학이 특별한 상태라고 말했을지 모른다고 나는 생각했다. 공손하게 교실로 오가는 제각기 분리된 학생들의 물결 대신에, 교정 도처에서 5~20명 정도가 작은 무리를 지어 얘기를 나누고 정보를 교환하며 격렬하게 논쟁했다. 우리 중 누구 하나가 누군가를 만나기만 하면 "무슨 소식 들었어?"라고 물을 태세였으며, 또 우리가 알고 있는 무언가를 전해 줬다. 나는 여러 번 도서관에 일하러 가다 말고 캠퍼스 모퉁이에서 토론에 빠져들었다가 다른 토론, 또 다른 토론을 한 뒤에야 시간이 저녁 6시라는 걸 깨달았다. 나는 하루 종일 광장에 서서 이야기하며 시간을 보냈다. 너무나 많은 정보들이 입에서 입으로 전해지다 보니 일상적인 정보 통로는 쓸모없는 것이 되어 버렸다. 언제나 우리는 상황에 관해 라디오나 텔레비전, 신문이 전해 줄 수 있는 것보다 더 많은 정보를 가졌고 교직원들보다도 더 잘 알았다. 더구나 장시간의 토론 문화에 참여하는 것은 탁월한 정치 교육이었다. 갑자기, 교실에서 공부하던 내용들이…**중요해졌다.** 동시에 인간관계가 더욱더 가까워지고 경쟁도 줄어들었다. 사람들은 더 쉽게 친구를 사귀고 낯선 사람을 돕고 싶어 했다. 이런 것은 자유주의 정치의 상상력을 맴돌고 있는 전설적인 존재, 즉 정치 공동체의 작고 약한 사례가 될 수 있을까?*

민권운동과 최초의 학생운동이 여전히 비폭력적인 시민불복종 전술을 사용하고 있던 1960년대 초, 자유주의 평론가들은 마치 모든 것을 무의미하게 만드는 마법의 힘을 가지고 있기라도 하듯 슬로건 하나를 끊임없이 되풀이하며 민권운동과 학생운동을 반대했다. 그 슬로건은 이런 것이다. "우리는 당신들의 목적에 동의하지만 그런 방법에 동의하지 않는다." 자유주의자들의 이런 비판은 종종 위선적이라고 비난받았지만, 그 비판은 위

---

* [옮긴이 주] 미국의 자유주의 정치 이상을 언급할 때 종종 언급되는 "모든 정치는 지역 정치이다(All American politics is local)"라는 팁 오닐 전 하원의장(1977~1987 재임)의 언술의 기원은, 미국의 역사만 보더라도, 실로 미국 민주주의의 기원으로 일컬어지는 뉴잉글랜드 13개 주의 의의의 요람이었던 타운미팅 전통이었다. 1743년 3월 14일 미국 역사상 첫 타운미팅이 보스턴 파뉴엘 홀에서 열린 것으로 기록되어 있으며, 이후 독립전쟁의 도화선이 되었던 "대표 없는 곳에 세금 없다"는 구호도 파뉴엘 홀에서 개최된 타운미팅에서 울려퍼졌다. 오늘날 파뉴엘 홀이 '자유의 요람'이라고 불리는 것도 이와 무관치 않다.
1964년 버클리 캘리포니아 주립 대학에서 벌어진 자유발언운동의 학생 지도자 마리오 사비오와 수백 명의 학생들은 표현과 사상의 자유를 보장하라는 수정헌법 제1조에 근거해서 자유발언운동의 정당성을 주장했다. 저자는 여기서 한 걸음 더 나아가 자유발언운동으로 자유로운 발언이 가능한, 우정과 친밀성에 기초한 정치 공동체가 대학 내 형성되어 대학의 모습을 바꾸어 놓은 점에 대해 언급하면서, 이런 대학의 변모된 모습에서 래디컬한 민주주의의 맹아를 탐색하고 있다.

선적이지 않았다. 미국 헌법에 보장된 권리를 요구했기 때문에 민권운동과 자유발언운동의 목적은 자유주의자들이 반대할 수 없는 것이지만, 그 방법은 근원적으로 래디컬한 민주주의적인 것으로서 자유주의 정치 개념을 뒤집어 버리는 방법이었다. 많은 활동가들을 운동에 참여하게 만든 동기의 큰 부분이 비폭력 불복종 방법이었다는 것은 운동 내부의 공공연한 비밀이었다. 적어도 운동이 최고조에 달했을 때 사람들이 경험했던 희망과 신뢰, 공동체, 행동하는 기쁨의 느낌은 경쟁적인 자유주의 사회가 제공하는 단순한 수단-목적의 만족감('성공', '출세하다', '업무 수행의 만족감')과 완전히 다른 행복을 그들에게 가져다줬다. 미국의 베트남 민중들에 대한 공격이 잔혹해지면서 운동의 양상도 폭력화됨에 따라 "당신들의 목적에 동의하지만 그런 방법에 동의하지 않는다"는 비판이 사라졌다는 점은 중요하다. 물론 제도권 자유주의자들은 반전운동의 폭력을 좋아하지 않았지만 그 폭력을 이해했고 그것을 어떻게 다뤄야 할지 알고 있었다. 시위가 폭력적 양상을 띠어도 자유주의자들이 래디컬한 민주주의 방식의 미지적 성격에 대해 지녔던, 그런 두려움을 갖지는 않았다.

근원적으로 래디컬한 민주주의는 단순히 사람들이 조화롭게 행동하는 것을 뜻하지 않는다. 사람들을 그렇게 행동하도록 만드는 방법들은 많다. 예를 들어 처벌하겠다고 위협하거나 보상을 약속하거나 조작하고 세뇌시키고 거짓된 희망을 부추기고 심리 상태를 통제하고 과학적으로 관리하는 방법이다. 행동을 조직할 방법을 연구하는 것은 정치학의 중요한 관심사였다. 그런데 한 가지 방법은 다른 모든 종류와 달랐다. 그 방법은 민중이 서로에게 보내는 신뢰로 뭉쳐서 자발적으로 협동하는 것이다. 이런 일이 실현되면 예상치 못한 엄청난 힘이 발생하고, 민중은 무지하지 않고 다른 누군가의 지휘를 받거나 그 계획을 그대로 받아들이지 않는다. 민중은 자유롭게 협력한다.

이 힘은 때때로 총과 탱크의 힘보다 더 강하지만 그렇지 않을 수도 있다. 중요한 것은, 이 힘이 다른 종류의 것이고 다른 어떤 한 종류의 권력도 할 수 없는 일을 할 수 있다는 점이다. 다른 권력, 즉 군사력이나 정부 권력, 기술 권력, 관료들의 권력, 돈의 힘은 그들 각각의 힘이나 그 힘들을 모아 민주적인 권력을 좌절시킬 수 있다는 의미에서 강할 수 있다. 그러나 그런 힘들이 할 수 없는 한 가지 일은 공적 자유라는 신세계를 출현시키는 것이다. 민주적인 권력이 생성되었다는 것은 민주주의 상태를 이뤘다는 말이므로, 민주주의 권력이 그런 신세계를 출현시키는 방식은 민주주의 권력이 새로운 세계를 '만들어 내는' 것이 아니라 그 자체로써 그런 세계가 되는 것이다. 다른 종류의 권력들이 우위를 차지할 수도 있다. 그러나 그렇게 되고 나면 정치 세계는 이전과 똑같은 모습이며, 그 정치 세계를 우리가 감당할 수는 있겠지만 그것은 오로지 오랫동안 냉소주의에 단련된 덕분일 뿐이다.

민주주의 권력은 공적 자유의 세계를 출현시킬 수 있는 유일한 힘이다. 민주주의 권력은 아주 강력하게 보이는 제도들을 무너뜨릴 수 있다. 그 순간은, 제도들의 건축용 블록이자 톱니바퀴, 모터이자 연료인 민중이 그런 대상이 되기를 그만두겠다고 결심하고 그냥 걸어 나와 다른 어떤 일을 벌일 때이다. 민중이 거리에서 저항하여 제도화된 권력의 허약함을 드러내 타격을 입힐 수 있는 가능성은 언제나 존재한다.

그렇지만 민주주의 상태는 허약하기도 하다. 사건이 끝나는 순간, 즉 파업이 승리하고 요구가 받아들여져 독재자가 무너지는 순간, 사람들은 다시 '평상시의 일'이라 부르는 것으로 돌아간다. ('평상시의 일'은 생각보다 의미심장한 면이 있다.) 근원적으로 래디컬한 민주주의는 우리가 생활해 온 제도의 공간 밖에서, 즉 경제의 영역 밖에서 출현한다. 경제 영역의 제도들은 끈기 있게 우리의 복귀를 기다린다. 즉, 파업을 일으킨 자들은 사실 배고픔을 느끼면 돌아갈 것이고, 학생 활동가는 졸업하면 주류 사회로 돌아갈 것이며, 기성 사회에서 탈락된 자들은 결국 일자리를 얻는 게 더 낫다고 결심할 것이다. 민주주의 상태는 열정적이지만 소진된다. 그래서 곧 사람들은 관리되는 삶의 평온한 안락함으로 돌아간다. 권력은 경영자에게 되돌아가고, 민중의 자유로운 활동은 다시 한번 제도화된 행동으로 돌아간다. 혁명은 테르미도르 반동으로 이어지고, 민중은 나폴레옹을 지지하거나 코라손 아키노 같은 사람을 선출하며, 레흐 바웬사는 노동조합 지도자에서 기업의 지지자로 변신하고, 공적 자유는 '자유무역'으로 대체된다.

민주주의의 상태는 연금술사의 오래된 수수께끼와 비슷한 물음을 던진다. 즉 모든 것을 녹이는 용해제를 담을 수 있는 용기를 어떻게 만들 수 있을까? 또는 근대 물리학의 은유를 받아들인다면 어떻게 핵융합반응을 지속시키면서 통제할 수 있을까? 고전적인 해답으로 돌아간다면, 민주적인 핵융합반응을 파괴하지 않고도 억제할 수 있는 유일한 힘은 정치적인 덕목이라 불리는 강력한 자기장이다. 만일 사실이 그렇다면 근원적으로 래디컬한 민주주의는 오늘날 크게 불리한 여건에서 작동하고 있는 셈이다. 앞에서 언급했듯이, '정치적인 덕목'이라는 표현은 우리의 정치 어휘 목록에서 찾아보기 어렵기 때문이다. 우리는 권리와 법률, 권력, 투표, 세금, 이해관계와 같은 주제들에 관해 확신을 가지고 말할 수 있지만, '정치적인 덕목'이라는 표현을 사용하려면 당황하지 않을 수 없다. 민주주의 상태에 맞닥뜨려 있음을 우연히 알게 된 민중은 이론적인 어둠 속을 더듬거린다. 그 상황을 이해하기 위한 언어, 또는 그 상황을 지속시키기 위해 무엇이 필요한지를 이해하기 위한 언어가 없지만, 민중은 소위 관리 체제에 속아 왔음을 이내 깨닫는다.

민주주의 상태를 이해하기 위한 언어의 부재는 중요한 한계다. 그러나 우리 시대에 민주주의 상태의 단명성(短命性)을 바라보는 또 다른 방식이 있다. 근대 민주주의 이론은 유럽의 과거

고전 시대로부터 유래하는 두 가지 모델에 의해 유지된다. 하나는 마성의 힘을 발휘하여 정치적인 핵융합반응을 일으킨 민주적 아테네가 첫 번째 모델이고, 다른 하나는 법의 위상이 드높았고 시민의 이상이 살아 있었던 로마 공화국이다. 이 두 모델은 지금도 위대한 것으로 여겨지지만, 근원적 민주주의의 관점에서 보면 근본적인 문제점을 지니고 있다. 그리고 그 문제점들은 민주주의에 대한 우리 자신의 개념에서 드러나는 문제점과 놀라울 정도로 일치한다. 두 가지 모델의 문제점과 우리 시대의 문제점은 우리의 시야에 보이지 않게 서로의 문제점을 감춰 준다. 뒤집어 말하면, 아테네와 로마의 모델이 가진 문제점에 관심을 두는 것은 우리 시대의 문제점을 다루는 방법에 도움을 줄 수 있다. 내가 지금부터 하고자 하는 일이 바로 그것이다.

민주주의 제국, 아테네

서구에서 페리클레스 시대의 아테네는 민주주의의 고전적인 원형이지만, 그것은 근대의 민주적인 가치관을 지닌 사람들에게 적잖은 고민거리를 안겨 준다. 아테네는 가부장이 지배하는 사회였고 노예사회였다. 우리가 이런 단점들을 잊어버리게끔 하는 것은 아테네인들의 눈부신 매력에 대한 찬사 때문이다. 그리고 우리는 근대의 인간이 이상적인 사회로 생각하던 바를 이루는 데 실패했다는 점이 아니라, 아테네인들이 그들의 시대에 이루었던 것을 기준으로 그들을 평가해야 한다. 아테네인들이 노예제와 가부장제를 만든 것도 아니고, 그런 제도를 폐지한 것도 아니다. 그들이 한 일은 공적 자유를 깨닫는 것이었다. 소수의 시민들 사이에서는 민주주의 상태라고 부를 만한 상황이 만연해 있었고, 우리는 그들에게서 많은 것을 배울 수 있다.

민주주의 국가 아테네가 제국이었다는 점을 비판하는 현대의 관찰자들은 흔치 않았다. (이런 비판을 하지 않은 것은 매우 이상한데, 왜냐하면 이것은 노예제나 가부장제를 비판하지 않았던 당시의 그리스인들도 비판했던 점이기 때문이다). 그러나 (영국, 프랑스, 미국 등지의) 근대의 '민주주의자들'은 '민주주의'와 '제국' 사이에 있음직한 모순을 묻고 싶어 하지 않을 만한 역사적인 이유들을 갖고 있었다. 의미심장하게도 베트남전쟁 이후 성찰의 시기에 아테네의 제국주의가 학자들에게 더 잘 보이기 시작했다.[4]

아테네 민주주의를 찬양했던 당대의 작품들은 거의 전해 내려오는 것이 없다. 역사가들은 투키디데스가 기록한 페리클레스의 장례식 연설에 많이 의존한다. 종종 이 연설을 다루는 교과서들은 헌법에 관한 구절과 시민들 사이에 널리 퍼진 평등한 정의와 서로 간의 관용의 정신에 관한 구절을 주로 강조한다(『펠로폰네소스전쟁』 2.3).[5] 그렇지만 전체 연설문의 맥락에서 이 구절을 읽는 것이, 더욱이 투키디데스의 전체 작품의 맥락에서 이 연설을 다루는 것이 중요하다. 그런 맥락에 따르면, 역사가

[투키디데스는 이 연설을 통해 아테네라는 나라의 행복이나 국내 정의가 아니라 예외적이고 전례 없는 형태의 힘을 설명하려고 했다.

서구 사회에서 최초의 정치역사가(최초의 역사가인지는 논쟁의 여지가 있지만)인 투키디데스는 자신이 기록하는 전쟁이 "큰 전쟁이고 앞선 어떤 사건들보다도 더 많은 이야기의 가치"를 가진다고 주장하면서 글을 시작한다. 펠로폰네소스전쟁은 가장 위대한 전쟁일 뿐 아니라 "지금껏 헬레네[고대 그리스]의 역사만이 아니라 다른 야만인 세계의 역사에서도 경험하지 못했던—인류 역사를 거의 통틀어 보더라도 그렇다고 이전에 말한 바 있지만—가장 큰 사건"(1.1)이었다. 투키디데스는 이 점을 스쳐 지나가듯 말하는 게 아니라 상세하게 설명한다. 투키디데스는 이 전쟁에 비교할 만한 고대의 전쟁이 하나도 없었다고 말한다. "트로이 전쟁 이전에는 헬라스[고대 그리스]에서 공동행동이 있었다는 어떤 기록도 남아 있지 않다"(1.1). 아가멤논의 트로이 원정은 "명성도 대단하고 트로이 전쟁을 노래한 시인들 덕분에 높은 평가를 받고 있지만, 전후 효과로 볼 때 그만큼 대단한 전쟁이라고 말하기 어려울 것이다"(1.11). 참주들로 말하자면, "오직 자신만을 돌보고 개인의 안락함과 가족의 번성만을 바라보는 전제군주들의 습속에 따라 안전이 가장 중요한 정책이 되었고 거기에서 많이 벗어나 앞으로 나가려 하지 않았다"(1.17).

결국 참주들이 역사의 주역에서 물러나면서 두 개의 위대한 세력이 등장했다고 역사가 투키디데스는 말한다. 이 중에서 투키디데스가 정치제도와 관련해 먼저 소개하는 것은 라케다이몬(Lacedaemon, 스파르타)으로서 "스파르타는 참주들로부터 어떤 제약도 받지 않고 4백 년 이상 똑같은 정부 형태를 유지하면서…다른 나라의 일에도 간섭할 위치에 이르게 되었다"(1.18).[*]

두 번째 세력은 아테네이지만 투키디데스는 폴리스의 정부형태에 관해 아무것도 얘기하지 않는다. 대신에 아테네인들이했던 일에 관해 얘기하며 아테네를 소개한다. 즉 페르시아의 제2차 침공 때 "아테네인들은 자신들의 도시를 포기하기로 마음먹고 집을 부수고 배로 도망쳤다. 그리고 바다의 사람들이 되었다"(1.18).

근대에도 적의 침입에 맞서 자기 도시를 포기했던 사례들이 있지만, 그 형식은 언제나 자신들이 나를 수 있는 만큼의 많은 짐을 싸서 도망치는 피난민의 행렬이었다. 시민에서 피난민으로의 변화는, 정치체제로서의 도시가 해체되는 정치적인 상황 변화와 다를 바가 없었다. 투키디데스가 말하듯이, 아테네인

---

[*] [옮긴이 주] 스파르타에는 왕이 전제적인 참주로 전락하는 것을 막기 위한 제도적 장치가 마련되어 있었던 것으로 평가된다. BC 7세기경의 스파르타의 전설적인 입법가, 리쿠르고스가 창안한 것으로 알려져 있다. 시민들의 박수 갈채로 선출되는 28명의 원로들로 구성된 원로회(게루시아)는 왕과 대등한 권력을 갖고 있었고, 5명의 국정감독관(에포로스)을 두어 왕의 권력을 감독하고 견제하는 권한을 부여해, 오히려 안정적으로 왕권을 강화하는 효과를 누렸다. 이처럼 2인의 왕-원로회-국정감독관으로 권력 구조의 분산을 통해 스파르타는 오랜 세월 나라의 안정을 꾀할 수 있었다.

들은 아테네라는 건축물을 버렸고 심지어 그 점을 부각하기 위해 건물을 파괴하기도 했지만, **폴리스**를 포기하지는 않았다. 종종 자신의 생각을 분명히 전달하기 위해 투키디데스가 [사실을] 과장하곤 했다(사실 소수의 아테네인들은 아테네에 남았다)는 점을 인정하자. 이 짧은 문장에서 투키디데스가 말한 바는, 이 아테네라고 불리는 핵융합반응이 가져온 권력의 전례 없는 성격을 파악하기에 좋은 이미지를 우리에게 제공한다.

투키디데스는 전쟁을 일으킨 여러 사정들을 상세하게 설명하지만 그가 말한 "진짜 원인"은 "형식적으로 볼 때 가장 보이지 않는 곳에 있다". 그것은 "아테네의 힘의 성장"(1.24)이다. 투키디데스는 아테네인들이 했던 바를 낭만적으로 다루지 않는다. 즉 전쟁은 "비슷한 예를 찾을 수 없을 정도의 불행을 헬라스에 불러왔"(1.24)고, 이 책은 다른 역사서에서 비슷한 예를 찾을 수 없을 정도로 전쟁의 공포스런 장면들을 기술한다. 하지만 투키디데스에게 이야깃거리를 제공한 것은 아테네의 힘이다.

투키디데스는 자신의 역사 편찬에서 새로운 점 중 하나가 시기별로 사건들을 정리하는 방법으로, 가계도나 정치인들의 계보와 이름을 쓰지 않고 "오고가는 여름과 겨울을 따라 사건을 평가하여 기록하는 것"(5.19)이라고 말했다. 투키디데스보다 앞선 역사가들이 이 방법론을 발견하지 못했던 것은 아니다. 이것이 그냥 신기한 발견은 아니었던 것이다. 투키디데스가 서두에서 말하고자 하는 바의 핵심은, 그때까지 매년 헬라스에서 벌어진 사건들을 배치하는 방식이 하나의 이야기를 만들지 못했다는 점이다. 그때까지 연대기를 썼던 사람들은 지배층의 가계도만으로도 사건을 정리하기에 충분했기 때문에 각 도시들의 역사를 따로따로 기록했다. 투키디데스의 이야기는 처음으로 그리스 전체를 큰 규모의 공적인 사건들과 연결시켰다는 점에서 다른 이야기들보다도 "더 많은 이야기의 가치"를 가진다. 그런 규모의 공식적인 사건이 이야깃거리가 될 만큼 정리된 것도 처음이다. 의도적으로 세계 자체를 '역사적인' 형태로 재배치했기 때문에 투키디데스는 첫 번째 정치 역사 편찬자가 될 수 있다. 그리고 투키디데스가 말하듯, 세계를 그런 형태로 만든 것은 아테네의 힘이었다. 모든 그리스인들이 배우나 관객이 되어야 했다. 힘 있는 도시들은 "헬라스의 나머지 도시들이 흥분에 들떠 긴장하며 지켜보는 동안"(2.8) 어느 한편에 참여해야 했다.

페리클레스의 연설에는 이런 맥락이 있다. 이 맥락을 본다면 단지 과장된 허풍으로 넘겨 버릴 수도 있는 연설문의 일부는 새로운 의미를 갖는다. 일찍이 자신의 책이 "영원한 고전"(1.22)이 될 것이라고 말했던 투키디데스는 페리클레스로 하여금 다음과 같이 말하게 한다.

"우리는 목격자도 없는 가운데 우리의 힘을 그대로 방치하지 않았으며, 강력한 증거를 통해 힘을 보여 줬으니, 현재 세대와 다가올 세대의 존경을 받을 겁니다. 우리를 상찬해 줄 호메로

스도 필요 없으며, 재능을 이용해 시(詩) 구절로 사실 앞에 녹아 없어질 찰나적인 헛인상 따위나 매력적으로 꾸며 줄 시인들도 필요 없습니다. 우리는 모든 바다와 육지를 담대하게 굴복시켜 탄탄대로를 만들었습니다. 나쁘든 좋든(whether for evil or for good), 우리는 도처에 불멸의 기념비를 남겨 놓았습니다."(2.41)

만일 고대 그리스인에게는 '기억되는 것'이 행위의 고귀한 목적이라고 본 아렌트가 옳다면, 이 구절은 페리클레스 연설의 핵심이다. 이것은 냉혹한 실현이다. 사실 페리클레스는 기억되기 위해, 아테네인들이 그런 기억을 지속시킬 수 있는 구조를 전 세계가 받아들이도록 강요하기 위해 자신들의 권력을 사용했다고 말하고 있다. 그래서 "모든 바다와 육지를 담대하게 굴복시킨" 아테네인들은 자신들이 남긴 기념비들이 사라지지 않을 것이라고 확신했다. 그들이 했던 일은 단지 시나 책이 아니라 세계 위에 직접 기록된다.

공적으로 기억되도록 자신들의 집단적인 과거를 하나의 이야기 형태로 구축했다는 의미로 보면 모든 사회가 역사를 가지는 것은 아니다. 투키디데스의 페리클레스는 우리에게 이렇게 알려 준다. 아테네인들이 사건들을 이야기로 구축하려는 목적은 바로 "지구 전체를 전몰장병들의 묘지로 만들어서 저 젊은이들을 기념일마다 행위나 이야기를 통해 영원히 기억하게 하는 것"(2.43)을 분명히 하기 위해서다. 그리고 아테네인들은 그렇게 했고, 페리클레스는 (마치 언젠가는 니체가 자신의 이야기를 읽을 것이라는 점을 예상이나 했듯이) "나쁘든 좋든[악을 위한 것이든 선을 위한 것이든]"(2.41)이라는 말을 덧붙였다. *

민주주의 상태 / 전염병의 상태

우리는 페리클레스가 장례식장에서 연설을 했다는 점을 잊지 말아야 한다. 전쟁에서 최초로 목숨을 잃은 청년들의 시신은 삼 일 동안 공개적으로 입관 준비를 하고 통곡의 행진을 한 뒤에 매장되었다. 페리클레스 앞에는 이들 죽은 청년의 부모와 자매, 형제, 아내, 아이가 서 있다. 페리클레스의 숙제는, 땅 속에 시신이 묻히는 것을 목격하고 있다는 잔혹한 사실로부터 장병들이 죽음으로 헌신한 정치 공동체 쪽으로 가족들의 관심을 유도하는 것이었다. 이런 의미에서 페리클레스의 연설은 전형적인 전시(戰時)의 연설이었고, 말하자면, 눈과 귀 사이에서 벌어

---

* [옮긴이 주] 저자는 투키디데스가 기술한 펠로폰네소스전쟁 서사가, 역사를 단순히 선과 악이라는 도덕률의 관철이 아니라 언어를 통해 힘에의 의지를 실현하기 위한 설득과 유혹으로 본 니체의 철학과 맞닿아 있다고 본다. 페리클레스의 전몰병사를 위한 추도문 자체가 사실상 투키디데스에 의해 재구성된 것으로 알려져 있기도 하지만, 전몰병사들의 참혹한 죽음이 아테네 제국 건설을 위한 영웅적 행위로 스토리텔링되는 문장의 마침표를 선과 악의 문제 너머에 찍는 데에서도 니체와 투키디데스의 역사를 바라보는 관점이 얼마나 비슷한지를 보여 주고 있다. 이에 대한 논의는 5장에서 계속된다.

지는 전투였다. 페리클레스는 청중들이 보는 것보다 들을 수 있는 것, 즉 자신의 말을 더 많이 신뢰하게 하려고 노력했다. "여러분 스스로 아테네의 힘을 깨달아야만 합니다. 아테네에 대한 사랑이 당신의 마음을 채우고, 아테네의 모든 위대함이 당신에게 나타날 (때까지) 그녀에게 눈을 떼지 말아야 합니다"(2.43). 그러면 당신은 지금 죽은 사람이 가장 비참한 사람이 아니라 "오히려 운이 좋은"(2.44; 그는 청년들의 부모에게 직접 이렇게 말했다) 사람이라는 점을 이해할 수 있을 것이다. 그들이 운이 좋은 것은 그들의 죽음은 영웅적이었고 그들은 영광스럽게 죽었기 때문이며, 또한 그런 사람은 정말 죽은 것이 아니라 기억에서 '살아 있다'는 은유적인 의미 때문이다. 페리클레스의 말에서는, 영혼이 육체에게 승리를 거두고 명예가 신체적인 고통과 죽음이라는 고통을 이겨 낸다. 생명에 대한 기억이 생명의 손실을 보상하고, 폴리스라는 살아 있는 조직체가 여기 누워 있는 아들들의 죽은 시신보다 더 중요하다. 연설은 엄청난 성공을 거뒀고, 그 명성이 바로 최고의 성공을 말해 준다. 페리클레스가 "그러면 죽은 자들에게 충분히 애도했으니, 이제 떠나도 좋습니다"(2.46)라고 연설을 맺었을 때, 그는 숙제를 훌륭히 완수했다는 것을 알 수 있다.

바로 그 다음 문단에서 투키디데스는 이 연설 직후 아테네에 전염병이 퍼졌다고 말한다. 이 치밀한 역사가가 장례식 연설 다음에 재앙이 퍼졌다는 얘기를 꺼낸 것은 우연이 아니라고 가정해 보자.[6] 전염병에 관한 얘기는 장례식 연설의 논리를 정확하게 뒤집었다. 이 얘기는 마치 억압된 육체가 귀환하여 그동안 무시당했다는 이유로 아테네에 복수하려는 것과 마찬가지이며, 그 논리에 따르면 죽음은 단지 죽음일 뿐이라는 점을 아테네인들에게 상기시키려는 것과 마찬가지다. 페리클레스의 연설이 육체에 대한 정신의 승리라면, 전염병은 "머리에서부터 몸 전체로 차례차례 퍼졌다"(2.49). 죽음이라는 공허한 부조리에 맞서 페리클레스는 죽음에 정당한 대가를 보장하는 도시국가의 아름다운 질서를 세웠다. 즉 올바른 정책들이 좋은 결과를 낳고, 덕목이 인정되고 보상받으며, 미래는 현재의 행위가 계속 가지를 벋어 나가 그 행위가 기억되는 공간으로서 보장되었다. 투키디데스는 전염병이 정확하게 이 원인-결과의 논리를 뒤집었다고 말한다. 그는 전염병 자체가 "겉으로 드러나는 원인을 가지고 있지 않았다"(2.49)고 말한다. 더구나 어떤 종류의 치료도 병에 효과가 없었다. "어떤 이는 방치된 채 죽었고, 어떤 이는 정성 어린 간호를 받았는데도 죽었다. 이 병에는 특효약이라 불릴 만한 치료제가 전혀 없었다. 어떤 사람에게 효험 있는 약이 다른 사람에게는 해로웠다. 강한 체질과 약한 체질이 똑같이 저항력을 잃었고, 모두가 똑같이 죽어 갔다"(2.51). 만일 지혜가 아무런 성과도 거두지 못한 것이라면 덕목도 보상을 얻지 못한 것이다. "그곳에는 서로를 간호하다 감염되어 가축처럼 죽어 가는 끔찍한 광경만이 존재했다. 간호하다 죽어 간 사람들이 가장 많았다. 만일 아테네인들이 서로 만나기를 두려워했다면 그들은 방치된 채 죽어 갔을 것이다. 실제로 대부분의 집들은 간호 인력이 없어 환자만 홀로 있는 경우가 많았다. 다른 한편으로, 그들이 위험을 무릅쓰고 서로 만났다면 죽음을 피할 수 없었다. 특히 이것은 선량함을 내세우는 사람들의 경우에 그랬다"(2.51).

원인과 결과 사이의 어떠한 합리적인 관계성도 사라지면서 미래는 이성으로 납득할 수 있는 영역에서 벗어나 버렸다. 지혜나 덕목도 행위의 현명한 지침이 되지 못했다. 남겨진 것은 현재와 육체이다. 육체만으로는 (투키디데스의 『펠로폰네소스전쟁』을 영어로 처음 번역한 홉스가 잘 알았듯이) 사회질서의 기반을 마련하지 못한다. 불법이 자행되기 시작한다. "신에 대한 두려움이나 인간의 법 어느 것도 그들을 막지 못했다. 신에 대한 두려움으로 말하자면, 모두가 죽어 가고 있었기에 아테네인들은 신을 숭배하든 안 하든 똑같으리라 판단했다. 그리고 인간의 법과 관련해, 어느 누구도 불법 행위에 대한 재판을 받을 때까지 살 것이라 기대하지 않았다. 도리어 사람들은 이미 훨씬 더 가혹한 판결을 받았다고 느꼈고, 죽음이 임박했다고 느꼈다. 그 전에 조금이라도 삶을 즐기는 것이 합리적일 뿐이었다"(2.53).

마침내, 마치 장례식 연설의 논리를 막장으로 몰고 가리라 결심이라도 한 것처럼 전염병은 제대로 된 장례식조차 불가능하게 만들었다. 투키디데스는, 젊은 영웅들이 매장되고 언제나 그들을 기억하겠다는 아주 철저하게 공식적이었던 신성한 의식을 설명한 뒤 불과 몇 쪽 뒤에서 전염병 희생자들이 어떻게 이름 없는 무덤으로 던져졌는지를 말한다.

이전에 치르던 매장 의식이 완전히 불가능해졌고, 그들은 형편 닿는 대로 시체를 묻었다. 필요한 자재도 부족했고 가까운 사람들이 이미 엄청나게 죽었기에 대부분의 사람들은 아주 볼품없이 사람을 묻어야 했다. 때로는 다른 사람을 태우려고 장작더미를 쌓아 놓은 곳에 먼저 자기 친구의 시체를 던져 넣고 불을 붙였다. 그리고 때로는 불타고 있는 다른 사람의 시체 위에 시체를 던져 놓기도 했다. (2.52)

전염병에 대한 과학적인 설명의 서두 부분에 투키디데스는 "인간의 시체를 먹고 사는 새와 짐승들도 (많은 시체들이 묻히지 않고 방치되어 있었지만) 그 시체를 건드리기 싫어했고 시체를 먹고 난 뒤에 죽었다"(2.50)고 적었다. 소포클레스(Sophocles)의 『안티고네 *Antigone*』에서 크레온(Creon) 왕이 폴리네이케스(Polyneices)를 매장하길 거부하면서 했던, 테베(Thebes)에 초래된 재앙에 대한 가장 극적인 표현은 개가 시체를 뜯어 먹고 "(그의) 대죄의 악취를 화로들로 가져온다"(1082)는 문장이다.* 특별

---

* [옮긴이 주]『안티고네』에 등장하는 예언자는 크레온의 포고령 때문에 노상에 버려진 시체를 먹은 새와 개가 제단과 신성한 화로들을 오염시켜 테베에 병이 퍼졌다고 비판한다.

하고도 무미건조하게 절제된 표현으로 투키디데스는 위의 문단을 마무리한다. "그렇지만 내가 앞서 언급했던 일들은 물론 개처럼 집에서 기르는 동물들에게서 가장 두드러지게 나타났다"(2.50).

이 얘기를 어떻게 받아들여야 할까? 물론 우리는 실제로 전염병이 돌았다는 사실을 알고 있다. 그렇지만 우리는 투키디데스가 여기서도 과장하고 있다는 것을 안다. 그렇지 않다면 아테네는 이후 수십 년 동안 계속 전쟁을 벌일 수 없는 것은 물론이고 살아남기도 어려웠을 것이다. 의심의 여지 없이 투키디데스는 이런 문단들을 연대기 기록자이자 자연과학자로서만이 아니라 예술가이자 이론가로서 썼다.

우리는 투키디데스를 홉스 방식대로 읽어야 할까? 다시 말해, 일상생활의 질서를 세우기 위해 의존하고 당연한 것으로 받아들이는 가장 단순한 조직들이 실제로는 매우 잠정적인 것이기에 그런 조직들을 유지하려면, 페리클레스가 가르쳤듯이, 정치 체제에 대한 우리의 신뢰와 법에 대한 복종이 결코 흔들리지 말아야 한다는 식으로 투키디데스를 읽어야 할까? 그렇지 않으면 우리는 길을 잃어버리는 걸까? 이렇게 해석하는 것은 지나치게 단순하다. 전염병은 결국 폴리스만이 아니라 어느 누구도 치료할 수 없는 병이었다. **장례식은 끝났소! 아테네는 죽음을 물리쳤소! 집으로 돌아가시오!** 페리클레스의 천둥처럼 우렁찬 말소리가 독자들의 머릿속에서 공명하고 있을 때, 투키디데스는 이렇게 쓴다.

"여름이 시작되자마자 라케다이몬인들이…아티카 지방(아테네)을 침공했다. …그리고 진을 치고 나라를 초토화시켰다. 전염병이 아테네인들 사이에 처음으로 유행하기 시작한 지…불과 며칠 지나지 않아"(2.47). 이 글귀가 지니고 있는 서늘한 아이러니가 느껴지는가? 그 서늘함이 일단 피부에 느껴지고 나면 이 서늘한 아이러니를 잊는다는 것은 정말로 가능하지 않다.

페리클레스가 기술한 아테네의 '민주주의 상태'와 '전염병의 상태'는 서로를 비추는 거울이다. 전염병의 상태는 민주주의 상태를 해체한다. 그 덕에 우리는 민주주의 상태가 무엇으로 구성되어 있는지를 아는 데 도움을 받는다. 여기서도 전염병의 상태에 대한 설명은 토머스 홉스의 방법론을 닮았다. 그러나 투키디데스는 결코 객관적인 사회과학자가 아니다. 그에게는 말하고픈 도덕적인 이야기도 있었다. 그리고 아테네의 민주주의 상태는 그냥 민주주의일 뿐 아니라 전시 민주주의(democracy-at-war)이자 민주주의 제국(democratic empire)이다. 페리클레스가 훗날 말했듯이 "좀 분명히 말하자면, 전제정치"(2.63)였다. 페리클레스가 민주주의의 이름으로 요청했던 것, 즉 도시를 위한 육신의 온전한 희생은 사실 제국을 보호하고 확장하기 위해 필요했다. 아테네는 담을 그릇이 없는 핵융합반응이다. 정치적인 덕목과 아테네의 법은 대다수 아테네인들이 서로를 공정하게 대하도록 만든 반면에, 폴리스 밖에서는 도덕적인 공백이 생긴 것이다. 그러나 아테네인들의 발걸음을 늦출 방법은 없다. 아테네인들은 순수한 행위의 결정체다. 전쟁 초기 코린토스의 한 연설자의 말을 들어 보라. "아테네인들은 자신이나 타인에게 평온을 허용하지 않기 위해 세상에 태어났다"(1.70). 알키비아데스(Alcibiades)는 전쟁이 끝날 무렵 이렇게 말했다. "우리 제국이 어디서 멈춰서야 할지, 그곳을 정확하게 정할 수 없다"(6.18).

그러나 투키디데스는 국가 간의 정의(正義)에 관한 일종의 기본 원리가 있다는 점을 시사한다. 아테네인들이 자신들의 끝없는 확장 욕망을 억누르는 데 바로 그 원리를 사용할 수 있었더라면 좋았을 것이라는 점을 투키디데스는 암시하고 있는 것이다. 투키디데스는 멜로스(Melos)라는 작은 섬의 주민들의 입을 통해 매우 강력하게 그 점을 여러 번 언급한다.

섬에서 강까지

여러분은 이 이야기를 기억할 것이다. 때는 아테네와 스파르타 간 휴전 시기다. 아테네인들은 멜로스섬에 상륙했고 항복이나 죽음 이외의 다른 선택을 해야 하는 이유를 설명하려고 멜로스 사람들을 초대했다. 소크라테스의 방식[대화법]을 섬뜩하게 패러디했던 아테네인들은 일방적인 주장 대신에 양측이 대화를 나누면 사안의 진상이 더 잘 드러날 것이라고 제안했다. "어떤 일이 당신 마음에 들지 않더라도 받아들이고 더 나빠지기 전에 결정합시다"(5.85). 더 나아가 아테네인들은 양측 모두 "괜한 가식"을 떨지 말자고 제안한다. 즉, 아테네인들은 자신들이 제국의 권리를 가지고 있다고 주장하지 않을 것이고, 반대로 멜로스 사람들은 아테네인들에게 아무런 잘못도 하지 않았다고 주장하지 않아야 한다. "당신들도 알고 우리도 아는 이야기지만, 그런 주장을 할 수 있는 권리는 힘이 대등할 때 제기할 수 있는 문제일 뿐입니다. 강자는 할 수 있는 일을 하는 것이고, 약자는 받아야 하는 고통을 받는 겁니다. 세상 이치가 그런 것입니다"(5.89).

정의의 관점이 아니라 이해관계의 관점에서만 말하라는 아테네인들의 요구를 받고 이에 대한 답변으로 멜로스인들은 이렇게 주장한다. "당신들과 우리 모두를 보호해 줄 방책으로 위기에 처할 때 허용되는 특권이 하나 있습니다. 엄밀하게 따져 합법적이지 않은 주장일지 모르지만, 받아들여질 수만 있다면 이 주장을 통해 공정과 정의에 호소할 수 있는 특권이고, 이익마저 도모할 수 있는 특권입니다. 이 특권이야말로 당신들과 우리 모두의 공동 보호책이니 이를 파괴해서는 안 됩니다"(5.90).[7] 멜로스인들의 주장은 그렇게 하는 것이 아테네인들에게도 편의적일 것이라는 것이다. 이것은 주목할 만한 주장이다. 국제(또는 엄격히 말하자면 '국가 간') 정치 무대에는 법이 없다. 공정성과 정의가 존재하지 않지만 마치 그런 게 존재하는 듯이 행동하는 것도 하나의 방편이다. 누구를 위한 편의인가? 언뜻 보기에는 공정성과 정의는 약자에게만 유용하다. 그러나 멜로스 사람들은, 이런 원리들을 무시하고 파괴할 힘을 가지고 있을지라도 강자가 그러지 말아야 하고 "공동의 안전을 보장"하는 원리들을 그대로 두어야 한다고 주장한다. 강자들이 공동의 안전 보호 원리를 무시하지 말아야 하는 이유는 운명이라는 요인 때문이다. 운명은 "눈에 보이는 숫자의 불균형만 보고 판단하는 것보다 더 공정한 경우가 많다"(5.102). 지금은 당신들이 강자이지만 영원히 강자로 남을 수 있을지, 그것은 알 수 없는 일이다. 그래서 아테네인들조차도 자신들의 힘이 약해질 때를 대비해서 이런 원리들을 지켜야 한다. **특히** 아테네인들의 경우, "아테네의 몰락이 가장 가혹한 보복의 신호이자 온 세상이 떠올릴 본보기가 될 것"(5.90)이다. 그러나 아테네인들의 힘은 너무 강해서 그런 가능성을 진지하게 받아들이지 않았다. 아테네인들은 정당한 대우를 호소할 만큼 약해진 자신들의 모습을 상상할 수 없었다. 아테네인들이 멜로스 사람들에게 "그 정도는…우리가 감수할 수 있는 위험입니다"(5.91)라고 말할 때 그 목소리에는 조롱과 경멸의 어투가 배어 있었을 것이다.

무의미한 의견 교환이 몇 차례 이어진 뒤에 대화는 끝이 났고, 멜로스 사람들은 [아테네와] 싸우기로 결심했으며 멜로스섬에 대한 포위 공격이 시작된다. 얼마 지나지 않아 멜로스인들은 아테네인들에게 항복하고, "포로로 붙잡힌 모든 성인 남성들이 죽임을 당하고 여자와 아이들은 노예로 팔렸으며, 5백 명의 주민들은 추방당하고 아테네인들이 대신 거주하였다"(5.118).

이 소름 끼치는 짧은 이야기가 뜻하는 바는 무엇인가? 멜로스 섬의 점령이 전쟁에서 특별한 전략적인 중요성을 가졌다고 얘기하기는 어렵다. 분명히 이 역사가는 국가 간의 정의라는 딜레마를 가능한 한 분명하게 설정하고 독자들의 기억에 이를 분명히 새기기 위해 이 사건을 이용했다. 아테네인들의 주장은 차갑고 논리적으로 보인다. 그러나 마지막 문단에서 우리는 바로 그 아테네인들의 주장으로 인해 아테네인들은 괴물이 되었다는 점을 알게 된다. 멜로스인들의 주장은 감정적이고 어리석어 보이지만, 그 주장을 통해 멜로스인들은 명예롭고 용감하게 행동할 근거를 갖게 되었다. 그렇지만 언젠가는 약자의 처지가 될 수 있다는 이유만으로 정의를 존중해야 한다는 주장을 아테네인들이 거부했던 것은, 아테네인들의 힘이 절정에 달해 있던 시점임을 감안하면 혹시 옳았던 것 아닐까? 이야기 속에 배치되어 있는 대화에 역사가의 답이 들어 있다. 장례식 연설에서와 마찬가지로 멜로스의 대화가 갖는 의미는 바로 뒤의 문장에서 드러난다. "같은 해 겨울 아테네인들은 다시 시칠리아로 항해하기로 결정했다"(6.1).[8]

멜로스인들은 감정적인 사람들이 아니라 선각자였다. 그 대화에서 멜로스인들은 정확하게 아테네인들의 운명을 예언했고, 그 운명을 알아차리지 못한 아테네인들의 무능함에서 우리는 그들의 지나친 오만을 정확하게 깨닫게 된다. 투키디데스는 이 점을 되풀이해서 강조한다. 이미 투키디데스는 이 전쟁이 "지금까지의 역사에 알려진 가장 위대한 운동"이었다고 말했다. 시라큐스(Syracuse)에서 아테네인들의 패배에 대해 투키디데스는 이렇게 말했다. [아테네의] "패배가 이 전쟁에서 헬레네의 가장 큰 성과, 내 생각으로는 헬레네 전체 역사의 가장 위대한 성과였다. 승리자들에게는 가장 영광스러운 일이 곧바로 정복된 자들에게 비참한 일이 되어 버린, 그 위대한 성과 말이다. 아테네인들은 모든 점에서 완전히 패배했다. 그들이 겪은 그 모든 고통은 엄청났다. 아테네는 말 그대로 완전히 폐허로 변했고, 그들의 함대, 군대, 모든 것이 파괴되었다. 그 많은 병사 중 소수만이 집으로 돌아갔다"(7.87).

이 마지막 전투에 관한 역사가의 서술은 인간의 극단적인 공포를 보여 준다. 전염병의 상태가 극에 달한 것이 개의 감염이라면, 시라큐스에서는 아테네인들 자체가 개로 전락했다. 갈증의 고통 속에 아테네인들은 강으로 몰렸고, 시라큐스와 펠로폰네소스 병사들은 "강까지 따라 내려와 강물 속 아테네인들을 학살했다. 그러면서 강이 [피로] 물들었지만 아테네인들은 아랑곳하지 않고 계속 물을 마셨고, 피에 물들었지만 진흙이든 뭐든 먹어치웠으며, 심지어 서로 먹으려 아귀다툼을 벌이기조차 했다"(7.84).

로마 공화국의 두 몸체

기원전 494년, 로마 공화국은 심각한 계급투쟁으로 몸살을 앓고 있었다. 주된 쟁점은 오늘날 북반구의 부유한 나라들과 남반구의 가난한 나라들 사이의 주요 쟁점과 똑같은 문제, 바로 빚이었다. 재산을 가진 로마 귀족들은 평민들을 점점 더 빚더미로 몰아넣었고, 평민들이 돈을 갚을 수 없게 되자 가진 게 있는 사람들이면 그들의 재산을 빼앗고 가진 게 없으면 감옥에 가두거나 노예로 만들었다. 평민들이 원로원에 저항할 기미를 드러낼 때마다 군사적인 위기가 선언되고 평민들은 복무 서약에 따라 전쟁터로 보내졌다. 이 전술을 깨달은 평민들은 이에 대한 맞대응으로 대중적인 병역거부를 조직하기 시작했다. 세르빌리우스(Servilius) 집정관과 나중의 발레리우스(Valerius) 독재관은 이에 맞서 로마 병사를 감옥에 가두는 것을 불법으로 만드는 칙령(빚 때문에 감옥에 갇힌 사람들이 [병사로] 자원하면 풀어 줄 수 있다는 칙령)을 내렸고, 전쟁터에 나간 병사의 재산을 강탈하거나 파는 것을 불법으로 금하는 칙령도 만들었다. 이런 조건으로 남자들은 전쟁터로 가겠다는 서약을 받아들였지만, 군대에서 돌아온 그들을 맞는 현실은 복무 서약에서 풀려나오면 다시 투옥된다는 사실이다. 2차 징집에서 군대가 귀환하자 원로원은 군대가 해산되면 봉기가 일어날 것을 두려워한 나머지 복무 서약에서 풀어 주지 않고 아이퀴족(Aequians)에 맞서 진군하라고 군대에 명령했다. 병사들은 집정관을 살해했고 이로써 자신들이 서약에서 자유로워졌다고 생각했지만, 복무 서약은 신에게 맹세한 것이니 이는 계속 지켜져야 한다는 통고를 받았다. 그래서 그들은 도시 외곽에 위치한 몬스사케르(성산 聖山)라 불리는 장소로 가서 요새를 짓고 농성에 들어갔다. 리비우스(Livy)는 『로마사 History of Rome』에서 열 개의 군단이 전쟁을 위해 소집되었다고 적었다. 만일 이들 모두가 탈영했다면 이것은 로마 시민 대부분의 총파업과 맞먹는다. 로마의 역사에서 이 사건은 평민의 철수 시위(the Secession of the Plebs)라고 불리게 되었다(2: 23~33).[9]

이 철수 시위는 민중 투쟁의 역사에서 중요한 순간이었고, 이를 통해 평민들은 원로원에게 핵심적인 양보를 얻어 내는 데 성공했다. 로마 공화국의 복잡한 정치, 법률 구조를 완성하는 최종적인 요소인 호민관 제도 도입을 이뤄 낸 것이다. 모질고 격렬한 투쟁의 결과로 만들어진 이 중요한 타협안들은 로마인들이 서로를 죽이고 노예로 삼지 못하도록 (가까스로) 막는 절차와 권력 균형을 확립했다. 그것은 대부분의 그리스 정치철학자들이 이상적이라 여겼던 헌법과 상당 부분 일치하는 것으로서 왕정/귀족정/민중 권력의 혼합체로 판명되었다. 가령, 폴리비오스(Polybius)는 『역사 Histories』에서 이렇게 적었다. 리쿠르고스(Lycurgus)가 머릿속으로 이 헌법을 구상했다면 로마인들은 "많은 투쟁과 곤경에서 교훈을 얻은 덕분에" 이 헌법을 발견한 것이다. "그리고 큰 재난에서 얻은 경험에 비추어 항상 더 나은 과정을 선택함으로써 결국 그들은 리쿠르고스와 같은 목표, 즉 현존하는 모든 헌법들 중에서 최선의 헌법에 이르렀다"(6.10).[10]

이런 생각은 근대 시기의 정치사상에 엄청난 영향을 미쳤다. 마르크스가 (「루이 보나파르트의 브뤼메르 18일」에서) 언급했듯이, 프랑스혁명은 "번갈아가며 로마 공화국과 로마 제국의 모습을 하고 있었다"[11]. 마찬가지로 제임스 매디슨과 알렉산더 해밀턴(Alexander Hamilton), 존 제이(John Jay)는 미국 헌법 시안을 이론적으로 옹호하는 지지문에 '푸블리우스(Publius)*'라는 공동의 가명으로 서명하였다. 대서양 양편의 혁명가들은 자신들이 로마 공화국을 근대의 상황에 맞춰 부활시키는 일을 주관하고 있다고 믿었다. 포콕(J. G. Pocock)이 스스로 명명한 '대서양의 공화주의 전통'[12]의 근대적인 기원을 마키아벨리에게서 찾았다면, 마키아벨리에게 공화주의 지혜와 덕목의 거대한 수맥(水脈)은 로마였다.

나는 법과 **공적인 것**(res publica), 덕목, 시민권에 관한 로마의 개념이 우리의 정치적인 삶에서 지니는 가치에 의문을 제기하지 않는다. 나는 로마 시민들이 하나의 조직체로 조직되지 않고 두 개의 조직체로 조직되었다는 점, 즉 공화정이자 군대로 조직되었다는 잘 알려지지 않은 사실에 주목하고 싶을 뿐이다. 로마

---

* [옮긴이 주] 로마 시대에 평민, 귀족 가리지 않고 가장 많이 사용된 남성 이름 중 하나.

시민들은 두 개의 도시, 즉 로마라는 도시와 군대 막사에 번갈아 가며 살았다고 말할 수도 있다.

고대 그리스의 역사가인 폴리비오스는 아카이아동맹(Achaean League)이 패배한 뒤 로마에 인질로 잡혀 있는 동안 『로마 제국의 등장 *The Rise of the Roman Empire*』을 썼다. 로마가 믿기 어려울 만큼 빠른 속도로 유럽을 정복할 수 있었던 숨겨진 원인들을 냉정하게 분석하면서 폴리비오스는 공화주의 헌법을 다룬 뒤에 로마 군대조직에 대해, 특히 군대 막사를 배치하는 방법에 대해 거의 세 배 정도 길게 다뤘다. 귀족이나 평민, 집정관, 호민관은 도시에서 살 때나 군대에 있을 때나 같은 사람들이지만, 군복무 때에는 완전히 다른 질서와 법에 예속되어 있었다. "전체 막사는 정사각형으로 배치되고, 도로와 다른 모든 것들이 그 안에 배치되어 하나의 행정구역의 모습을 띠게 된다"(6.31). 그러나 보통의 도시와 달리 군대 막사에서는 큰 길과 좁은 길이 혼란스럽게 뒤섞여 있지 않았다. 군대 막사는 아주 정밀하게 배치되었다. "모든 병사들은 모두 도로가 어디에 있는지 알고, 그 도로의 어디에 자신의 텐트가 세워질지를 정확하게 안다. 모든 병사들은 병영 내에서 언제나 같은 위치의 임무를 맡았기 때문에, 새로운 막사를 세우는 과정은 막사를 철거하여 원 주둔지로 귀환할 때와 정확히 일치했다"(6.41). 병사들이 불침번을 서며 명패를 다음 병사에게 건네주고, 만일 불침번을 제대로 서지 않으면 상급자가 언제나 명패를 확인하고 다른 병사들을 심문해서 그의 신분을 확인할 수 있다. 이런 경우 그자는 군법회의에 회부되고, 만일 죄가 발견되면 "**모든 병사들이** 곤봉과 돌로 그를 때리는"(6.37; 강조는 원저자) 태형을 받은 뒤에 사형되거나 종신형에 처해진다. "이렇게 아주 엄한 형벌을 받고 그 벌을 피하는 것이 전혀 불가능하므로 로마 군대의 불침번은 완벽하다"(6.37).

마찬가지로 다른 군법들도 엄격하고 엄중하게 집행되었고, 전투에서의 '남자답지 못함'도 똑같이 처벌을 받을 수 있다. 모두를 처형하기엔 너무 많은 병사들이 달아났다면 제비를 뽑아 10명당 1명을 처형하는 악명 높은 처벌 방식이 사용되었다. "이런 이유로 엄호 부대(a covering force)*에 배치된 남성들은 죽음을 피하지 못할 운명인 경우가 많았다. 왜냐하면 그들은 자신을 기다리는 처벌의 공포 때문에 수적으로 아주 열세일 때조차도 주둔지를 사수할 것이기 때문이다"(6.37).

외부인을 죽이는 탁월한 능력을 덕목으로 치는 남성 조직체가 바로 여기에 있다. 타의 추종을 불허하는 이 살인 능력은 각자가 모두에게, 그리고 모두가 각자에게 강요하는 총체적인 통제와 폭력 체계를 결합한 데에서 비롯된 것이다. 사실상 이렇게 비교하는 것이 도를 지나칠 경우 역사성을 결여할 수 있다는 점을 충분히 감안하더라도, 나는 로마 군대가 전체주의 지배의 고

---

* [옮긴이 주] 적이 본대를 공격하기 전에 본대에서 떨어져 나와 적의 공격을 지연시키는 작전에 투입되는 부대.

전적인 원형이라 말해도 옳다고 생각한다. 그러니 베니토 무솔리니(Benito Mussolini)가 로마 시대의 **파시(fasci)**[*]를 자신의 정치 운동의 상징으로 선택함으로써 존경받는 상징들 중 하나를 훼손했다고 비난할 이유는 없다.[**] 물론 근대 전체주의 체제와 로마 군대 사이에는 차이가 있다. 근대의 전체주의가 사회의 전 구성원을 체제 아래에 조직해서 상시적으로 그 체제를 유지하려 했던 반면에, 로마 군대는 성인 남성만을 받아들였고 평화 시에는 남성들이 자신들의 또 다른 도시인 공화국으로 돌아갈 수 있었다.

두 개의 조직체가 지닌 가장 큰 차이점은 아피우스 클라우디우스(Appius Claudius)의 이야기에서 드러난다. 기원전 471년, 선거법 개정안이 제출되는데, 귀족들이 자기 자신이나 자신이 지명한 사람을 호민관에 당선시키기 위해 자신의 식객들에게 개인적인 영향력을 행사하는 것을 어렵게 만들려는 선거 방식이 제안되었다. 원로원은 평민과 격렬하게 대립하던 아피우스 클라우디우스를 집정관으로 선택하였는데, 그 이유는 그가 이 선거법 개정안을 무효로 만들기 위해 영향력을 행사할 것이라는

---

[*] [옮긴이 주] 이탈리아어로 '다발'이라는 뜻. 로마 집정관의 권위를 상징하는 것으로서 '다발에 묶여 있는 도끼'를 가리킨다. 파시즘이라는 용어는 이 말에서 파생되었다.

[**] [옮긴이 주] '파시'가 애초 사회·정치적 용어로 쓰이게 된 계기는 19세기 말 사회주의 운동이자 민주개혁 운동의 일환이었던 시칠리아 조합(Fasci Siciliani) 운동이다. 근로조건을 개선하고 토지사유제를 부정하며 농민들의 토지 점유를 시도하는 등 최극빈층을 위한 사회운동이었다.

기대 때문이었다. 길고 격렬한 투쟁이 끝난 뒤 선거법 개정안이 받아들여지면서 의기양양하던 클라우디우스는 굴욕을 당했다. 그러자 원로원은 볼스키인(Volscians)과 아이퀴족을 상대로 전쟁을 벌이기로 결정했다. 집정관으로서 클라우디우스는 군대에게 볼스키로 진군하라고 명령했다. 리비우스는 클라우디우스가 "기분이 아주 좋을 때에도 거만한 인물이었으며, 어떤 일에 격노해 있을 때에는 자기도 모르게 부하들에게 더할 수 없이 야만적이고 잔인하게 권위를 행사했다"(2.58)고 말했다. 병사들은 명령을 그대로 따르지 않았다. 그들은 임무 수행에서 태업을 벌이며, 싸우기를 거부했다. 반란의 기운에 직면한 클라우디우스는 주둔지에서 나와 적군과 직접 맞서라고 군대에 명령했지만 참패를 면치 못했다. 클라우디우스는 생존자들을 모아 열병 대형을 갖추게 한 뒤 "장비를 잃어버린 병사와 군기를 잃어버린 기수, 그리고 백부장(百夫長)들도 마찬가지이며, 주둔지를 이탈한 군인들은 아무리 무훈을 세운 자들이라 하더라도 한 사람도 예외 없이 모두 매질에 이어 참수형에 처했다. 남은 이들 중 열 명당 한 명씩을 뽑아 동료 병사가 처형하게 했다"(2.60). 그러나 남은 병사들이 도시로 귀환하고 군대가 해산되자 클라우디우스는 더 이상 자신의 적을 벨 힘을 가지지 못하게 되었다. 반대로, 공화국에서 사형선고를 내릴 권한을 가지게 된 것은 민중이었다. 그 당시 토지개혁 법안의 제정을 막느라 여념이 없었던 클라우디우스는 체포되었고 민중재판에 회부되었다. 클라우디우스가 사형선고를 받았는지는 알지 못한다. 왜냐하면 클라우디우스는 재판 종료 전 병으로 죽었기 때문이다.

이러한 패턴은 계속 되풀이되었다. 로마 역사에서 전쟁과 평화의 주기는 민중에게 공화국 상태와 군대 상태의 반복이었다. 리비우스에 따르면, 한때 로마가 성문화된 법을 통해 집정관의 권한을 제한하자는 제안을 놓고 다퉜을 때 퀸크티우스(Quinctius) 집정관은 민중이 이전 군사적 위기 때의 복무 서약을 계속 지켜야 한다고 말하면서 도시 밖의 주둔지로 출근하라고 명령했다. 점을 치는 신관들이 그곳으로 보내졌다는 소문이 돌았다. 이에 대해 리비우스의 『로마사』는 이렇게 기술한다. "이것은 정치적인 질문이 그곳에서 공개적으로 토론될 수 있음을 의미했다. …도시에서 1마일 이상 떨어진 곳에서는 청원권이 없기 때문에 (호민관들이) 인정했듯이…호민관들도 다른 모든 이들과 마찬가지로 집정관의 뜻에 따를 것이다"(3.21). 타협안이 마련되었지만 군법하에서 이 법안을 법제화하려는 시도는 성공하지 못했다. 그러나 이 사례에서 우리는 그 시기에 로마 공화국의 정의(justice)가 제한적이고 미약했다는 점을 알 수 있다. 즉 도시의 문밖으로 약간이라도 나오면 [평민들은] 보호를 받지 못할 수도 있었다. 그리고 평민의 힘이 지나치게 강해질 때마다 원로원은 그들을 [밖으로] 내보내려 했다. 호민관들은 이 술수의 교활함을 알았다. 우리는 또 다른 분쟁을 맞아 행해진 호민관 연설에 대한 리비우스의 설명에서 이 점을 확인할 수 있다. "호민관들은 원로원이 군 복무 이행을 강요하여 의도적으로 평민들을 괴롭히고 언제든 이들의 목숨을 앗아갔다고 단언했다. 또한 만일 평민들이 집에서 평온한 삶을 누릴 수 있게 된다면, 자유, 경작할 수 있는 자기 땅, 공유지 분할, 양심에 따라 투표할 권리와 같이 금지된 생각을 품기 시작할 것이 두려운 나머지, 원로원은 평민들을 외국 땅에 묶어 놓고 있다는 것이다"(4.59). 만일 호민관들이 로마가 자신의 분신인 군대 주둔지를 제거해 공화국 상태를 상시적으로 유지할 수도 있다는 점을 시사하려 한 것이었다면 호민관들은 아마도 틀린 이야기를 한 것이다. 병영 상태는 원로원이나 집정관들 못지않게 로마 지배 체제의 일부였다. 지킬과 하이드가 실제로는 한 사람이듯, 공화국과 군대도 하나의 지배 체제였다. 군대가 중심적인 정치제도라면 그것은 또한 본질적으로 경제 제도이기도 했다. 전쟁과 약탈은 결국 로마 경제에 필수불가결한 부분이었다. 토지개혁과 같은 포퓰리즘적 요구도 이런 맥락에서 고려되어야만 한다. 예를 들어 두 명의 호민관이 전쟁으로 얻은 땅을 전부 민중들에게 분배할 수 있도록 조치를 취해야 한다는 제안에 대해 리비우스는 이런 지적을 한다. 이런 제안은 로마 전 국토를 그렇게 분배하자고 요구하는 것과 같다는 것이다. "왜냐하면 원래 외국 땅에 세워진 로마는 영토를 거의 가지지 못했고 전쟁으로 영토를 확보했기 때문이다"(4.48). 아우구스티누스(Augustine)가 왕국과 도둑 떼 사이에 정말로 중요한 어떤 차이점(그 규모 외에)이라도 있냐는 그 유명한 질문을 던졌을 때,[13] 그가 염두에 둔 것은 당연히 로마였다. 사비니인(Sabine) 여성들을 강간했다는 전설을 믿는다면, 로마인들은 땅뿐 아니라 여인들까지 훔쳐서 도시를 세운 것이다.* 공화국은 로마 역사 전체를 통해 처음부터 끝까지 이 특징을 유지했다. 초기에 병사들은 아무런 봉급도 받지 못했다. 약탈이 그들의 봉급이었고, 약탈은 중요한 산업으로 남아 있었다. 여러 사례들이 리비우스의 작품에서 반복적으로 나타난다.

> 세르비우스(Servius) 왕은 군대의 약탈 행위를 허용하는 쪽으로 방향을 전환했다. 이 약탈은 상당히 넓은 지역에서 엄청난 규모로 이뤄져, 그는 이전에 잃어버렸던 것보다 훨씬 더 많은 약탈품을 가지고 로마로 돌아갈 정도였다. (2.64)

---

* [옮긴이 주] 로마 병정들에 의한 사비니 여인들 납치/강간 사건은 로마 건국과 관련된 어두운 전설이다. BC 8세기 로마 왕정이 성립되던 당시 로마는 특히 남성 도적 떼들이 로마 인구의 상당 부분을 차지하고 있어 여성이 부족한 상황이었다. 로마 원로원의 제안으로 로물루스 초대 왕의 지휘 아래 사비니 왕국을 비롯한 인근의 소왕국의 시민들을 초대하여 벌인 축제의 현장에서 로마 왕의 신호에 맞춰 로마 병정들이 사비니 여성 강제 납치 작전을 벌였다. 30여 명의 사비니 여성이 납치된 걸로 알려져 있다. 오늘날 강간을 뜻하는 'rape'이라는 단어가 '납치'를 뜻하는 라틴어 'raptio'에서 파생된 것도 이 사건에서 비롯되었다. 키케로는 후일 로마가 사비니 왕국과 혼맥을 통한 긴밀한 외교 관계 수립을 위해서 벌인 일이라고 강변하지만, 로마의 시인 오비드를 비롯해 사비니 여성 납치 사건은 결국 남성들의 성적 욕구 해결과 국가의 팽창을 노리는 정치적 욕구와 무관하지 않은 국가적 범죄로 보는 것이 좀 더 일반적인 관점이다. 납치된 여성들을 되찾기 위해 사비니의 병사들이 로마를 공격해 왔을 때 이 여인들이 전쟁을 멈출 것을 호소하여, 결과적으로 로마의 로물루스와 사비니의 타티우스의 공동 왕위 체제를 구축하여 평화를 이뤘다는 사실이 로마의 성적 착취와 약탈에 대한 정당화가 될 수 없다는 것은 자명한 사실이다.

도시와 주둔지 모두 약탈되었고, 다음 날에는 모든 기병대원과 백부장이 제비를 뽑아서 포로 한 명씩을 차지했다. 단연 두드러지게 활약한 부대에는 두 명의 포로가 주어졌다. (4. 34)

세 개의 파견대가 도시를 약탈해도 좋다는 허가를 받았다. 오랫동안 번성해 온 도시는 부유했고, 세 명의 파견대 사령관들이 베풀어 준 관대한 조치는 평민과 귀족 사이의 감정을 좋게 만들기 위한 첫걸음이었다. (4. 34)

사실 로마는 거대한 도둑 떼였고 결국 성공적으로 지중해 전체를 집어삼켰다. 로마의 땅—바로 로마시 7언덕도 전리품이었다. 일하는 노예도 전리품이었고, 패배한 마을에서 약탈한 전리품들이 로마를 부유하게 만들었다. 훗날 정복한 제국에서 거둬들이는 세금과 공물(貢物)은 제도화된 전리품이었다. 처음부터 로마는 철저히 도둑 떼였다. 시민들이 군인(즉, 도둑)의 역할을 주기적으로 맡는 일 없이 공화국의 덕목만을 향유할 수 있는 상황을 상상하는 것은 안일한 태도다. 그리고 공화주의의 정의를 실현하려 했던 평민계급의 위대한 투쟁을 찬양할 때 우리는 투쟁의 주요한 쟁점들 중의 하나(예를 들면 토지개혁)가 전리품의 공정한 분배였다는 점을 기억해야만 한다.

마키아벨리가 이탈리아에서 부흥하기를 바랐던 로마 공화국, 미국의 연방주의자들이 연방헌법에 그 핵심을 반영해 보려 했던 로마 공화국, 프랑스 혁명가들이 1789년에 그 외피를 두르고 싶어 했던 로마 공화국은 바로 이런 나라였다. 그리고 여러 세대에 걸쳐 영국의 남학생들이 라틴어 시간에 숭배하도록—체벌을 받아 가며—배우는 것이 바로 로마 공화국이다. '대서양 공화주의 전통'의 선두주자가 바로 이 공화국이며, 근대 국민국가들이 공화국 명칭을 붙이게 된 것도 모두 로마 공화국에서 비롯된다. 이런 기원을 고려한다면, 마키아벨리의 군사주의적이고 전체주의적 측면을 그의 '공화주의'와 모순된 것으로 받아들일 이유가 없다.[14] 프랑스 혁명군이 이탈리아 북부로 침공하거나 미국인들이 북아메리카 대륙을 가로질러 태평양으로 피비린내 나는 정복 행진을 시작한 것을 그 정신의 배신이라 볼 이유도 없다. 나폴레옹이 공화국을 위해 싸우기 시작해서 '집정관'이 되고 나중에 '황제'가 되었을 때 그는 축소판 로마 역사를 살고 있었던 것이다. 영국인들이 국내에서 공화주의 원리를 지키는 것과 해외로 나가 제국을 위해 싸우는 두 가지 주요 정책 사이에서 갈팡질팡했을 때에도 [그들은] 단지 명예로운 전통을 똑같이 따랐을 뿐이다.

간단히 말해, 근대의 유럽 국민국가들도 두 가지 몸체나 두 개의 얼굴을 가졌다. 이것은 하나의 지배 체계가 아니라 두 개의 지배 체계이다. 그 군사적인 측면은 로마 군대에서 기원을 찾을 수 있는 위계적인 지배 체계, 법, 전통을 가졌다. 미 해병대 깃발에 '항상 충성하라(*semper fidelis*)'라는 라틴어가 새겨져 있는 것이 다른 이유 때문일까? 군대는 언제나 대안적인 지배 형태로 공화국 곁을 맴돌며 실제로 특정 부문의 인구를 지배하고, 공화국이 실패할 경우 모두를 통치할 수 있는 잠재성이 있다. 계엄령은 로마의 발명품이고, 이것은 군대의 통제 방식을 정치체제 전체에 적용하는 것을 뜻한다. 그리고 덧붙이자면, 근대국가 체계가 공화국/군대로 이원화되어 있다는 사실은 내부의 여성들에게 완전한 평등을 보장하기 어렵게 만든 원인들 중 하나였다. 정복은 역사적으로 보나 심리적으로 보나 약탈과 강간에 연루되어 있다 보니, 정복 행위는 우리가 아는 어떤 문화에서도 대다수의 여성들이 직접 참여하는 활동이 아니었다. 서구 역사 천년 동안 여성들은 정복자가 아니라 정복의 전리품이었다. 정치체제의 군사적인 국면에서 여성이 배제된 것은, 여성이 공화정의 국면에서도 배제되는 데에 결정적으로 작용하였다. 달리 말하자면, 시민은 누구인가에 관한 로마의 개념을 받아들인다면 여성의 완전한 시민권은 상상조차 할 수 없는 것이다.

제2차 세계대전이 끝날 때까지 영웅적인 병사와 애국자들에 관한 이야기를 아이들에게 주입시켜서 군사주의적 애국심을 기르던 일본의 악명 높은 '도덕교육(shushin kyoiku)' 체계가 종종 일본인만의 특이한 체계로 알려진 것은 흥미로운 일이다. 그렇지만 민족주의를 확립하기 위한 교육 장치로서 그런 교육체계는 의무교육 개념과 더불어 분명히 서구에서 빌려 온 것이다. 이야기 패턴은 매우 비슷하다. 일본의 어린이들이 야마시타 이등병

(Private Yamashita)과 하치다 중위(Sub-Lieutenant Hachida)의 영웅적인 죽음을 반복해서 읽었다면, 유럽의 어린이들은 다리를 사수한 수문장 호라티우스(Horatius)의 이야기나 자신을 체포한 사람에게 고문이 무의미하다는 것을 보여 주기 위해 불 속에 손을 집어넣은 무키우스 스카이볼라(Mucius Scaevola)의 이야기 같은, 그런 류의 이야기들을 오랫동안 배워 왔다.

오해를 피하기 위해 나는 이런 영웅들을 존경한다는 점을 밝힌다. 이들은 내가 할 수 없는 행동을 했던 인물들 아닌가. 나는 하치다 중위처럼 끝까지 총을 움켜쥐고 죽을 수 없었을 것이고, 호라티우스의 처지였다면 잽싸게 물로 뛰어들었을 것이다. 나는 이런 일을 할 수 있는 사람들을 존경한다. 어떤 이가 로마 공화국을 대서양 공화주의 전통의 창시자로 존경하고 싶어 한다면, 나는 아무런 반대도 하지 않는다.

다만 로마 공화국을 **민주적인** 전통의 창시자라 불러서 문제를 혼동하지는 말자.

근대 산업 공화국의 두 몸체

로마 헌법을 다루면서 폴리비오스는 원로원이 경제 권력을 행사했다는 점에 주목했다. 원로들은 자신들의 부를 활용하고 공공재산과 공공사업에 관한 통제권을 이용해 일자리를 주거나 줄이기도 할 수 있는 권한을 지니고 있었다. "그 결과, 자신들을 보호하는 연줄들 때문에 원로원에 종속된 모든 시민들은… 원로원의 뜻을 거스르거나 그 뜻에 저항하는 일을 매우 자제했다." 폴리비오스의 주장에 따르면, 이런 연줄들이 계급 간 권력 균형 유지에 일정한 역할을 했고, 원로원과의 연줄은 또한 공화국의 군사 활동 국면과 비슷한 방식으로 작동했다. 왜냐하면 민중들이 "군사작전 시기에는 개인적으로나 집단적으로나 원로원의 영향 아래 있게 될 것이기 때문에 집정관의 계획에 맞서는 것을 다시 생각하게"(6.17) 만들기 때문이다.

금세기 과잉산업화된 국가들(overindustrialized states)에서 공화주의 정치의 유연성을 가로막는 군 조직과 군사적인 덕목의 역할은 쇠퇴하고 있다. 제2차 세계대전 당시 파시즘과 나치즘, 일본의 군국주의가 악명을 떨치면서 군사주의에 대한 평판은 나빠졌지만, 그전에는 그렇지 않았다는 사실을 우리는 기억해야만 한다. 유럽 국가들은 식민지 상실과 함께 직접 통치가 종식됨으로써 이 국가들의 군사적 국면의 필요성은 구조적으로 다소 줄어들었다. 다른 한편, 미국 군부는 베트남전쟁으로 유례없는 불명예를 떠안았다. 서방의 몇몇 국가들 중 특히 미국과 영국 정부는 군사적 덕목의 중심적 역할을 회복시키려고 분투 중이다. 이런 노력은 끝나지 않았고 나름 성공을 거두고 있는지는 모르겠지만, 지금 시점에서 보면 대서양 공화국들에서 군사적인 국면의 중요성은 19세기보다 떨어지고 있는 듯하다. 쉘던 월린(sheldon Wolin)이 지적했듯이, 오늘날 공화국의 또 다른 몸체(other body)는 '경제'이다.[15]

나는 여기서 2장에서 했던 주장, 즉 우리가 '경제'라고 부르는 것이 하나의 지배 체계라는 주장을 반복하고 싶지는 않다. 나는 경제가 군대의 통치 기능을 어느 정도 떠맡을 뿐 아니라, 군대의 특징을 많이 가지고 있다는 점을 지적하고 싶을 뿐이다. 폴리비오스가 설명했던 로마 군대의 위계적인 명령 계통과 엄격한 책임 체계는 기업 관료제의 기본 구조를 설명해 준다. 명령 체계를 물리적으로 지상에 구현하는 병영에 관해 폴리비오스가 그린 상을 입체적으로 그리면 공장이나 사무실의 그림이 된다. 사무 노동과 육체 노동이라는 기업 고용의 두 가지 경로는 오늘날까지도 유지되는 군대 내부의 오래된 계급 구분인 장교(귀족)와 징집 병사(평민)의 구분과 일치한다.

더구나 오늘날 덕성, 충성심, 애국적 봉사심처럼 매우 귀에 거슬리는 요구를 듣게 되는 것도 모두 경제적 맥락에서 기업이라는 매개물을 통해서이다. 이 글을 쓰는 동안에도 나는, 한 경연 대회에서 토요타 자동차를 상으로 받았지만 회사에 대한 충성심으로 그 차를 거부한 덕에 세 명의 크라이슬러 임원진이 제공한 크라이슬러 자동차를 상으로 받았다는 크라이슬러 노동자의 이야기를 라디오에서 들었다. 이것이 우리 시대의 다리를 사수한 호라티우스 이야기이다. 차이점은 지금의 애국심은 군대가 아니라 사기업이라는 제도적 형식을 매개로 표출된다는 점이다.

우리가 알다시피 오늘날 산업 공화국(industrial republic)으로 가장 성공한 나라는 일본이다. 나는 이 성공의 중요한 이유가 제2차 세계대전 이후 일본이 다른 어떤 나라들보다도 성공적으로 군대 정신을 경제로 전환한 점이라고 믿는다. 물론 이런 전환은 회사의 노동자들이 자기 직급을 나타내는 군대 계급장을 달았던 전쟁 중에도 이루어졌다. 일본이 전쟁에 지자, 군대의 명성은 사실상 바닥에 떨어졌으며 민중들은 진실로 평화로운 방식을 택하려 했고, 지금도 대다수 민중은 그러하다. 일본 헌법에 위배되는 자위대는 공적인 명예를 거의 받지 못하고 눈에 잘 띄지 않는다. 지금까지 거의 반세기 동안 어느 누구도 국가의 교전권을 따르는 일본 병사의 손에 목숨을 잃지 않았다. 자위대는 사실상 강력한 군대이지만 일본 사회에서 그다지 중요하지 않다. 로마 군대에 맞먹는 일본 공화국의 '또 다른 몸체'는 기업화된 경제이다. 이런 시각으로 보면, 소위 일본의 관리 체계는 이해하기가 그다지 어렵지 않고 독특하지도 않다. 다른 관리 체계와의 차이점은 정도의 문제일 뿐이다. 일본의 기업 경영자들은 아주 성공적으로 군대의 기풍을 기업 경제로 이전시켰다. 아마도 다른 나라에서는 군대 자체가 매우 높은 위신을 누리기 때문에 경영자들이 그렇게 하지 못했을 것이다. 미국인과 유럽인들은 애사가를 부르고 함께 아침 체조를 하는 일본 노동자들을 비웃지만, 그들 자신도 군대에 있을 때 조금도 주저하지 않고 그런 일을 했다는 점을 잊어버리고 있다.

군대의 기풍을 기업 경제에 불어넣는 것은 영역을 혼동하는 것이 아니다. 뭐니뭐니해도 경제활동은 제2차 세계대전 이후 가장 중요한 '전쟁'이 되었다. 경제활동은 강대국들이 상대적인 이점을 누리기 위해 싸우는 중요한 활동이며, (2장에서 논증하려 했듯이) 이전의 식민지를 유지하고 통제권을 확장하려는 중요한 활동이다. 그리고 경제활동은 민중을 애국 공동체로 동원하여 충성과 복종의 미덕을 주입할 수 있는 가장 좋은 기회다. 그리고 이런 점은 일본만의 독특한 현상이 아니다. 사실 이런 현상은 오늘날 미국에서 가장 강력할지 모른다. 예를 들어 소니가 콜럼비아영화사를 인수했을 때 [미국인들이] 진주만을 얘기하며 투덜거린 것도 하나의 증거이다.

기업화된 경제는 추상적인 개념이 아니라, 로마 군대처럼 매일매일 각 노동자의 행동을 세세하게 통제하는 산업 공화국의 구체적인 조직 구조라는 점에서 산업 공화국의 또 다른 몸체이다. 기업화된 경제는 매질이나 처형이 아니라 임금 인상, 승진, 정직, 해고를 통해서 또는 그런 결정 보류를 통해서 규율을 유지한다. 가장 엄한 처벌은 실업 상태인 최하층으로 영원히 추방하는 것이다.

기업화된 경제를 산업 공화국의 '또 다른' 몸체가 아니라 본체(main body)라고 부르는 것이 아마도 더 정확할 것이다. 로마에서 군대는 어쨌든 평화 시기에는 해산되었고 시민들은 공화국의 삶으로 돌아갈 수 있었다. 오늘날 기업체는 결코 해산되지 않는다. 경제 전쟁에는 결코 평화가 없다. 여기 일본에서는 엄청나게 많은 초과근무가 요구되어, 노동자는 밤늦게까지 기업의 통제를 받는다. 강력한 노동조합운동은 공화국이 기업체를 침공하는 것으로 생각할 수도 있다. 말하자면, 공화주의 원리나 나아가 민주주의 원리에 따라 기업체를 변모시키려는 시도로 여길 수 있는 것이다. 노동조합운동이 약해지면서 경제민주화 운동의 성격은 적정 임금 쟁취 같은 경제 운동의 성격으로 변질되었고, 이는 결국 공화국의 침공이 패배로 귀착되어 기업체가 순수한 반민주적 관리 시스템이 된 것을 의미한다. 그리고 노동하는 인구가 이런 지배를 받으며 깨어 있는 시간 대부분을 보내기 때문에 정치 활동은 삶의 주변부로 밀려난다. 심지어 가장 열정적인 정치 활동가들도 지금 우리가 '여가 시간'이라 부르는 시간인 주말이나 휴일에 집회를 잡아야만 한다. 고등학생이나 노동자들보다 비교적 덜 엄격한 관리 체계에서 생활하기 때문에 대학생들은 제2차 세계대전 이후 정치적으로 가장 중요한 운동 집단 중의 하나가 되어 왔다. 오늘날 일본에서 어느 누구도 예측하지 못한 반전은, 고용 상태에 있지 않은 주부들이 정치적으로 가장 활동적인 집단으로서 학생과 육체노동자들을 대신하고 있다는 점이다. 그 이유는 대부분 같다. 주부들은 관료주의적 관리를 직접 받는 공간 바깥에 있기 때문이다.

이 장의 앞부분에서 언급했듯이, 관리를 받지 않는 시간을 가진 사람들이 별로 없다는 점은 정치체제가 민주적인 형태로 바뛰는 드문 순간들이 오래 지속되지 못하는 원인들 중의 하나이다. 이 사람들은 몬스사케르에 진을 친 로마 병사들과 같다. 그들은 도시를 떠나서야 비로소 자유를 획득했던 것이다. 그들은 그곳에서 영원히 머무를 수 없고, 결국에는 '일상생활'로 돌아가야만 한다. 그리고 '일상생활'은 경제이고, 지금까지 이야기해 온 바와 같이, '평시대로 영업 중(business as usual)'이라는 기분 나쁜 표현에 포획된 바로 그 통제 체계이다. 민주주의라는 이름으로 정치가 여가 활동으로 규정되는 것, 다시 말해 정치가 삶의 중심에서 밀려나 어쩌다 한번씩 '남는' 시간에 이뤄진다는 것에 만족할 수 없다고 말하면, 아렌트와 아리스토텔레스를 부정하는 것임은 나도 알고 있다. 민주주의 기획은 노동을 민주화할 수 있을 때까지 완성되지 못할 것이다. 자본주의 세계의 지도자들이 사회주의가 망했고 지금의 관심사는 민주주의라고 선언한다면 나는 기꺼이 동의하려 한다. 그들이 민주주의에 관해 얘기하고 싶다면, 그렇게 하자. 다만 이런 조건들부터 얘기하자.

'민주주의 제국'에 맞서기

유럽 역사에서 신화의 형태로 전승되어 온 데다 유럽 식민 권력의 여파까지 겹쳐 오늘날 대부분의 비유럽 세계까지 전해지고 있는 고대 그리스와 로마의 이야기들은 오만함과 부패의 위험을 우리에게 가르치기 위해 만들어진 이야기들이다. 아테네인들은 페리클레스 시대에 번성했고, 지나친 오만함의 화신인 알키비아데스의 말을 따르기 시작하면서 아테네의 패배는 시작되었다. 강력하고 젊은 공화국이었던 시절의 로마는 우리가 열심히 배워야 할 하나의 모델이다. 로마는 내부의 부패가 오랫동안 이어진 뒤에야 잔혹한 제국이 되었다.

이런 이야기들을 읽으며 군인은 만족감을 느낄지 모르겠지만, 래디컬한 민주주의자들은 처음부터 불편함을 느껴 이야기들을 달리 읽게 될 것이다. 아테네인들로 하여금 자신들의 식민지 지배 형태가 "좀 분명하게 말하면 참주정"이었다는 사실을 깨닫게 만든 사람은 결국 페리클레스였다. 더구나 아우구스티누스가 지적했듯이, 사비니 여인들의 강간은 로마 역사의 말기가 아니라 건국 초기에 일어난 일이다.[16]

아렌트가 전해 준 훌륭한 정치 행위 개념은 주로 페리클레스 시대의 아테네 모델에서 이끌어 낸 것이다. 아렌트의 정치 행위는 노동이나 일이 아니기 때문에 물건을 만들거나 계획을 세우는 것과 다르다. 그것은 순수한 자유와 권력, 정치적인 행복이고, 역사의 흐름에 새로운 시작을 가져온다. 정치 행위라는 개념이 멋지고 아름답다는 점을 충분히 존중한다 하더라도, 미안한 질문이지만 '행위'를 통해 정확히 무엇을 하는 거냐고 물을 수 있다. 우리는 아렌트가 이 물음에 매우 분명하게 답한 적이 없다고 비난할 수 있지만, 아테네인들에게 이것은 전혀 어려운 질문이 아니다. 그들의 집단적인 '행위'의 주요 내용은 정복이다.* 아테네인들은 페르시아를 물리친 뒤에 그들 자신도 부지런히 제국을 만들기 시작했다. 페리클레스에 따르면, 아테네인들이 그토록 특별한 군사력을 보유할 수 있었던 것은 이들이 엄격한 권위주의 체제 아래에서 제국을 건설한 게 아니라 자신들의 집단적인 자유의지로 제국을 만들었기 때문이다. 아테네인들은 대단했다. 이들의 행위는 핵융합반응이었다. 그러나 그렇다고 해서 그런 사실이 앞서 제기된 난제에 대한 해답을 주는 것은 아니다. 즉, 어떻게 핵융합반응을 일으키면서 동시에 이를 담아낼 수 있는 용기를 만들어 낼 수 있는가에 대한 답을 구할 수는 없는 노릇이다. 아테네인들은 스스로를 억제할 힘이 없었고 오직 확장만 할 수 있었다. 알키비아데스가 정확하게 지적했듯이, 아테네 제국이 멈춰야 할 지점을 정확하게 정할 방법은 없었다. 결국 이것은 혹독한 군사적인 패배로 끝이 났다.

우리는 민주주의라는 수수께끼를 풀어 보려 애를 쓰고 있다. 즉 민중에게 스스로를 지배한다는 것은 무엇을 뜻하는가? 민중이 지배자이면서 동시에 피지배자가 될 수 있는 방법은 무엇일까? 이런 경우 '지배'가 뜻하는 바는 무엇인가? 다시 말하지만

* [옮긴이 주] 아테네 민주주의가 어떻게 해서 정복-패망의 길을 걷게 되었는가에 대한 사유가 『래디컬 데모크라시』의 이번 장 전체에 펼쳐지고 있지만, 아렌트의 저 유명한 노동/일/행위의 분류법에 대한 비판적 성찰을 보려면 와타나베 교지의 「노동은 과연 필요악인가」, 《녹색평론》 170호, 2020년 1~2월호를 참조.

이 질문은 고대인들에게 수수께끼가 아니었다. 그들이 (집단적으로) 지배한 대상은 타자였다. 아테네의 민주주의는 지도자들의 민주주의였다. 크세노폰(Xenophon)에 따르면 그 지도자들은 "노예나 악인으로부터 서로를 보호하여, 결과적으로 시민들 중 어느 누구도 폭력적인 죽음을 맞이하지 않도록 하려 하였다"[17]. 로마의 경우에도 같은 얘기를 할 수 있다.

우리는 이와 관련해 무엇이 잘못되었는지를 직접 물어야만 한다. 아테네 사례는 중요한 근거가 되는데, 우리가 아테네를 반박할 근거는 무엇인가? 물론 우리는 노예제를 거부했지만 계급사회를 거부하지 않았고, 더 중요한 점은 '민주주의 제국'을 거부하지 않았다는 점이다. (단지 그 표현뿐 아니라 실제 행동으로 이를 받아들이고 있다.)

전 세계에 민주주의를 보편적으로 확립하는 것이 우리 능력을 넘어서는 세상에서 가능한 전략은, 하나 또는 몇몇 국가들에 민주주의를 확보하는 것이다. 이 전략은 하나 또는 몇몇 국가들의 민주 시민이 여가와 자유를 누리도록 경제적 기반을 제공하기 위해 [자국민의] 노동력을 착취하는 [다른] 국가들을 군사력과 사회적인 차별의 벽으로 둘러싸서 배제할 때 가능하다. 과거에 이 전략을 시도했던 사람들을 오늘날 소급해서 도덕적인 설교를 늘어놓는 건 소용없는 일이다. 과거는 지나갔다. 지금 무엇을 선택해야 할지를 결정해야 할 사람들은 현재의 우리이다. 문제는 민주적인 제국이나 '일국 민주주의'가 오늘날에도 실행가능한 전략이 될 수 있는가이다. 우리가 정치 활동에 쓸 여가를 누리기 위해 필요한 시장과 천연자원, 값싼 노동력을 확보하기 위해 제3세계의 꼭두각시 독재자들 같은 안전장치로 보호받으며 '민주주의'를 확립하는 것이 가능한가? 제3세계 민중의 자각이 높아지고 있다는 점을 감안하면, 아주 오랫동안 성공을 거둬온 그런 전략을 쓸 기회들은 줄어들고 있다. 그러나 여기서 던져야 할 질문은 다른 것이다. 그런 제국을 유지하는 것이 군사적으로 가능하다 할지라도, 제국의 중심부에서 민주주의를 실현할 수 있는 전망은 어떠한가?

어떤 이는 "지금 우리가 하는 일이 민주주의가 아니면 대체 무엇인가?"라고 되물을 수 있다. 이 질문의 경우, 그에 대한 답은 주어져 왔다. 2세기 전 에드먼드 버크는 인도에서 법을 파괴하던 자들이 영국으로 돌아와 입법가가 될 수 있다는 점을 두려워했다. 그의 두려움에는 충분한 근거가 있는 것으로 드러났다. 시민은 두 개의 나라, 즉 '민주적인' 나라와 제국의 나라 모두에 살아야만 한다. 그리고 불가피하게 제국의 나라가 민주적인 나라를 침범한다. 식민지와 경제적 예속 국가를 착취하고 억압하는 데 이용된 조직의 정신/기술/형태는 본국으로 돌아온다. 해외 군사정권하에서의 노조 파괴와 값싼 노동력은 본국의 '민주적인' 자유시장 정권하에서의 노조 파괴와 임금 삭감으로 이어진다. 그렇다. 간단히 말하자면, '민주주의 제국'을 수립하려는 시도는 바로 현재의 상황, 즉 래디컬한 민주주의가 '민주' 국가들에서 전복되는 상황을 초래한다.

이 결과는 아주 분명하기에 길게 생각할 필요가 없다. 하지만 민주화 운동이 민주주의 제국에 맞서 분명한 입장을 취해야만 하는 또 다른 이유가 있다. 한때 어떤 이들에게는 민주주의가 어울리고 다른 이들에게는 노예제가 어울린다는 생각을 지탱해 주던 분열된 의식이 더 이상 지속될 수 없는 것은 20세기 문명의 도덕적인 특징이 이전 시대보다 더 발전했기 때문이 아니다. 분명 그 때문은 아니다. 그보다는 대규모의 인류를 배척할 수 있었던 신화적 기반이 파괴되고 자기기만으로 드러났기 때문이다. 타고난 노예라든가, 진화가 덜 된 문명이라든가, 또는 특정 인종이나 여성은 태생적으로 열등하다는 생각은 예전과 같은 방식으로 활용될 수 없다. 한때 이런 생각들은 의심의 여지가 없는 것으로 여겨졌다. 이런 생각들은 당대의 종교적 또는 '과학적' 권위로 유지되었던 만큼 양심의 가책을 적게 받으며 옹호될 수 있었다. 오늘날에도 그런 생각을 가질 수는 있겠지만, 노골적인 위선을 통하지 않고서는 그런 생각을 다시 갖는다는 것은 어려운 일이다.

동시대 인류의 운명과 우리 자신의 운명을 지금도 분리할 수 있지만, 우리는 이를테면 그런 분리가 우리의 신경 체계 내에서 먼저 이루어져야만 한다는 점을 알고 있다. 우리가 분리하는 것은 타자가 아니라 우리 자신의 감각기관이다. 다른 사람들의 얼굴을 보고 목소리를 들을 때 그들을 우리와 똑같은 인간으로 인식하게 만드는, 그런 특별한 기관을 끊어 내야 하는 것이다. 이런 종류의 자해(自害) 행위가 보편적으로 권장될 수 없다는 점은 논외로 치더라도, 이것은 근원적 민주주의의 본질과 직접적으로 충돌한다. 즉, 이런 식의 자해 행위는 근원적으로 래디컬한 민주주의가 발전시키려고 노력해야만 하는 바로 그 감각, 즉 정치적인 덕목을 가능하게 해 주는 감각, 말하자면, 우리가 **민주적인 감각**이라 부를 수 있는 감각 자체를 제거한다. 근원적 민주주의를 위한 운동은 민주적인 감각을 다듬고 확장시키려는 목적을 가진다. 근원적인 민주화 운동은 그 감각을 절단하려는 계획에 동참할 수 없다. 래디컬한 민주주의자에게 제국적 민주주의는 더 이상 실현 가능한 일이 아니다. 민주화 투쟁이 그 자신의 정신을 더럽히지 않기 위해서는 하나의 민주국가를 위한 투쟁이 아니라 전 세계의 민주주의를 위한 투쟁이어야만 한다.

국경을 넘나드는 민주주의

누군가는 이런 생각이 추상적인 이상으로서 아름답게는 보이지만 구체적인 행동의 관점에서 보면 무슨 의미가 있냐고 물을 수 있다. 이에 답하기 위해 1989년에 무토 이치요*가 연설한 내

---

* [옮긴이 주] 일본의 국제 연대 운동을 주도한 '신좌파'의 대표적 사회운동가.

용을 인용하고 싶다. 그는 "국경을 넘나드는(transborder) 참여민주주의는 목표이자 과정 모두를 뜻하는 말"이라고 주장했다. 하나의 목표로서 요원한 것이라는 점은 인정되지만, "이 민주주의는 개별 국가들을 구성 단위로 보는 세계정부나 세계 연맹 같은 기존의 개념과는 분명하게 다른, 세계 질서에 관한 그림이다". 하나의 과정으로서 국경을 넘나드는 민주주의는 현재 상황에 대한 직접적이고 실천적인 반응이다. 오늘날 제국의 권력은 다음과 같은 세 가지 조직체를 통해 구현된다. 국내의 유사 민주주의, 막강한 군사기구, 그리고 모든 인류와 자연을 자신들의 관리와 통제하에 두려는 초국적 기업. 그 결과 "수백만 민중들의 삶에 영향을 미치는 중요한 결정들이 그들 자신도 모르게, 그들과 의논은 더더군다나 하지도 않은 채 그들의 국가 밖에서 이루어지고 있다"[18]. 강대국과 초국적 기업, 국제통화기금(IMF), 세계은행 등이 이런 결정을 내린다. 참여민주주의는 자신의 삶에 영향을 미치는 결정들을 내릴 때 참여할 권리를 의미한다. 결정을 내릴 권력이 국경을 넘나들 수 있는데, 그 권력에 맞설 권리가 국경을 넘나들지 못하겠는가? 무토가 주장했듯이, "이런 상황은 민중의 새로운 권리 선언을 요구하고 있다. 자신들의 삶에 영향을 미치는 결정이라면 어떠한 것이든, 그 결정이 어디에서 내려지든, 민중이 개입하고 수정하고 조절하고 궁극적으로 그것을 통제할 권리를 요구한다. 이것은 어떠한 국경도 인정하지 않는 보편적인 권리로 실현되어야만 한다"(124쪽).

무토의 의도는 새로운 것을 제안하려는 것이 아니었다. 그는 이미 진행되고 있는 일에 이름을 붙이고 이론적인 근거를 주고자 했다. 남태평양섬의 주민들이 자신들의 바다에 핵폐기물을 버리는 일에 항의하기 위해 일본에 오거나 핵무기 실험에 항의하기 위해 프랑스에 갔을 때, 중앙 아메리카인들이 미국에 가서 자기 나라에 미국이 개입하는 일을 중단하도록 압력을 가할 때, 아마존이나 안데스산맥, 말레이시아 사라와크 지방의 열대림에 사는 주민들이 북부의 나라들로 와서 벌목 회사들이 자신들의 세계를 파괴하는 것에 항의할 때, 이들은 이 권리를 실천하고 있는 것이다. 그러나 무토의 주장은 이 활동들이 단지 새로운 종류의 압력단체가 압력을 행사하는 것이 아니라는 것이다. 이들은 이익이 아니라 정의의 언어를 말한다. 즉, 이들의 메시지는 보편적이다. 만일 이들이 북반구의 산업국가들에서 자신들의 지지자들을 찾게 된다면 보편적인 메시지가 될 수밖에 없다. 이런 식으로 호소하면서 그들은 북반구 국가의 민중들에게 새로운 사유 방식을 제공하거나 자기 나라를 변화시키려 노력하고 있는 민중들을 지원할 수 있다. 이런 연합이 이루어지면 이것은 전혀 새로운 상황으로 이어질 수도 있다. "국경을 넘나드는 민중이 세계의 남북 분단 상황을 극복할 수도 있다는 것"(123쪽)이다. 이 생각은 근원적 민주주의 이론과 완전히 일치한다. 민중이 주권자라는 것, 민중의 권력이 국가의 권력보다 앞선다는 것은 민주주의의 기본 사상이다. 민중의 동의가 있어야 국가와 그

법이 존재한다. 이 주장은 누가 '주권자 민중'인지를 결정하는 권한이 국가가 아니라 민중에게 있다는 점을 뜻한다. 원리적으로 볼 때, 국가를 초월하는 집단인 '세계시민사회'를 민중이 스스로 구성해서 '법'을 발전시키고 국가가 존중해야만 하는 새로운 권리를 주장하지 못할 이유는 없다. 만일 민중이 그렇게 결정한다면 별수 없이 그렇게 되리라.

원리상 아무런 장애물이 없다 해도 실천적인 면에서는 장애물이 많다. 국경을 넘나드는 '민중'이 단지 추상적 개념으로만 존재한다면 힘이 없고 실제로는 권위도 없다. 의식적인 공중(公衆)을 구체적으로 구성하는 것은 장기적이고 고통스러운 실천 과정을 요구할 것이다. 이 기획을 낭만적으로 생각해서는 아무런 의미가 없다. 어려움이 수없이 많기 때문이다. 많은 어려움들은 금방 드러나는데, 예를 들자면 문화, 언어, 종교상의 차이들, 장거리 연락을 지속적으로 유지해야 할 필요성, 많은 국가들에서 직접적인 탄압이 벌어지는 상황, 회의 참석이 주 업무가 되는 엘리트들과 같은 새로운 계급이 출현할 가능성 등 어려움이 산적해 있다. 더구나 전 세계의 민중들은 심각한 인종 갈등이나 잔혹한 부족 전쟁에 휘말리는 경우가 많고, 국가는 그저 미소를 띤 채 이런 분쟁을 활용하여 민중들에 대해 우월한 지위를 유지한다. 국경을 넘나드는 시민사회라는 말은 그저, 하나의 꿈일 뿐이다. 구체적으로 말하자면, 그 꿈은 '문명' 간의 절망적인 전쟁이라는 새뮤얼 헌팅턴의 악몽 같은 시대정신에 맞서는 대안을 발견할 수 있다는, 그런 꿈이다.[19] 헌팅턴의 악몽은 단지 냉소적인 정신의 산물이 아니다. 이 악몽은 우리가 매일 신문에서 읽을 수 있는 정치 현실에 기반하고 있다. 그러나 국경을 넘나드는 (그리고 '문명을 넘나드는 transcivilizational') 시민사회라는 희망 또한 정치 현실에 기반하고 있다. 국경을 넘나드는 정치운동은 정보 교환, 개인 간 접촉, 공동의 이해(理解), 공동 행동을 토대로 점점 확장일로에 있는 전 세계적 네트워크 덕에 실제로 존재하고 있기도 하다.*

상상력을 발휘해 미래를 계획하는 이 운동은 이 장을 시작하면서 던진 질문에 흥미로운 답을 제시한다. 만일 민주주의 상태가 국가를 해체하기까지 할 수 있는 보편적인 용매라면 어떤 그릇이 그 상태를 담을 수 있을까? 우선 아테네나 로마, 영국, 미국, 소련과 달리, 국경을 넘나드는 민주주의는 제국주의가 되려는 성향을 가질 수 없다. 왜냐하면 이 민주주의는 제국주의를 가능하게 하는 국가라는 정치적 실체를 구성하려 들지 않기 때문이다. 반대로 이 민주주의는 제국주의가 민중들 사이에 만들

---

* [옮긴이 주] 2001년 9·11 테러 직후 소환되어 이슬람 문명권의 기독교 문명권 침탈에 대한 경계론을 불러일으켜 이른바 '테러와의 전쟁'을 정당화하는 데 이용된 헌팅턴의 '문명충돌론' 자체가 타 문명들과의 끝없는 교류를 통해 생성되는 문명의 존재론을 부정한다. 이렇게 봉쇄, 폐쇄, 탈맥락화에 기반하여 문명들의 경계를 넘나드는 문명 생성 메커니즘에 대한 무시를 전면에 내세운 문명충돌론에 에드워드 사이드(Edward W. Said)는 정명(正名)을 부여한다. 그 이름은 '무지의 충돌'이다. 에드워드 사이드, 「The Clash of Ignorance」, 《The Nation》 (October 4, 2001)를 참조.

어 놓은 경계들을 끊임없이 넘어서고 그 경계를 줄이려 노력한다. 더구나 제국주의 국가들의 경계 내에 갇힌 민주주의 운동들과 달리, 국경을 넘나드는 운동은 로마 공화국의 '도둑들 간의 정의'처럼 제국주의적 전리품을 '공정하고 민주적으로' 분배하기 위한 운동으로 타락하는 성향을 가지지 않는다. 약탈당한 자들의 운동이었기에 노동계급운동은 같은 이유로 타락하지 않으리라는 기대를 받았다. 그렇지만 제국주의가 국경의 반대편에서 한층 더 많이 약탈당하는 또 다른 민중을 만들자, 노동운동이 제국주의 약탈품의 배당을 요구하는 운동으로 타락하는 것은 가능한 일이 되었다. 국경을 넘나드는 운동의 핵심은 가장 많이 약탈당한 사람들을 운동 속에 포함시키기 위해 모든 경계들을 넘나드는 것이다. 이런 길을 충실히 걷는다면, 이 운동은 어떠한 형태의 부패에도 영향을 받지 않을 것이다. (물론 이 운동이 어떠한 형태로든 전혀 부패하지 않을 것이라는 얘기는 아니다. 어떤 정치도 부패에서 완전히 자유롭지는 못하다.)

국경을 넘나드는 정치운동은, 민중은 덕목을 타고났다는 가정에 기초할 필요가 없고, 그 자체가 정치적인 덕목을 증진시키는 경향을 담고 있다. 국경을 넘나드는 호소들은 특수한 이해관계의 언어보다 보편적인 정의의 언어에 닻을 내릴 때에만 설득력을 가진다. 이익을 정의로 바꾸려는 실질적인 욕구는 모든 정치가 가질 수 있는 특징이지만, 이 욕구는 국경을 넘나드는 운동에서 더욱더 강해진다. 현재의 상황에서 민중은 자신들의 이해관계를 '강요'해 봄 직한 국가를 가지지 못했고, 그러하기에 그들의 요구는 정의에 호소하는 형태로 드러날 때에만 강력해진다. 이런 정의와 권력의 연관성은 아리스토텔레스 이래 잘 알려져 있지만, 더욱더 많은 사람들이 결합할 때에만 **보편적인** 정의로 나아간다.

국경을 넘나드는 운동은 국가 밖에서 이뤄지며 동시에 국가에 대항하는 운동이다 보니, 국가보다 더 크고 동시에 더 작은 규모의 조직 형태를 띠는 경향이 있다. "지구적으로 생각하고 지역적으로 행동하라"는 좋은 구호이지만 때때로 그 반대가 더 옳다. 나는 아시아의 토착민들이 개최한 두 차례의 국제회의에 참관인으로 참여했다. 전 세계에서 온 토착민의 대표들은 자신들의 전통 공동체의 가치를 강하게 주장했고, 댐 계획과 벌목, 리조트 건설, 다른 형태의 '개발'로 파괴되어 가는 공동체를 보호하기 위한 국제적인 지원을 호소했다. "지역적으로 생각하고 지구적으로 행동하라." 그들의 지역적이고 지구적인 행동 모두에서 이런 종류의 운동에 참여한 사람들은 대면 집단을 형성하는 경향을 갖는다. 단지 그런 '경향(tends)'이 있을 뿐 아니라, 이런 대면 집단을 조직할 경우**에만** 운동이 만들어지고 힘을 가진다. 이런 조직은 국민들이 얼굴 없는 대중으로 그저 '담겨 있기만 하는' 국가나 정당, 제도를 가지고 있지 않다. 운동은 자율적으로 서로 연결된 집단들의 네트워크로 존재한다. 그게 아니라면 아예 존재하지 않는다.

민주주의 상태가 국가까지 해체할 수 있는 보편적인 용매라면, 어떤 용기가 그것을 담을 수 있을까? 국경을 넘나드는 운동이 제안하는 답은 바로 '세계(the world)'이다.

물론 나는 특정한 운동에 애착을 가지고 정치 이론을 만들 때 생기는 위험을 알고 있다. 현명한 이론가들은 나중에 수모를 당하지 않기 위해 이 위험을 피하려는 경향이 있다. 반면에 이론이 현실 정치에 개입할 수 없다면 정치 이론에 관심을 가질 이유가 있을까? 그러나 앞에서 내가 얘기한 바는 예언이 아니라 가능성이라는 점을 강조하고 싶다. 그 가능성이 실현될지 안 될지는 사람들의 행동에 달려 있다. 철칙 같은 것은 존재하지 않는다.

모든 조직체에서의 민주주의

민주주의 상태는, 실질적인 통치 체계 밖에서만 인정되는 경우나, 그 지배 체계가 중단된 상태일 뿐인 예외적인 과도기로만 인정될 경우, 빠르게 스스로 붕괴한다. 이를테면 민주주의의 상태가 도시를 떠나 몬스사케르에서 농성하는 형태를 취한다면 민주주의의 상태는 일시적일 뿐이다. 도시는 사람들의 생활이 이루어지는 곳이고 그들의 집도 도시에 있다. 그 가족도 도시에 있고 일자리도 마찬가지이다. 그들이 몬스사케르에서 바랄 수 있는 모든 희망은, 그들의 결심이 무너지기 전에 권력 구조로부터 약간의 요구안을 끌어내는 것이다. 때때로 그런 운동은 중요한 성과를 가져올 수 있다. 파업은 더 많은 임금이나 더 나은 노동조건을 가져올 수 있다. 대중운동은 정부를 붕괴시킬 수 있었다(1960년 한국, 1987년 필리핀, 1989년 폴란드). 지속적인 대중운동은 전쟁을 중단시키는 데 기여할 수 있었다(베트남). 그러나 국가가 민주화 운동의 영향을 받지 않는 군사 기구를 관리하고 그것을 사용할 준비가 된 곳에서는 대량 학살이 벌어질 수도 있다(1976년 대만, 1980년 한국의 광주, 1989년 중국).

더구나 한 사회를 지배하는 주요한 체계가 경제이고(즉, 일자리에 대한 경영권으로 시민들을 통제하고) 민주화 운동이 지배 체계의 외부에서만 벌어지는 곳에서는 당연히 그 운동의 성공은 오래가지 못하는 일시적인 현상일 수밖에 없다. 만약 국가가 비민주적인 군사 조직체와 비민주적인 경제 조직체, 그리고 일하는 시민들이 오직 일부 여가 시간만 쏟을 수 있는 '민주적' 정치 조직체로 구성된다면, 제한된 정치 조직체 내에서만 민주주의를 급진화하려는 시도는 오래가지 못한다는 것을 쉽게 알 수 있다. 만일 민주주의가 민중의 지배를 의미할 수 있으려면, 민중은 사회 내의 모든 조직들을 지배해야만 한다. 민주화 운동이 민주적인 시민사회를 만들고 특히 일의 세계를 성공적으로 민주화하기 전까지는 민주주의가 지속되기 어렵다.

일의 세계를 실질적으로 민주화할 가능성은, 민주주의 상태가 질서를 만들 수 있는가라는 질문에 또 다른 해답을 시사한다. 내가 3장에서 주장했듯이, 민주주의는 불평등한 권력 질서에 대한 보편적인 용매일지언정 민주주의가 일의 질서를 해체하지 못한다. 노동자들이 자기 일을 통제하는 곳에서도 그들이 언제나 자기 마음대로 일하는 건 아니다. 일하는 법을 아는 노동자들은 여전히 곡식을 줄에 맞춰 심고, 계단을 위에서 아래로 청소하고, 톱니를 한 번에 하나씩 다듬을 것이다. 여전히 협동 노동은 공동체에 질서를 부여할 것이다. 민주주의가 작업장에서 배제되어 거리에서만 그 존재를 드러내도록 강요될 때에만 민주주의는 폭도나 독단적인 집단 폭군으로 돌변하여 갑작스럽게 증발하여 사라져 버릴 위험을 안고 있을 뿐이다. 거리의 민중이 돌아갈 민주적인 작업장을 가지고 있었다면 '거리의회'*ㅡ필리핀 사람들은 그렇게 불렀다ㅡ는 덜 취약했을 것이다.

일자리의 민주화는 산업의 국유화, 노동자의 주식 소유 등과 같은 공식화된 구상을 넘어선다. 일자리의 민주화는 앞서 2장과 3장에서 얘기했던 일의 관리와 규모, 기계화, 속도, 종류, 모두의 변화를 뜻한다. 나는 이렇게 말하는 것이, 자유시장의 승리를 주장하며 기업이 자신의 원리에 따라 전 세계와 그 세계의 민중들을 마음대로 조직하는 것을 시대적인 흐름으로 받아들이는 것에 정면으로 맞서는 것이라고 말하고 싶다. 나는 민주화된

* [옮긴이 주] 필리핀 독재자 마르코스에 대한 저항 운동이 그렇게 불렸다.

일의 세계와 우리가 지금 사는 세계의 간극이 매우 크다는 점을 인정한다. 그러나 자유주의 관념론자들이 사회주의의 패망으로 역사의 종언을 맞이했다고 말하는 시대에, 우리가 해야 할 일이 아직도 많다는 것을 깨닫는 건 긴장되는 일 아닌가.

제5장

민주주의의 덕목들

공적인 신뢰

민주주의 질서는 일의 질서가 억압적이지 않고 자연스러운 상태와 일맥상통하는 바가 있다. 그렇지만 민주주의 질서는 원래 경제 질서가 아니라 정치 질서이다. 민주주의 질서는 그 체제 결속의 성격상 다른 형태의 질서들과는 구별된다. 민주주의 질서는 국가 폭력이나 세뇌, 신에 대한 두려움, 관료제 경영과 같은 '보증'으로 성립하는 것이 아니다. 또한 민주주의 질서는 왜 그런 체제가 필요한지를 한 치의 오류도 없이 확실하게 연역할 수 있는 제1의 '필수' 원리들 위에서 확립되는 것도 아니다. 민주주의 환경에서 사람들은 필연성이 아니라 신뢰(trust)를 통해 결속되어 질서의 상태에 이른다. 신뢰에 바탕을 둔 사회질서가 가능한 것은 인간이 약속을 할 수 있는 독특한 능력을 갖고 있기 때문이다. 아렌트는 "누군가를 지배하거나 정복한다는 것은 어떤 이의 자아를 지배하고 타인을 통치하는 것을 의미하는데, 이에 대한 유일한 대안"[1]은 약속의 능력이라고 말했다.

질서가 신뢰에 의해 만들어질 수 있는 가능성은 종종 정치철학에서 사회계약의 신화를 통해 표현된다. 사람들이 규율 잡힌 공동체에서 생활하면서도 그 공동체에서 여전히 '예전처럼 자유로운' 것이 어떻게 가능할까라는 유명한 질문을 루소가 던진 바 있고, 그의 해답은 사회계약이었다. 계약은 물론 약속이다. 그리고 약속은 자유를 해치지 않고서 질서를 세운다. 즉 자유롭지 않다면 그것은 약속이 아니다. 약속을 지키는 것은 그렇게 할 것이라고 말했기 때문에 자기가 말한 바를 이행하는 것을 뜻한다. 물론 이행에 대해선 보상, 불이행에 대해선 처벌 또는 복수라는 추가 보장책을 통해 약속이나 계약은 강력해질 수도 있다. 그러나 이런 보장책들은 약속에서 다른 어떤 것으로 진화하는 출발점이다. 우리는 서로를 신뢰하지 않을 때 보상과 처벌에 의지한다.

약속이 지켜질 것이라 믿는 것은, 어떤 사실이나 이론을 진실일 것이라고 믿거나 내일 무슨 일이 일어날 것인가를 예상하는 것과는 다르다. 신뢰를 받아야 할 대상은 사물이나 사실, 이론 혹은 사건이 아니라 바로 인간이다. 신뢰는 한 인간이 어떤 일을 할 것인지 아니면 하지 않을 것인지를 기대하는 것이다. 그런데 그에게 예상과는 다르게 행동할 수 있는 자유가 있을 때에만 그것은 신뢰가 된다. 신뢰는 타인의 자유를 전제한다. 누군가가 저녁 식사를 소화시킬 것이라고 기대하는 것을 신뢰라고 하지 않는다. 내가 누군가를 철창 안에 가두고 내일도 거기 있을 것이라 기대하는 것은 신뢰가 아니다. 내가 누군가의 목에 칼을 들이밀고 "돈을 줄래, 아니면 죽을래!"라고 할 때, 그가 지갑을 건네줄 것이라 기대하는 것은 신뢰가 아니다. 내가 누군가를 세뇌시키고 그에 따라 행동할 것이라 예상하는 것은 신뢰가 아니다. 그러나 만일 당신이 나를 배신할 수 있지만 그러지 않을 것이라 기대한다면 그것은 신뢰이다.

인간관계에서 신뢰라는 현상은 계약의 이미지로만 포착되지 않고, 실제로 약속을 지키는 경우로만 한정되지 않는다. 우리가 서로 믿고 있는 것들 대부분은 결코 특정한 계약이나 약속으로 명시되지 않는다. 어떤 사람을 신뢰할 만하다고 말할 때, 일일이 말로 다 표현할 수 없는 문제들에서도 그는 다른 사람을 배신하지 않을 것이라는 기대를 받는 것이다. 사회를 하나로 묶는 '계약'의 상당 부분은 암묵적이고 상식으로 자리 잡은 것들이다. 아주 작은 부분만이 상식에 포함되지 않아, 특정한 말로 표현되어야 하는 것이다.

지금도 계약은 약속의 유용한 형식이라는 점 이외에 모든 신뢰 관계의 본성을 이해하는 데에 도움이 될 수 있는 좋은 메타포이다. 신뢰를 부정하는 것은 죄가 아니라 배신이다. 우리는 신뢰성을 하나의 덕목이라 여긴다. 그러나 도덕적으로 훌륭하다는 것과 신뢰할 수 있다는 것은 성격상 다른 문제이다. 예컨대 진정한 성인군자, 즉 매사를 절대적인 선의 원리에 따라 행동하는 인물을 직접 만났을 때, 우리가 그 행동을 이끄는 절대적인 선의 원리에 관해 알고 있다면 그 또는 그녀의 행동을 예상할 수 있겠지만, 그렇더라도 상식적인 의미에서 이 사람을 신뢰하는 것은 전혀 아니다. 그리고 진정한 성인군자가 상식적인 의미에서 약속을 하는 것이 가능할지도 의문이다. 성인군자들끼리의 약속은 필요하지 않을 것이고, 보통 사람들과의 약속은 성인군자의 성스러운 지위를 위태롭게 할 것이기 때문이다. 종종 현실에서는 우리가 지켜야 할 모든 약속이 반드시 완벽한 도덕과 일치하지는 않는 것으로 드러난다. 반대로 처자식을 둔 보통 사람들이 절대자와 약속을 할 때, 아브라함이 깨달았던 것처럼, 그 약속은 피비린내 나는 공포를 내포하고 있을 수 있다.

플라톤의 『국가』 1권에서 글라우콘이 주장했던 늘 정의로운 사람에 대해 생각해 보자. 이 이야기에서 글라우콘은 소크라테스에게 정의가 평판 때문에 좋은 것이 아니라 그 자체로 좋은 것이라는 점을 증명해 달라고 요구한다. 글라우콘은, 매우 부정한 사람이라는 평판을 받아 괴로워하는 사람에게도 정의가 좋은 것이라는 점을 증명하기 전에는 무엇도 인정하지 않겠다고 한다.[2] 플라톤이 언급한 바는 아니지만, 매우 부정하다는 평판을 받지만 실제로는 매우 정의로운 사람에게서 발견되는 특이한 점은 그 사람이 약속을 할 수 없다는 사실이다. 어느 누구도 그 사람을 신뢰하지 않고, 누구도 그 사람에게 좋은 점을 기대하지 않을 것이다. 아무런 약속을 할 수 없는 사람이기에 약속을 지키거나 약속을 깨는 것 역시 불가능하다. 마찬가지로 아무런 신뢰 관계가 없는 사람이라면 누군가를 배신하거나 다른 사람의 기대를 충족시키는 것도 불가능하다. 정의가 영혼의 건강한 상태를 의미한다는 점에서 그 자체로 좋다고 한 소크라테스의 주장은 옳을 수 있다. 그러나 다른 사람의 신뢰를 얻을 수 있는 능력을 상실한 정의란 사회적으로 아무짝에도 쓸모없는 것이다.

신뢰 관계는 도덕의 제1원칙에서 연역적으로 추론되는 것이 아니다. 신뢰 관계는 인간관계의 그물망에서 생기는데, 시간과 세대를 넘어 오랜 시간 동안 사람들이 일상적으로 서로 교류하면서 만드는, 때로는 분명하지만 대부분은 불분명한 수많은 약속들과 계약들로 만들어진다. 신뢰는 도덕이 아니다. 하지만 신뢰는 도덕적 덕성을 갖춘 행동과 인간을 만들어 낸다. 사실 우리는 때때로 "기회만 되면 저 사람이 네 등을 찌르려 한다는 걸 확신한다"는 말을 하기도 한다. 하지만 이것은 말을 돌려서 비꼬는 것이다. 또한 가끔은 사람들이 함께 나쁜 짓을 하기로 약속을 하는 것도 사실이다. 그래서 '도둑들 사이에서의 의리(신의)'라는 역설도 있다. 앞에서 말했듯이 아우구스티누스는 이 역설을 세속 국가의 본질이라 여겼다. 그는 세속 국가가 시민들에게는 정의를 실현시키지만 이웃 나라에게는 약탈을 행하는 역설을 세속 국가의 본질로 본 것이다. 내가 4장에서 논의했듯이, 이러한 이중적 의식은 안정적이지 않으며, 버크의 말을 다시 빌리자면, 인도에서 법을 어긴 자가 영국으로 돌아와서는 입법가가 될 위험이 상존한다. 아울러, 도둑의 영역이 정의의 영역을 압도할 위험 역시 계속 있는 것이다. 그리고 약속을 깨거나 동료를 저버리는 것이 최선일 때가 분명히 있다. 예를 들면 제국주의 전쟁에서 나쁜 편의 군대에서 복무 중이거나, 죄수를 고문하는 정부에서 근무 중이거나, 바다에 폐기물을 버리는 기업에서 일하는 경우이다. 하지만 그런 사례가 있다손 치더라도 여기에서 내 말의 핵심은, 다른 조건이 같다면 약속을 지키는 것이 그 자체로 좋은 행동이라는 점이다. 만약 그렇지 않다면 '도둑들 사이에서의 의리(신의)'라는 말은 역설이 성립되지 않을 것이다.

니체는 자신의 책에서 "약속을 할 권리를 가진 동물을 키우는 것, 이것이야말로 자연이 인간과 관련하여 스스로 떠맡은 역설적인 문제가 아닐까?"[3]라고 했다. 시간이 흐르면서 약속은 질서를 세운다. 당신은 내일 할 무언가를 하겠노라 약속하고, 그것을 이행한다. 당신은 약속하는 만큼 당신의 행동을 조절해야 한다. 약속을 하고 약속을 지키는 것은 당신이 하고 싶은 대로 하는 것과 정확히 정반대이다. 약속을 지키는 것이 의미하는 바는 정확히 당신이 하겠다고 말한 것을 좋든 싫든 하는 것이다. 그렇다면 약속을 지키는 것이 자아를 억압하거나 인간 감정의 자유로운 흐름을 망가뜨리며 군림하는 초자아의 행위인가? 니체의 말에 따르면 그렇지는 않다. '나쁜 양심'은 영혼에 깃든 병이고 이 병은 자아가 자아를 공격해서 생긴 나약함이라 여겼던 바로 그 니체가 뭐라고 말했겠는가? 그는 약속을 하고 약속

을 지키는 것이야말로 힘과 자유, 건강에서 나오는 행위라고 보
았다.

나는 여기서 과거에 받았던 인상에 압도되어 있는 완전히 수
동적인 태도나 과거 한때의 서약에 구속되는 미숙함이 아니라,
그때의 다짐을 저버리고 싶어하지 않는 능동적인 자세를 말하
는 것이다. 즉, 바라던 바를 계속하려는 의지, 즉 진정한 '의지의
기억(memory of the will)'을 의미하는 것이다. 그리하여 원래의
결단과 바라던 일의 실제 실행 사이에는 새로운 사물들과 조건
들, 심지어 의지에 따른 행동들로 이루어진 세계 전체가 들어설
수 있다. 여기서 기나긴 의지의 사슬이 단절되었다고 말할 수 없
다.[4*]

* [옮긴이 주] 위의 니체 인용문 바로 앞 문장은 다음과 같다. "인간에게 **망각이 힘이고 튼튼한
건강을 상징하는 만큼** 필연적으로 망각의 존재일 수밖에 없는 이 동물은 이에 대한 대항 장
치인 기억을 배양해 왔다. 그 덕에 어떤 경우에는 망각을 정지시키고 기억의 힘을 발휘하
여 약속 행위를 할 수 있게 되었다."(고딕체는 인용자의 강조) 니체는 여기서 일정한 정치
적 메커니즘을 통해 집단 사이에 형성되는 기억의 순간은 정치적 관계 이전의 동물적 존
재로서 개인들이 발휘할 수 있는 부정(망각)의 바탕 위에서 명멸하는 것임을 지적하고 있
다. 이 책의 저자가 약속 행위는 약속을 하고 약속을 지키는 주체의 힘, 자유, 건강에서 비
롯된다고 강조하고 있다는 점을 주목해 보라. '의지의 기억'에서 약속 행위가 비롯되는 것
이고 새로운 세계가 창출되는 것이라고 니체가 주장하고 있지만, 동시에 기억을 해 내고
자 하는 의지와 힘이 새로움을 만들어 낼 수 있는 조건은 상황의 변화와 차이에도 불구하
고 의지적으로 이어 나가고 단순히 한때의 기억을 연장하는 데 있지 않다. 니체는 오히려
상황이 변했음에도 그 변화를 무시하고 자신의 의식에 남아 있는 한때의 기억에 매달리는
행위를 미숙함의 발로라고 평한다. 니체는 그보다는 마땅히 기억했어야 하나 망각의 피
안에서 웅크린 채 있는 잊혀진 것들, 잊혀진 생각들, 잊혀진 자세들을 되살려 재창조하는

약속을 하고 지키는 행위를 통해, 각자의 개인적 열정에 순간 순간 이끌리는 대로 살아갈 때 생길 수 있는 혼란스러움이 잠재워진다. 약속은 인류가, 벌을 내리는 신이나 처형하는 리바이어던, 양심의 가책, 또는 착취 노동 질서가 가하는 처벌 등에 구속

행위를 건강한 의지의 기억으로 보고 있는 것으로 보인다.

'의지의 기억'을 통해 정치체제를 확립하고 사회를 구성해 살아가는 특별한 동물들이 바로 자신들의 힘이자 특징인 망각이 운명처럼 기다리고 있다는 점을 인식한다면, 가령 앞장의 투키디데스의 아테네 역사 서술에서 보여 준 것처럼 아테네 제국이 보여 준 것과는 달리 좀더 운명 앞에 겸손한 다른 역사를 기억했을 것이다. 이 인용문에 있는 니체의 표현을 빌리자면, 운명을 수긍하는 다른 역사에 대한 기억이야말로 "진정한 의지의 기억"이다. 앞에서 보았듯, 아테네 제국의 시민과 병사들은 전염병과 불확실한 운명 앞에 육체를 가진 개나 다름없는 동물로서 제국 건설에 대한 '의지의 기억'은 아이로니컬하게도 망각의 강을 건너 사라져 버렸음을 독자들은 이미 목격한 바이다.

이렇게 보면, 의지와 힘만을 강조한 포스트모던 니체는 니체의 지극히 일면적 측면, 진실은 철저히 의지와 힘겨루기에 의해 결정되기 때문에 그 어떤 진술과 주장도 상대적 타당성이 있을 뿐이라는 포스트모던 상대주의 철학의 원조로서 니체를 꼽는 것은 강한 자의 힘이 약자를 지배하며 새로운 세상을 열 것이라는 불건강한 파시즘과도 통한다. 왜냐하면 이런 식의 니체는 망각의 유효성을 인정하지 않기 때문이다. 가령 박정희의 "민족중흥의 역사"를 이루겠다는 약속은 새마을운동을 거치며 "잘살아 보겠다"는 의지를 통해 관철된 면도 있겠지만, 이러한 국가적 약속과 집단적 약속 이행의 이면에는 개인의 자유와 사회 구성원들의 다원적 측면을 파괴하는 부정적인 측면이 분명히 존재한다. 니체는 이렇게 파괴적 양상과 자유의 속박을 수반하는 국가적 약속을 거부하는 개인들의 의지야말로 진정한 자유를 구가할 수 있는 다원주의적 사회로 나아가는 데에 필수적인 덕목이라고 생각했다. 한국 사회가 진정한 다원주의 사회로 나아가지 못하는 결정적인 이유 중 하나가 의지와 힘의 건강성을 회복하기 위한 자원이 바로 망각된 과거 속에 들어 있다는 점을 한국 사회의 구성원들이 깨닫지 못하고 있다는 것을 지적하지 않을 수 없다. 가령 앞에서 예로 든 새마을운동이 건강하려면, 망각되어 있는 오래된 마을의 건강성을 깨닫는 데에서부터 새마을운동의 재구성이 시작되어야 할 것이다. 새마을운동을 둘러싼 진영 간의 힘과 의지의 역학 관계로만 새마을운동의 현재적 타당성을 결정할 수 있다는 식의 유사 다원주의적 태도를 견지하는 한, 한국 사회의 저류에 흐르는 토건개발주의에 입각한 권위주의적 정치 경제 체제는 극복되지 못할 것이다.

받지 않으면서도 질서를 잡는 방식이다. 루소의 말에 따르면 약속은 우리를 "예전처럼 자유롭게" 남겨 둔다. 왜 약속을 하는 것이 자유의 행위가 되는지 물어볼 필요는 없다. 우리는 자유가 있는 곳에서만 약속을 할 수 있기 때문이다. 자유가 없는 곳에서는 약속도 필요 없다. 종종 우리는 다음과 같이 말한다. "저녁 식사 때면 맹세코 배가 고파질 것을 약속한다." 다시 말하지만, 이 말의 핵심은 농담이라는 점이다. 하나 이상의 선택을 할 수 있는 인간은 약속을 통해 그중 한 가지 선택에 대한 집단 의지를 표출할 수 있으며 이를 통해 질서를 만들 수 있는 것이다. (물론 권력을 가진 한 사람이 명령을 내려 질서를 잡을 수도 있다. 이것이 '질서order'를 '명령order'이라 부르는 이유이다). 앞에서 얘기했지만, 약속의 특정한 내용이 도덕적이거나 훌륭해야 할 필요는 없다. 하지만 약속의 내용이 "오후 7시에 우체국 앞에서 만나기로 해" 라는 말처럼 평범한 것이라도 약속을 지키는 것은 도덕적인 무게를 지닌다. 도덕적인 무게는 신이나 초월법, 절대 이성, 선(善) 의 형상* 같은 형이상학적인 요소에서 나오지 않는다. 그 무게는 사람들 자신에게서, 그리고 약속을 하는 그들의 행위에서 나온다.

---

* [옮긴이 주] 플라톤에게 '선의 형상'은 지식과 진리의 원천으로서, 불변의 이데아적 형상으로 만물의 근원에 자리하여 세상의 모든 사물들을 이해할 수 있게 해 준다. 가령, 플라톤 자신의 비유를 들자면, 직접 그 형상을 볼 수는 없지만 태양 빛을 받는 모든 사물들의 모습을 파악할 수 있게 해 주는 태양의 형상이 선의 형상이다.

잔혹한 세계에서의 신뢰

신뢰는 모든 형이상학적인 근원, 즉 누구도 증명할 필요성을 느끼지 못하는 도덕성과는 다른 차원의 것이다. 다시 말하지만, 다른 사람의 행동을 정확히 예견할 수 있는 상황이라면 신뢰는 아무 쓸모가 없다. 그렇지만 우리가 한 사람을 신뢰한다는 것은 그 사람이 지금까지 한 행동을 믿고 신뢰하는 것이다. 우리는 지금까지 믿을 만하다는 평가를 받는 사람이 앞으로도 그러기를 기대한다. 그러나 민주주의를 신뢰에 바탕을 둔 질서라고 말할 때 우리는 어째서 한 번도 만난 적 없는 사람을 기꺼이 믿어야 한다고 말하는 것일까? 만약 우리가 대를 이어 신뢰할 만한 사람만 살고 있는 민주적인 유토피아에 살고 있다면 이것은 아무런 문제가 되지 않을 것이다. 그러나 우리가 사는 세계에서 이런 생각은 매우 어리석은 말처럼 들린다. 우리의 경험에 따르면 모르는 사람이나 사람들 일반을 마음 놓고 신뢰할 수 있다고 주장할 수는 없다. 오히려 우리는 경험을 통해서 사람들이 때로는 신뢰할 만하지만 때로는 그렇지 못하다는 점, 신뢰할 사람을 선택해야 한다는 점, 아무런 보증 없이 사람들을 신뢰하면 안 된다는 점을 배운다.

우리는 있는 그대로의 세계에서 시작해야만 한다. 우리는 신뢰를 꿈꾼다. 우리는 "어디나 전쟁이야"라는 밥 말리(Bob Marley)의 노래 가사에 나오는 세계에 살고 있다. 사람들의 머리

위에 핵폭탄을 떨어뜨리는 것을 반대했다가는 강대국의 국가원수직을 박탈당하는 세상, 사람들을 착취하는 것을 반대했다가는 비즈니스 세계에서 일할 자격을 빼앗기는 세상, 사람들을 총으로 쏘고 곤봉으로 때리는 것에 반대했다가는 어느 국가에서건 경찰에서 일할 자격을 잃게 되는 세상이 우리가 사는 세상이다. 우리가 꿈꾸는 신뢰의 세계와 우리가 살고 있는 현실 세계의 잔인한 괴리를 보여 주기 위해 길게 논쟁할 필요는 없다. 오히려 그 차이를 출발점으로 삼자. 이를 출발점 삼아 우리가 취할 수 있는 조치는 무엇인가?

첫 번째 조치는 감상주의이다. 현실을 떠나 선한 정치가, 관대한 자본가, 인정 많은 군인과 경찰관이 사는 환상의 세계로 날아오르는 것이다. 장밋빛 안경을 쓸 때의 특별한 장점은 피를 볼 수 없다는 점이다.

두 번째 조치는 절망이다. 절망은 현실적이라는 점에서 감상주의보다 나은 면이 있다. 절망하는 작가들 덕분에 가끔씩은 거의 과학적으로 명징하게 그려낸 세계의 모습을 살필 수 있을 때도 있다. 그렇지만 절망을 아는 사람은 가능하다면 그러한 절망을 피해야 한다는 점도 알고 있다. 절망의 자리에서 우리는 아무것도 **할** 수가 없다. 즉 우리는 살아갈 수 없다.

세 번째 행동은 냉소주의이다. 냉소주의는 현실적이라는 점에서 절망과 같은 장점을 가진다. 절망하는 작가들처럼 냉소적인 작가들은 세상의 진실을 알려 주고 감상주의의 독을 제거해 주는 역할을 한다. 게다가 냉소주의는 행동의 여지를 허용한다는 점에서 절망보다 낫다. 냉소주의에는 또한 유머에 대한 고려가 있는데, 이것이 매우 중요하긴 하다. 하지만 냉소주의의 치명적인 단점은 자신이 냉소하는 대상에 자기 자신도 연루시킨다는 점이다. 냉소주의는 세상의 악에 대한 비난을 이용해서 우리 스스로 그런 악에 관여하는 것을 정당화하는 복잡한 태도이다. 아무리 그럴듯한 핑곗거리를 대더라도 냉소주의는 그 출발점인 자기 경멸의 태도에서 벗어날 수 없다. 냉소주의자의 자아는 비판자와 행위자로 분리되어 있다. 비판적 냉소주의자는 세상의 부패에 대한 경멸을 통해서 비판의 힘과 그 힘의 바탕이 되는 가치들을 주장한다. 냉소적 행위자는 바로 그 냉소주의로 인해 냉소적 비판의 근거가 되는 가치들에 따라 굳이 행동해야 할 필요를 느끼지 않는다. 페터 슬로터다이크(Peter Sloterdijk)는 근대의 냉소주의를 훌륭하게 분석하며 다음과 같이 적었다. "앞으로 무슨 일이 일어나든, 특히 어떤 일이 일어난 그 이후에도 냉소주의는 냉소적인 사람들로 하여금 계속 노동하게 만들 수 있다는 것, 이것이 바로 근대의 냉소주의의 본질이다."[5] 이것이 부유한 산업국가의 경영진이나 관료들 위치에서 일하는 대다수 사람들의 의식 상태이다. 냉소주의는 이들이 계속 이렇게 일하게 한다. 냉소주의자도 행동할 수 있다는 말의 의미는 단지 이런 것이다. 냉소주의자는 체제가 무의미하거나 더 나빠졌다고 비난하면서도 그 체제에서 계속 일할 수 있고, 그 체제를 바꾸기 위해 어떤 일도 하지 않는다. 냉소주의에 빠진 사람을 설득해서 냉소주의에서 빠져나오게 할 수 있는 방법은 거의 없다. 냉소주의자는 냉소적인 의식으로 모든 얘기를 듣고 새로운 사실이나 논쟁거리를 의식 속에 차곡차곡 쌓아 둔다. 하지만 나는 여기서 이런 식으로 냉소주의를 비판하고 싶지는 않다. 다만 자기 경멸에 바탕을 둔 의식이 행복하지 않다는 점을 말하고 싶을 뿐이다.

네 번째 조치는 종교적인 신앙이다. 종교적인 신앙은 여러 가지 형태를 가지지만, 쇠렌 키르케고르(Sören Kierkegaard)와 여러 다른 해석자들을 내가 제대로 이해했다면, 종교적인 신앙의 본질은 이 세계의 참상을 인정하는 초월적 선이 존재한다고 가정한 뒤에 이 선을 이해하려 들지 않고 그냥 믿는 것이다. 유대교와 기독교의 전통에서 가장 높은 형태의 신뢰는 신앙(faith)이다. 구약성서에서 하느님은 사람, 즉 약속을 할 수 있는 존재의 형상을 취한다. 그리고 신앙의 기원은 하느님과 아브라함이 맺은 약속의 이미지, 즉 언약의 형태로 표현된다. 하느님이 전능한 데다 하느님의 목적이 아브라함과 그의 자손들에게 전달되지 않았기에 아브라함과 자손들의 입장에서는 언약의 이행을 강요하거나 하느님 쪽의 약속 사항이 이행되었는지 여부를 확인할 도리가 없다. 그래서 하느님의 약속과 신의(信義, good faith)에 대한 그들의 믿음은 지고한 신(神)의 위치에까지 닿아야 하는 새로운 형태의 신뢰가 된다. 여기서 신앙이라는 현상을 분석하려는 건 아니다. 그저 내가 하고 싶은 것은 우리 논의의 맥락에서 종교적인 신앙이라는 조치의 장점과 단점을 지적하는 것이다. 신앙의 장점 중 첫 번째는 신앙이 이 세계를 현실적인 눈으로 바라보게 만든다는 점이다. 물론 감상주의를 바탕으로 한 가짜 신앙이 있을 수 있다. 그러나 아브라함이나 욥과 같은 신앙의 위대한 영웅들, 혹은 아우구스티누스나 아퀴나스 같은 위대한 신학자들에게서는 감상주의의 흔적을 찾아볼 수 없다. 반대로 절대자에 대한 믿음은 얼마나 인간이 타락했는지에 대해 시리도록 선명한 그림을 보여 준다. 그러면서도 신앙은 절망의 고통으로 떨어지는 것을 막아준다. 냉소주의처럼 신앙은 계속 살아가고 행동할 수 있게 해 준다. 그렇지만 신앙은 냉소주의와는 달리 인간이 희망 속에 살게 해 준다. 더군다나 냉소주의자와 달리 신앙인은 더 나아지려고 노력한다. 그러나 절대자가 요구하는 것만큼 신앙인이 선해지는 것은 불가능하다. 이처럼 좁힐수 없는 간극 때문에 양심의 가책이 생긴다. 양심의 가책으로 인한 자아비판은 냉소주의에 의한 자아 경멸과는 다르다. 자아비판은 살아 있고 또 활동하는 어떤 것, 즉 양심에 의거한다. 냉소주의자의 경우 경멸하는 주요 대상은 바로 자신의 위축된 양심이다. 양심은 신앙의 위대한 성취이다. 이 장점들의 목록은 매우 인상적이다. 계속 살아가고 행동하고, 나아가 올바로 행동하고 희망을 품고 살려고 노력해야 할 이유와 더불어 세계를 현실적으로 보게 되는 장점들이 있다. 신앙의 가장 큰 단점은 신앙이 이 세계에 어느 정도(어느 정도인지는 신학자마다 다르다) 희망을 주지만, 그 희망의 궁극적인 대상은 이 세계가 아니라는 점이다.

우리는 루트비히 포이어바흐와 마르크스, 키르케고르, 니체 이후, 신앙은 그야말로 '움직임, 즉 조치move'라는 점을 알고 있다. 즉, 신앙을 이해하고 싶다면 신앙을 이 세계에서 이뤄지는 행동으로 봐야지, 이 세계의 바깥에서 주어지는 어떤 것으로 보면 안 된다. 이러한 견해는 신앙의 대상 역시 인간의 해석과 선택으로 이해한다는 점을 포함한다. 만일 기독교 독자들이 이런 해석에 반대한다면 나는 말을 바꿔서 최소한 이 장(章)은 그런 입장을 받아들여서 썼다는 점과 아울러, "종교는 인간 정신의 꿈"(『불타는 개천 *The Fiery Brook*』[6], 258쪽)이라는 포이어바흐의 말을 인용하고 싶다. 유대교나 그것에서 파생된 종교인 기독교와 이슬람교의 경우 [종교를] 믿는 사람과 그 종교에 희생당한 사람 모두에게서 이 꿈은 상당히 악몽 같은 경험이었다. 그러나 대체로 이 꿈이 대가를 치를 만한 가치가 있는지 없는지를 판단하지 않아도(분명히 인간은 이런 판단을 내릴 자격이 없다) 신앙의 발명이야말로 사람들에게 "좀 더 나은, 좀 더 용감한, 좀 더 활동적인 존재가 될 수 있는" 힘을 주었다는 점에서 엄청난 성취였다고 말할 수 있다.

포이어바흐는 사람들이 신에게 부여한 특성들이 사실 인간의 특징이라고 주장하며 다음과 같이 말한다. "당신은 당신 자신이 사랑을 하기 때문에 사랑이 신성한 속성을 가진다고 믿으며, 당신에게서 지혜와 자비보다 더 나은 것을 알지 못하기에 하느님이 지혜롭고 자비롭다고 믿는다"(115쪽). 신이 인간의 이미지로 창조되었지만 신에게는 분명히 다른 점이 있다. 신은 완전하지만 인간은 그렇지 못하다. 반대로 신에게는 불가능하지만 인간은 가능한 한 가지 덕목이 있다는 점을 고려하면, 이러한 차이점은 거꾸로 뒤집힌다. 그 한 가지 덕목이 바로 신앙이다. 신앙은 불완전한 지식에서 나오지만 신은 전지전능하다. 거기에다, 신은 신앙의 **대상으로** 삼을 수 있는 것이 없다. 포이어바흐에 따르면, 이러한 차이점이 인간을 자기 비하로 이끈다. "신을 높이기 위해 인간은 낮아져야 한다. 신이 모든 것이라면 인간은 아무것도 아닌 것이 되어야만 한다"(124쪽). 포이어바흐의 의도는 이러한 종교적인 충동의 방향을 수정하여 가상의 대상에서 현실의 존재로, 즉 신에게서 인간으로 시선을 돌리는 것이다. "내가…종교와 사변철학, 또한 신학을 대상으로 하려는 작업은 다름 아닌 **눈을 뜨게 하는 것**, 또는 **내면을 향한 시선**을 **외부로** 향하도록 하는 것이다. 달리 말하면, 상상이 아니라 현실에서 존재하도록 그 대상을 인도할 뿐이다"(258쪽).

포이어바흐의 계획은 훌륭하지만 매우 위험스럽기도 하다. 종교적 충동의 대상으로서 신은 인간에 비해 훌륭한 장점들을 가지고 있다. 신은 우리의 믿음을 의탁할 수 있는 안전한 자리다. 그렇게 된 이유는 단순하다. 우리가 그렇게 가정하기 때문이다. 이 세상에서 어떤 일이 일어나더라도 신이 우리를 배신했다거나 우리가 엉뚱한 대상을 믿었다고 우리는 결코 말할 수 없다. 추정컨대 구약성서에 욥기가 포함된 것은 이런 가르침을 명심하도록 하기 위함이었을 것이다. 신의 본성은 말로 표현될 수 없는 것이며 그의 목적은 우리의 이해력을 넘어서는 것이어서 "하느님을 욕하고 죽으라"는 욥의 아내의 충고를 따를 이유는 전혀 없다.

그러나 인간은 어떠한가? "신적 존재는 인간이라는 존재와 다를 바 없다"(111쪽)는 포이어바흐의 칭송은 멋지고 용감하지만 과연 현명한 것일까? 신은 절대로 우리를 배신하지 않는다고 규정된다. 하지만 인간에 대해서도 이렇게 말할 수 있을까? 우리는 신이 무엇을 행하는지, 무슨 생각을 하는지를 알지 못한다. 하지만 우리는 우리 자신을 포함하여 인간이 무엇을 하고 어떤 생각을 하는지를 분명히 알고 있다. 포이어바흐는 **인간의 행동과 생각**을 신앙의 대상으로 삼기를 요청하고 있는 걸까? 포이어바흐는 인간에 대한 온전한 신뢰의 바탕 위에 서 있는 신앙은 아브라함의 상상마저 뛰어넘는 곳에서나 가능할 것이라는 사실을 깨닫지 못했을까? '신'을 최고의 자리에 두는 것은 바로 인간을 신뢰할 수 없어서가 아니었을까?

신앙의 대상으로서의 신을 인간으로 대체하는 것은 위험한 행동이다. 그러다 보면 감상적 휴머니즘의 단계를 거쳐 환멸과 절망의 단계로, 결국에는 냉소주의로 빠르게 옮겨 갈 수 있다. 이러한 추이는 단지 억측이 아니다. 포이어바흐 이후에 진행된 서구 문명의 전면적인 세속화와 오늘날 서구 문명의 특징이 되어 버린 뿌리 깊은 냉소주의의 관계를 누가 부인할 수 있을까?

종교적인 신앙과 냉소주의 사이에는 신앙에서 냉소주의로 빠져드는 것을 막거나 적어도 늦출 수 있는 중간 지점이 존재한다. 그것이 바로 '진보'에 대한 믿음이다. 진보를 향한 이런 움직임은 포이어바흐의 세속화 진행 과정을 따르면서도 세속화의 가장 나쁜 위험을 피할 수 있는 이점이 있다. 진보의 신봉자들은 '신'이라는 형이상학적 존재를 인정하지 않으면서도 이른바 신이 세상에 미치는 영향들 중 하나인 섭리라는 개념은 그대로 유지시킬 수도 있을 것이다. 세상이 어쨌든 **마치** 신적 지성의 창조물이기라도 한 것**처럼** 만들어진 것이라는 점과 역사가 **마치** 신적 기획에 따라 전개되는 것**처럼** 진보한다는 점을 납득할 수 있다면, 신성한 존재를 가정하지 않고 살기가 더 쉬워진다. 진보에 대한 믿음은, 인간이 실제로 어떤 행동을 하더라도 인간에 대한 신앙을 흔들림 없이 가질 수 있게 한다. 우리가 일단 미래의 인간에게 믿음을 두면, '미래의 인간'은 우리를 절대로 실망시키지 않는다. 왜냐하면 미래의 인간이라는 것은 신과 마찬가지로 우리 상상의 산물이기 때문이다. 미래의 인간은 하나의 추상개념이고, 그래서 우리가 좋아하는 대로 그들의 모습을 만들 수 있다. 다시 한번 우리의 신앙은 안전한 장소에 자리를 잡고, 그곳에는 범죄나 어리석음, 현재 어두운 시기를 살고 있는 사람들의 실패가 비집고 들어올 틈이 없다. 이러한 안정성이 우리에게 희망과 행동할 이유를 준다. 이것은 엄청난 이점이다.

그러나 단점 역시 존재한다. 진보와 미래의 인간에 대한 신앙이 현재를 살고 있는 실제 인간들의 배신으로부터 영향을 받지 않는다면, 우리는 또한 그런 신앙으로부터 사람들에게 진심을 다해야 할 특별한 이유를 제공받지 못한다. 만일 미래의 인간이 목표라면 그 논리의 연장선에서 현재의 인간을 지독하게 경멸하면서 징검다리나 건축용 블록, '인적 자원'이나 총알받이로, 즉 미래를 위한 **수단**으로 다룰 수 있는 것이다. 진보에 대한 믿음은 우리가 매우 다른 두 가지 입장을 동시에 취하도록 만든다. 미래의 인간과 관련해서, 우리는 이상주의자나 몽상가가 될 수 있다. 현재의 인간과 관련하여, 우리는 바로 냉소주의자처럼 행동할 수 있다. 진보를 믿는 사람은 미래의 아벨이자 현재의 카인이라는 이중적인 태도를 취할 수 있다. 물론 보통 사람들이 이렇게 극단적인 믿음을 갖지는 않지만, 우리는 20세기에 분명 이러한 입장이 불러온 소름끼치는 사건들을 목격했다. 중세의 깊은 믿음이 아무런 논리적 모순 없이 독실한 종교 재판관과 **이단자 화형집행**(*auto-da-fé*, '믿음의 행위'라는 뜻의 포르투갈어)을 만들어 낼 수 있었듯이, 20세기의 역사적 신앙도 똑같은 논리로 스탈린과 트루먼, 로버트 맥나마라(Robert McNamara), 폴 포트(Pol Pot)와 같은 진보적인 이상주의자들을 만들 수 있었다.

진보에 대한 신앙이 우리 시대에 낳은 독특한 잔인성은 그것이 잘못된 시간관과 잘못된 대상을 믿는다는 사실에서 비롯된다. 신앙은 지고의 신의 자리까지 들어 올려진 신뢰이고, 진정한 신앙과 신뢰의 대상은 인간이다. 미래의 인간에 대한 신앙은 추상개념에 대한 신앙이다. 그것은 실제 약속을 통해 상호 간에 주고받을 수 있거나 또는 그런 약속에 기초해 있는 신뢰가 아니다. 그것은 현재를 살아가는 사람들 사이의 진정한 신뢰에 바탕을 둔 세상을 위해 지금 꼭 필요한 실질적인 과제를 회피한다. 신앙의 대상이 추상화되면 그 믿음을 구체화시킬 방법도 추상화된다. 즉, 신앙은 약속을 지키는 것이 아니라 '운동 법칙'과 '역사적인 힘'의 작용으로 완수된다. 간단히 말해, 신이 진보로 변하면서 신앙은 종교에서 미신으로 변했다. 다시 말해, 신앙의 대상이 신에서 진보로 옮겨 가면서 신앙은 종교에서 맹신으로 변해 버렸다.

민주주의 신앙: 이삭을 선택하기

실제 사람들을 신앙의 본래 대상이면서 또한 신앙의 유일하게 적합한 대상으로 다시 주목하는 것은 민주주의적인 사유를 위한 출발점이다. 이미 말했듯이 이번 단계는 쉽지 않다. 이 단계에서의 어려움 때문에 우리는 그동안 이 단계를 피해 갈 수 있는 수많은 방법들을 생각해 냈다. 증거*에도 불구하고 계속해서 믿겠다는 결심, 즉 신앙은 우리를 절망에서 건져 내고 냉소주의를 치유할 힘을 가지고 있다. 동시에 잘못된 대상에 대한 믿음은 우리를 어리석고 편협하며 잔인한 '광신도'로 만드는 힘을 가지고 있다. 우리를 어리석고 편협하게 만들 위험 없이 우리를 '더 훌륭하고 더 용감하며 더욱더 활동적으로' 만들어 주는 유일한 신앙은 실제 인간에 대한 신앙, 즉 '민주주의 신앙(democratic faith)'이다.

인간에 대한 신앙은 가장 어려운 신앙이지만, 우리 모두는 어느 정도 그런 신앙을 가지고 있다. 살기 위해 우리는 그래야만 한다. 이 신앙은 우리의 개인 생활이 구성되는 바탕이자, 너무 익숙해서 거의 알아차리지 못하는 신앙이다. 사람이 어떤 대의명분을 위해 목숨을 바치거나 개인의 행복을 포기할 때 우리는 감탄한다. 하지만 똑같이 희생해도 자기 가족이나 친구들을 위해서 했다면 우리는 그런 사람들을 존경하긴 하지만 그리 놀라지는 않는다. 그런 사람들에게 명성과 명예로 보상하거나 그들의 이름을 기리는 국경일을 제정하지도 않는다. 그렇게 한다면 오히려 당황스러울 것이다. 그래도 이런 신앙은 역사에서 엄청난 힘을 가졌고, 지금까지 국가와 군대, 온갖 폭력적인 조직들이 휘둘렀던 그 어떤 힘보다도 강력하다. 이런 조직들에도 불구하

---

* [옮긴이 주] 인간의 악행을 입증하는 증거.

고 문명이 아직도 건재한 것이 바로 이 힘의 증거이다.

　이런 생각은 앞서 말했던 요점으로 돌아가게 하는데, 바로 근원적 민주주의가 어떤 고결한 새로운 윤리를 세상에 소개할 필요는 없다는 점이다. 근원적 민주주의는 우리가 이미 가지고 있는 상식적인 덕목들을 더욱 더 잘 활용할 것을 요구한다. 그렇게 하려면 우리가 이런 상식적인 덕목들에 대해 새로운 확신을 더해야 한다. 우리에게는 이런 덕목들을 낮춰 보는 정치 신화가 있다. 우리는 정치 질서를 위해 기꺼이 자신의 충성을 바칠 준비가 된 사람들(정확히는 남성들)이 국가를 세웠다고 배운다. 카인은 아벨을 죽이고 도시를 세웠다. 로물루스는 레무스를 죽이고 로마를 건국했다. 브루투스는 자신의 아들을 죽이고 로마 공화국을 세웠다. 아브라함은 자신의 아들에게 칼을 겨눠 히브리 민족을 세우고 신앙의 아버지가 되었다. 민주주의 신앙은 상식의 신앙이고, 이런 신앙은 자신의 형제와 자식을 죽이지 **않는** 사람들에 의해 완전히 다른 방식으로 세워진다. 그런 신앙은 E. M. 포스터처럼 다음과 같이 차분하게 말할 사람들에 의해 세워진다. "조국을 배신하는 것과 친구를 배신하는 것 중에 하나를 골라야 한다면, 내게 조국을 배신할 배짱이 있었으면 한다."[7]

　이런 관점에서 한 걸음 더 나아가면, 민주주주 신앙의 관점에서 아브라함의 행위는 신앙의 실패라고 말할 수 있다. 아브라함이 **아버지**로서 참된 믿음을 가지고 있었다면, 아들을 죽이라는 명령을 거절해도 하느님이 자신을 벌하지 않을 것이라고 철저히 믿었을 것이다. **어머니**라면 누구나 이에 동감할 것이다. 아브라함이 자신의 신과 서약을 맺었다면, 그는 그의 아들과 또 다른 서약을 갖고 있었다. 그 약속은 이 세상에 아이를 낳음으로써 맺게 되는 암묵적인 서약인 것이다. 상식 신앙의 관점에서 보면, 아브라함은 아버지로서 보호 의무를 지니고 있는, 약자와의 서약을 지켰어야 했다. 자신의 묶인 몸 위로 아버지가 칼을 든 모습을 본 이삭(Isaac)의 공포와 절망을 한번 생각해 보라. 그 후에 어떤 일이 일어났든 온전한 상황을 맞이할 수 있었을까? 신앙이란 아들을 내놓기를 거부했다는 이유로 아브라함을 미워하는 신에 대한 믿음이라고 말해야 할까? 우리는 신화 전체를 새롭게 해석해야 하지 않을까? 아브라함이 사실상 시험에서 탈락했고, 놀라고 소름 끼친 하느님이 자비롭게도 그의 비열한 행위를 멈추게 한 다음 아브라함과 그의 모든 자손들에게 '아브라함의 신앙의 저주'를 걸어 벌한 것이라고. 그리하여 그 이후 우리는 저주의 굴레 속에서 부모, 자식, 형제자매와 동지들을 국가, 당, 참 종교, 다른 대의명분을 위해 희생시켜 왔다고 말해야 하지 않을까?

새롭게 시작하려면, 우리에게는 아들을 죽이지 않을 아브라함이 필요하다. 하지만 그렇다고 그런 사람을 찾아 멀리 갈 필요는 없다. 나는 이 세상의 대다수 아버지들이 그러지 않을 것이라 믿고, 물론 대부분의 어머니들도 그렇게 하지 않을 것이라 믿는다. 그 명령을 거부했다고 하느님이 진짜로 벌을 줄 것이라 믿지 않는다. 대다수의 아버지들과 어머니들은 그렇게 생각할 것이다. 만약 벌을 준다면 그건 진짜 하느님이 아니다. 그가 만약 하느님이고 나를 벌준다 해도, 나는 아들을 죽이기 전에 벌을 받을 것이다. 또는 대다수 아버지와 어머니가 이에 대해 깊이 생각하지 않았을지라도 아들을 죽이려고 칼을 들 수는 없을 것이다. 세상에 희망이 있는 까닭은, 세상이 주로 이런 사람들로 구성되기 때문이다.

상식적인 민주주의자는 이렇게 거창한 이야기가 당혹스러울 것이다. 신앙은 무거운 단어이다. 우리가 이 단어를 쓰는 것은 현재 논의에 충분한 무게를 싣기 위해서이다. 나중에 우리는 '끈기'나 '품위'처럼 더 수수한 말로 대체할 수 있다. 하지만 여기서는 그냥 신앙이라고 부르며 단도직입적으로 논의를 이어가 보자. 민주주의 신앙은 다른 신앙들이 회피하고 있는 진정한 신앙이다. 다른 모든 신앙들은 민주주의 신앙의 모방품이거나 간접적인 표현 또는 왜곡된 형태다. 민주주의 신앙은 **근원적** 신앙으로서 가장 자연스러우면서도 동시에 가장 어려운 신앙이다.

민주주의 신앙이 자연스러운 동시에 어려운 근본적인 이유는, 신뢰한다는 것 자체에 본질적인 역설이 들어 있기 때문이다. 유일하게 합당한 신뢰의 대상은 인간이다. **왜냐하면** 인간은 '신뢰하기 어려운 여지(capable of untrustworthiness)'를 가진 존재이기 때문이다. 동시에 인간은 신뢰의 대상이기 **때문에**, 바로 그 이유 때문에 인간만이 신뢰할 수 없는 존재이기도 하다. 우리는 바위가 딱딱하다거나 암탉이 알을 낳는다거나 떨어지는 물체에 초당 32피트의 가속도가 붙는다거나 하는 것을 신뢰한다고 하지 않는다. 신뢰와 신뢰성은 인간이라는 자유로운 존재의 불확실성을 다룰 방법으로 발명되었다. 신뢰가 불확실성을 확실성으로 바꾸지는 못한다. 신뢰는 증명이 아니라 판단과 선택이다.

민주주의 신앙은 단순하게 모든 사람을 똑같이 신뢰하는 것이 아니다. 감상적인 어리석음이 민주주의 신앙은 아니다. 그것은 인간이 가질 수 있는 약함과 어리석음과 두려움에 대한 분명한 이해의 토대 위에 서 있다. 신앙처럼 무거운 무언가가 요청되는 이유는 바로 이런 약점, 어리석음, 두려움 때문이다. 민주주의 신앙은 이따금씩 각각의 개인들에게서 민주적 신뢰의 세계를 볼 수 있기 때문에, 그것을 근거로 그런 세계가 가능하다고 믿으려는 결심이다. 민주주의 신앙은 사람들에게서 이따금씩 볼 수 있는 모습을 근거로 사람들의 가능한 모습을 믿으려는 결심이다. 민주주의 신앙은 각각의 정치체제나 각각의 사람들이 제각각의 민주적인 가능성을 가지고 있다고 믿으려는 결심이다. 그것은, 사람들은 자유롭기에 그렇게 될 자유도 가지고 있다는 믿음이다. 이런 믿음들 중 어느 것도 증명되지 않았지만 반증된 것도 없다. 어느 쪽을 믿든 그 사람의 자유이다. 민주주의 신앙을 기꺼이 받아들이려는 행동은 실제 상황에 대한 자기기만 없이 행동할 수 있는 능력과 희망을 준다. 민주주의자가 믿는 가능성과 우리가 처한 현실 사이의 틈은 넓고, 신앙을 통한 도약은 여러 가지가 있겠지만, 민주주의 신앙은 긴 도약이다. 모든 신앙들 중 민주주의 신앙이 가장 강해져야 할 이유는 바로 이 때문이다.

그래서 민주주의자들은 아브라함에게서 감명을 받지 않는다. 왜냐하면 그는 절대적이고 전지전능하고 불변의 영원한 존재인 신을 믿으며, 모르긴 몰라도 때때로 부엌에서 케이크를 훔치고 때로는 금지된 꿈을 꾸고 이제는 지금의 아버지만 아니라면 세상의 어떤 아버지라도 좋다고 생각하고 있을 작은 소년을 외면했기 때문이다. 전지자에게 복종하는 것은 아들을 걸고 도박을 하는 것에 비하면 대단한 위업이 아니다.

우리가 포이어바흐의 관점에서 생각한다면 이야기는 더욱더 암울한 그늘을 드리운다. 그의 관점에서 보면, 아브라함의 신은 아브라함이 인간들에게서 흔들리지 않는 신앙의 기반을 발견할 수 없기에 그런 기반을 제공하려는 목적으로 아브라함에 의해 창조된 것으로 봐야 한다. 아브라함은 순전히 인간에 대한 신뢰의 불확실성을 극복한 자신의 모습을 보여 주기 위해 이 호문쿨루스(homunculus)*를 창조해서 아들을 희생시키라는 명령을 자

---

* [옮긴이 주] 남성의 정자 속에 초소형의 인간이 내재하여 말의 자궁이나 실험실 플라스크

신에게 내리도록 가르쳤다. 이런 노력은 인간의 힘과 지혜만을 사용해서 인간들 사이에 공정한 질서 확립을 모색하는 일의 복잡성을 회피하기 위해서인데, 민주주의자는 이런 시도를 예찬하는 신학자들과 뜻을 같이하지 않는다. 질서 확립의 복잡성을 외면하는 것은, 약속의 땅을 탐색할 때 생각해 볼 수 있는 최악의 출발점이다. 인간은 최고의 인간적 자질을 재료 삼아 신을 창조했다는 것이 포이어바흐의 주장이지만, 이 신은 인간적이지 않은 또다른 성질을 갖고 있다. 그것은 도덕적 확실성이다. 인간은 스스로의 힘으로는 절대로 도덕의 확실성에 이를 수 없다. 아브라함과 이삭의 이야기 역시 이런 생각을 담고 있는 우화이다. 이 이야기는 도덕의 확실성에 사로잡힌 인간이 어떻게 인간의 영역을 벗어나 무시무시하고 이해할 수 없는 폭력적 존재가 되는지를 알려 준다. 인간의 생각만으로 확실성의 단계에 이를 길은 없다. 누구도 '절대자'가 될 수 없는 인간 존재들 사이에서만 형성된 신앙은 그렇게 강력한 결과를 낳을 수 없다. 민중의 목소리가 신의 목소리는 아니듯, 민주주의도 그런 가정을 필요로 하지 않는다. 민주주의는 민중의 목소리일 뿐이다.

에서 적절히 배양하면 인간으로 태어날 수 있다는, 중세의 연금술사의 믿음에서 비롯된 가상의 미인(微人). 초월적 신, 리비도나 욕망과 같이 인간의 의식을 보이지 않는 곳에서 은밀하게 그러나 절대적으로 지배하는 것으로 설정되는 가상의 실체를 지칭하기 위해 사용되는 개념이기도 하다.

공적인 희망의 상태와 가능성의 예술

1985년 여름, 마르코스 독재 말기 마지막 몇 달간, 나는 필리핀을 방문해서 반(反)마르코스 단체들의 느슨한 연합 조직이 주최하는, 현지의 표현을 빌리자면 '체험 여행(exposure tour)' 일정에 참석했다. 9일 동안의 일정은 나를 충격으로 몰아넣었다. 그것은 문화적인 충격이나 빈곤에 대한 충격이 아니었다. 그 충격에 붙일 수 있었던 유일한 명칭은 희망 충격(hope shock)이었다.

내가 살고 있는 일본에서는 대부분의 사람들이 개인적인 희망을 가지고 있다. 그들은 자신의 삶이 개인적으로 잘 풀리리라 믿는다. 즉, 직업을 얻고 적당하게 돈을 벌어 편안하게 살리라 믿는다. 일본인들 중에서 자신과 자신의 자녀들이 빈곤해지거나 영양실조에 걸리거나 어쩔 수 없이 범죄자가 되거나 끔찍한 죽임을 당하리라는 두려움을 갖고 있는 사람은 거의 없다.

그렇지만 일본인들 대다수는 공적인 희망을 품지 않는다. 자국의 미래나 세계의 미래에 관해 대부분의 일본인들은 보통 태연히 절망하는 태도를 보인다. 그들은 자연 파괴는 결국 멈추지 않을 것이고, 자국의 정부를 움직이는 뿌리 깊은 정치 파벌을 대중이 통제할 날이 올 리 없으며, 미래의 기술 지배 사회에서는 자유를 잃을 수밖에 없다고, 막연하고 아무렇지도 않게 말한다. 단지 인간의 행동만으로는 이런 일들을 전혀 피할 수 없다는 믿음(말하자면 민주주의는 불가능하다는 믿음)은 상식이 되었다.

1985년의 필리핀에는 희망을 품을 만한 객관적인 근거가 거의 없었다. 마르코스의 개발독재하에서 경제는 민중의 배를 주리게 하고 정부는 그들을 살해하고 있었다. 부잣집 아이들을 제외하면 대부분의 젊은이들이 맞닥뜨릴 미래는 어두웠다. 그러나 나와 이야기를 나눈 모든 사람들은 희망으로 가득 차 있었다. 당연히 우리가 이길 거예요, 하고 그들은 말했다. 우리는 이 독재자를 몰아낼 거예요. 약탈적인 외국 자본가들을 쫓아낼 거예요. 미군 기지를 철수시킬 거예요. 필리핀을 공정한 번영 국가로 만들 거예요. 그들은 평범한 사람들의 행동으로 이런 일이 이루어질 거라고 우리 일행에게 말했다.

어디에나 자유의 기운이 스며 있었다. 우리는 금지곡이었던 반마르코스 노래를 공중 식당에서 부르는 소리를 들었다. 우리는 집회에 참석했고 시위 행렬에도 참여했다. 우리는 만 명의 민중들과 함께 걸었는데, 그들 중 대부분은 몇 해 전만 해도 노조 활동은 생각조차 할 수 없는 곳이던 바탕수출공단(Battaan Export Processing Zone)에서 온 노동자들이었다. 마리벨레스(Mariveles)에서 바탕가(Batanga)까지 이틀 동안의 도보 행진이었다. 내가 정부군을 본 것은 한 번뿐이었다. 사방으로 온통 소총을 겨눠서 마치 고슴도치처럼 보이던 육군 지프 세 대가 윙 소리를 내며 달려갔다. 행진하던 사람들은 그들을 향해 야유를 퍼부었다. 우리 모두는 공립학교 운동장에서 야영을 했다. 나는 그때 무슨 생각을 했는지를 기억한다. 이게 도대체 무슨 종류의 독재이지? 일본이나 미국, 아니면 다른 어떤 '민주주의' 국가에서도 만 명의 반정부 시위자들이 공립학교 운동장에 천막을 친다면 폭동 진압 경찰이 30분도 채 안 걸려서 이들을 다 쫓아낼 텐데.

이것은 충격이었다. 공적인 절망의 상태에 빠진 국가에서 공적인 희망에 부푼 국가로 갑작스레 이동한 탓이었다. 'EDSA의 기적'*은 갑작스러운 현상이 아니었다. 그 과정은 이미 일 년 전에 시작되었다. 그 '기적'이 민중의 공적 신앙의 대상을 '피플파워'에서 국가권력으로 이전시키는 의례로 변질되어 버렸다는 점이 '기적'의 비극이다. '민주적인 선거'의 반민주적인 잠재력을 이보다 더 분명하게 보여 주는 사례가 있었을까? 최소한 당시의 상황에서 볼 때 코라손 아키노가 대통령에 당선된 것은 필리핀 민중 권력의 시작이 아니라 그 종식을 기록했다. 적어도 잠정적으로 그러했다. 필리핀은 지금보다도 마르코스 통치의 마지막 며칠간이 훨씬 더 자유로웠다. ('연대노동조합'이 국가권력을 제외한 모든 권력을 장악했을 때의 폴란드에 대해서도 같은 말을 할 수 있을 것이라고 생각한다. 훗날 레흐 바웬사가 대통령에 당선되었을 때와 비교해 보라.) 오늘날 필리핀은 절망과 싸우는 나라가 되었다.

* [옮긴이 주] 1986년 2월 25일, 신 추기경의 호소에 따라 마닐라에서 가장 긴 대로인 EDSA 거리에 100만 명 이상의 군중이 모여 부정선거에 항의하며 마르코스 정부군의 진압을 막아내어 피플파워 혁명의 계기가 된 사건. 무장하지 않은 사람들이 마르코스의 군대를 가로막았다.

그렇지만 공적인 희망의 순간 필리핀 민중들은 그 나라 역사를 통틀어 기억에 남을 만한 행위를 완수했다. 그리고 그 일이 반복될 가능성은 아직도 남아 있다.

　'공적인 희망의 상태'는, 보통 정치학에서 사용되는 전문용어로 분석하거나 설명하기 어렵지만, 주요 민중운동과 혁명들은 언제나 전문가들을 놀라게 만든다. 정치학은 원인을 탐구한다. 그런데 공적인 희망의 상태는 어떤 면에서 그 자체가 원인이다. 이것은 공적인 절망의 상태에서도 마찬가지이다. 민중들이 공적인 행동에 참여하지 않는 것은 결국 실패할 것이라고 믿기 때문인데, 바로 그럴 때 공적인 행동은 실패할 수밖에 없다. 주관적인 믿음은 그 믿음이 '옳음'을 증명하는 객관적인 사실을 만든다. 보통 이러한 상태를 가리켜 '정치적 현실주의'라고 부른다.

　공적인 희망의 상태에서는 이러한 악순환이 뒤집힌다. 민중들은 공적인 행동이 성공할 수 있다고 믿기 시작한다. 왜 그렇게 믿게 되었는지는 중요하지 않다(틀린 이유로 그렇게 믿을 수도 있다). 하지만 많은 사람들이 희망을 공유할 때, 그 자체가 바로 희망의 근거이다. 공적인 희망 자체가 희망의 근거가 된다. 많은 사람들이 희망에 차서 공적인 행동에 참여할 때, 희망은 거의 근거 없는 신앙—공적으로 절망적인 상태에 빠져 있을 때 역시 근거 없는 신앙이었듯—에서 명백한 상식으로 바뀐다. 공적인 행동을 설명하기 위해 '기적'이라는 말을 쓰게 만드는 것은, 바로 이렇게 인과관계의 법칙을 무시하고 무에서 유를 창조하는 듯 보이는 이 능력 때문이다. 그것은 또한 때때로 운동이 예상치 못한 혁명으로 돌변하여 원래의 목표를 넘어서게 되는 이유이기도 하다. 운동이 확산되면서 처음에는 생각할 수 없었던 요구들을 하게 되는 것은 현실적인 일이다. (멕시코의 사례에서 볼 수 있듯이, 지진으로 인한 피해에서 살아남기 위해 노력하는 가운데 생겨나는 비정치적인 상호부조 조직의 자연스런 성장도 민주주의 운동의 기폭제가 될 수 있다.*)

필리핀에서 마르코스를 추방하는 데 성공한 것이 신인민군 (New People's Army, NPA)의 힘 덕분이라고 많은 사람들이 믿고 있는 것은 사실이다. 이러한 믿음에 근거가 없는 것은 아니다. 신인민군은 마르코스 독재의 합법성을 빼앗아 필리핀의 세력

---

* [옮긴이 주] 1985년 멕시코시티를 강타한 대지진으로 1600만 명의 의류 공장 노동자가 사망하였고 800여 개의 사업체가 파괴되면서 4만~7만 명의 의류 공장 노동자들이 졸지에 일자리를 잃었다. 이런 피해 상황에서 노동자들에게 임금과 퇴직금을 지불해야 할 고용주들이 자신들의 의무를 저버리는 사태를 맞아 노동자들은 이에 항거하였고, 이는 멕시코 노동사 최초로 독립적인 노동조합이 탄생하는 계기가 되었다. 다른 한편, 빈민들이 집단 주거하던 아파트가 지진으로 붕괴되었음에도 국가적 차원에서 구조 작업이 원활하지 않은 가운데 2차 지진으로 잔해 속에서 구조되지 못한 채 방치되던 주민들 수백 명이 압사하는 사고까지 발생했다. 이를 계기로 대지진 이전부터 벌어지고 있던 빈민들의 주거권 확보 운동은 더욱 힘을 얻었으며, 시에 설치된 '지진난민 통합조정위원회'를 통해 자신들이 살던 아파트 부지에서 그대로 살 수 있는 승리를 쟁취하였다. 지진 이후 이러한 일련의 사회운동과 시민들 스스로 서로 먹을 것과 잠자리를 해결한 경험은 이른바 시민사회를 탄생시키는 계기가 되었으며, 이는 향후 멕시코의 민주화 운동에 기폭제 역할을 하였다. 이에 대한 자세한 논의는 리베카 솔닛, 『이 폐허를 응시하라』 3장 「축제와 혁명: 멕시코시티 대지진」(정해영 옮김)을 참조.

균형을 바꾸는 중요한 역할을 했기 때문이다. 그러나 독재자를 끌어내릴 수 있었던 것은 공적 희망의 자생적 동력이 곧 토네이도 같은 힘을 발휘하여 잠시나마 게릴라 군대의 군사력을 넘어서면서 그 군대가 할 수 없었던 일을 해낸 덕이다. 신인민군은 지금도 존재하고 군사력을 보유하고 있지만, 공적인 희망과 민중의 힘은 사라졌다.

"정치는 가능성의 예술"이라는 표현은 오토 폰 비스마르크(Otto von Bismarck)에게서 나왔다. 보통 이 표현은 정치를 **현실정치**(*realpolitik*)로 제한하려는 비스마르크의 방식으로 이해된다. 이 표현은 유토피아적이고 이상적인 요소들을 정치에서 제거하고 가능한 의제들만을 다루자고 한다. 정치에 입문하는 것은 몽상가이기를 포기하여 자신의 가장 큰 희망을 버리고 현실적 힘 앞에 체념하는 것이다. 이런 의미에서 "정치는 가능성의 예술"이라는 말은 냉소적인 정치의 슬로건이 되어 왔다.

그러나 민주주의자들은 이 말을 다른 의미로 받아들일 것이다. 민주주의 정치에서 가능성의 예술은 가능성을 확장하는 예술, 불가능한 것에서 가능성을 만드는 예술을 의미한다. **현실 정치**의 논리는 공적인 절망의 상태에서 유효한 유일의 논리이다. 민주주의 정치는 정치적인 상태를 변화시켜 이전에는 불가능한 것을 가능하게 만드는 힘을 가지고 있다. 이것은 감상적인 이상주의가 아니라, 일어날 수 있고 또 실제로 일어나는 명백한 현실주의이다. 만일 모든 군인이 싸우기를 거부한다면 전쟁은 끝난다. 만일 모든 시민들이 거리에 나온다면 독재 정권은 권력을 잃는다. 만일 모든 노동조합이 같은 날 파업에 들어간다면 노동자들이 산업계를 장악할 수 있다. 만일 모든 채무 국가들이 동시에 빚 갚기를 거부한다면 국제통화기금과 세계은행은 사라진다. 이것이 민주주의 정치학에서의 **현실 정치**이다.

우리는 자연 상태를 두려워하라는 홉스의 가르침을 받아 왔다. 끝없는 절망의 고통 속에 만인이 만인에 대해 전쟁을 벌이는 자연 상태에서 공적인 행복은 완전히 사라진다. 자연 상태는 먼 과거의 이야기가 아니다. 그것은 언제나 현재의 가능성 속에 있다. 그것은 역사 속에서 늘 우리의 뒤를 바싹 붙어 따라다니다 리바이어던의 권력에 도전하는 실수를 저지를 때면 언제라도 현실로 튀어나올 준비가 되어 있는 망령이다. 이 끔찍한 이미지는 항상 정치 현실을 비추는 거울 속에 자리하면서 계속 거울 밖 현실 속 희망을 죽이는 임무를 수행한다.

이러한 이미지와는 반대로 민주주의자는 공적 희망의 상태, 즉 민주주의 상태를 거울 이미지로 가정한다. 이러한 상태 역시 현실의 가능성 속에 있고, 마찬가지로 우리 현실의 바로 뒤에 존재하고 있다. 이러한 깨달음은 최악의 정치 현실에서도 우리가 희망을 잃지 않을 이유를 제공한다. 지금 이 순간에도.

공적인 행복

아렌트는 정치 행위가 실제 권력을 만들어 내는 데 성공했을 때, 참여자들이 사적인 삶에서 경험하는 행복과는 다른 종류의 행복을 어떻게 경험하게 되는지를 설득력 있게 보여 줬다.[8] '공적인 행복(public happiness)'은 또한 복수의 짜릿함이나 경쟁자를 물리치는 만족감, 타인을 지배하는 권력을 가졌다거나 특권 엘리트의 구성원이 되었다는 자부심과는 다르다. 이러한 것들은 고립된 즐거움이고 상대편 덕분에 생긴다. 즉 분노나 두려움, 굴욕에서 풀려나거나 반대로 다른 사람들에게 이러한 감정을 강요하는 위치에 있을 때 생기는 행복이다. 이것은 토머스 홉스의 세계가 우리에게 약속하는 즐거움이다.

공적인 행복은 고립되지 않고 나누는 것이다. 공적인 행복은 자유로운 다른 사람들 속에서 자유로워지는 행복이고, 공적 신앙이 회복되어 되돌아오는 행복이며, 공적인 희망이 공적인 권력이 되고 현실 자체가 되는 것을 보는 행복이다. 이것은 역사가 더 이상 사람을 옥죄고 농락하는 외래의 힘이 아니고, 우리가 지금 하는 무언가가 바로 역사가 되는 순간을 경험하는 행복이다.

공적인 운동은 대개 연민 또는 자기 연민에서부터 생겨난다. 그러나 운동이 실제로 공적인 희망을 만들기 시작하면 사람들이 더 이상 그런 감정들을 느끼지 못할 것이기에 이런 감정들은 오래 가지 못한다. 정치 운동을 하는 도덕주의자들은 정치 활동에서 기쁨을 느낀다는 사람들을 비판하곤 한다. 이런 기쁨을 반대하는 것은 위험한 일이다. 왜냐하면 오직 실패할 수밖에 없는 운동에서만 연민과 자기 연민이 계속 유지될 수 있을 것이기 때문이다.

공적인 행복의 경험은 우리 시대의 정치에서 예외적인 것이지만 그렇다고 아주 드문 것은 아니다. 그것은 지금 세기 모든 대륙의 많은 국가들에 알려져 있고, 정치적·경제적·문화적 환경은 달라도 공통적으로 같은 경험을 한 사회들이 알려져 있다. 비록 아주 잠깐일 때가 많을지라도 사람들은 어디에서나 공적인 행복을 느꼈다. 그러므로 공적인 행복은 어디에서나 가능하다.

결론

페르세포네의 귀환

이 책의 서두에서 나는 제도적인 해결책을 제안하지 않겠다고 했고, 이 약속은 거의 지켜졌기를 바란다. 아마 지금쯤은 이렇게 유난스런 태도를 보인 이유가 조금 더 분명해졌을 것이다. 민주주의는 어떤 '체제'나 일련의 제도가 아니라 어떤 상태라고 말해야 더 잘 설명되며, 민주주의로의 전환은 제도의 정립이 아니라 '상태의 변화(change of state)'라고 줄곧 주장하고자 했다.

이런 주장은 민주주의가 제도화될 수 없다는 것을 의미하는가? 위의 구분법에 의거해서 곧이곧대로 생각한다면, 민주주의의 제도화는 불가능하다고 대답해야 할 것이다. 다시 한번, 서둘러 이렇게 덧붙여야겠다. 그렇게 답한다고 해서 일반적으로 민주적 제도라고 불리는 것의 중요성을 폄훼하려는 게 아니라고. 인간의 삶에서 가장 소중한 경험들은 대부분 제도화될 수 없는 것들이다. 웃음은 제도화될 수 없다. 그렇다고 코미디 극장 같은 제도들을 없애야 하는 건 아니다. 사랑도 제도화될 수 없다. 하지만 구애와 결혼 제도가 소용없다는 것을 의미하지 않는다. 지혜는 제도화될 수 없다. 그렇다고 교육제도가 무용하다고 말하려는 건 아니다. 건강은 제도화될 수 없다. 하지만 이러한 주장이 병원이나 의사를 반대하는 것은 아니다. 우리는 제도가 어떤 상태를 만들거나 보존해 주길 바라면서 제도들을 설계한다. 종종 제도들은 그렇게 작동하지만, 때로는 그러한 역할을 하지 못한다. 그리고 가끔은 어떤 상태가 제도의 뒷받침 없이 등장하기도 한다. 코미디를 관람하다가 사랑에 빠지기도 하고, 결혼식 도중에 크게 웃음이 터질 수도 있다.

인과관계의 불확실성은 민주주의에도 똑같이 해당된다. 사실상 민주주의를 실현시킬 것으로 알려져 있는 제도들이 모두 갖추어져도 여전히 민주주의 상태는 도래하지 않는다(무심하고 부패한 '대의민주주의'를 떠올려 보라). 반대로 민주주의를 탄압하기 위한 제도들이 모두 갖추어져도 민주주의가 우리 눈앞에서 폭발할 수 있다(혁명을 생각해 보라).

민주주의는 정치의 본질이고 가능성의 예술이다. 하나의 예술로서 민주주의는 음악이나 춤, 연극처럼 하나의 공연 예술이라고 할 수 있다. 다양한 사회적 조직들은 극장을 세우고, 오케스트라를 구성하고, 댄서와 배우들의 극단을 만들지만, 예술은 공연이 이루어지는 한에서만 존재한다. 가능하다(possible의 어원은 라틴어 *posse*로서 '할 수 있다'라는 의미)는 말은 **그저** 가능하다는 뜻일 뿐이다. 우리가 어떤 일이 가능하다고 말하는 순간은 오직 그것이 아마도 가능하지 **않을** 때일 뿐이다. (어떠한 테크놀로지도 공연 녹화물에 대한 경험을 실제 공연을 볼 때의 경험과 똑같게 만들 수는 없다. 녹화 공연은 이미 끝난 공연이다. 우리는 라이브 공연 때 매 순간 공연이 제대로 이뤄지지 못하는 해프닝의 가능성을 목도한다.)

우리는 민주주의를 민중 권력이라고 부른다. 권력(power의 어원은 역시 라틴어 *posse*이다)은 무작위적인 행운의 손에서 가능성을 취하여 예술, 즉 창조적인 기획으로 전환한다. 권력은 맹목적이고 기계적인 역사 '발전' 과정을 통해서는 결코 존재할 수 없는 것을 등장시킨다. 권력은 꿈과 환상을 가능성으로, 그리고 그 가능성을 현실로 만든다. 그러나 민주주의의 실제, 즉 민중 권력은 실행이 이루어지는 동안에만 존재한다. 아렌트가 우리에게 가르쳐 주었듯이, 민주주의는 '만드는(making)' 것이 아니라 '행동하는(acting)' 것이다. 민주주의는 어떤 **존재**일 수 있다는 말로 설명할 수 없다. 민주주의는 **행할** 수 있는 어떤 것일 뿐이다.

그러나 민주주의가 직접적으로 어떤 제도가 될 수는 없다 하더라도 세상에 그 모습을 드러낼 때에는, 1장에서 주장했듯이, 어떤 식으로든 그 특유의 형태를 취하는 경향을 갖는다. 사람들은 함께 행동하고 서로의 공동생활에 관해 얘기하려는 욕구를 키워 나간다. 그래서 이러한 대화가 가능할 정도로 적당히 작은 규모의 모임들이 꾸려진다. 예컨대 사람들은 통신·연락위원회 (committe of correspondence)*, 평의회(council), 소비에트 평의회

---

* [옮긴이 주] 미국 독립전쟁 당시 영국의 식민 정책에 관한 소식과 정보를 알리고 이에 대

(soviet)*, 동호인/활동가 그룹, 부문별 모임 등에서 모인다. 이 형태가 바로 '시민사회'의 형태이다. 이들 모임은 주로 제도로 발전하지만, 그렇다고 해서 이런 사실들이 민주주의 자체가 제도화되었다는 점을 의미하지는 않는다. 오히려 모임의 자발성이 의례적인 것으로 변하면서, 이런 모임들의 형식화는 화석화의 시발점일 수 있다.

민주주의가 제도들을 발전시키면서 의식적으로 제도를 만들 수도 있다. 즉 민주주의 운동은 민주적인 환경을 조성하기 더 쉽게 하거나 억압하기 더 어렵게 만들도록 보통 국가 제도들을 고안하고 제정하며, 바꾸거나 없애려 해 왔다. 민주주의 운동은 군주제를 타도하고, 헌법을 제정하며, 선거제도를 만들고, 국가권력을 제한하며, 민중의 권리를 보장하는 법을 통과시킨다. 아울러 노동조합을 창설한다. 그리고 토지 소유 제도 개혁, 상속법 변경, 부유세 부과, 복지 체제 확립을 통해 부를 재분배하려 한다. 이 리스트를 완성하려면 적어도 지난 3세기 동안의 역

한 반대 운동을 조직할 목적으로 시·읍·면 단위로 촘촘하게 구성된, 일종의 예비 혁명 조직. 1774년 영국의 억압적 식민 정책의 종식을 요구하기 위해 소집된 대륙 의회에 파견할 각 지역의 대표들을 선출하는 역할을 맡았으며, 나아가 1775년 렉싱턴에서 최초의 독립전쟁이 발발하면서 혁명군 소집을 포함하여 사실상 혁명정부의 기능을 수행하였다.

* [옮긴이 주] 사전적으로는 영어의 council과 같은 의미이지만, 소비에트 평의회는 노동자들의 대표 기구로서 러시아 혁명을 촉발시킨 총파업의 주체 세력이었다는 특별한 의미를 지닌다. 1905년 10월 페테르부르크 25만 노동자 대표 기구 소비에트가 결성되었고, 이들을 중심으로 이루어진 총파업에는 지식인과 전문가들까지 동참하여 200만 명에 달하는 노동자들이 공장, 대학, 회사, 심지어는 법정에서도 파업을 벌였다.

사를 다시 말해야 한다. 이런 투쟁들을 통해 만들어진 제도들은 우리에게 매우 중요하지만, 민주주의 자체가 그렇게 제도화되었다고 말하는 것은 역시나 잘못된 일이다. 민주주의 운동이 강력한 국가 폭력을 사용하여 사회를 강압적으로 바꾸려 한다든지, 선동 정치가에 불과한 지도자를 무조건 신뢰한다든지, 자유를 자유시장과 혼동하는 때처럼, 어떤 제도들은 자기 파괴적이기까지 한 경우도 있었다.

그렇다면 민주주의가 제도화될 수 없다는 말은 민주주의를 지속시킬 방법은 없단 말인가? '지속한다'는 말이 '영원히 지속한다'는 것을 뜻하는지, '잠시 지속한다'는 것을 뜻하는지에 따라 그에 대한 답은 달라진다. 이 말이 '영원히'라는 뜻으로 쓰인다면, 대답은 분명하다. 콩도르세 이후 많은 진보 이론가들이 장황하게 미혹에 찬 이야기들을 해 왔지만, 역사는 '영원히'라는 말을 전혀 알지 못한다(물론 '영원히 사라진' 것은 예외이다). 프랑스혁명 이후 사람들은 언젠가 지축을 뒤흔드는 '철커덩' 소리를 내며 역사의 거대한 톱니바퀴가 다시는 되돌릴 수 없는 새로운 차원의 세계로 움직일 것이라 믿고 싶어 했다. 마찬가지로 민주주의도 우리가 투쟁해서 얻어야 하는 무언가가 아니라, 마치 공기처럼 당연히 그곳에 있는 어떤 것으로 전환할 거라고 믿었다. 나는 이런 영원함이 어떤 상태, 이를테면 평화의 상태에서 가능할 수도 있다는 믿음을 포기하고 싶지는 않다. 무엇보다도 평화란 무언가를 하는 상태가 아니라 무언가를 하지 않는 상태, 이를테면 다른 사람을 죽이지 않는 상태를 의미한다. 평화의 상태는 노력하지 않아도 존재할 수 있다고 생각해 보는 것은 가능한 일이다. 그러나 민주주의 상태가 공적으로 행동하는 어떤 상태를 의미한다면, 상상할 수 있는 역사의 어느 단계에서든 민주주의가 아무런 노력 없이 실현될 수는 없다. 그런 단계가 가능하다는 말은 인간의 의식이 매우 높아져서 젊은이들을 더 이상 교육할 필요가 없는 시대가 올 수 있다는 말과 같다. 미래에 어떤 일이 벌어지든, 원리적으로 노력에 의해서만 얻어질 수 있는 것들은 오로지 노력에 의해서만 얻어질 것이다. 그래서 사람들의 노력이 시들해질 때 그렇게 얻어진 것들을 다시 잃어버릴 수 있다.

다른 한편, '지속한다'라는 말이 '잠시 지속한다'라는 뜻이라면, 그 대답 역시 분명하다. 이때 남은 딱 하나의 질문은, '잠시'란 과연 얼마 동안일까? 쉘던 월린은 민주주의란 역사 속의 "반짝하는" 사건으로 재인식되어야 한다고 제안했다. 즉, 그에게 민주주의란 "정치의 한 순간으로서, 아마도 '정치적인 것'이 기억되고 만들어지는 바로 그 정치적 순간"이고 "고통스러운 경험이 그 조건이기에 일시적으로만 성공할 수밖에 없는 운명을 지닌 존재 양식이지만, 그러면서도 정치적인 것에 대한 기억이 살아 있는 한 다시 발생할 수 있는 가능성"[1]이다. 이 말에 동의하지만, '운명'이라는 말이 지니는 결정론적인 함축성을 경계하고, '일시적'이라는 말이 역사에서는 긴 시간일 수도 있다는 점을 기억해야 한다고 단서를 붙이고 싶다.

　민주주의의 이런 일시성은 민주주의자들의 노력이 시지프스 (Sisyphus)의 노력과 같다는 의미일까? 그 일은 헛된 것이고, 돌은 다시 아래로 굴러떨어져서 우리의 노력을 무위로 돌릴 것이라는 점을 확실히 알면서도 산 위로 돌을 옮겨야 한다는 것을 의미하는 걸까? 한 세대 전에 알베르 카뮈(Albert Camus)는 희망이라고는 찾아볼 수 없는 부조리에 직면한 행동의 상징으로서 시지프스의 이미지를 제시했다. 당시 카뮈는 여전히 이런저런 진보 이론을 믿고 싶어 하는 세계, 역사는 인간 정신의 단계를 따라, 또는 생산관계의 단계를 따라, 또는 경제성장의 단계를 밟아가며 되돌아갈 수 없는 길을 가고 있다고 믿고 싶어 하는 세계, 그런 세계에 말을 걸고 있었다. 돌이 다시 굴러떨어질 것이라는 말은 절망적인 메시지처럼 들렸다.

　그렇지만 세상만사가 자연처럼 되풀이되는 순환 주기로 움직인다는 것이 사실상 근대 이전 세계 모든 이들의 생각이었다. 그리고 오늘날 단선적 진보를 믿도록 교육을 받은 우리들 중에도 여전히 무의식적으로, 그리고 본능적으로 정치 현상을 설명하기 위해 순환의 이미지를 사용하는 사람들이 있다. 억압이 느슨해지면 '해빙기', 새로운 민주주의 운동이 일어나면 '봄'이나 '여명', 민주주의 운동이 거세져 사회를 바꿀 정도라면 '탄생' 등으로 이름을 붙이곤 한다. 흥미롭게도 카뮈가 분명하게 설명할 수 없었던 부분은, 시지프스가 헛된 수고를 계속해야만 하는 순환 구도에 갇혀서도 (카뮈의 주장대로라면) 행복했던 이유였다. 끝을 향해 다가가는 것이 순환구도의 시작이라는 점을 알면서도 봄의 도래에 기뻐하고 새로운 생명의 탄생에 감격하는 것은 전혀 이상한 일이 아니다.*

그러면 이제 이미지를 바꿔 보자. 순환을 상징하는 것으로 시지프스의 신화 대신에 데메테르와 페르세포네의 신화를 생각해 보자. 당신은 이 이야기를 기억할 것이다. 지하 저승의 왕인 하데스는 페르세포네와 난폭한 '사랑'에 빠져 제왕에 어울리는 권력 행사의 범위를 넘어서서 비명을 지르는 그녀를 지하 세계로 끌고 내려왔다. 페르세포네의 어머니이자 곡물의 여신인 데메테르는 자신의 딸을 찾아 미친 듯이 세상을 헤매다가 그녀가 어디 있는지 알고는 딸이 돌아올 때까지 식물 왕국의 총파업을 명령했다. 온 세상이 겨울이 되어 버렸다. 재앙을 막아 보려고 제

---

* [옮긴이 주] 알베르 카뮈는 『시지프스 신화』에서 어떤 희망의 빛도 없이 무한 반복되는 산업 노동과 같은 부조리하고 고통스런 상황에 대해서 누군가 총체적으로 인식할 수 있는 여유를 가질 수 있다면, 설혹 그런 부조리한 상황에 처해 있는 존재라 하더라도 그런 상황에 대해 얼마간의 긍정적인 태도를 가질 수 있을 것이라고 진단한다. 이런 인식은 현실 상황에 대한 비판적 사유를 포함할 수 있는 것이겠지만, 카뮈의 부조리에 대한 인식은 근본적으로 숙명론적인 차원에서 이뤄진다는 점에서, 더글러스 러미스의 지적대로, 산업 노동을 포함한 현대사회의 부조리한 상황에 처해 있으면서도 우리가 긍정적이고 행복해질 수 있는 구체적인 이유를 제시하지 못한다. 카뮈를 이해하기 위해서는 우리는 원래 그렇다고 전제하고 넘어가야 한다는 점에서 카뮈의 부조리 문학은 숙명론에 가깝다. 카뮈의 숙명론은 현실을 비판하지만 내면 깊은 곳에서 생성되어 나오는 긍정과 행복 에너지를 통해 부조리한 상황에 적응해 생존하는 것을 가능하게 해 준다는 점에서, 더글러스 러미스가 이상과 현실의 괴리에 대응하는 태도 중 하나로 꼽았던 냉소주의에 가깝다고 볼 수도 있다.

우스는 페르세포네가 죽은 자들의 음식은 그 어떤 것도 먹지 않는다는 조건으로 그녀의 귀환을 추진했다. 그러나 페르세포네는 여느 그리스의 신들과 마찬가지로 인간이기에 유혹에 빠져 석류씨 일곱 알을 먹었다. 조건 위반 사실이 드러나면서 페르세포네는 다시 하데스에게로 보내졌다. 결국 타협안이 만들어졌다. 페르세포네는 일 년 중 석 달을 지하 명계에서 살고 나머지 아홉 달을 어머니와 함께 있게 된 것이다(육 개월씩 나눴다는 이야기도 있다). 이로써 세상은 봄, 여름, 가을, 그리고 겨울이라는 순환 주기로 움직이기 시작했다.[2]

이 신화에서 우리는 무슨 생각을 끌어낼 수 있을까? 봄은 맞을 때마다 경이롭고 기적이다. 봄의 경이로움은 여름과 가을, 겨울이 다시 찾아올 거라는 사실 때문에 줄어들지 않는다. 봄은 매 순간 새로운 시작이다. 이전에 찾아왔던 봄과 달라야 할 필요가 있는 것도 아니다. 봄은 압도적인 힘을 가지고 등장한다. 겨울의 어둑함을 싹 쓸어 낸다. 그리고 여름으로 접어드는 순간 우리는 무엇을 할지 선택해야 한다. 베짱이가 될 것인가, 개미가 될 것인가? 히피가 될 것인가, 정치꾼이 될 것인가? 노래를 할 것인가, 월동 준비를 할 것인가? 현명한 사람은 겨울을 준비할 것이다. 창고를 지어 곡물을 저장하고, 땔감을 모으고, 새는 지붕을 고치고, 단열재를 보충할 것이다. 음식과 연료라는 형태로 여름의 열기를 저장해서 겨울을 날 수 있을 것이다. 이러한 노력들을 우리는 여름을 제도화하는 시도라고 불러야 할까?

이것은 당연한 이야기이다. 즉 어떤 식으로든 겨울을 버텨야
만 하기에 이야기 속에서 현명한 쪽이 개미이고 어리석은 쪽은
베짱이이다. 그러나 여기에도 함정이 있다. 너무 완벽하게 겨울
을 대비하면 겨울이 왔음을 모를 수 있다. 저장된 음식을 먹으
며 신선한 음식의 맛을 잊어버릴 수 있고, 난로 옆에 있으면서
여름 태양의 따스함을 잊어버릴 수 있다. 바로 여기가 신화의
비유가 깨지기 시작하는 지점이다. 민주주의의 봄은 정해진 시
간에 맞춰 저절로 돌아오지 않기 때문이다. 민주주의는 민주주
의가 오게 만들 때에만 찾아온다. 민주주의를 일으키려는 커다
란 공동의 노력이 없다면 민주주의는 절대 찾아오지 않을 수도
있다. 또한 여름이 아닌데도 여름인 것처럼 믿도록 자신을 속인
다면 우리는 그런 노력을 하지 않게 될 것이고, 심지어 그런 노
력이 필요하다는 점을 이해하지 못할지도 모른다.

'현존하는 대의제 민주주의'에서 우리 대부분의 상황은 겨울
이며, 우리는 겨울을 나는 데 도움이 되도록 고안된 많은 정교한
장치들을 갖추고 있다. 그것이 바로 '민주주의 제도들'이다. 우
리가 이런 제도들을 소중히 여기는 건 좋다. 비록 흠집이 있지
만 이런 제도들 없이 겨울을 맞이하면 안 된다(정치의 순환 주기
를 인식해야 된다는 내 주장을 민주주의와 독재의 순환을 받아들여야
만 한다는 의미로 읽어서는 안 된다). 그러나 우리는 애초에 바람을
피해 들어갔던 동굴을 세상의 전부인 양 착각하거나, 난로를 태
양과 혼동하면 안 된다. 이것이 바로 민주주의를 '현존하는 민주

주의'의 제도들과 동일시할 때 빠지는 오류이다. 분명히 이러한 오류는 사실상 모든 이들이 자신을 민주주의자라고 일컫는 이 시대에서도 여전히 민주주의 자체는 단지 일시적으로만 실현되는 이유들 중 하나이다. 영원한 민주주의를 요구하는 것은 지나친 요구이겠지만, 일시적으로 실현되었다 사라지는 민주주의는 너무 소극적인 요구이다. 데메테르 여신은 지하 명계의 왕에게 일 년 중 아홉 달 동안 자신의 딸을 돌려 달라고 요구했다. 이것은 그리 나쁘지 않은 흥정이다. 우리도 그 정도는 할 수 있다. 그 정도의 바람은 우리도 가져 볼 만하다.

미주

서문

1 나는 두 사람을 추천할 수 있었다. 「일본의 민주주의와 미군의 점령 Japanese Democracy and the American Occupation」, 《민주주의 *Democracy*》 2 (January 1982): 75~88을 기고한 쓰루미 슌스케, 그리고 「일본의 신화를 다시 생각한다 The Japanese Myth Reconsidered」, 《*Democracy*》 1 (July 1981): 98~108를 쓴 가토 슈이치(Kato Shuichi).

2 이에 관한 초기의 구상은 「민주주의의 근원적 성격 The Radicalism of Democracy」, 《*Democracy*》 2 (Fall 1982): 9~16에 실렸다.

3 민주주의와 사회주의의 연관성을 재발견하거나 재정립하려는 시도는 최근의 민주주의 저서들이 보이는 특징들 중 하나이다. 그것은 마치 미국의 실증주의 정치학자 팀과 유럽의 변증법적 유물론자 팀이 서로를 향해 터널을 파기 시작한 것과 같다. 하지만 계산에 오류가 생기고, 터널은 계획대로 중간 지점에서 만나는 대신 서로를 지나쳐 간다. 그러다 상대의 영토 위로 올라와 보니 그곳엔 상대가 없는 형국인 것이다. 그 결과가 새뮤얼 보울스(Samuel Bowles)와 허버트 긴티스(Herbert Gintis)의 『민주주의와 자본주의 *Democracy and Capitalism: Property, Community, and the Contradictions of Modern Social Thought*』(New York: Basic Books, 1986)와 로버트 달(Robert A. Dahl)의 『경제민주주의에 관한 서문 *A Preface to Economic Democracy*』

(Berkeley: University of California Press, 1985)에서 보이는 실증주의적이고 민주적인 사회주의(positivist democratic socialism)이며, 에르네스트 라클라우(Ernest Laclau)와 샹탈 무페(Chantal Mouffe)의 『헤게모니와 사회주의전략 *Hegemony and Socialist Strategy: Towards a Radical Democratic Politics*』 (London: Verso, 1985)에서 보이는 변증법적 유물론의 다원주의(dialectical materialist pluralism)이다. 샹탈 무페가 편집한 『급진 민주주의의 차원들 *Dimensions of Radical Democracy: Pluralism, Citizenship, Community*』 (London, Verso, 1992)에서처럼 대화를 가능하게 해 주는 공통의 어휘를 찾아보려는 쉽지 않은 작업을 시도하기도 한다. 라클라우와 무페의 저작은 해독이 거의 불가능하다는 평을 받고 있지만, 움베르토 에코의 소설이라 생각하고 읽으면 이해하기가 좀 더 쉽다. 비밀결사의 편인 것처럼 위장하고, 지금껏 뚫지 못했던 변증법적 유물론자의 진영으로 침투한 두 명의 용감한 정탐꾼을 생각해 보라. 그들은 모든 문의 비밀번호를 외우고 있고 모든 의식에도 통달해 있다. 그래서 다른 사람들에게는 잠겨 있던 철문과 나무문들이 그들 앞에 하나씩 열린다. 그들은 결국 상대방 진영의 중심부인 내실에 도달한다. 그곳에서 그들은 금지어를 크게 외친다. "하나(The One)는 하나가 아니다. 그것은 수없이 많다!" 곧 주문은 풀리고, 벽은 허물어지고, 진영은 무너진다. 벤자민 바버(Benjamin Barber)의 『강한 민주주의 *Strong Democracy: Participatory Politics for a New Age*』(Berkeley: University of California Press, 1984)는 민주주의 관점에서 시사하는 바가 많은 강력한 자유주의 비판을 담고 있다. 하지만 불행하게도 이 책에서 민주주의에 대한 상상력은 미국 국경을 넘지 못하는 한계를 드러낸다. 캐롤 굴드(Carol C. Gould)는 『민주주의를 다시 생각하기 *Rethinking Democracy: Freedom and Social Cooperation in Politics, Economy, and Society*』(Cambridge: Cambridge University Press, 1988)에서 이러한 한계를 극복하려는 대담한 시도를 했고(12장을 보라. "Geopolitical Democracy: Moral Principles among Nations"), 굴드의 핵심 주장인 민주주의 원리를 경제와 사회로 확장해야 한다는 주장에 크게 동의하는 바이다. 그러나 권리가 정치에 앞선다는 그녀의 철학적 주장은 나에게 단어가 언어에 앞선다는 주장과 똑같은 얘기로 들린다.

물론 민주주의 이론의 새로운 물결이 일기 시작한 것은 최근 10년도 더 된 일이다. 맥퍼슨(C. B. Macpherson)의 주요 연구는 잘 알려져 있다. 완전히 일치하지는 않지만 내가 부분적으로 영향을 받은 것은 버클리 대학에서 공부하던 시절인 1960년대에 그곳의 정치 이론가들이 발전시킨 자유주의 비판이다. 주목받지 못한 짧은 연구에 이런 표현을 쓰는 것이 맞는 일인지는 모르겠지만, 나는 노만 제이콥슨(Norman Jacobsen)의 「정치학과 정치교육 Political Science and Political Education」, 《*American Political Science Review*》 (September 1963): 561~569을 새로운 민주주의 이론의 맹아라고 본다. 존 샤아(John H. Schaar)의 『정당성과 근대국가 *Legitimacy and the Modern State*』(New Brunswick, N.J.: Transaction Books, 1981)는 민주주의라는 주제 자체를 회피하지만(예를 들면, "이 논문의 주요 과제는 평등이라는 매우 민주적인 개념을 설명하는 게 아니다. 그 작업은 다음에 하겠다", 203쪽), 샤아가 자유주의 개념을 맹렬히 비난하는 주된 관점은 바로 민주주의다. 쉘던 월린(Sheldon S. Wolin)의 자유주의 비판은 그의 저작 『정치와 비전 *Politics and Vision*』(Boston: Little, Brown, 1960)으로 거슬러 올라가지만, 그의 자유주의 비판이 근원적 민주주의에 관한 적극적인 연구로 이어지는 것은 그가 편집장으로서 《*Democracy*》를 펴낸 이후의 일이다. 특히 「민중의 두 몸체들 The People's Two Bodies」, 《*Democracy*》 1 (January 1981): 9~24를 참고하라. (다른 사람들 중에서도) 위 두 명의 영향을 받은 연구자가 쓴 놀라울 만치 도발적인 저작들을 보려면 조슈아 밀러(Joshua Miller)의 『미국 초기의 민주주의 흥망사 *The Rise and Fall of Democracy in Early America, 1630~1789: The Legacy for Contemporary Politics*』(University Park: Pennsylvania State University Press, 1991)를 참고하라.

4 이 경우에 해당하는 적어도 하나의 훌륭한 선례가 있다. 『인간의 조건 *The Human Condition*』 서문에서 한나 아렌트(Hannah Arendt)는 다음과 같이 적었다. "이러한 선입견과 당혹감에 대해서 이 책은 아무런 대답도 하지 않는다. 그러한 대답은 매일 이루어지고 있으며, 그것이야말로 실제 정치 문제이며 많은 사람들의 동의를 받아야 하는 주제이다. 그런 문제는 마치 해답이 딱 하나만 있는 것처럼 이론적인 고찰이나 단 한 사람의 견해를 근거로 해답을 구할 수 있는 것이 아니다." 아렌트, 『인간의 조건』(New York: Anchor, 1958), 5~6쪽.

제1장 근원적 민주주의

1   허버트 스토링(Herbert S. Storing)의 『연방주의자에 대한 반대 *The Anti-federalist*』(Chicago University of Chicago Press, 1981)를 보라.

2   1647년 퍼트니 논쟁(Putney Debates)에서 헨리 아이어턴(Henry Ireton)은 재산을 가지지 못한 자들이 투표권을 가진다면 "이들이 모든 소유에 반대해 투표하지 않겠냐"고 물었다. 반대로 리치 대령(Colonel Nathaniel Rich)은 고대 로마에서 "가장 부유한 사람, 그리고 군인 중에서도 막강한 권력을 가진 사람들이 … 어떻게 민중의 목소리를 사고팔아 영원히 독재자가 될 수 있었는지"에 대해 언급했다. 물론 아이어턴과 리치의 주장은 민주주의를 반대하는 것이었다. 하지만 이들[의 논쟁]을 통해 자본주의 시대에 자유주의 정치학의 역사를 구성해 온 두 가지 주요 원리 간의 투쟁을 확인할 수 있다. 데이비드 우튼(David Wootton)이 편집한 『신권과 민주주의 *Divine Right and Democracy*』(Harmondsworth: Penguin, 1986)에서 「The Putney Debates」, 296, 297쪽.

3   이런 의미에서 근원적 민주주의 자체는 자크 데리다(Jacques Derrida)와 탈근대 이론가들이 실천했던 해체론적 방법에 영향을 받지 않는다. 그보다 근원적으로 래디컬한 민주주의는 오히려 그런 해체의 마지막 지점이라고 할 수 있다. 마찬가지로, 미셸 푸코(Michel Foucault)의 추종자들 중에는 근원적 민주주의가 '정말로' 권력에 관한 것임을 밝히면서 거기에 추가로 새로운 정보를 덧붙이려 하지 않는 이도 있을 것이다. 물론 근원적 민주주의는 권력에 관한 것이다. 그러나 민중을 지배하는 물화된 권력 체계로서 사회를 비판하는 푸코 식 비평은 단순히 사회물리학자 식의 관찰이라기보다는 근원적으로 래디컬한 민주주의의 관점에 서지 않으면 가능하지 않은 비평이다.

4   여기서 나는 민주주의를 하나의 '수단'으로 정의하는 이론가들의 의견에 전혀 동의할 수 없다. 이러한 개념 정의는 1942년 조지프 슘페터(Joseph Schumpeter)가 다음과 같이 민주주의를 다시 정의했던 유명한 방식에서 시작되었다. "개인들이 국민들의 표를 얻으려는 경쟁적인 투쟁을 통해서 정치적 결정에 도달하기 위한 제도적 장치가 바로 민주적 수단이다." 슘페터의 『자본주의, 사회주의, 민주주의 *Capitalism, Socialism and Democracy*』(1942;

rpt. New York: Harper, 1975), 269쪽.

5 벤자민 바버(Benjamin Barber)는 자유주의 이론을 비판하면서 (홉스부터 롤즈에 이르기까지 지지를 받던) 다음과 같은 견해에 반대한다. "정치라는 견고한 집은 정치 이전의 존재인 화강암(prepolitical granite) 같은 반석 위에서만 세울 수 있을 뿐이다. 왜냐하면 그것이야말로 정치가 깊숙이 뿌리내릴 수 있는 무오류의 지워 버릴 수 없는 토대이기 때문이다." 바버의 『강한 민주주의 *Strong Democracy: Participatory Politics for a New Age*』(Berkeley: University of California Press, 1984), 51쪽. 그러나 (화강암) 비유가 우연히 일치하고 있긴 하지만 여기서 내가 논의하고 있는 근본 토대는 "정치와는 별도로 오류가 발생할 수 있는 토대"(65쪽)와 같은 것이 아니다. (바버는 독립적으로 존재하는 토대의 오류는 민주주의 이론을 파괴한다고 말한다.) 또한 근본 토대라는 개념은 '본질주의'의 또 다른 형태일 수도 없다. (본질주의는 에르네스토 라클라우와 샹탈 무페가 『헤게모니와 사회주의 전략』, 10~11쪽에서 비판했던 내용이다.) 여기서 설명하듯이, 근원적 민주주의는 '독립적인' 기반도 아니고 정치 이전의 것도 아니다. 오히려 그것은 정치 자체의 본질이다. 이러한 점에서 '본래의 습기(radical humidity)'가 '근원석(radical rock)'보다는 더 적당한 비유일 수 있다. [벤자민 바버가 여기서 언급하는 정치 이전의 어떤 토대는 근대 문명의 데카르트적 이원론을 배경으로 한 이성의 토대를 의미한다. 그는 어떤 오류도 허용하지 않는 절대적인 이성의 토대 위에서 정치는 그 반사체 역할을 해야 한다는 근대적 정치 이론을 배격하면서, 도덕적으로 완전하지 않은 보통 시민들의 다원적 가치들을 제도적으로 정초하는 데에 자유주의적 정치의 핵심이 들어 있다고 주장한다. — 옮긴이]

6 헨리 마요(Henry B. Mayo)의 『민주주의 이론 입문 *An Introduction to Democratic Theory*』(New York: Oxford University Press, 1960), 58쪽.

7 같은 책, 59쪽.

8 슘페터의 정의를 수정한 이 문구는 로버트 M. 맥키버(Robert M. MacIver)의 『통치의 그물망 *The Web of Government*』 개정판(New York: The Free Press, 1965), 198쪽에 있다.

9 내가 아는 한 근원적 민주주의 선언서에 가장 근접한 문헌은 카를 마르크스의 「헤겔법철학 비판 Critique of Hegel's Philosophy of Right」의 '민주주의

에 관해(On Democracy)'라는 장이다. 데이비드 맥렐런(David McLellan)이 편집한『마르크스 선집 *Selected Writings*』(Oxford: Oxford University Press, 1977), 27~30쪽. 그러나 나중에 공산주의자가 된 이후에 마르크스는 어떤 식으로든 민주주의의 문제를 다루지 않았다. 막시밀리안 루벨(Maximilian Rubel)에 의하면 "마르크스는 공산주의자가 되면서 민주주의에 관해 생각했던 최초의 입장을 버린 것이 아니다. 마르크스는 그것을 승화시켰다. 마르크스가 생각하기에 민주주의는 공산주의 내에서 유지될 뿐 아니라 더욱더 큰 중요성을 얻게 된다." Rubel의「Marx's Concept of Democracy」, 《*Democracy*》3 (Fall 1983): 103.「헤겔법철학 비판」에 실린 장은 어찌 됐든 헤겔의 글 중에서 민주주의 자체에 대한 충실한 논의로서 독보적인 자리를 차지하고 있다.

10 "민주주의는 모든 헌법의 수수께끼에 관한 해답이다. 민주주의에서 헌법은 본질적인 면에서뿐만 아니라 현실적인 면에서도 헌법의 실제 토대인 실제 인간, 현실 민중으로 돌아오게 되며, 현실적인 작업으로 자리하게 된다."『마르크스 선집』, 28쪽.

11 여기서 내가 취한 입장은 로버트 노직(Robert Nozick)의 입장과는 다르게 이해될 것이다. 그는『아나키, 국가, 유토피아 *Anarchy, State, and Utopia*』(New York: Basic Books, 1974)에서 정치철학이 답해야 하는 근본적인 질문이 "왜 아나키 입장을 취하지 않는가?"(4쪽)라고 주장했다. 노직에게 아나키는 (그런데, 표트르 크로포트킨이 아나키는 그런 것이 아니라고 말했던) 비정치적이거나 정치 이전 상태(6쪽)를 뜻한다. 그는 재빨리 '아나키'라는 말을 '자연 상태'(4쪽)로 바꾼다. 노직은 아나키적 상태의 결점들에 관해 부드럽고 편안하고 재치 있게 글로 쓸 수 있었는데, 그 이유는 자연 상태는 아무런 위험도 제기하지 않기 때문이다. 즉 아나키 상태는 애시당초 지지받을 수 없다는 식으로 정의된다. 이런 식으로 논의를 조직함으로써 (자연 상태와 국가권력, 둘 중에서 하나를 선택하라) 노직은 "왜 근원적 민주주의 입장을 취하지 않는가?"라는 진정으로 전복적인 질문을(근원적 민주주의라는 선택지도 얼마든지 가능하기 때문이다) 외면하는 데 성공한다.

12 마이클 오크쇼트(Micahel Oakeshott)가 편집하고 리차드 피터스(Richard S. Peters)가 서문을 쓴 토머스 홉스의『리바이어던 *Leviathan*』(New York:

Collier, 1962).

13 피터 래슬렛(Peter Laslett)이 편집하고 서문을 쓴 존 로크의 『통치론 *Two Treatise of Government*』(New York: New American Library, 1963), 454쪽.

14 한나 아렌트의 『공화국의 위기 *Crises of Republic*』(New York: Harcourt, Brace, Jovanovich, 1969), 86쪽을 보라.

15 노직의 논의 전체가 자연 상태에 대한 로크의 견해를 수정하여 전개되고 있음에도 불구하고, 그는 혁명적인 두 번째 단계에서 발생하는 자연 상태에 관해 언급하지 않는다. 노직은 그 문제에 있어 로크가 결코 혁명적인 이론가였다고 말하지 않는다. 그래서 '혁명'이라는 단어는 『아나키, 국가, 유토피아』의 목차에서도 찾아볼 수 없다.

16 시민사회 개념의 기원에 대한 긴 논의(그렇지만 멕시코에 관해 다루지 않는)를 보려면 진 코헨(Jean L. Cohen)과 앤드루 아라토(Andrew Arato)의 『시민사회와 정치 이론 *Civil Society and Political Theory*』(Cambridge, Mass. : MIT Press, 1992)을 참고하라. 멕시코의 시민사회에 관해 카를로스 몬시바이스(Carlos Monsiváis)는 "대지진이 시민사회라는 말을 가장 영광스러운 자리로 올려놓았다. 그리고 9월 22일(지진이 발생한 날) 처음에는 이 말에 조직적인 성향이 강조되거나 의미가 더해지지 않고 보통 '사회'와 같은 말로 사용되었다. 그러나 10월이 되면서부터는 실천적인 의미가 압도적이었다. 즉 시민사회는 자발적으로 구성된 공동체 권력과 연대체이며, 정부와 독립된 장소이며, 실질적인 저항지대가 되었다." 몬시바이스, 『무료 입장: 스스로 조직하는 사회의 연대기 *Entrada libre: Cronicas de la sociedad que se organiza* (Admission free: Chronicles of a society organizing itself)』(Mexico City: Biblioteca Era, 1987), 78쪽; 인용 부분은 프랑크 바다케(Frank Bardacke)의 번역이다.

17 애덤 퍼거슨의 『시민사회의 역사에 관한 에세이 *An Essay on the History of Civil Society*』 4쇄 (1773; Farnsborough: Gregg International Publishers, 1969), 47쪽.

18 존 로스(John Ross)가 서문을 쓰고 프랑크 바다케가 후기를 쓴, 마르코스 부사령관의 『부드러운 분노의 그림자 *Shadows of Tender Fury: The Letters and Communiqués of Subcomandante Marcos and the Zapatista Army of National*

Liberation』(New York: Monthly Review Press, 1995), 231쪽.

19 로버트 달의『누가 지배하는가 *Who Governs? Democracy and Power in an American City*』(New Haven: Yale University Press, 1961), 311쪽; 세이무어 마틴 립셋의『정치적인 인간 *Political Man: The Social Bases of Politics*』(Garden City, N.Y.: Anchor Books, 1960), 439쪽; 다니엘 벨의『이데올로기의 종언 *The End of Ideology: On the Exhaustion of Political Ideas in the Fifties*』개정판(New York: The Free Press, 1962); 벨의「미국 예외주의를 다시 생각한다 — 시민사회의 역할 American Exceptionalism Revisited: The Role of Civil Society」,《*Public Interest*》, no. 95 (September 1989): 56, 48.

20 에드워드 쉴즈(Edward Shils)의「The End of Ideology?」,《*Encounter*》5 (November 1955): 52~88.

21 에드워드 쉴즈의「시민사회의 미덕 The Virtue of Civil Society」,《*Government and Opposition*》26, no. 2 (1991): 3.

22 쉴즈는 시민-사회 논쟁에도 자신의 숭고한 엘리트주의를 끼워 넣을 여지를 찾았다. "시민의식의 불꽃은 아주 미미한 정도로나마 대다수 사람들의 가슴에 존재하는 것"이지만, 정작 높은 수준의 시민의식을 진정 필요로 하는 것은 엘리트들뿐이라고 그는 주장한다(18쪽).

23 "모든 사회는…몇몇 사람들이 더 많이 가져가면 나머지 사람들은 손해를 입게 된다는 점에서 이익이 충돌하는 현장이다"(15쪽). 간단히 말하자면, 모든 게임은 제로섬이다. 쉴즈에 대해 공평하려면, 그가 '공손함'뿐 아니라 "공익에 우선권을 주는 것"(16쪽)을 의미하는 '실질적인 시민의식'에 대해서도 말했음을 언급해야 한다. 그러나 사회의 모든 이익이 "나에게 더 많이, 너에게 더 적게"라는 법칙에 달려 있다고 한다면 공익이라는 개념은 유지될 수 없다. 어쨌든 쉴즈가 공익에 관심을 가지고 쓴 논문에서 내가 찾을 수 있었던 구체적인 예는 범죄자와 비행 청소년들을 감시하는 것뿐이었다.

24 더구나 시민사회와 여성의 관계에는 애매함이 있다. 수잔 몰러 오킨(Susan Moller Okin)이 말했듯이 "'공적/사적'이라는 표현은 ('공유'와 '사유' 같은 표현에서처럼) 국가와 사회를 구분하기 위해서도 쓰이고, 가정 바깥의 생활과 가정 내의 삶을 구분하는 데도 쓰인다. … 국가/사회를 나누는 구분과 가정 밖/안을 나누는 구분의 결정적인 차이는, 국가/사회 구분의 경우 그 중간 지

점에 있는 사회-경제적 영역—헤겔은 이 영역을 시민사회라고 불렀다—은 '사적' 범주에 속하지만, 가정 밖/안 구분에서는 '공적' 범주에 포함되어 있다는 점이다." 수잔 몰러 오킨, 「젠더, 공적 영역, 사적 영역 Gender, the Public and the Private」, 데이비드 헬드(David Held)가 편집한 『오늘의 정치 이론 *Political Theory Today*』(Stanford: Stanford University Press, 1991), 68~69쪽.

25 데이비드 헬드의 『정치 이론과 근대국가 *Political Theory and the Modern State*』(Stanford: Stanford University Press, 1989), 182쪽.

26 바츨라프 하벨의 「힘없는 자들의 힘 The Power of the Powerless」, 존 킨(John Keane)이 편집하고 스티븐 룩스(Steven Lukes)가 서문을 쓴 『힘없는 자들의 힘 *The Power of the Powerless: Citizens against the State in Eastern Europe*』 (Armonk, N.Y.: M. E. Sharpe, 1985), 27쪽.

27 강조는 원문. 어떤 독자들은 여기서 '진실' 같은 골치 아픈 단어가 등장해 고개를 돌려 버릴지도 모른다. "청과물 상인이 진심을 말하기 시작한다"는 하벨의 말에 대해 다음과 같이 생각해 보자. 즉, 청과물 상인이 '이상적인 담화 상황'을 만들려고 노력하기 시작했다는 점을 주목해 보면 (적어도 어떤 독자들에게는) '진실'이라는 표현이 좀 더 설득력 있게 들릴 수도 있을 것이다.

28 칼 슈미트(Carl Schmitt)는 진정한 주권을 "일의 전개나 토론 과정을 중단하는 결단"에서 찾을 수 있다고 주장했다. 칼 슈미트의 『의회민주주의의 위기 *The Crisis of Parliamentary Democracy*』(Cambridge, Mass.: MIT Press, 1985), 56쪽. 그러나 슈미트는 정부의 최고위직에 있는 사람만이 그런 결정을 내릴 수 있다고 상상할 수 있을 뿐이다. 적어도 그 결심이 이루어지는 순간에 독재자만이 그런 결정을 내릴 수 있다는 것이 슈미트의 상상이다. 평상시에는 국가 관료들이나 법률이 주권을 가지고 있는 것처럼 보이지만, 진정한 주권은 예외적인 상황(법이 예상치 못했던 상황)에서 진정한 모습을 드러낸다. "주권자는 예외를 결정하는 사람이다." 칼 슈미트의 『정치신학 *Political Theology: Four Chapters on the Concept of Sovereignty*』(Cambridge, Mass.: MIT Press, 1988), 5쪽. 그러나 청과물 상인의 결정은 슈미트가 제시하는 특징들을 지니고 있지만, 그 결정은 독재적이지 않다. 마치 국가 관료주의의 지배를 받으며 전개되는 사건처럼 그는 자신의 결단으로 일의 전개 과정을 중단한다. 그는 예외가 되기로 결정한다. 그는 자신의 양심이 '명령'하는 대로

행동하기로 결심함으로써 자기 자신의 행동에 대한 주권을 다시 얻게 된다. 만일 청과물 상인이 충분한 수의 다른 사람들과 함께했다면, 국가의 수장으로서 독재자가 내리는 결정은 더 이상 어떤 결정이 아니라 빈말이 될 것이다.

29 하벨의「힘없는 자들의 힘」, 71쪽.

30 코헨과 아라토의 『시민사회』, 19~20쪽.

31 하벨의「힘없는 자들의 힘」, 68쪽.

32 코헨과 아라토의 『시민사회』, 16쪽.

33 추첨으로 미국의 하원의원을 선발하는 재미있고 놀랍도록 설득력 있는 제안을 보려면, 에르네스트 칼렌바크(Ernest Callenbach)와 미셸 필립스(Michael Phillips)의 『추첨 민주주의 *A Citizen Legislature*』(Berkeley, Calif.: Banyan Tree Books and Clear Glass, 1985)를 보라. 바버의 『강한 민주주의 *Strong Democracy*』도 추첨에 의한 선택을 제한적으로 도입하자고 제안한다.

34 매디슨은 미국 헌법의 운용에 있어 핵심은 다음과 같다고 주장한다. "동기가 더 나은 것이라 하더라도 그 결점(the defect of better motives)을 서로 반대되고 경쟁하는 이해관계에 놓여 있는 세력들로 보완할 수 있는 정책 위에 미국 헌법이 구축되는 것"이라고 주장했다. 제임스 매디슨(James Madison), 「No. 51」, 클린턴 로시터(Clinton Rossiter)가 서문을 쓴, 알렉산더 해밀턴(Alexander Hamilton)과 제임스 매디슨, 존 제이(John Jay)의 『연방주의자 논설집 *The Federalist Papers*』(New York: New American Library, 1961), 322쪽. [여기서 인용된 제임스 매디슨의 연방주의 헌법 51조는 미국 헌법의 기본틀이라고 할 수 있는 삼권분립에 관한 조항이다. 인용된 문구는 정부를 통제할 수 있는 주체는 다름 아닌 인민이고, 이런 인민에게 의지하는 것이 연방헌법을 운용하는 기본적인 동기임을 시사하고 있다. 그러나 매디슨의 인민은 개별적으로 이해관계를 맺고 있는 개인들의 집합체에 지나지 않아, 이익에 대한 욕망이 과도하게 발현되어 전체의 안위를 위험에 빠뜨릴 수도 있는 불완전한 존재이기도 하다. 그러나 이 책의 저자, 더글러스 러미스가 주목하는 것은 개인 존재의 도덕적 완전성 여부 자체가 아니다. 여기서 중요한 것은 매디슨이 정부를 통제할 수 있을 만큼의 정치적 역량을 지닌 민중의 정치적 주체성을 개별적 이해관계에 따라 이합집산을 거듭하는 개인들의 집합체—즉, 민중—의 맹목성으로 바꿔치기해 버렸다는 사실이다. 인간의 불완전성으로

인해 타인의 이해관계를 침해할 수 있는 것이라면, 동시에 그에 대한 반동으로서 자신의 이해관계를 침해받지 않으려는 개인의 욕구가 있기 마련인바, 매디슨에게 정부의 삼권분립 시스템은 바로 이런 인간성의 불완전함에 대한 성찰을 제도화해 놓은 것이며, 결과적으로 삼권분립 시스템에 의해 작동하는 연방 정부야말로 이해관계의 포로가 되어 불안정한 인간성을 제어할 수 있는 제도라는 것이 제임스 매디슨의 연방주의 헌법 조항 51조의 결론이다. 이렇게 보면, 삼권분립 시스템은 보조적인 제도적 보완장치라는 것이 매디슨의 주장이지만, 사실상 정치적 주권자로서의 인민의 위상은 사라지고 그 자리를 연방 정부라고 하는 국가 시스템이 차지함으로써 애초 나라의 주인은 민중이고 정부는 보조적 수단이라고 규정한 매디슨의 대전제는 유명무실해졌다고 보는 것이 옳다. — 옮긴이]

35 "긴급 사태가 벌어질 때마다 공동체 전체가 소집되었던 바로 그곳에서, 고대의 입법자들을 그토록 유명하게 만든 제도들—상원과 행정권력, 민중 의회(하원)—의 기원을 발견해 왔다고 감히 말할 수 있다." 퍼거슨의『에세이』, 141~142쪽.

36 미주 28번의 핵심을 반복하자면, 권위주의적인 정치 이론가인 칼 슈미트의 '독재자'에 관해서도 똑같이 말할 수 있다. "예외를 결정하는 사람이 독재자"라는 슈미트의 언명에 대해서 약간은 해체론적인 비평을 사용할 수도 있겠다. 근원적 민주주의자에게 슈미트의 견해는 다음과 같이 읽힐 것이다. "주권자는 '독재자'의 결심이 왕위 찬탈자나 하이드 파크의 정신 나간 연설가의 견해 표명이 아니라 정말로 하나의 결정이 될지 여부를 결정하는 사람이다." 특히 중요한 사람들은 그 결정을 실행할 것인지 아닌지를 결정하는 사람들이다. '예외'를 설명하면서 슈미트는 "예를 들어 항복처럼 명시적인 조항이 없는 문제에 관한 권한은 누가 가집니까?"라고 물었다(『정치신학』, 10쪽). 그 질문에 대한 답은, 보통 병사들이 그런 권한을 갖는다는 것이다. 가령 병사들은 전투 현장에서 철수함으로써 전투 행위를 인정할 수 없다는 의사 표시(voting with their feet)를 할 수 있는 존재다.

['예외'를 결정할 수 있는 주권적 주체가 누구인가라는 칼 슈미트의 질문에 대해 '전투 행위에서의 병사'라는 답을 예시로 제시한 더글러스 러미스는 제1차 세계대전의 와중 1917년 동부전선을 이탈하여 볼셰비키의 10월혁명에 합류

한 병사들에 대해 레닌이 한 말을 염두에 두고 있다. — 옮긴이]]

37 플라톤의 『국가』1. 331. 지금부터의 번역은 프랜시스 맥도날드 콘포드(Francis Macdonald Cornford)의 『플라톤의 국가 *The Republic of Plato*』(London: Oxford University Press, 1941)에서 인용했다.

38 자크 데리다(Jacques Derrida)가 제안한 바에 따르면, 이성주의가 처음으로 광기를 공격한 것은 이성주의를 "광기로부터 보호하고 광기를 제거하기 위해 이성주의와 반대되는 대상을 **구성**"함으로써 이성주의의 우위를 확립하는 순간인데, 이는 푸코의 주장처럼 17세기에 이뤄진 것이 아니라 소크라테스의 저작에서부터 비롯된 것일 수 있다. 데리다, 「Cogito and the History of Madness」, 『글쓰기와 차연 *Writing and Difference*』(Chicago: University of Chicago Press, 1978), 34, 40쪽; 강조는 원문. 데리다는 "만일 (이성과 광기의) 충돌이 소크라테스로 거슬러 올라간다면, 소크라테스의 세계와 소크라테스 이후의 세계에서 광인의 상황—그때 광기라고 불릴 수 있는 무언가가 있었다고 가정한다면—이 가장 먼저 검토되어야 한다"고 적었다(42쪽). 만일 그렇다면 이러한 로고스의 '원죄'를 『국가』에서, 정확히는 케팔로스의 물음에 대한 소크라테스의 대답에서 찾고 싶은 유혹이 생길 수 있다. 그렇지만 『국가』의 질문들은, 광기를 눈에 띄지 않도록 가둬 버려야 할지에 관한 것이 아니라, 광기에 권력의 칼을 주어야 하는지에 관한 것이다. 데리다의 경우처럼 핵심은 비이성이라는 순수 원리로서의 광기가 아니라, 그것의 정치적인 형태로서의 광기, 권력을 부여받은 광기이다. 그리고 정치적인 형태를 취하기 위해, 즉 권력이 되기 위해 광기는 합리성과 뒤섞여야만 한다. 명령을 내리려면 광기는 "내가 사용하는 수단은 모두 정상적이다. 나의 동기와 목적이 미친 것이라 하더라도"라는 에이허브(Ahab)[허먼 멜빌의 소설 『모비딕』의 주인공 — 옮긴이]를 본받아야 한다. 칼은 권력을 상징하는 동시에 권력을 위한 필수 조건인 도구적 합리성을 상징한다. 즉 나쁜 목적으로 지니고 있다면 칼은 아무런 권력도 아니다. 소크라테스가 최악의 통치 형태라고 비난한 것이 바로 합리적으로 권력을 부여받은 광기—예를 들면 전제정치—이다.

39 『국가』를 "모든 형태의 정치적인 야망을 치유해 줄 수 있도록 고안된 가장 훌륭한 치료책"으로 다루는 논의는 존 브레머(John Bremer)의 『플라톤의 정치 체제에 관해 *On Plato's Polity*』(Houston, Tex: Institute of Philosophy, 1984),

8쪽의 인용을 참고하라.

40 포스트모던 이론가들의 지적에 따르면, 우리는 이제 우리의 담론 배후에 어떠한 '거대 서사'도 존재하지 않음(데리다의 'Force and Signification')을 알고 있기 때문에, 민주주의 이론이 '본질주의'의 신화에서 자유로워져야만 하고 (라클라우와 무페), 정치 이론을 위한 '독립적인 토대'에 대한 신념(바버)에서도 자유로워져야 한다(미주 5번을 보라). 종종 소크라테스는 이런 속임수를 우리의 철학에 소개한 역사적인 원흉이라 지목받는다. 어쩌면 그렇게 말할 수도 있을 것이다. 하지만 동시에 소크라테스는 철학적인 실천으로 우리에게 다른 메시지를 준다. 즉, 우리가 비록 경전같이 읽힐 책(the Book)에 대해 꿈을 꾸고, 경전에 대해 말하듯 책에 대해 말하고, 경전을 믿듯 책을 믿을 수도 있겠지만, 우리가 지금 이곳의 일상생활에서 접하는 것은 끝없이 계속되고 항상 변화하는 대화(담론)이다. 소크라테스는 단 한 권의 책도 쓰지 않았다.

41 메논, 86b, 이디스 해밀턴(Edith Hamilton)과 헌팅턴 케언스(Huntington Cairns)가 편집한 『플라톤의 대화 모음집 *Collected Dialogues of Plato*』(New York: Phantheon, 1961), 371쪽.

제2장 민주주의를 가로막는 발전/개발

1 구스타보 에스테바의 「Development」, 볼프강 작스가 편집한 『반자본 발전 사전: 권력으로서의 지식에 관한 안내서 *The Development Dictionary: A Guide to Knowledge as Power*』(London: Zed Books, 1992), 6~25쪽을 보라.

2 쉘던 월린은 미국의 정치체제를 '정치 경제'로 설명하면서 "국가가 경제적인 관계들에 정초되어 있고 주로 행정부를 통해 작동한다"고 기술한다. 「The People's Two Bodies」, 《*Democracy*》 1 (January 1981), 15를 참조하라. 또한 50년도 더 오래 전 로버트 린드(Robert S. Lynd)의 "권력의 표지에는 '경제' 권력이라고 명시되어 있어도, 그 못지않게 권력은 정치권력이다"라는 언급과 비교해 보라. 린드가 로버트 브래디(Robert A. Brady)의 『권력체제로서

의 사업 *Business as a System of Power*』(New York: Columbia University Press, 1943)에 쓴 서문, viii쪽.

3 "대부분의 열대 지역에서 백인은 육체 노동을 할 수 없거나 할 의지가 없으며 사업 이외의 활동을 하기 위해서는 현지 주민이나 쿨리 노동자들의 노동에 기대야만 한다. 미개한 사람들은 물질적 수요는 적고 화폐 경제에도 길이 들어 있지 않고 장시간 노동을 하는 습관도 없기 때문에 유럽에서 온 사업가들을 위해 일하려고 하지 않는 것이 보통이다. 여러 지역에서 강제 노동이 발생한 것은 토착민들의 무관심과 외지에서 온 정부 관리들이나 사업가들과 토착민들 사이의 갈등 때문이었다. 열대지역의 주요 철도와 도로는 대개 강제 노동에 의해 건설되었다. 실제로 이런 강제 노동이 없었다면, 열대지방이 지금 정도로 외부 세력에 의해 유지되고 개발될 수 있었을까?" 표제어: 강제 노동『사회과학 백과사전 *Encyclopedia of the Social Sciences*』(New York: Macmillan, 1933). 근대화/발전 패러다임에 따라 대폭 개정된 1968년판『사회과학 백과사전』에는 매우 유용한 이 항목이 빠져 버렸다. 색인에서 강제 노동이 언급된 곳을 찾아보면,『사회과학 백과사전』제17권에 두 군데가 나온다. 하나는 중세 농노에 관한 내용이고, 다른 하나는 나치 독일과 소련에 강제 노동이 있었다는 언급이 한 줄 있다. 나는 제2차 세계대전 이후 경제발전을 다룬 어떤 책에서건 강제 노동이라는 주제를 찾지 못했다.

4 칼 폴라니의『거대한 전환 *The Great Transformation*』(New York: Octagon Books, 1975).

5 더글러스 러미스의「평등 Equality」,『반자본 발전 사전』, 38~52쪽을 보라.

6 19세기로 돌아가는 것은 19세기의 사회주의자 윌리엄 모리스(William Morris)를 새로이 조명할 기회를 제공한다. 모리스는 자본주의와 산업주의를 사실상 동일한 것으로 보았다. 일의 산업화는 노동자들을 억압하기 위한 시스템이 **되었다**. 모리스는 진정으로 자유로운 노동이 가능한 사회주의가 도래하면 산업주의 자체가 사라질 것이라 보았다. 특히 여기 소개하는 모리스의 훌륭한 책을 참고하라. 모리스가 쓰고 콜(G. D. H. Cole)이 편집한『선집』중「유토피아에서 온 편지 News from Nowhere」, 3~197쪽.

7 내가 알고 있는 한 민주주의와 경영학의 관계에 관한 가장 뛰어난 논의는 쉘던 월린의『정치와 비전 *Political and Vision*』(Boston: Little, Brown, 1960), 제

5장을 보라.

8 알렉산더 마그누의 「개발과 '새로운 사회' Development and the 'New Society': The Repressive Ideology of Underdevelopment」, 《*Third World Studies Papers*》, series no. 35, Third World Studies Center, University of the Philippines, August 1983.

9 그 예로, 페르디난드 마르코스(Ferdinand E. Marcos)의 『필리핀의 새로운 사회에 관한 초고 *Notes on the New Society of the Philippines*』(Manila: Marcos Foundation, 1973)를 참고하라.

10 필리핀 공화국 발간 『필리핀 공화국 헌법 *The Constitution of the Republic of the Philippines*』(Quezon City: National Bookstore, 1986). 또한 1935년과 1973년 헌법 역시 국립서점 판본을 참조했다.

11 그 예로, 제3세계연구센터(Third World Studies)가 편집한 『필리핀의 마르크스주의 *Marxism in the Philippines*』(Quezon City: Third World Studies Center, 1984)를 보라.

12 리카르도 페러(Ricardo D. Ferrer)의 「저발전 국가의 발전을 위한 이론적이고 실용적인 틀 Theoretic and Programmatic Framework for the Development of Underdeveloped Countries」, typed manuscript.

13 "정신의 본질, 정신의 절대명령은 정신이 무엇인지를 스스로 인식하고 깨닫고 실현시켜야 한다는 것이다. 정신의 본질은 세계사에서 이런 목적을 완성하는 것이다. 정신은 자신을 분명한 형식들로 만들고, 이 형식들이 세계사에 등장하는 민족들이다. 형식들 각각은 특정한 발전 단계를 대표하는데, 그렇기에 형식들은 세계사에서 각각의 새로운 시대들과 일치한다." 헤겔이 쓰고 니스빗(H. B. Nisbit)이 번역한 『세계사의 철학 강의, 서론: 역사 속의 이성 *Lectures in the Philosophy of World History, Introduction: Reason in History*』(Cambridge: Cambridge University Press, 1975), 64쪽. 헤겔에서 섭리의 신비주의적 사상과 이 개념의 연관성은 35~43쪽을 보라.

14 카를 마르크스의 「초판 서문 Preface to the First Edition」, 『자본론 *Capital*』(Harmondsworth: Penguin Books, 1976), 1: 91.

15 카를 마르크스와 프리드리히 엥겔스의 「공산당 선언 Manifesto of the Communist Party」, 로버트 터커(Robert C. Tucker)가 편집한 『마르크스-엥

겔스 선집 *The Marx-Engels Reader*(New York and London: Norton, 1978), 476쪽.

16 앞의 책, 475쪽.

17 나는 레닌 정부가 의도적인 국가 산업화 프로그램을 시작한 최초의 정부라고 말하려는 게 아니다. 분명히 일본의 메이지 정부가 최초로 그런 프로그램을 시작했다. 그렇지만 여기서 핵심은 역사상의 '맨 처음'을 정하는 것이 아니라, 서구 사상에서 발전 개념의 역사를 추적하는 것이다. 제2차 세계대전 이전까지는 서방에서 일본의 경제발전이 연구 주제로 진지하게 다뤄지지 않았다.

18 블라디미르 레닌의 『러시아에서의 자본주의 발전 *The Development of Capitalism in Russia: The Process of the Formation of a home Market for Large-Scale Industry*』(Moscow: Progress Publishers, 1956).

19 레닌의 「우리 시대의 주요 임무 The Chief Task of Our Day」, 『전집』 (Moscow: Progress Publishers, 1965), 27: 163; 1st pub. in 《*Izvestia*》, VTs1K no. 46 (March 12, 1918).

20 레닌의 「소비에트 정부의 당면 과제 The Immediate Tasks of the Soviet Government」, 『전집』 27: 238, 241; 1st pub. in 《*Pravda*》, no. 83 (April 28, 1918).

21 레닌의 「협력에 대하여 On Co-operation」, 『전집』 33: 475; 1st pub. in 《*Pravda*》, nos. 115, 116 (May 26, 27, 1923).

22 레닌의 「프롤레타리아트 독재체제에서의 경제와 정치 Economics and Politics in the Dictatorship of the Proletariat」, 『전집』 30: 112; 1st pub. in 《*Pravda*》, no. 250 (November 7, 1919).

23 레닌의 「소비에트 정부의 당면 과제」, 244쪽.

24 레닌의 「경제와 정치 Economics and Politics」, 115쪽; 강조는 원문.

25 레닌의 「다시 한번 노동조합에 대해 생각한다 Once Again on the Trade Unions」, 『전집』 32: 84; 원래는 1921년 1월에 같은 제목의 팸플릿이었다.

26 레닌의 「소비에트 정부의 당면 과제」, 271쪽; 강조는 원문.

27 레닌의 「소비에트 정부의 당면 과제에 대한 보고서 Report on the Immediate Task of the Soviet Government」, 『전집』 27: 300; 1st pub. as 「Minutes of the Sessions of All Russia C. E. C., 4th Convention」, held April 29, 1918

(「Verbatim Report」, Moscow, 1920).

28 레닌의「소비에트 정부의 당면 과제」, 259쪽.

29 「전 러시아 중앙집행위원회 결의안 Resolution of All-Russian Central Executive Committee」, February 2~7, 1920, 레닌의「Integrated Economic Plan」, 『접진』 32:138; the latter 1st pub. in 《Pravda》, no. 32 (February 22, 1921)에서 인용.

30 「제8차 전 러시아 소비에트 총회에서 채택된 전력화 결의안 Resolution on Electrification Adopted by the Eighth All-Russian Congress of Soviets」, December 29, 1920, 레닌의「통합경제계획 Integrated Economic Plan」, 141 쪽에서 인용. 『전집』의 편집자는 이렇게 적었다. "결의안의 초고는 레닌이 작성했다."(539쪽 n. 38; 강조는 원문) 1921년 5월 레닌은 조사를 위한 질의 목록에서 이렇게 물었다. "gubernia와 uyezd(소련의 행정구역)의 도서관들은 제8차 소비에트 총회에 보고서로 제출된 소비에트연방사회주의공화국의 전력화 계획에 관한 사본을 가지고 있는가? 만약 있다면 얼마나 많은 사본들이 있나? 만약 없다면, 이는 제8차 소비에트 총회의 지역 대표자들이 정직하지 않고 당에서 추방되어야만 하며 책임지는 자리에서 물러나거나 아예 투옥되어 그들의 의무 이행에 관해 교화 교육을 받아야 하는 게으른 자들이라는 사실을 보여 주는 것이다." 「노동국방 평의회가 지역 소비에트 조직에 내린 지시 사항 Instructions of the Council of Labor and Defense to Local Soviet Bodies」, 『선집』 32: 396; 1st pub. as a phamplet in 1921.

31 마르크스의『자본론』1:557. 마르크스는 여기서 '영국 수직공(hand-loom weaver)의 소멸'에 관해 구체적으로 언급하고 있다.

32 레닌의「제3차 전러시아 경제위원회에서의 연설 Speech Delivered at the Third All-Russian Congress of Economic Councils」, January 27, 1920, 『전집』 30: 132; 1st pub. in 《Pravda》, no. 19 (January 29, 1920).

33 칼 도이치(Karl W. Deutsch)의「사회 동원과 정치발전 Social Mobilization and Political Development」, 《American Political Science Review》 4 (September 1961): 494.

34 "상대적으로 근대화되지 않은 사회에서 군부가 관료적 경험이나 반(半)관료적 경험을 가진 주요 선례가 되는 것은 흔한 일일 수 있다." 마리온 레비

(Marion J. Levy)의 『근대화와 사회구조 *Modernization and the Structure of Societies*』(Princeton, N.J.: Princeton University Press, 1966)의 제2권 588~599쪽. "응집력 있는 정치 조직을 만드는 일은 매우 어려운 문제이지만, 이 문제는 일사불란한 군사 조직을 만들 때 발생하는 문제와 근본적으로 다르지 않다." 새뮤얼 헌팅턴(Samuel Huntington)의「정치발전과 정치의 쇠퇴 Political Development and Political Decay」,《*World Politics*》17 (April 1965): 403~404.

35 "전체주의적 적법성에 따르면, 법률 체계는 무시되고, 지상에 정의의 지배를 확립할 것 같은 위선은 허용되며, 역사법칙이나 자연법칙의 이름으로 법을 집행하지만 역사법칙과 자연법칙을 개별 행동에 대한 옳고 그름의 기준으로 번역하는 과정은 없다. 전체주의의 적법성은 인간의 행동이라는 문제에 개의치 않은 채 인류에게 직접 역사법칙과 자연법칙을 적용한다. … 전체주의 정책 옹호자들은 인류를 적극적이고 틀림없는 법의 이행자로 만든다면서, 그런 정책이 없다면 인류는 단지 수동적으로 마지못해 법에 복종하는 존재에 지나지 않을 것이고 주장한다." 한나 아렌트,『전체주의의 기원』제2쇄(New York: Meridian, 1959), 462쪽.

36 레닌의「소비에트 정부의 당면과제」, 241쪽.

37 아른트(H. W. Arndt)의「경제발전: 의미론의 역사 Economic Development: A Semantic History」,《*Economic Development and Cultural Exchange*》29 (April 1981): 463.

38 「비자본주의적인 발전의 길 Noncapitalist Path of Development」,『소비에트 대백과사전 *The Great Soviet Encyclopedia*』(New York and London: Macmillan, 1978); translation of the 3d ed. of Bol'shaia Sovetskaia Entsiklopediia (Moscow, 1974), 17: 584.

39 크리스토퍼 힐(Christopher Hill)의『레닌과 러시아혁명 *Lenin and the Russian Revolution*』(1947; Harmondsworth: Penguin, 1971), 167쪽. 이 책을 쓰고 나서 20년 뒤, 영국의 산업혁명이 동반한 폭력을 설명하면서 힐은 조롱을 자초한다. "그러지 않을 수 있다면 더 좋겠지만 가장 자유주의적인 역사학자들조차도 계란을 깨뜨리지 않고서는 케이크를 만들 수 없다." 레닌은 자신의 유명한 발언이 이렇게 응용되면서 이 '조차도'라는 단어가 사용된 것

에 대해 어떻게 생각할까 궁금하다. 힐의『산업혁명의 재구성 *Reformation to Industrial Revolution*』(『영국의 펠리컨 경제사 *The Pelican Economic History of Britain*』제2권 1530~1780), (1967; Harmondsworth: Penguin, 1969), 232쪽.

40 해리 트루먼의「취임 연설」[1949],『미국 외교 정책 10년 *A Decade of American Foreign Policy*』(Washington: U.S. Government Printing Office, 1950), 1366쪽.

41 해리 트루먼의『전기 *Memoirs* 제2권: 시련과 희망의 나날들 *Years of Trial and Hope*』(New York, Doubleday, 1956), 232, 230쪽.

42 앞의 책, 230쪽.

43 더글러스 러미스,「이데올로기로서의 미국 근대화 이론 American Modernization Theory as Ideology」,《*Kokusai Kankeigaku Kenyu*》7 [국제관계 연구 Research in international relations] (Tsuda College, Japan, March, 1981), 113~129쪽을 보라.

44 라일(Lyle W. Shannon)의「서문」, Shannon이 편집한『저개발지역 *Underdeveloped Areas*』(New York: Harper and Row, 1957), x쪽.

45 데이비드 앱터의『근대화의 정치 *The Politics of Modernization*』(Chicago: University of Chicago Press, 1965), 460쪽: 강조는 원문.

46 폴 바란의『성장의 정치경제학 *The Political Economy of Growth*』(New York: Monthly Review Press, 1957). "이런 개념들 대부분이 식민주의와 제국주의에 관한 마르크스주의자들의 초기 논쟁에서 등장하지만, 1950년대에 탈식민 사회의 경제발전의 문제점들에 대한 케인즈주의와 신고전주의적 접근법을 비판하면서 저발전 이론이 처음 등장했다. … 특히 첼소 푸르타도(celso furtado)와 안드레 군더 프랑크(Andre Gunder Frank)와 같은 여러 이론가들은 나중에 폴 바란이 만든 저발전 이론의 주된 개념들을 확장시켰다." 톰 보토모어(Tom Bottomore)가 편집한『마르크스주의 사상 사전 *A Dictionary of Marxist Thought*』제2판(Cambridge, Mass.: Basil Blackwell, Inc., 1991), 554~555쪽.

47 안드레 군더 프랑크의『라틴 아메리카: 저발전이냐 혁명이냐 *Latin America: Underdevelopment or Revolution*』(New York: Monthly Review Press, 1969).

48 구스타보 에스테바가 국제개발회의(The Society for International Development, SID)의 18번째 회담 전에 발표한 제안서「발전의 고고학: 은유, 신화, 위협 The Archaeology of Development: Metaphor, Myth, Threat」, Rome, July 1~4, 1985, p. 1; typed manuscript.

49 앞의 글, 7쪽.

50 구스타보 에스테바가 식량 자급 국제세미나에 제출한 보고서「원조 중단과 개발 중단: 기아의 해결책 Cease Aid and Stop Development: An Answer to hunger」, CESTEM-UNESCO, August 6~9, 1985, p. 11; typed manuscript.

51 알렉산더 마그누의「권위주의와 저발전: 종속자본주의 필리핀의 정치 질서에 관한 노트 Authoritarianism and Underdevelopment: Notes on the Political Order of a Dependent-Capitalist Filipino Mode」,『필리핀의 봉건주의와 자본주의 Feudalism and Capitalism in the Philippines』(Quezon City: Foundation for Nationalist Studies, 1982), 101~102쪽.

52 『불공평한 발전: 주변부 자본주의의 사회 구성체에 관한 에세이 Unequal Development: An Essay on the Social Formations of Peripheral Capitalism』(New York: Monthly Review Press, 1977)에서 사미르 아민(Samir Amin)은 "중심부의 성장은 발전을 의미하는 반면, 주변부의 성장은 발전을 의미하지 않는다"(p. 292)라고 적는다. 다른 페이지에서 아민은 저개발 경제의 특징은 "인구 1인당 생산수준이 어떠하든 간에, 스스로 중심부가 되거나 저절로 활력을 지니는(autocentric and autodynamic) 성장을 이뤄내는 것은 불가능하다"(202쪽)는 점이라고 설명했다. 위의 첫 번째 설명에서는 성장이 '발전'을 이루지 못한다면 만족스럽지 않고, 두 번째 설명에서는 발전이 '성장'을 이루지 못하면 만족스럽지 않다는 것이다. 즉 어디에선가 경제발전이 대량 빈곤을 발생시키지 않는 가상의 조건을 상징적으로 묘사하기 위해 발전과 성장 중 둘 중의 하나는 보류해 놓는다. 그렇다면 우리는 아민조차도 세계 체제이론의 완전한 함의를 받아들이지 못한 것으로 결론을 지어야만 할까?

53 로버트 맥나마라(Robert S. McNamara)의「이사회 연설 Address to the Board of Governors」, Nairobi, Kenya, September 24, 1973.

54 존 러스킨(John Ruskin)의『나중에 온 이 사람에게도 Unto This Last』(1860: Lincoln: University of Nebraska Press, 1967), 30쪽.

55 소스타인 베블런(Thorstein Veblen)의 『유한계급론 *The Theory of the Leisure Class*』(1899: New York: Mentor, 1953), 39쪽.

56 이반 일리치의 『공생을 위한 도구 *Tools for Conviviality*』(New York: Harper, 1973), 54~61쪽[한국어 번역본은 『성장을 멈춰라』, 이한 옮김, 미토, 2004].

제3장 기계의 반민주주의적 성격

1 루이스 멈퍼드의 『기계의 신화 *The Myth of the Machine*』 2권(New York: Harcourt Brace Jovanovich, 1964, 1970)

2 지크프리트 기디온(Sigfried Giedion)의 『기계화의 지배 *Mechanization Takes Command*』(New York: Norton, 1948), 51~76쪽.

3 토머스 홉스가 쓰고 마이클 오크쇼트가 편집한 『리바이어던 *Leviathan*』(New York: Collier, 1962), 100~101쪽.

4 에르네스트 만델(Ernest Mandel)이 서문을 쓰고 벤 포크스(Ben Fowkes)가 번역한, 카를 마르크스의 『자본론』 1권(Harmondsworth: Penguin, 1976), 563쪽.

5 (마르크스가 '증기 해머의 발명가'로 인정한) 잭 내스미스(Jack Nasmyth)가 노동조합위원회에 제출한 증거로 『노동조합과 다른 결사체들의 조직과 규칙에 관해 조사하도록 임명된 위원회의 열 번째 보고서』(London, 1868), 63~64쪽; 같은 책, 563쪽에서 인용.

6 앤드류 얼(Andrew Ure)의 『공장주의 철학 *The Philosophy of Manufacturers*』(London, 1835), 367~370쪽; 같은 책 563~564쪽에서 인용.

7 카를 마르크스와 프리드리히 엥겔스의 「독일 이데올로기」, 『마르크스·엥겔스 전집 *Collected Works*』 5권(Moscow: Progress Publishers, 1976), 47쪽.

8 나는 근대적인 지배의 원천이 우리의 지식 체계 자체에서 비롯될 수 있다는 점을 여기서 논의한 것보다 훨씬 더 추상적인 차원에서 강력하게 주장할 수 있다는 점을 인식하고 있다. 최근의 두 가지 예를 들면, 벤자민 바버의 『강한 민주주의: 새로운 시대를 위한 참여 정치』(Berkeley: University of California press, 1984) 1부와 프레데리크 아펠 마글린(Frederique Apffell Marglin)과 스테판 마글린(Stephen A. Marglin)이 편집한 『지배하는 지식 *Dominating Knowledge*』(Oxford: Clarendon Press, 1990)이다.

9   프리드리히 엥겔스, 「권위에 관하여」, 『마르크스·엥겔스 전집』23권 (Moscow: Progress Publishers, 1988), 423쪽; 이탈리아어로 번역되어 『*Almanacco Repubblicano per l'anno 1874*』(December 1873)으로 처음 출판 되었다.

10 톰슨(E. P. Thompson)의 『윌리엄 모리스: 혁명적인 낭만가 *William Moris: Romantic to Revolutionary*』(Stanford: Stanford University Press, 1955), 471쪽 에서 인용.

11 모리스에 관한 이런 생각은 쓰다 대학 석사과정생인 사카모토 루미 (Sakamoto Rumi)와의 대화에 많은 빚을 졌다. 사카모토의 「정치생태주의와 윌리엄 모리스의 유토피아 사상 Political Ecology and William Morris」(에섹 스 대학 정치 이론 석사학위논문, 1991).

12 윌리엄 모리스, 「공장의 가능성 A Factory as It Might Be」, 콜이 편집한 『윌 리엄 모리스: 산문과 시에 관한 연구: 짧은 시와 강연, 에세이들』(London: Nonesuch Press, 1948), 650쪽.

13 마르크스, 『자본론』1권, 492쪽.

14 윌리엄 모리스, 『유토피아에서 온 편지』, 콜이 편집한 『윌리엄 모리스』, 168 쪽.

15 니콜로 마키아벨리, 『'군주론'과 '로마사 논고' *"The Prince" and "The Discourses"*』(New York: Modern Library, 1950), 27쪽.

16 마르크스, 『자본론』1권, 499쪽.

17   한나 아렌트, 『인간의 조건』(New York: Anchor, 1958), 238쪽.

18 에일턴 크레낙(Ailton Krenack) 인터뷰, 「그곳, 산은 그냥 산이 아니고 강은 친족이다」, 《AMPO: *Japan-Asia Quarterly Review*》 21 (Fall 1989): 47.

19 자크 엘륄(Jacques Ellul)이 쓰고 콘라드 델렌(Konrad Dellen)이 옮긴 『정치 환상 *The Political Illusion*』(1965; New York: Vintage, 1967).

20 제라드 윈스탠리(Gerrard Winstanley)가 쓰고 로버트 케니(Robert W. Kenney)가 편집한 『자유의 법 강령: 진정한 행정직의 복원 *The Law of*

Freedom in a Platform; or, True Magistracy Restored*(New York: Schocken Books, 1973), 75쪽. 이후의 통찰은 쓰다 대학의 박사과정생인 우라노 마리코(Urano Mariko)와의 대화에서 발전하였다. 우라노, 「제라드 윈스탠리: 그는 보수주의자인가 Gerrard Winstanley — Was He a Conservative?」《국제관계 연구 *The Study of International Relations*》(쓰다 대학, 도쿄), 19권 부록(1992): 1~16(일본어판).

21 이런 이유와 다른 이유들을 근거로 조지 슐만(George Schulman)은『자유의 법 강령』이 윈스탠리의 현실에 대한 환멸을 나타낸 것으로 판단한다. 슐만,『급진주의와 존경: 제라드 윈스탠리의 정치사상 *Radicalism and Reverence: The Political Thought of Gerrard Winstanley*』(Berkeley: University of California Press, 1989), 216쪽.

22 "그의 교육 수준은 겨우 봐줄 수 있는 정도로, 몇 년 뒤 그는 짧은 라틴어로 글을 쓸 수는 있었지만, 주어와 동사 사이의 복수형 어미 일치 같은 몇몇 영문어법은 당시의 상당수 사람들에 비해 이해하기 어려워했다." 로버트 케니의 서문, 윈스탠리,『자유의 법 강령』, 10쪽.

23 내가 여기서 '일의 질서'로 설명한 것은 단지 크로포트킨이 '상호부조'라고 불렀던 것을 다르게 접근한 것에 지나지 않을 수 있다. 표트르 크로포트킨,『상호부조론: 진화의 요인 *Mutual Aid: A Factor in Evolution*』, 애쉴리 몽태쿠(Ashley Montagu)의 서문(1902; Boston: Porter Sargent, 날짜 미상).

24 나카오 하지메(Nakao Hajime)가 쓰고 사라 애커만(Sara Acherman)과 레베카 제니슨(Rebecca Jennison)이 옮긴 「스리마일섬: 과학의 언어와 민중의 현실 Three Mile Island: The Language of Science and the People's Reality」, 《Kyoto Review》 12권 (Spring 1980): 1~21과 13권(Spring 1981): 36~53. 나카오, 「과학이 기만한 주민 Kagaku ni Azamukareta Juumintachi」, 히로나카 나추코(Hironaka Natsuko)와 우구라 미에코(Ogura Mieko)가 편집한『방사능도시 *Hoshano no Nagareta Machi*』(Tokyo: Aun Press, 1989), 74~79쪽.

25 로저 포사다스(Roger Posadas), 「과학-기술의 격차를 뛰어넘기 Leapfrogging the Scientific-Technological Gap」, 《Diliman Review》 34 (January~February 1986).

26 이반 일리치,『공생을 위한 도구』, ix쪽.

27 더글러스 러미스의 「설탕 생산지의 기아 Starving in Sugarland」, 《*AMPO: Japan-Asia Quarterly Review*》18, 1권(1986): 43~48을 보라.

제4장 민주주의 전통의 결함

1 몬떼스(Baron de Montes)와 뉴전트(Thomas Nugent)가 옮기고 호이만 (Franz Heumann)이 서문을 쓴, 몽테스키외의 『법의 정신 *The Spirit of the Laws*』(New York: Hafner, 1949), 20쪽.

2 앞의 책, 22쪽.

3 한나 아렌트, 『혁명론』(New York: Viking), 제6장 곳곳에서. "매 시기 평의회 는 민중의 자발적인 기구로 등장했고, 모든 혁명 정당의 외곽뿐 아니라 그 지 도자들이 전혀 예상치 못한 곳에서 등장했다"(252쪽). 아렌트는 미국, 프랑 스, 러시아, 1956년 헝가리 혁명에서 평의회 체제를 발견했다. 분명히 아렌트 는 헝가리 혁명 이후의 동유럽 혁명에서 평의회 체제를 봤을 것이고, 1987년 에 '피플파워'의 봉기 이면에 존재했던 필리핀 민중운동의 '부문 조직'에서도 평의회를 찾았을 것이다.

4 예를 들어, 코너(W. Robert Conner)의 『투키디데스 *Thucydides*』(Princeton: Princeton University Press, 1984)를 보라. 반면에 좀 더 최근에 출판된 『민주 주의 선집 *The Democracy Reader*』은 표준적인 유행을 따라 페리클레스의 장 례식 연설에 최고의 민주주의 경전의 지위를 부여한다. 이 책은 당시의 상황 을 "권위주의적인 적군에 대한 민주주의의 투쟁"으로 설명하고, 이 연설을 "일종의 … 최초의 냉전 문서"(2쪽)라 부른다. 이 책이 투키디데스 연구에 있 어 '베트남 증후군'의 종식을 알리는 신호탄일까? 라비치(Diane Ravitch)와 선스트롬(Abigail Thernstrom)이 편집한 『민주주의 선집』(New York: Harper Collins, 1992).

5 지금부터 모든 인용은 『투키디데스 전집 *The Complete Writings of Thucydides: The Peloponesian Wars*』(New York: Modern Library, 1951)에서 이뤄진다.

6 이 점에 관해서는 코너의 『투키디데스』 63~75쪽을 보라.

7 비슷한 주장은 전쟁이 시작되기 전에 코린트인 연설자(1. 40)에게서도 보이고, 케르키라(Corcyra)의 반란에 관한 투키디데스의 설명(3. 84)에서도 드러난다.

8 코너의 『투키디데스』는 멜로스섬과 시칠리아섬 침공 사이의 텍스트 상의 연관성을 다룬다. 147~168쪽 참조.

9 지금부터의 인용은 리비우스가 쓰고 쓸랭꾸르(Aubrey De Selincourt)가 번역하고 오길비(R. M. Ogilvie)가 서문을 쓴 『초기 로마의 역사 The Early History of Rome』(Harmondsworth: Penguin, 1960), 129~142쪽을 보라.

10 지금부터의 인용은 폴리비오스가 쓰고 킬버트(Ian Scott-Kilvert)가 번역하고 월뱅크(F. W. Walbank)가 서문을 쓴 『로마 제국의 등장 The Rise of the Roman Empire』(Harmondsworth: Penguin, 1979)을 따랐다.

11 카를 마르크스와 프레드릭 엥겔스의 『선집』(Moscow: Progress Publishers, 1969)에 수록된 마르크스의 「루이 보나파르트의 브뤼메르 18일」, 1:398.

12 포콕(J. G. A. Pocock)의 『마키아벨리주의의 전개 The Machiavellian Movement: Florentine Political Theory and the Atlantic Republican Tradition』 (Princeton: Princeton University Press, 1975).

13 "하급자의 행위는 지휘자가 통제하고 서로 동맹을 맹세하며 약탈품은 자기들만의 법에 따라 공유한다는 점에서 도둑 떼의 취득물이 작은 왕국의 취득물이 아니라면 무엇이란 말인가?" 성 아우구스티누스가 쓰고 태스커(R. V. G. Tasker)가 편집하고 힐리(John Healy)가 번역하고 바커(Ernest Barker) 경이 서문을 쓴 『신국론 The City of God』(London: Everyman, 1945), 1:115.

14 "따라서 (마키아벨리는) 공화주의자이자 최초의 파시스트에 가까웠다." 한나 피트킨(Hanna Pitkin)의 『행운의 신은 여성이다 Fortune Is a Woman: Gender and Politics in the Thought of Niccolo Machiavelli』(Berkerly: University of California Press, 1984), 4쪽.

15 제2장 제1절을 보라.

16 사비니 여인의 강간은 "로마의 가장 초기이자 영예로운 시기에 벌어졌다". 성 아우구스티누스, 『신국론』, 55쪽.

17 크세노폰의 『히에로 *Hiero*』 4. 3. 이용된 번역본은 머천트(E. C. Marchant)와 보어스톡(G. W. Bowerstock)이 번역한 『*Scripta Minora*』(Cambridge: Harvard University Press[Loeb Classical Lirary], 1925)이다.

18 무토 이치요, 「기조연설: 희망의 동맹을 위해」, 기조연설은 1989년 8월 일본 미나마타에서 열린 '21세기를 위한 민중 계획 미나마타 회의'에서 이루어졌다. 내용은 《*AMPO: Japan-Asia Quarterly Review*》 21(1989): 123을 보라.

19 새뮤얼 헌팅턴(Samuel P. Huntington), 「문명의 충돌?」, 《*Foreign Affairs*》 72 (Summer 1993): 22~49a.

제5장 민주주의의 덕목들

1 한나 아렌트의 『인간의 조건』(New York: Anchor, 1959), 220쪽.

2 플라톤의 『국가』 2. 360e~61d.

3 프리드리히 니체(Friedrich Nietzsche)가 쓰고 골핑(Francis Golffing)이 번역한 「도덕의 계보학 The Genealogy of Morals」, 『비극의 탄생과 도덕의 계보학 *"The Birth of Tragedy" and "The Genealogy of Morals"*』(New York: Anchor, 1956), 189쪽.

4 앞의 책, 196쪽.

5 페터 슬로터다이크(Peter Sloterdijk)가 쓰고 마이클 엘드레드(Michael Eldred)가 옮기고 안드레아스 휴센(Andreas Huyssen)이 서문을 쓴 『냉소적 이성 비판 *Critique of Cynical Reason*』(Minneapolis: University of Minnesota Press, 1987), 5쪽.

6 루트비히 포이어바흐(Ludwig Feuerbach)가 쓰고 한피(Zawar Hanfi)가 번역하고 서문을 쓴 『불타는 개천 *The Fiery Brook: Selected Writings of Ludwig Feuerbach*』(New York: Anchor, 1972).

7 포스터(E. M. Forster)의 『민주주의를 위한 두 번의 축배 *Two Cheers for Democracy*』(London: Edward Arnold, 1951), 78쪽.

8 한나 아렌트의 『혁명론』(New York: Viking, 1963), 111~137쪽.

결론 : 페르세포네의 귀환

1   쉘던 월린의 「Fugitive Democracy」, 《*Constellations: An International Journal of Critical and Democratic Theory*》 1 (April 1994): 23.

2   이런 이미지 속에 들어 있는 온대지방 쇼비니즘에 대해 열대와 아열대지방에 살고 있는 이들에게 사과한다. 열대지방의 이미지에 대해서도 같이 지적이 나올 수 있다고 확신한다.

찾아보기[*]

---

* [편집자 주] 각 항목의 페이지 숫자 뒤에 붙인 괄호 안의 번호는 그 페이지의 미주 번호를 뜻한다.

민주주의에 관한 말들*

그녀는 스쳐 가는 사람들과 끝없이 악수를 나누는 대통령과 영부인에게 시선을 고정시킨 채 거기 서 있었다. … 그 많은 사람들 중에서 이런 행사가 엉터리라고 느낀 사람은 그녀밖에 없었다. … 사람들은 군주정을 우스꽝스럽게 흉내 낸 이 행사가 민주주의 제도라고 생각했다. — **헨리 애덤스** Henry Adams

… '민주주의'에 대한 모든 반론들은 … 한층 더 일관되고 잘 논증될수록 정치의 본질에 대한 반론으로 바뀔 것이다. — **한나 아렌트** Hannah Arendt

민주주의는 사람들이 어느 모로 보나 평등해야 절대적으로 평등한 것이라는 생각에서 비롯되었다. — **아리스토텔레스** Aristotle

---

* [편집자 주] 저자가 뽑은 발췌문(원 제목: extracts)을 원서에서는 서문 앞에 수록하였으나, 한국어판에서는 뒤로 옮겨 실었다.

민주주의는 토론에 의한 통치를 의미하지만 사람들이 말하는 것을 중지시킬 수 있을 경우에만 효과적이다. —**클레멘트 애틀리** Clement Attlee

단 한 번도 미국인들은 어떤 장소에서건, 어떤 엄숙한 회의에서도 엄선된 대리인을 통해서건, 미국이 민주적이라고 공식적으로 선언한 적이 없다. 미국 헌법에는 민주주의나 민주주의를 지지한다는 말이 없고 서문에 '우리, 인민은'이라는 표현만 있다. … 미국 헌법이 제정되었을 때에도 존경받을 만한 인물 중 민주주의자를 자처했던 사람은 한 사람도 없었다. —**메리 리터 비어드** Mary Ritter Beard

독재 정권이 냉소를 없앨 수 없듯 민주주의는 위선을 막을 수 없다. —**조르주 베르나노스** George Bernanos

보쇼프 판사 Judge Boshoff: 민주주의, 그건 한 사람이 한 표를 가지는, 발전한 공동체에서나 가능한 거 아닌가요?
스티브 비코 Steve Biko*: 그렇죠. 그러니까요. 나는 민주주의가 공동체를 발전시키는 과정이라고 봅니다.

완벽한 민주주의란 이 세계에서 가장 파렴치한 것이다. —**에드먼드 버크** Edmund Burke

* [옮긴이 주] 흑인 민권운동가.

악마는 최초의 민주주의자였다. ― **바이런 경** Lord Byron

민주주의는 본질적으로 자신을 갉아먹는 기획이고, 결국에는 0(zero)이라는 최종 결과로 수렴된다. ― **토머스 칼라일** Thomas Carlyle

민주주의는 [개에게] 던질 돌을 찾을 때까지 "착하지, 강아지야"라고 말하는 기술이다. ― **윈 카틀린** Wynn Catlin

민주주의를 확립하기 위해 혁명을 일으킬 수는 없다. 혁명을 하려면 민주주의가 있어야만 한다. ― **체스터턴** G.K. Chesterton

때때로 시도되었던 다른 모든 정부 형태를 빼고 나면 민주주의가 최악이라고 말해져 왔다. ― **윈스턴 처칠** Winston Churchill

민주주의는 정맥과 동맥을 순환하는 건강하고 살아 있는 피로서, 체제를 유지해 주지만 결코 밖으로 새어 나오면 안 되는, 그런 피에 지나지 않는다. ― **새뮤얼 테일러 콜리지** S. T. Coleridge

… 민주주의는 뗏목이다. 당신은 민주주의를 쉽게 전복시킬 수 없다. 민주주의는 축축하지만 아주 안전한 곳이다. ― **조셉 쿡** Josehp Cook

만약 민중이 지배자가 된다면 누가 지배를 당해야 하는가? ― **존 코튼** John

Cotton

보통 현명한 사람들이 알고 있는 보호 장치 하나가 있는데, 모두에게 이롭고 안전하면서 전제군주에 맞서는 민주주의 체제로 봐서는 특히 더 그렇다. 그것은 무엇인가? 바로 불신이다. — **데모스테네스** Demosthenes

4억 5천만 유색인종의 운명을 전적으로 영국 제국의 5천만 백인들이 결정할 수 있어야 된다고 보는, 그 어떤 민주주의 철학과도 조화를 이룰 수 없다. — **드 부아** W. E. B. Du Bois

민주주의가 실패하는 이유는 많은 사람들이 민주주의를 두려워하기 때문이다. 많은 사람들은 부와 행복이 매우 한정적이어서 세상이 지적이고 건강하며 자유로운 사람로 가득해지는 것은 바람직하지 않은 것은 아니지만 불가능한 일이라고 믿는다. 그래서 세상은 피와 배고픔과 수치심으로 들끓게 된다. 민주주의에 대한 두려움은 허구적인 것이지만, 오직 신념으로써만 두려움에 맞설 수 있을 뿐이다. — **드 부아** W. E. B. Du Bois

다른 공공복지는 아테네인들 사이에 실현되어 있었는데, 그 이유는 평등이 민중들 사이에 이루어져 있었기 때문이다. … 이런 통치 형태는 그리스어로 민주주의(Democratia), 라틴어로 민중 권력(Popularis potentia), 영어로 평민에 의한 지배라 불렸다. — **토머스 엘리엇 경** Sir Thomas Elyot

민주주의자는 젊은 보수주의자이고 보수주의자는 늙은 민주주의자이다. 귀족 정치론자는 민주주의자가 무르익어 씨앗으로 돌아간 사람이다. —**에머슨** Emerson

… 민주주의를 위해 두 번의 축배를. 한 번은 민주주의가 다양성을 인정하기 때문이고, 또 한 번은 민주주의가 비판을 허용하기 때문이다. 두 번의 축배로 충분하다. 세 번을 외칠 이유는 없다. —**포스터** E. M. Foster

민주주의는 평범한 사람들에게 비범한 가능성이 있다는 확신에서 비롯된다. —**해리 에머슨 포스딕** Harry Emerson Fosdick

우리는 이제 공화주의 정부를 세웠다. 진정한 해방은 전제주의나 극단적인 민주주의에 있는 것이 아니라 온건한 정부에 있다. —**알렉산더 해밀턴** Alexander Hamilton

그들은 귀족식으로 부름을 받은 것이 아니라 … 일반 대중들의 방식을 따라 민주적으로 저녁 식사에 초대받은 것이었다. —**필레몬 홀랜드** Philemon Holland

민주주의는 여기서 사랑과 같다. 민주주의는 명령을 내리는 사람들이 살릴 수 없다. —**시드니 후크** Sidney Hook

주님께 맹세합니다.

나는 아직 모르겠습니다.

왜 민주주의가

나를 제외한 사람들에게만 의미가 있는지

—**랭스턴 휴즈** Langston Hughes

민주주의는 정치 생활의 새로운 형식이 아니라 옛 형식의 소멸과 해체이다. 민주주의는 정부가 결정하던 것이 민중의 손으로 넘어가고 이전에 존재했던 것을 무너뜨리고 민주주의의 근원을 재천명하는 것이지, 결코 그 자리에 있던 어떤 것을 대체하는 것이 아니다. —**헨리 제임스** Henry James, Sr.

… [사회적] 공간들이 급증하고 궁극적으로 사회적 영역이 확정적이지 않다는 사실로부터 다음과 같은 점을 도출하는 것은 가능하지 않다. 즉, 사회를 일관되게 통일된 전체로 나타내는 것 — 따라서 사회를 하나의 총제적인 어떤 것으로 생각하는 것 — 이 불가능하다거나 이런 총제적 사유의 계기와 급진 민주주의 기획을 양립시키는 것은 불가능하다는 결론을 도출할 수 없는 것이다. —**에르네스토 라클라우** Ernesto Laclau와 **샹탈 무페** Chantal Mouffe

… 선거권을 갖고 있는 집단의 무지가 늘어나도 대의제 정부가 좋아지고 능력이 커질 수 있다고 생각하는 것은 확실히 고대의 연금술만큼 비합리적이다. 이토록 비합리적인 생각은 또 있다. 세상을 개혁하고 합리적인 진보를 확보하는 가장 좋은 방법은 정부를 가장 계몽되지 않은 계급이 통치하도록 점점 더

많이 허용하는 것이라는 생각이 그것이다. 그런 이론을 자유주의적이며 진보적인 것으로 간주했다는 점이 인간의 어리석은 역사에서 가장 특이한 사실로 드러날 날이 언젠가 올 것이다. ―**윌리엄 에드워드 하트폴 레키** William Edward Hartpole Lecky

형제애를 가졌고 오백 년 동안 민주주의와 평화가 자리 잡았던 스위스에서 그들은 무엇을 생산했는가? 뻐꾸기 시계! ―**해리 라임** Harry Lime (소설 『제3의 사나이』 중)

나는 노예도 주인도 되지 않을 겁니다. 이것이 민주주의에 대한 내 생각입니다. 이 생각과 다르다면 그 차이만큼 민주주의가 아닌 것입니다. ―**에이브러햄 링컨** Abraham Lincoln

민주주의 사회에 대해 정의를 내린다면 … 언제나 다수가 혁명적인 소수를 억압할 준비가 되어 있는 사회. ―**월터 리프먼** Walter Lippmann

민주주의는 모든 사람에게
자신의 억압자가 될 권리를 부여한다.
―**제임스 러셀 로웰** James Russell Lowell

[푸에블로족은] 미 공화국이 잉태되기 몇 세기 전에 거의 100개의 공화국을 세웠다. 그리고 그들은 그 시절 동안 유권자의 부패와 재임 시 횡령이나 부정행

위의 오점으로 부끄럽지 않은 고대의 민주주의를 유지했다. —**찰스 플레처 러미스** Charles Fletcher Lummis

가서 당신 집안의 민주주의부터 확립하시라. —**리쿠르고스** Lycurgus

나는 오래 전부터 순수하게 민주주의적인 제도가 조만간 자유나 문명을 파괴할 거라, 또는 둘 다를 파괴하고야 말 거라 확신했다. —**토머스 매콜리** Thomas Macaulay

충분히 교육을 받은 사람이라면, 지난 2세기 동안 과학 발명과 사회 변화의 위대한 시대를 마음속으로 되짚어 보자. 그리고 그 시기 어느 시점에서든 보통선거권이 확립되었다면 어떤 일이 일어났을지 생각해 보자. 보통선거권은 오늘날 미국에서 자유무역을 배제하고 분명히 다축 방적기와 역직기도 금지했을 것이다. 보통선거권은 분명히 탈곡기마저 금지했을 것이다. 그레고리안 달력도 채택되지 못했을 것이다. 보통선거권은 스튜어트 왕조마저 부활시켰을 것이다. —**헨리 메일 경** Sir Henry Maine

군대에서는 괴롭히고 구타하는 봉건적인 관행을 폐지하고 장교와 병사들이 기쁨과 슬픔을 공유하도록 하는 등 적절한 민주적인 조치가 취해져야만 한다. 이런 조치가 시행되면 장교와 병사들이 단결하고 군대의 전투 효과가 크게 증가할 것이며, 분명히 길고 잔인한 전쟁을 견뎌 낼 능력이 생길 것이다. —**마오 쩌둥** Mao Tse-Tung

일반 의지는 언제나 잘못이다. 사회를 더 인간적인 생활 방식으로 전환시킬 가능성을 객관적으로 저해하는, 그만큼 일반 의지는 잘못인 것이다. 그래서 역동적인 기업 자본주의 체제에서 민주주의를 위한 투쟁은 반민주적인 형태를 띠는 경향이 있다. —**헤르베르트 마르쿠제** Herbert Marcuse

민주주의는 인류(the species)의 헌법이다. —**카를 마르크스** Karl Marx

민주주의자를 위한 유일한 치료법은 군대이다. —**빌헬름 폰 메르헬** Wilhelm von Merchel

그리하여 명성 높은 웅변가들을 찾아가라.
왜냐하면 이들 고대인들의 거칠 것 없는 웅변은
그 격렬한 공론장(democratie)을 마음대로 휘젓고,
무기고를 흔들며 그리스 전역에서
마케도니아와 아르타크세르크세스*의 권좌를 향해 분노를 폭발시켰기 때문이다.
—**존 밀턴** John Milton

민주주의하에서 한 정당은 언제나 다른 정당이 통치에 적합하지 않다는 점을 증명하는 데 많은 에너지를 쏟는다. 그리하여 둘 다 성공해서 둘 다 옳다. —**헨**

* [옮긴이 주] 페르시아의 왕.

리 루이스 멩켄 H. L. Mencken

민주주의 체제에서 평등에 대한 사랑 때문에 야망은 단 한 가지 욕망과 행복으로 제한된다. 즉, 다른 동료 시민들보다 우리 조국에 더 크게 이바지하려는 욕망과 행복이 유일한 야망이다. —**몽테스키외** Montesquieu

민주주의의 문제는 왕을 없애는 문제가 아니다. 그 문제는 민중에게 왕위(王位)의 기본을 갖추게 하는 문제이다. 1억 명의 사람들을 왕과 여왕으로 만드는 것, 이것이 미국 민주주의의 과제이다. —**모어하우스** F. C. Morehouse

그러므로 민주주의는 어떤 의미에서 과학적 이론에 대한 실천이라고 정의할 수 있다. —**조셉 니담** Joseph Needham

정의를 위한 인간의 능력 때문에 민주주의는 가능하지만, 불의에 쏠리는 인간의 성향 때문에 민주주의가 필요한 것이다. —**라인홀드 니버** Reinhold Niebuhr

배심원단에게 대담하게 연설하면서, 그[퍼거스 오코네]*는 영국 노동자를 지지한다고 선언했다. … 그는 말 그대로 차티스트 — 배심원들이 원한다면, 민주주의자 — 임을 자인했고, 이런 원칙을 포기하면서 삶을 근근이 버텨 나가야 한다면 그렇게 비루하게 삶을 유지하는 것을 경멸할 것이라고 선언했

---

* [옮긴이 주] 차티스트 운동가이자 토지개혁을 주창한 19세기의 아일랜드 정치가.

다. —**프랭크 필** Frank Peel

늙은 민주주의자 베인즈(Baines)의 암살 행위를 지지하거나 변호해 주는 사람은 없었다. 그의 목적은 지배자를 총으로 쏘는 것이 아니라 시민으로서 정부에 참여할 권리를 주장하도록 민중을 집단적으로 깨우치는 것이었다. 그 자신의 표현을 빌리자면, "왕과 귀족들의 피비린내 나는 통치"를 전복시키고 그 자리에 민주주의를 확립하는 것이 그의 목표였다. 그가 속한 계급의 대다수가 그랬듯이 그는 기계의 가치를 알아볼 만큼 충분히 계몽되지 못했고 사실상 기계를 전적으로 저주라고 생각했다. —**프랭크 필** Frank Peel

모든 마을에서 악당들이 봉기해서 스스로를 민중이라 부르며 가장 잔인한 전제정치를 확립할 것이다. —**로버트 필 경** Sir Robert Peel

민주주의는 민중이 비난받을 사람을 자유롭게 선택하는 과정이다. —**로렌스 피터** Laurence J. Peter

민중이 통치하지 않는 나라에 와 있는 것은 즐거운 기분 전환이다. —(파라과이를 방문한) **필립 왕자** Prince Philip

민주주의는 분명히 경제적인 잉여를 즐기는 나라들에 가장 적합하고, 경제적으로 여유가 없는 나라들에는 가장 적합하지 않다. —**데이비드 모리스 포터** David Morris Porter

[때때로 민주주의는 피로 물들어야 한다. —**아우구스토 피노체트** Augusto Pinochet

토머스 페인은] 자연스런 민주주의자였고 태양과 비처럼 공정했다. —**마릴라 리처** Marilla M. Richer

우리는 민주주의의 거대한 무기고가 되어야 한다. —**프랭클린 델라노 루즈벨트** Franklin Delano Roosevelt

만약 신들로 구성되어 있는 국민이 있다면 그들은 민주적으로 다스려질 것이다. 그래서 완벽한 정부는 인간에게 적합하지 않다. —**장자크 루소** Jean Jacques Rousseau

민주적인 성향은 지금의 관료주의적이고 '능력주의적인' 가치 체계에서 길러지지 않고 그것과 공존할 수도 없다. 민주적인 성향은 기존의 가치 체계에 대한 대안이지, 그것의 확장이나 성장이 아니다. —**존 샤르** John Schaar

대영제국은 모든 주민의 보통선거권과 평등한 투표권에 기초하고 있는가? 그런 기초 위에서 대영제국은 일주일도 버틸 수 없다. 그 끔찍한 다수의 힘으로 유색인종이 백인들을 지배할 것이다. 그럼에도 대영제국은 민주주의 국가이다. 프랑스나 다른 강대국들도 마찬가지이다. —**칼 슈미트** Carl Schmitt

민주주의는 … 전쟁이나 전제군주보다 더 잔인하다. —**세네카** Seneca

자본주의가 경영이나 책임 또는 거액의 돈 관리에 대한 훈련도 받은 일 없고 정치학과 같은 것이 존재한다는 사실에 대한 개념도 전혀 없는 엄청난 수의 노동계급을 처음으로 양산해 낸 가운데, 대중적인 지지를 받는 정당이 이득을 보도록 이 다수 대중들에게 투표권을 부여하고 있는, 그런 세상에서 민주주의를 혐오하는 반응은 매우 자연스러운 일이다. —**조지 버나드 쇼** George Bernard Shaw

[노동조합운동의 지도자들은] 민주주의자이다. 그들이 대중의 판단력과 인식, 주도력을 믿어서가 아니라 대중의 무지와 어리숙함, 유순함을 경험했기 때문이다. —**조지 버나드 쇼** George Bernard Shaw

민주주의 체제에서 당신은 가난해도 존경받을 수 있지만 그 이상은 기대하면 안 된다. —**찰스 메릴 스미스** Charles Merrill Smith

사악한 자에게는 미친 듯한 욕망과 열정의 민주주의가 있다. —**스미스** J. Smith

… 그리스와 로마의 격정적이고 파란만장한 민주주의 체제에서 —**시드니 스미스** Sydney Smith

민주주의는 강력한 위계질서를 토대로 한다. 엄청난 성공을 추구하는 자들의 과두정치는 지도자들의 이익을 위해 끊임없이 일하고 자신들의 활동에서 물질적인 이익을 거의 얻지 못하는 열성적인 부하들을 가져야만 한다. 아랫사람들이 보여 주는 이런 종류의 싸구려 거룩한 감정을 자극하여 흥분 상태를 유지하는 것이 필요한데, 그 방법은 우정의 징표를 아낌없이 베풀고 이상주의적인 말을 계속 걸어 명예심을 자극하는 것이다. 국가의 영광, 자연에 대한 과학의 지배, 계몽을 향한 인류의 행군, 이런 것들은 민주주의 연설가들의 연설에서 끊임없이 들리는 말도 안 되는 소리이다. ─ **조르쥬 소렐** Georges Sorel

민주주의를 이해하고 싶은 사람은 도서관에서 아리스토텔레스와 보내는 시간을 줄이고 버스와 지하철에서 보내는 시간을 더 늘려야 한다. ─ **시메온 스트런스키** Siemon Strunsky

민주주의는 시인을 향해 과거를 차단한 뒤 그 앞에 미래를 연다. ─ **알렉시스 드 토크빌** Alexis de Tocqueville

민주주의는, 이를테면, 군주제에 유흥거리와 쾌락을 공급해 주는, 그런 것은 아니다. ─ **에드워드 탑셀** Edward Topsell

미국 민주주의는 파자마 차림으로 현관에 앉아 맥주 한 캔을 마시며 "이런 게 또 어디서 가능하냐?"라고 외칠 수 있는, 양도할 수 없는 권리이다. ─ **피터 유스티노프** Peter Ustinov

민주주의는 절반 이상의 민중이 당대의 절반보다 더 옳다고 반복해서 막연히

생각해 보는 것이다. —**엘윈 브룩스 화이트** Elwyn Brooks White

계속해서 크게 소리쳐라! 계속해서 성큼성큼 걸어오라! 민주주의여. 복수심에 불타는 일격으로 쳐라! —**월트 휘트먼** Walt Whitman

만약 [19세기의] 변화가 일어나지 않았고 민주주의가 여전히 환영받지 못하고 당파적인 용어라면, 민주주의를 믿거나 지지하는 일은 때때로 더 쉬웠을 것이다. —**레이먼드 윌리엄스** Raymond Williams

지식—연결, 철컥! 돈—연결, 철컥!—권력! 이것이 민주주의의 초석이 되는 순환 사이클이다. —**테네시 윌리엄스** Tennessee Williams

세계는 민주주의를 위해 안전해져야만 한다. —**우드로우 윌슨** Woodrow Wilson

"이집트에 가고 싶어요"라고 마들렌은 여전히 희미하게 웃으며 말했다. "민주주의가 내 신경을 다 끊어 놨어요." —**헨리 애덤스** Henry Adams

부록

프란시스 후쿠야마의 서평과
저자의 반론

* [편집자 주] 부록은 《*Foreign Affairs*》 1996년 9/10월호에 프란시스 후쿠야마 교수가 쓴 짧은 논평과 그에 대한 반론으로 저자가 쓴 소논문이다.

『래디컬 데모크라시』를 읽고[*]

프란시스 후쿠야마

    공산주의가 붕괴한 이래, 좌파의 의제를 어떻게 재정립할 것인가에 대한 현실적인 견해가 제출된 바가 별로 없었다.『래디컬 데모크라시』는 대체로 이전의 사회주의가 사회적 평등을 도모할 목적으로 지나치게 국가에 의존하다가 종말을 맞이했다는 결론을 받아들이고, 그 대신 대단히 활기찬 활동가들의 시민 사회와 네트워크화된 지역 사회를 제안한다. 그러나 저자는 민주화된 경제가 부재하면 그와 같은 정치체제는 작동하지 않는다고 주장한다. 여기서 민주화된 경제는 분명히 가족농, 공장제 수공업 같은 것을 의미한다. 민중은 과거로부터 벗어남으로

---

[*] 프란시스 후쿠야마,「Radical Democracy」,《*Foreign Affairs*》1996년 9/10월호,〈http://www.foreignaffairs.com/articles/52260/francis-fukuyama/radical-democracy〉.

써 지금까지 얼마간의 기간 동안 자본주의식 번영을 지지한다는 뜻을 보여 주었는데도, 저자는 민중이 테크놀로지와 현대적인 산업화에 의해 소외된 삶을 원치 않는다고 주장한다. 저자는 근대 세계에서 축적된 모든 부(富)는 다른 누군가로부터 가져온 것이라고 주장하지만, 동아시아에서 서구 학문을 가르치는 관점에서 보면 이런 주장은 기이한 관찰에 기초한 것이다. 왜냐하면 최근 동아시아는 독자적으로 서양을 빠르게 따라잡았기 때문이다. 이안 샤피로와는 대조적으로, 러미스가 마주해야 하는 중요한 질문은 이런 것이다. 당신은 어떻게 이곳[미국]에서부터 그곳[일본]에 이르게 되었을까? 특히 좌파가 국가와 다른 제도적인 거대 기관들을 부정해야 된다는 점을 감안하면, 이 질문은 당신에게 중요하다.*

---

* [옮긴이 주] 남아프리카 공화국 출신으로서 미국으로 이주해 온 이안 샤피로는, 인종차별에 저항하여 대통령 지위까지 오른 넬슨 만델라의 민주주의 리더십을 예찬하고 민중 민주주의는 정당 질서를 약화시킨다는 이유로 비판하면서, 미국식 양당제에 기초한 자유주의 민주주의 이론을 설파하는 이론가이다. 이와 대조적으로, 미국인이면서 일본으로 이주한 러미스가 오히려 민중 민주주의를 설파한다는 것이 미국식 자유주의 세계가 역사 발전 단계에서 최종적으로 승리를 거둔 것으로 보는 프란시스 후쿠야마의 눈에는 대단히 문세적으로 보일 것이다.

다시 생각해 보는 발전/개발

C. 더글러스 러미스

『래디컬 데모크라시』2장 '민주주의를 가로막는 발전/개발'에서 나는 이렇게 썼다.

민중들이 자유로운 상태라면 결코 선택하지 않았을 종류의 노동, 노동조건, 노동량을 요구한다는 점에서 경제발전은 반민주주의적이다. (역사적으로 민중들은 이런 선택을 한 적이 없다.) 오로지 여러 종류의 비민주적인 사회구조를 통해서만 민중은 농장이나 공장, 사무실에서 '효율적으로' 노동하고 잉여가치를 자본가나 경영자, 공산당 지도자나 기술 관료들에게 넘겨주느라 삶의 많은 시간을 허비하도록 강제될 수 있을 뿐이다.

영예롭게도, 프란시스 후쿠야마 교수가 이 책을 읽고 쓴 짧은 서평이 《*Foreign Affairs*》 1996년 9/10월호에 실렸다. 후쿠야마 교수는 주류 정치학의 문지기 역할을 하면서, 위의 구절에 초점을 맞춰 보더니 문을 닫아 버렸다.

민중은 과거로부터 벗어남으로써 지금까지 얼마간의 기간 동안 자본주의식 번영을 지지한다는 뜻을 보여 주었는데도, 저자는 민중이 테크놀로지와 현대적인 산업화에 의해 소외된 삶을 원치 않는다고 주장한다.

후쿠야마의 이 구절은 근대화론/발전론의 초기에 많이 사용하던 이른바 [생활수준 상의] '혁명적인 기대 상승'이라는 표현을 고쳐 쓴 것이다. 유럽과 미국의 산업혁명을 경험하지 못했던 사람들은 산업혁명이 만들어 낸 생활에 직면하고 나면 바로 자연스러우면서도 불가피하게 그런 생활을 원할 것이라는 것이다. 그들의 문화, 관습, 가치관 또는 경제체제가 어떠하든 그들은 산업자본주의와 맞바꾸기 위해 기쁜 마음으로 자신들의 것을 버릴 것이다. 미국(대부분)과 유럽(일부)의 근대화 이론가들에게 이것은 자명하며 공리적인 것처럼 보였다. 어떻게 그 누구든 다른 선택을 할 수 있을 것인가? 문제는 이런 강단 이론가들이 만들어 낸 이론으로 보면, 이것이 아무리 자연스럽고 불가피해 보인다 하더라도 이런 이야기가 실제로 일어났던 일을 묘사하는 것이 아니라는 점이다.

1931년 판 『사회과학 백과사전』에는 레이몬드 레슬리 뷀이 작성한 '강제 노동'이라는 표제 항목이 있다. 거기에 이렇게 씌어 있다.

　극단적인 형태의 '강요' 또는 '강제' 노동은 뒤떨어져 있는 식민 지역에서 발견된다. 대부분의 열대 지역에서 백인은 육체 노동을 할 수 없거나 할 의지가 없으며 사업 이외의 활동을 하기 위해서는 현지 주민이나 쿨리 노동자들의 노동에 기대야만 한다. 미개한 사람들은 물질적 수요는 적고 화폐 경제에도 길이 들어 있지 않고 장시간 노동을 하는 습관도 없기 때문에 유럽에서 온 사업가들을 위해 일하려고 하지 않는 것이 보통이다. 여러 지역에서 강제 노동이 발생한 것은 토착민들의 무관심과 외지에서 온 정부 관리들이나 사업가들과 토착민들 사이의 갈등 때문이었다. 열대지역의 주요 철도와 도로는 대개 강제 노동에 의해 건설되었다. 실제로 이런 강제 노동이 없었다면, 열대지방이 지금 정도로 외부 세력에 의해 유지되고 개발될 수 있었을까?*

　원주민들이 열성적으로 식민지 직업 알선소를 찾아오는 것으로써 "자신의 뜻을 몸으로 표시"했다는 이미지와는 달리, 뷀은

---

* Raymond Leslie Buell, 「강제 노동 Forced Labor」, 『사회과학 백과사전 *Encyclopedia of the Social Sciences*』(New York, Macmillan, 1931) vol. 6, 342쪽.

다음과 같이 쓰고 있다.

　　원주민들은 낯선 작업 장소로 장거리 여행을 하도록 강요받았다. 그곳에서 그들은 새로운 기후와 외국 음식을 접해야 했다. … 원주민들이 갑작스럽고 강제적으로 산업문명을 접촉하도록 강요받자 폐결핵 같은 질병에 대한 저항력이 심리적으로 위축되었다. 프랑스령 적도 아프리카 지역에서 강제적 수단이 동원된 콩고-대서양 철도 건설 과정에서 당국이 적절한 예방 조치를 취하지 않으면서, 1925년과 1929년 사이에 그 사업에 참여한 17,000명의 원주민 노동자들이 사망했다.[*]

　　직접적인 강제 노동(채찍과 쇠사슬) 이외에도 세금제를 부여해 세금을 낼 화폐를 구하기 위해서 어쩔 수 없이 식민주의자들을 위해 일하도록 한다든가, 현지 원주민들에게 필요한 생필품을 제공해 주는 숲의 소유권을 빼앗아 벌채를 한 후 그곳에 사탕이나 고무 플랜테이션 농장을 세우는 방식으로 간접적인 강제 노동이 부과될 때도 있었다. 이런 상황이 자리를 잡은 곳에서 원주민들이 플랜테이션 농장 일에 지원하는 것을 목격한 외부인들은 아마도 이들이 산업화된 자본주의적 삶의 방식을 자

[*] 같은 책, 344쪽.

발적으로 선택한 것이라고 상상할 수도 있다.*

1968년『사회과학 백과사전』신판이 출간되었다. 여기서 '강제 노동' 항목은 사라진다. 그러나 달라진 것은 그것만이 아니다. 사실 두 백과사전 사이의 차이는 너무 커서, 각각의 세계가 같은 세계라는 것을 믿기 어렵다. 1931년과 1968년 사이에는 (주로 미국) 사회과학, 특히 경제학, 사회학, 그리고 국제관계학에서의 패러다임 전환이 있었으며, 이런 변화를 염두에 두어야 두 백과사전 사이의 차이를 설명할 수 있다. 1931년 판의 세계는, 강대국들이 세력권을 형성하며, 식민지 거래가 도처에서 이뤄지고, 원료와 이익을 뽑아내며, 세력권을 확대하거나 질서를 회복하기 위해 바다에서는 함대가, 육상에서는 군대가 진군하는, 그런 세계다. 1968년 판의 세계에서는 산업화가 진행되어 이촌향도의 인구 이동이 있고, 교육받은 인구가 늘고, 성취 동기가 주입되며, 생활수준에 대한 기대 상승의 혁명은 기세가 등등하다. 1931년의 세계에서는 이익 도모를 꾀하는 데 복무하는 힘이 역사의 엔진이라면, 1968년의 세계에서 역사는 미리 예정된 연속적으로 이어진 길을 따라 가차없이 미끄러져 간다. 그러나 그게 다가 아니다. 토머스 쿤이 가르쳐 주듯이, 패러다임이 전환되는 과정에서 사실들이 단지 다르게 해석되는 것이 아니라 사실들 자체가 변한다. 이전의 패러다임에서 사실이

* 같은 책, 343쪽.

었던 것들이 그냥 사라질 수 있고, 새로운 패러다임에서는 이전에 알려지지 않았던 사실들이 나타날 수 있다. 이처럼 식민지 시절의 강제 노동은 사라지고(1968년판 색인 항목에 들어 있는 '강제 노동'은 중세 유럽과 소련에서의 강제 노동을 가리킨다), '근대화(modernization)'와 '저개발(underdevelopment)' 항목이 나타난다. (1931년 백과사전에는 이 두 항목 모두 들어 있지 않다. 1949년 이전 사전에서 'underdevelopment'는 단지 카메라 필름에 일어나는 어떤 상태—현상 부족—로 정의되어 있을 뿐이다.)

후쿠야마가 1981년에 박사 학위를 받은 것을 감안하면 강제 노동의 역사에 무지하다는 것을 이유로 그를 비난할 수는 없겠다. 연구 주제로나 학계가 관심을 가질 만한 어떤 것으로서의 강제 노동은 그 이전에 교과서에서 모습을 감췄다. 하버드에서 후쿠야마의 지도 교수였던 새뮤얼 헌팅턴은 중요한 근대화 이론가이긴 하지만, 설혹 그 자신이 이런 역사를 안다고 하더라도 틀림없이 그에 대해 언급하지 않았을 것이다.

그러나 '강제 노동'이 사회과학에서 사라졌다 하더라도, 실제 역사에서는 사실로서 남아 있다. '근대화/발전'이라고 불리는 과정의 의미는 바로 서구 바깥의 세계에서 자본주의적 산업혁명을 불러일으킬 수 있도록 비서구 지역을 재조직하는 것이니만큼, 근대화/발전은 여러 가지 전환 과정을 따라 부드럽게 미끄러져 나가는 문제가 아니었다. —역사는 연속체 유형(type continua)이 아니다. 근대화/발전은 처음부터 폭력적 행위였다.

1980년 위의 주제로 논문을 한 편 게재한 바 있다. '이데올로기로서의 미국 근대화 이론'이라는 내 박사 학위 논문에서 발췌해 동명의 제목으로 출간한 논문이다. 어떤 주요 학술지도 그 논문을 게재하려 하지 않아, 당시 내가 가르치고 있던 대학의 학술지에 논문을 실었다. 그 논문은 일본어로 번역되어 단행본에 수록되었지만* 영어권에서는 내가 개인적으로 보여 준 사람들 이외에는 읽은 독자가 없다. 논문의 내용 중 일부는 분명히 오래전 이야기이지만 다 그런 것은 아닌 데다, 오래된 이야기라 하더라도 어느 정도 역사적 의미를 지니고 있기 때문에『래디컬 데모크라시』에 담은 것이다. 이제 그 논문의 핵심 내용 중 일부를 요약하고자 한다.

저개발 국가들

'저개발 국가들(underdeveloped countries)'이라는 말은, 1949년 1월 해리 트루먼이 취임사를 통해 '저개발 국가들의 개발'이 미국 정부 시책이라고 말하면서 사회과학의 기술적 용어가 되었다. 그 이전에는『국제 사회과학 색인집』에 그런 항목은 존재하지 않았다. 그 이후 여러 해에 걸쳐 그 주제에 대한 연구 논문들이 학술지에 넘쳐났다. 애초 '야만(barbarian) 국가'(마르크스와 존

---

* C。ダグラス・ラミス「イデオロギーとしてのアメリカ近代化論」加地 永都子訳、『影の学問、窓の学問』(東京:晶文社、一九八二年)。(C. 더글러스 러미스, 「이데올로기로서의 미국 근대화 이론」, 가지 에쓰코 번역,『그림자 학문과 창의 학문』, 쇼분샤, 1982년 출간.)

스튜어트 밀의 용어)라는 말을 '뒤떨어진(backward) 국가'라는 용어가 대체하였는데, 다시 이 말을 '저개발 국가'라는 용어가 대체하였다. 다른 한편으로는, '저개발'이라는 말이 예의에 어긋나는 것처럼 보이자, 이 말은 '개발 도상(developing)', '떠오르는(emerging)' 등등의 말로 대체되기도 했다. '저개발'이라는 말은 사회과학 용어로서 꽤 주목해 볼 만한 용어였다. 왜냐하면 이 용어로 서방 세계 밖의 모든 나라들—중국, 인도, 이집트, 이란, 네팔, 볼리비아, 뉴기니, 필리핀, 콩고—을 하나의 범주 속에 집어넣었기 때문이다. 이들의 공통점은 무엇일까? 글쎄, 도로가 형편없고 전화가 제대로 통하지 않으며 많은 사람들이 냉장고, 심지어 전기도 없다는 것 등등. 다시 말해, 이 국가들에게는 산업혁명이 없었다. 이 국가들의 공통점은 이들에게 있었던 어떤 것이 아니라, 이들에게 없었던 어떤 것이었다. 토끼가 동물 세계를 토끼와 토끼 아닌 것으로 나누었다고 생각해 보자. 그리하여 코끼리, 매, 달팽이를 같은 범주 속에 몰아넣었다고 생각해 보자. 이론적으로는 가능하고 토끼에게 유용할지는 모르겠지만, 그렇게 하는 것은 동물 세계를 이해하는 데 매우 유익한 일이 아니다. 마찬가지로, '저개발'은 우리의 다문화적 인간 세계를 이해하는 데 많은 정보를 주지 못한다.

근대화

'근대화'라는 용어 또한 놀랄 만큼 모호하다. 이 말은 시간에 대해 무엇인가 말하는 것으로 보이지만, 다시 보면 또한 그렇지 않다. 즉, 이 말은 "우리가 살고 있는 시대에 부합하도록 변하는 것" 정도의 뜻을 의미하는 것으로 보인다. '근대화'는 어떤 나라들은 현대에 살고 있지만 다른 나라들은 '과거에 머물러 있다'고 말한다. 그러나 당연히 '과거에 머물고 있는' 나라는 없다. 트루먼이 연설을 했던 1949년, 모든 나라들, 부유한 나라들만큼 가난한 나라들도 모두 1949년에 존재했다. '시간'은 여기서 은유다. 어떤 나라가 시대에 가장 잘 부합했다고 결정할 방도가 있을까? 이런 결정은 이 '시간'이 어느 쪽 방향으로 흐를 것인가를 정하게 될 것이다. 무엇을 기준으로 세계의 모든 나라를 '현재'에서 '과거'까지 줄 세울 것인가? 달력을 찾아보는 것은 도움이 되지 않을 것이다. 선택은 이데올로기적이다. 미국, 영국, 프랑스, 독일, 그리고 다른 몇몇 나라들의 생활방식이 '올바르니' 세계의 다른 모든 문화에 불가피하게 닥칠 미래가 될 것이라는 가정 아래에서의 선택, 그것은 이데올로기적 선택이다. 이 지점에서 '근대화'는 훨씬 종잡을 수 없는 개념이 되어 버린다. 한편으로 근대적인(산업화된) 상황은 모든 이들에게 운명 지워진 미래이므로, 우리 학자들은 그저 세계의 모든 이들이 그 미래로 움직여 가는 과정을 기록하고 있다. 다른 한편, 지상에서 실제로 벌어지는 상황은 그런 것이 아니니, 학자들은 그런 일이 일어날 수 있는 방법을 찾아내는 임무를 갖고 있기도 하다. 그러나 우리가 무슨 권리로 다른 문화를 가진 나라들의 모습을 고칠 수 있는지 질문을 받으면, 뒤로 물러서서 근대화의 '필연성' 논리를 내세우면서 이 일은 우리가 하고 있는 게 아니라 운명적으로 정해진 길을 따르는 역사가 하는 일이라고 말한다. 이런 태도는 노골적으로 목적론적인 역사관이다.

전통 사회

현대적이지 않은 모습으로 비치는 사회들이 '전통 사회'라고 불릴 때가 있다. 그러나 이 말은 또 하나의 두루뭉술한 용어여서 우리에게 말해 주는 바가 거의 없다. 만일 어떤 사회가 '전통 사회'라고 누군가 말한다면, 그 말을 통해 알 수 있는 바는 그런 사회에서 어떤 일이 벌어지든 과거에도 역시 그런 일이 벌어졌었다는 것 이외에는 거의 없다.

발전/개발

이 단어는 무엇을 의미하는가? 이 말을 이해하기 위해 그 반대말에 주목하는 것에서부터 시작해 보자. 'development'의 반대말은 'envelopment(감싸기)'이다. 또 하나의 연관어는 'envelope(감싸다)'이다. 원래 'development'는 천이나 종이로 싸 놓은 것을 다시 풀어 놓는 것을 의미한다. 나중에 이 말은 은유로 사용하게 되었다. A 단계에서 B 단계로 '발전한다'고 할 때 이 말의 의미는 B 단계가 원래 A 단계 안에 어떤 형태로 존재했었다는 것을 의미한다. 이것은 잠재적인 것에서 현실적인 것으로의 이동으로, 자연스럽고 본래적인 과정이다. 씨앗에서 식물로 성장하는 것이 '발전'이다. 아이가 어른으로 성장하는 것이 '발전'이다. 만을 간척하고 산을 깎고 숲을 주차장으로 만드는 것이 발전이라고 불리기도 하지만, 이것은 잘못된 비유이다. 이와 유사하게, 1949년 당시 세계에 존재하던 수십/수백 개의 사회체제들 중 자본주의적 산업사회 체제로 바뀐 사회들은 모두 재앙적 변화가 아니라 미리 예정된 역사의 흐름을 따라 발생하는 점진적인 변화라고 설명되었다. 또한 이런 변화는 해당 사회에 내재해 있는 잠재태가 실현되는 것으로 묘사되었다. 즉, 발전이라는 것이다. 이런 식으로 이러한 변화들에 수반되는 폭력성은 보이지 않게 처리되었다.

소급적 목적론

어떤 돌은 '광석'이라고 불리는데, 이렇게 돌을 광석이라고 부를 수 있다는 것의 의미는 무엇일까? 이 말의 의미는 그와 같은 돌을 부숴 가루로 만든 다음 강력한 열에 녹여 유용한 금속을 추출할 수 있는 기술이 존재한다는 것이다. 어떤 돌도 자연 상태에서 '광석'이 아니다. 인간이 돌에서 광석을 추출할 수 있는 기술을 발명할 때 돌은 '광석'이 된다. 이런 사정을 설명할 때 '소급적 목적론'이라는 말을 사용할 수 있을 것이다. 더욱이, 옥스퍼드 사전에 따르면, 유익한 금속을 추출하여 수익을 남길 수 있는 돌이 '광석'이다. 이처럼 시장 체제가 지질학의 영역에 들어와 있다. 돌이 '광석'인지의 여부는 돌에서 나오는 금속의 시장 가격에 달려 있기 때문에, 가격의 등락에 따라 특정한 돌이 어떤 때에는 광석이기도 하다가 또 어떤 때에는 아니기도 하다. 이와 유사하게, 비유럽 사회들을 부숴서 이익을 창출할 수 있도록 재조직하는 것이 가능해질 때 '저개발/개발 도상' 사회라고 재정의되었다.

빈곤의 근대화

'빈곤의 근대화'라는 용어는 내 논문에서 사용한 말은 아니다. 이 용어를 사용한 사람은 이반 일리치다. 이처럼 간단한 구절이 그토록 폭발적인 효과를 지닐 수 있다는 것은 주목할 만한 일이다. 근대화/개발 이론의 전제는 근대화가 진전되면서 빈곤은 줄어들어 사라질 것이라는 것이었다. 세 단어로 이루어져 있는 이 용어[modernization of poverty]가 말하는 바는 빈곤은 근대화될 수 있다는 것이다—**빈곤은 그대로 빈곤으로 남아 있는 채**. 근대화/개발은 이익을 뽑아낼 수 있도록 유럽/미국 바깥의 세계를 재조직하는 프로젝트이다. 탐험가들이 발견한 '가난', 마을이나 수렵채취 사회의 '가난'은 아무런 이용 가치가 없는 가난이었다. '근대적'인 의미에서 유익하게 만들기 위해서는 그런 사회들은 재조직될 필요가 있었다. 어떤 사회체제가 존재했든, 그 체제를 임금노동 체제, 다시 말해, 잉여가치를 뽑아낼 수 있는 사회로 변모시키는 것, 그것이 재조직이 뜻하는 바인데, 이런 재조직이 바로 '빈곤의 근대화'이다. 사람들은 가난한 상태로 남아 있지만, 그들의 가난은 이제 자본주의 산업 체제로 조직되고 합리화되어 있다.

오늘날 무제한적 '발전' 프로젝트로 인해서 이 행성이 생명을 지탱할 수 있는 시대가 끝날 수 있다는 위협이 분명해졌다. 그럼에도 불구하고, '발전' 이데올로기는 어쨌든 건재하다. 본 논문이 이제는 발전 이데올로기를 다시 돌아볼 시간(많이 늦었지만)이 되었다는 것을 이해하도록 하는 데에 어떤 역할을 할 수 있기를 희망해 본다.

한국에서도 근원적 민주주의가 가능할까?

한국은 변화의 속도가 매우 빠른 나라이다. 부패한 정치인을 몰아내기 위한 여러 차례의 대규모 민중 저항이 있었고, 실제로 대통령을 쫓아낸 적도 있다. 비록 왕의 목을 직접 잘라 본 적은 없지만, 한국의 민중들은 공권력의 폭력과 노골적인 탄압에 당당히 맞서 왔다. 더글러스 러미스가 필리핀에서 목격했다는 민주주의의 상태는 한국에서도 가끔 출현했다. 2016년의 매서운 한겨울 추위에도 광화문 사거리를 한동안 가득 메웠던 촛불 행진이 증명했듯이, 최근까지도 이렇게 출렁대는 나라는 전 세계에 흔치 않다. 그럼에도 이곳의 민주주의는 왜 이렇게 더디고 언제나 흔들릴까? 이 책은 이 질문에 아주 명확한 답을 제시한다.

거리의 민중, 일상의 군중

보통 민주화 이후의 실패에 대한 진단은 대통령 직선제나 기득권 세력과의 타협을 통한 민주화로의 이행이라는 87년 체제의 한계, 사회경제 민주주의나 실질적 민주주의로 진전되지 못한 민주화의 한계, 발전 국가나 냉전 체제, 분단 체제의 해체가 아닌 약화 등으로 이야기되어 왔다.* 이 진단들은 제각기 나름의 설명력을 가지지만 거리의 정치에 앞장서던 민중이 갑자기 사라진 이유를 잘 설명하진 못한다.

사실 민중의 저항 정도가 약하지도 않았다. 짱돌과 화염병을 들고 무장한 경찰에 맞섰고, 경찰의 쇠파이프와 최루탄 직격탄에도 굴하지 않던 사람들이 한국의 민중들이다. 민주화 이후에도 정부가 시위대에 물대포를 직사하고 폭력으로 진압하는 경찰에게 포상을 하는 공포 분위기에서도 한국의 민중은 저항을 멈추지 않았다. 저항의 정도로만 따지면 한국의 민중은 전 세계 어디에 내놓아도 뒤지지 않는다. 그럼에도 왜 정치는 나아지지 않고 민주주의는 위태로울까?

바로 이 지점에서 러미스의 "민주적인 선거의 반민주적인 잠재력"이라는 설명이 가장 잘 맞아떨어진다. 저항이 일정한 성과

---

* 2009년 6월 9일에 개최된 민주화운동기념사업회의 6월항쟁 22주년 기념 학술대토론회 자료집 「한국 민주주의와 87년 체제」 참조(인터넷에서 검색하면 다운로드 가능).

를 거두며 사회가 전환하는 시점마다 치러졌던 선거는, 폭발하던 민심을 대변하기는커녕 민심을 다스리고 잠재우는 역할을 맡았다. 1960년 4월 이후의 정치 흐름이 그러했고, 1987년 6월 이후의 정치 흐름도, 1991년 5월 이후도, 2002년 겨울 이후도, 2008년 5월 이후도, 2016년 겨울 이후도 그러했다. 그동안 민심을 배반했던 기성 정치권이, 즉 기득권 양대 정당이 이후의 정치 과정을 주관하고 변화의 성과를 번번이 가로챘다. 독재자나 기성 권력이 무기력해지는 순간 민중이 평상시의 일상으로 돌아감으로써 근원적 민주주의의 가능성은 사라졌다.

서양 정치에서는 거리(street)로 나온 민중을 mass나 mob이라 부르면서 정체성을 상실하고 모래알처럼 흩어진 군중이라 부른다. 그러나 한국에서는 거리야말로 민중이 자신의 정체성을 찾고 자유롭게 정치색을 드러낼 수 있는 장소이다. 거리 집회는 각자 정체성에 따라 소속 깃발 아래 모여 같은 구호를 외치며 안정감을 찾도록 해 준다. 이곳에서는 자신의 정치적인 색깔을 맘껏 드러내도 안전할 뿐 아니라 지지를 받을 수도 있다.

반면에 한국에서 민중이 모래알처럼 산산이 흩어지는 공간은 거리가 아니라 주된 시간을 보내는 공장, 사무실, 학교, 마을이다. 여전히 보수적일 뿐 아니라 치열과 경쟁, 능력주의, 혐오까지 판치는 일상 공간은 자신의 정치적인 색깔을 드러내기가 부담스럽고 위험한 곳이다. 저녁이면 촛불과 피켓을 들고 거리로 나설 수 있지만, 일상에서는 자신을 보호해 줄 '정치적인 가면'

이 없다. 그럴 때 선거는 민중이 자신의 대표를 선택할 수 있다는 '착시 효과'를 준다.

거리의 민중은 저항적이고 단단하게 뭉치지만 일상으로 '복귀'하면 흩어져 버린다. 민중은 마치 도깨비처럼 해가 뜰 때면 거리에서 사라졌다. 기득권 정치 세력이 "이제 일상으로 돌아가세요"라고 외치고 버티면 이길 수 있다고 생각하는 것은 거리의 시간에 제한이 있음을 알고 있어서이다. 러미스는 이 문제를 다음과 같이 설명한다. "한 사회를 지배하는 주요한 체계가 경제이고(즉, 일자리에 대한 경영권으로 시민들을 통제하고) 민주화 운동이 지배 체계의 외부에서만 벌어지는 곳에서는 당연히 그 운동의 성공은 오래가지 못하는 일시적인 현상일 수밖에 없다. 만약 국가가 비민주적인 군사 조직체와 비민주적인 경제 조직체, 그리고 일하는 시민들이 오직 일부 여가 시간만 쏟을 수 있는 '민주적' 정치 조직체로 구성된다면, 제한된 정치 조직체 내에서만 민주주의를 급진화하려는 시도는 오래가지 못한다는 것을 쉽게 알 수 있다." 한국의 민주주의는 끊임없이 출렁였지만 경제 체계로 스며들지 못했고 보수적인 일상을 바꾸지도 못했다. 일상으로 복귀하는 순간 민중은 신민이 된다.

민주주의가 밥 먹여 주냐는 회의가 여기저기 보이지만, 정작 민주주의를 구체적으로 다뤄 본 경험은 거의 없다. 시민단체의 민주주의도 총회와 운영위원회를 통해 회원들의 의견을 듣고 결정한다는 수준에 머물고, 어떤 정보를 어떻게 공유할 것인지

구체적으로 다뤄 본 적이 없다. 진보 정당도 1인 1표, 민주적인 회의 운영 같은 당위적인 과정만 있지, 제도에서도 일상에서도 민주주의가 적용될 수 있는 구체적인 각론을 마련한 적이 없다. 그러다 보니 선한 군주의 출현이 민주주의처럼 느껴질 때가 많다.

나를 대변해서가 아니라 누가 더 싫은지의 선택지밖에 없음에도 일상의 민중에게는 선거 외에 안전하게 정치에 개입할 방법이 없다. 그래서 점점 더 선거와 대의정치에 매달린다. 때로는 이미지 정치에 현혹되어 특정 정치인이 세상을 바꿀 것이라며 팬덤이 되기도 한다. 민중은 자신을 대변한다는 정치인들이 지친 일상을 바꿔 주길 기대하지만, 기득권 정치는 자신들이 지배하는 일상을 바꿀 생각이 없다. 그러니 선거가 반복될수록 민중의 패배감은 커지고 정치적으로 조직되기는커녕 더 흩어진다.

1980년대를 경유하면서 민중 권력에 대한 논의는 시민사회운동에서 거의 사라졌고, 민주주의를 일상에서 구체적으로 실천할 전략도 제대로 구상되지 못했다. 정권이 바뀌면 모든 게 자연스레 민주화될 거란 막연한 기대가 스스로의 조직화를 가로막았다. 중산층, 중도층이 안정을 바란다는 신화는 시민사회운동이 급진성을 스스로 제한하도록 했고, 시민운동·시민사회로의 집중은 절차적 민주주의에 기대어 특정한 제도들을 개혁하는 방향으로 논의를 전환했다(물론 이런 제도 개혁이 아무런 의미가 없다는 이야기는 아니다). 시민사회 운동은 기성 정치에 새로운 의제와 정책을 공급했지만 정치 자체를 바꾸거나 일상을 정치화하려고 시도하지 않았다. 시민운동이 선거에 가장 적극적으로 개입했다고 평가되는 2000년의 총선시민연대 활동도 정치제도를 바꾸지 않고 사람만 교체하는 데 그쳤다.

그 과정에서 기득권 정치 세력은 몇몇 특정 정책이나 사람을 수용하더라도 자신들을 위한 정치제도를 고수했다. 선거제도를 바꾸려는 시도가 끊임없이 있었지만 여전히 선거제도는 기득권에게 유리하고, 정당법과 정치자금법을 비롯한 여러 정치 관련 법률들은 1970년대에 머물러 있다. 적어도 이런 상황에서는 선거란 민주주의의 실현이 아니라, 민주주의를 가로막는 족쇄로 보인다.

제도 정치로 진입해 민주주의를 실천하려는 시도가 한국만의 특별한 사례는 아니다. 서구의 68혁명에서도 '제도를 통한 대장정'과 같은 구호가 등장했고, 이를 두고 열띤 논쟁이 벌어졌다. 그렇지만 한국은 새로운 정치 세력의 등장을 봉쇄하는 정치 관련법과 민중의 세력화를 금지하는 불안정한 일상 때문에 대장정은커녕 단기간 행진도 어려워졌다. 그러면서 시간이 흐를수록 제도와 민중의 거리는 점점 더 멀어졌고, 민중의 시간은 점점 더 사라졌다. (러미스의 말처럼 "관리를 받지 않는 시간을 가진 사람들이 별로 없다는 점은 정치체제가 민주적인 형태로 바뀌는 드문 순간들이 오래 지속되지 못하는 원인들 중의 하나이다".)

제도와 민중의 거리가 멀어지는 것만큼 일상의 통제권도 민중의 손을 훨씬 더 많이 벗어날 수밖에 없었다. 고용조건과 소득, 사회적인 안정망을 보장받지 못하는 불안정 고용의 비중이 빠르게 높아지는 한국에서 민중은 모래알처럼 흩어지고 그만큼 더 치열한 경쟁에 시달리게 되었다. 전 세계에서 노동시간이 가장 긴 편에 속하면서도 노동자 1만 명당 로봇 수를 뜻하는 로봇밀집도가 가장 높은 나라가 바로 한국이다. 자동화와 고된 노동의 비율이 함께 높아지는 한국은, 기술을 선택할 수 있는 것이 민주주의라는 러미스의 주장을 가장 잘 증명하는 곳이기도 하다.

물론 노동자들이 이 과정을 순순히 받아들이지는 않았고 여러 싸움들이 벌어졌고 일정한 성과도 있었다. "해고는 살인이다"라는 구호는 한국 사회에서 절박하게 터져 나온 구호였지만, 돌아갈 장소는 노동자들이 민주적으로 통제할 수 없는 장소라는 근본적인 한계를 가진다. 싸움에서 이긴 노동자들은 그 이전과 분명히 다른 존재일 테지만, 러미스의 말처럼 "민주주의 기획은 노동을 민주화할 수 있을 때까지 완성되지 못할 것이다". 빨리 일터로 복귀하고 싶다는 말은 민주주의를 담기에 충분하지 않다.

더구나 한국의 기업은 군대를 본 따서 만들어졌다는 점에서 러미스가 비판하는 산업 공화국의 훨씬 더 강화된 모형이다. 기업은 군대처럼 상명하달의 계급사회로 운영되고, 군대가 승리

를 위해 생명을 도구로 삼듯이 이윤을 위해 사람을 갈아 넣는
다. 좋은 노동자가 될수록 민주주의는 멀어진다. 민중 권력이
이제 낭만으로도 여겨지지 않는 비현실적인 단어가 된 것은 정
치적인 문제만이 아니라 경제적인 문제이다.

선거, 발전 이데올로기의 확성기

러미스의 통찰력이 가장 빛을 발하는 부분은 대부분의 서구
정치 이론이 가정하는 민주주의와 경제발전의 끌어당기는 힘
[引力]이라는 전제를 설득력 있게 비판하는 지점이다. 사실 이런
비판은 이 책만이 아니라 러미스의 모든 저작에서 공통되게 제
기된다. 발전과 가난은 어떤 현상의 밝은 면과 어두운 면이 아
니라 그 현상의 원인과 결과이다. 즉, 발전은 가난을 빈곤과 결
핍으로 만들고 그것을 통해 성장한다. 러스킨의 말을 인용해 러
미스가 깔끔하게 정리하듯이 "당신을 부유하게 만드는 기술은
당신의 이웃을 빈곤하게 만드는 기술"이다.

그런 점에서 서구의 정치발전론은 민중의 권력을 강화하려는
민주주의를 파괴할 수밖에 없다. "근대화와 발전은 결코 빈곤을
없애려 하지 않는다. 오히려 근대화와 발전은 부자와 가난한 자
의 관계를 합리화하는 것을 뜻한다. 이런 의미에서 발전은 빈곤
의 발전만 의미하는 것이 아니다. 발전이라는 개념 속에는 민중

을 상대적 빈곤의 위치에 머물도록 하는 데 필요한 관리와 억압 기술의 발전이 포함되어 있다. 그리하여 발전은 부유한 사람들의 부를 유지하는 잉여가치를 은밀히 생산해 낸다. 세계적인 규모의 발전은 경찰국가, 계엄령 체제, 어용 노조, 전략촌, 과학적인 관리, 사상 통제, 최첨단 고문 기술, CIA의 국제 네트워크와 같은, 20세기 역사만큼 긴 목록의 발전을 포함한다." 이 말은 우리가 발전을 포기하지 않는 이상 민주주의가 불가능하다는 말이기도 하다. 발전과 민주주의는 양립할 수 없다.

이렇게 보면 한국의 선거는 경제성장 이데올로기를 강화하고 민주주의를 파괴하는 장이다. 선거 때마다 쏟아져 나오는 각종 개발 공약들은 지역 주민을 위한 것 같지만 실제로는 초국적 기업이나 재벌 기업들의 배를 불리는 사업이고, 그 계획과 추진과정에서 부패를 낳는다.

그 대표적인 사례가 지금 진행 중인 가덕도 신공항이다. 이 신공항과 관련된 논의는 2006년 지방선거를 앞두고 2005년 10월에 영남권 시도지사들이 동남권 신공항을 만들자는 공동 건의문을 올렸을 때 시작되었다. 이에 노무현 대통령이 신공항 검토를 지시했고, 2007년 이명박 대통령 후보가 이를 선거공약으로 채택했다. 그러나 사업 타당성이 부족했기에 2010년 지방선거 이후로 미뤄지다 2011년 3월에 신공항 사업은 경제성 부족으로 백지화되었다. 그럼에도 2012년 대통령선거에서 다시 공약으로 발표되었고, 2018년 지방선거에서도 부산시장 후보가 가덕도 신공항을 다시 꺼냈으며, 급기야 2022년 대통령선거에서는 여야 구분 없이 앞다투어 내지르는 부산, 경남 지역의 핵심 공약이 되었다.

왜 그럴까? 가덕도 신공항은 건설 비용이 15조 원 이상인 대형 사업이다. 이 비용과 관련된 이해 관계자들은 누구일까? 가장 단순하게는 건설업자, 계약은 대기업이 하지만 실제 공사를 담당할 수많은 하청업체들, 이익을 노리는 투자사들, 타당성 없는 사업을 끊임없이 주장하는 중앙 정치인과 지역 정치인들, 사업 주체인 국토교통부와 산하 공기업인 한국공항공사, 용역계약이나 사업에 참여하는 대학 교수를 비롯한 각종 전문가들, 떡고물을 노리는 지역 언론사들, 지역 경제에 도움이 될 거라 기대하는 자영업자들, 이해관계로 얽힌 각종 관변 단체들 등이 이 사업과 연관되어 있다. 한마디로 부패의 고구마 줄기인 셈이다.

반면에 가덕도 신공항은 실제로 가덕도에서 생활하는 주민들의 생업을 파괴할 것이다. 주민들을 자신들의 땅에서 몰아내고 그 지역과 아무런 관련이 없는 인공물인 공항을 만들기 위해 바다를 매립하고 그 어디에도 없는 공간을 만들 것이다. 선거가 아니었다면 이런 대규모 사업이 이렇게 어처구니없이 추진될 수 있을까?

다른 지역들도 마찬가지이다. 지방 소멸을 명분으로 더 많은 사업들이 발전을 빌미로 등장하고, 선거는 이를 정당화하는 과정이 될 것이다. 나라를 주식회사로 만들겠다는 주장이 선거 때

나오는 건 특별한 일이 아니다.

　그렇다면 어떤 대안이 가능할까? 기술에 대한 설명에서 보이듯 옛것과 새로운 것이란 구분은 발전을 강요하기 위한 조작된 선택이다. 러미스의 해석에 따르면, 자전거는 다른 어떤 교통수단과도 비교할 수 없을 만큼 에너지 효율이 높고 생태계를 보호하며 민주주의를 위한 수단이다("자전거는 대학에서 교육받은 과학기술 엘리트의 권력과 주도권을 빼앗아 노동자, 즉 용접공과 기계공의 손에 쥐어 주는, 그런 종류의 기술이다"). 우리는 자동차가 아니라 자전거를 선택하고 민주주의를 강화할 수 있다.

　자전거와 마찬가지로 농사도 그런 수단이다. 발전과 생산성이 아니라 탈성장과 자립을 선택한다면 농사는 경제의 핵심 요소이다. 러미스는 스마트팜이 농업을 살릴 유일한 대안처럼 얘기되는 한국에 필요한 말을 건넨다. 필리핀에서 협동 노동을 하며 유기농업을 실천하는 "농부들이 어떻게 기술과 사회적 목적 사이의 수단-목적 관계를 바로잡았는지에 대해 주목하자. 그들의 구호는 '생산성'이 아니라 '자립'이다. 그들의 생각은, 가장 발전한 하이테크 농법이라면 어떤 것이든 먼저 도입부터 하고 이런 농법들로 인해 어떤 생산관계와 사회적 형식들이 만들어지든 그것을 '불가피한 것'으로 받아들이자는 것이 아니다." 4차산업 운운하는 논의를 불가피한 것으로 받아들이지 말고, 그것이 가져올 정치적인 의미를 재검토해야 한다.

　만일 선거가 민주주의를 가로막고 발전 이데올로기를 확산시키는 장치라면, 우리는 어떤 다른 대안을 선택할 수 있을까? 선거에 참여하지 않고 거부하는 선택이 필요할까? 선거를 할 것인가 말 것인가라는 접근은 선거에 너무 큰 의미를 부여할 뿐이다. 선거를 정치의 다양한 방법들 중 하나로 여긴다면, 우리는 어떤 다른 선택들을 할 수 있을까?

근원적 민주주의라는 새로운 전망, 다른 일상을 만들자!

러미스에 따르면, "민주주의 정치는 정치적인 상태를 변화시켜 이전에는 불가능한 것을 가능하게 만드는 힘을 가지고 있다. 이것은 감상적인 이상주의가 아니라, 일어날 수 있고 또 실제로 일어나는 명백한 현실주의이다. 만일 모든 군인이 싸우기를 거부한다면 전쟁은 끝난다. 만일 모든 시민들이 거리에 나온다면 독재 정권은 권력을 잃는다. 만일 모든 노동조합이 같은 날 파업에 들어간다면 노동자들이 산업계를 장악할 수 있다. 만일 모든 채무 국가들이 동시에 빚 갚기를 거부한다면 국제통화기금과 세계은행은 사라진다. 이것이 민주주의 정치학에서의 **현실 정치**이다." 이것은 분명 현실이지만 '모든'과 '동시에'라는 어려운 숙제를 풀어야 한다. 어떻게 하면 모두가 동시에 나설 수 있을까?

한국에서도 없었던 일이 아니다. 박근혜 정부가 들어서고

2013년 12월 말, 너희의 동의 없이도 세상은 잘만 돌아간다는 이들에게 안녕을 고하는, 우리가 멈추면 세상이 멈춘다는 것을 보여 주자던 총파업 논의가 있었다. 출렁거림은 있었지만 이 총파업은 권력을 쥔 자들에게 위협적이지 않았다. 총파업을 주장했던 사람들조차 이것이 새로운 민주주의를 세우는 시도가 될 거란 점을 굳게 믿지 않았다. 비록 실패할지라도 우리가 근원적 민주주의를 향해 한 걸음씩 가고 있는 거라 굳게 믿었다면 2016년 박근혜 탄핵 이후의 정치는 좀 달라졌을 것이다. 러미스의 현실 정치는 분명 가능하지만, 민중이 조직되고 집단적으로 권력을 행사하는 과정에서만 현실이 될 수 있다.

사실 민중의 등장은 아주 드문 사건이고 예측 불가능한 사건이다. 그런 점에서 러미스가 얘기했던 현실 정치의 가능성은 민주주의에 대한 신념, 믿음에 달려 있을지도 모른다. "근원적 민주주의는 민주적인 원리에 따라 실행되는 투쟁, 새로운 형태의 조직이 등장하는 과정을 뜻한다. 그런 투쟁은 어떤 조직이건, 경제 수준이나 기술 수준이 어떻건, 그것과 상관없이 시작될 수 있다." 민주주의에 대한 믿음을 가지고 용기 있게 나서는 사람들을 주목한다면 변화는 어디서든 조금씩 싹트고 있다.

그리고 용기 있는 사람들이 꼭 한국의 사람들일 필요는 없다. 이미 우리는 글로벌 시장경제에 포함되어 있고, 우리가 겪을 기후위기, 에너지 위기, 자본과 노동의 이동의 문제는 국경을 넘어선 숙제들이다. 러미스가 지적하듯이 이제 민중은 민주적 제국을 넘어서 "하나의 민주국가를 위한 투쟁이 아니라 전 세계의 민주주의를 위한 투쟁이어야만 한다". 다분히 아렌트적인 의미에서 러미스는 "민주주의 상태가 국가까지 해체할 수 있는 보편적인 용매라면, 어떤 용기가 그것을 담을 수 있을까? 국경을 넘나드는 운동이 제안하는 답은 바로 '세계'이다"라고 말한다.

그렇지만 세계를 주목한다는 건, 다양한 용기를 가진 사람들을 맞이한다는 건 생각처럼 쉬운 일이 아니다. 우크라이나와 가자 지구에는 지금도 폭탄과 총탄이 쏟아지고 수많은 생명이 목숨을 잃고 있지만 지금 당장 우리가 할 수 있는 일을 찾는 건 쉽지 않다. 그럼에도 무력감에 빠지지 않는 것, "정신 상태의 변화 가능성이 바로 힘없는 자들의 힘이다".

지금 당장 전쟁과 폭력이 사라진 세계가 도래하기는 어렵다. 그럼에도 우리에게는 자기 힘으로 자신의 자유의 조건들을 만들어 가는 도전들이 필요하고, 러미스는 민주주의 정신을 가진 민중이 그런 권력을 만들 것이라 믿는다. 이것은 민중이 자연스럽게 의식을 회복하는 과정이자 민주적인 인간관계들을 구성하며 민주주의의 덕목들을 실천하는 과정이다.

이것은 결코 추상적인 가치가 아니다. 근원적 민주주의란 "얼마만큼의 일을 하고 싶은지, 얼마만큼의 여가를 갖고 싶은지에 비추어 필요에 대한 욕망을 조절하면서, 우리가 무엇을 필요로 하고 무엇을 원하는지를 스스로 자유로이 결정할 수 있다는 것을 의미"하기 때문이다. 지금 당장 세계를 변화시키는 것은 어려울지라도 기득권에 포획되어 버린 일상을 하나씩 우리의 것으로 탈환하는 과정이 필요하다. 그리고 그런 과정은 발전의 이름으로 강요되는 것을, 선거로 확산되는 이데올로기를 거부할 용기, 그런 것들과 헤어질 결심이 섰을 때 시작될 수 있다.

그런 의미에서 이 책에서 부각되진 않지만 다양한 불복종들이 필요하다. 일방적으로 세뇌되는 발전 이데올로기에서 벗어나 지속 가능하고 생태적인 삶을 고민하고 선택할 불복종, 선거 외에 다른 정치의 가능성을 봉쇄하는 제도 정치에 대한 불복종, 복종과 경쟁, 혐오를 강요하는 일상을 바꾸고 협동과 자립의 기반을 다지기 위한 불복종, 개별화된 개인이 아니라 집단화된 민중의 힘을 끌어낼 수 있는 불복종, 제도와 일상을 넘나들며 다른 일상을 만들어 갈 불복종이 필요하다.

다만 그 불복종은 그냥 일상으로 복귀하지 않고 스스로 결정하고 필요를 조절할 수 있는 일상을 만들어 가야 한다. 일상을 재구성할 민주주의 내용을 하나씩 채워 가야 한다. 아기 돼지 삼형제의 막내 돼지처럼 시간은 좀 걸리더라도 튼튼한 벽돌집을 손수 짓는 과정이 필요하다. 그리고 그 벽을 쌓고 혼자 지내지 말고 제도의 구멍을 뚫고 틈을 벌리며 제도를 우리의 결정과 권한으로 실질화하는 과정을 만들어야 한다.

이제 더 이상, 빨리 일상으로 복귀하고 싶다는 이야기를 하지 말자. 한국에서 일상은 나의 신념과 정체성을 보호받을 수 있는 공간이 아니기 때문이다. 예전으로 돌아가면 안 된다. 우리는 예전의 나와 싸우며 미래로 나아가야 한다. 아렌트가 말했듯이 현재란 과거와 미래에 맞서 자기 자리를 만들려는 치열한 노력이다. 의지적 민주주의. 민주주의의 봄을 찾고 민주주의의 여름을 즐기려면, 쓰라린 겨울을 견뎌야 하고 외로운 가을을 경계해야 한다.

2024년 2월, 봄을 기다리며

하승우

역자 소개

이승렬

영남대 영어영문학과 교수로 재직하다가 2024년 정년퇴임했다. 재직 당시 교수회 의장으로 영남대 민주화를 위한 싸움을 전개하였고, 재단의 징계와 사법적 제재에 맞서 계속 투쟁해 왔다. 『녹색평론』 편집자문위원을 역임했으며, 십여 년 전부터 문경의 산촌 마을에 터를 잡아 대구를 오가며 텃밭 농사를 짓고 있다. 현재 대구환경운동연합 상임의장으로 활동하고 있다.

역서로 『소농, 문명의 뿌리』(웬델 베리), 『우리 시대 문화 이론』(앤드류 밀너), 『쉰들러 리스트』(토머스 케닐리), 공저 『탈식민주의: 이론과 쟁점』 외에 다수의 논문과 『녹색평론』 기고 글 등이 있다.

하승우

정치학자이자 활동가로서, 민주주의란 무엇이고 그것을 실현할 방법은 무엇인지 고민해 왔다. 대학의 학생들부터 시민단체나 주민단체의 회원, 협동조합의 조합원, 정당의 당원, 노동자, 농민까지 다양한 사람들을 만나 이야기를 나누고 있다. 다양한 사람, 다양한 지역에서 대안을 고민하며 해답을 찾고 있지만 아직은 출렁이는 단계이다. 정통 노선의 후계자보다 이단의 지지자로 살 마음을 먹고 있다.

이후연구소 소장으로 일하고 있고, 『정치의 약속』, 『아렌트의 정치』, 『껍데기 민주주의』, 『민주주의에 반(反)하다』 등을 썼으며, 『프루동 평전』(조지 우드코크), 『국가 없는 사회』(에리코 말라테스타) 등을 번역했다.

래디컬 데모크라시

초판 1쇄 발행 2024년 5월 27일
초판 2쇄 발행 2024년 6월 17일

지은이 C. 더글러스 러미스
옮긴이 이승렬 · 하승우

펴낸이 오은지
편집 오은지 · 변홍철
표지 디자인 과수원
펴낸곳 도서출판 한티재
등록 2010년 4월 12일 제2010-000010호

주소 42087 대구시 수성구 달구벌대로 492길 15
전화 053-743-8368
팩스 053-743-8367
전자우편 hantibooks@gmail.com
블로그 blog.naver.com/hanti_books
한티재 온라인 책창고 hantijae-bookstore.com

ISBN 979-11-92455-44-0 93300
책값은 뒤표지에 있습니다.